智库成果出版与传播平台

中国社会科学院创新工程学术出版资助项目

日本经济与中日经贸关系研究报告（2022）

ANNUAL REPORT ON JAPANESE ECONOMY AND SINO-JAPANESE ECONOMIC & TRADE RELATIONS (2022)

日本的“三农”问题与“乡村振兴”

全国日本经济学会
中国社会科学院日本研究所

主　编／张季风
副主编／李清如　叶　琳

社会科学文献出版社
SOCIAL SCIENCES ACADEMIC PRESS (CHINA)

图书在版编目(CIP)数据

日本经济与中日经贸关系研究报告. 2022：日本的“三农”问题与“乡村振兴” / 张季风主编. --北京：社会科学文献出版社，2022.10
（日本经济蓝皮书）
ISBN 978-7-5228-0837-6

Ⅰ.①日… Ⅱ.①张… Ⅲ.①经济发展-研究报告-日本-2022②对外经济关系-中日关系-研究报告-2022 Ⅳ.①F131.34②F125.531.3

中国版本图书馆 CIP 数据核字（2022）第 184867 号

日本经济蓝皮书
日本经济与中日经贸关系研究报告（2022）
——日本的“三农”问题与“乡村振兴”

主　　编 / 张季风
副 主 编 / 李清如　叶　琳

出 版 人 / 王利民
责任编辑 / 王晓卿
责任印制 / 王京美

出　　版 / 社会科学文献出版社·当代世界出版分社（010）59367004
　　　　　地址：北京市北三环中路甲 29 号院华龙大厦　邮编：100029
　　　　　网址：www.ssap.com.cn
发　　行 / 社会科学文献出版社（010）59367028
印　　装 / 三河市东方印刷有限公司

规　　格 / 开 本：787mm×1092mm　1/16
　　　　　印 张：26.5　字 数：397 千字
版　　次 / 2022 年 10 月第 1 版　2022 年 10 月第 1 次印刷
书　　号 / ISBN 978-7-5228-0837-6
定　　价 / 168.00 元

读者服务电话：4008918866

日本经济蓝皮书编委会

主编简介

张季风 男，1959年8月出生，吉林人，1982年毕业于东北师范大学外语系，1992年获东北师范大学日本研究所硕士学位，1999年获日本东北大学经济学博士学位。现为中国社会科学院日本研究所二级研究员、全国日本经济学会常务副会长。主要研究领域：日本经济、中日经济关系、区域经济等。代表性作品有：《日本国土综合开发论》（专著，2004）、《挣脱萧条：1990~2006年的日本经济》（专著，2006）、《中日友好交流三十年（经济卷）》（主编，2008）、《日本经济概论》（主编，2009）、《不断扩展的东亚产业协作》（主编，2010，日文版）、《日本能源文献选编：战略、计划、法律》（编译，2014）、《日本经济结构转型：经验、教训与启示》（国家智库报告，2016）、《日本平成经济通论》（专著，2017）、《少子老龄化社会与家庭——中日政策与实践比较》（主编，2021），其他有关日本经济与中日经济关系学术论文150余篇。

李清如 女，1986年5月出生，山东人，2007年毕业于山东大学管理学院，2010年获山东大学管理学院管理学硕士学位，2014年获对外经济贸易大学国际经济贸易学院经济学博士学位。现为中国社会科学院日本研究所副研究员、全国日本经济学会理事。主要研究领域：日本经济、国际贸易、区域经济等。代表性作品有：《中日对“一带一路”沿线国家贸易隐含碳的测算及影响因素分析》（载于《现代日本经济》2017年第4期）、《日本对印度的经济布局：演变、动向及启示》（载于《东北亚学刊》2018年第1

期)、《日本强化与中东欧经贸关系的动因、布局及影响》（载于《日本学刊》2021 年第 1 期)、《日本消费税改革研究》（专著，2021）等。

叶　琳　女，1982 年 7 月出生，四川人，2005 年毕业于外交学院日语系，2007 年获外交学院法学硕士学位，2019 年获外交学院法学博士学位。现为中国社会科学院日本研究所《日本学刊》编辑部主任、副编审。主要研究领域：国际政治经济学、日本经济体制等。代表性作品有：《21 世纪初日本企业经营的制度环境变革分析》（载于《日本学刊》2010 年第 1 期），《国际经济学导论》（合译，2011）等。

摘　要

本书回顾并展望了2021~2022年度日本宏观经济的运行状况。2021年，日本经济在新冠肺炎疫情冲击下缓慢恢复，个人消费震荡回升，企业设备投资出现回暖趋势，出口和进口贸易均出现较大幅度增长，但工资收入增长仍然缓慢，疫情加剧日本社会不公的情况亟待破局。2021年10月开始执政的岸田政府将应对新冠肺炎疫情作为最优先课题，并提出构建以“推动经济增长与分配的良性循环”为基本理念的日式“新资本主义”，日本国内对其评价褒贬不一。展望日本经济走势，从短期来看，随着新冠肺炎疫情的影响慢慢趋于缓和，日本经济持续缓慢复苏的可能性较大，但国际政治经济形势给日本经济恢复带来很大的不确定性。从中长期来看，日本经济和社会的深层次结构性问题难以解决，前景不容乐观。

本书以“日本的‘三农’问题与‘乡村振兴’”为专题，主要设有“总报告”、“分报告”、“中日经贸与区域合作篇”、“日本的‘三农’问题与‘乡村振兴’”以及“热点追踪”五个栏目。全书以总报告为基础，对新冠肺炎疫情冲击和国内外政治经济形势变化下的日本经济及其面临的问题、未来走势进行了全方位分析。在此基础上，本书还重点分析了中日经贸合作的现状和机遇、RCEP对供应链合作和贸易发展的积极影响等。同时，本书对日本“三农”问题、农村人口老龄化、“田园回归”现象、农村文化遗产保护、农村政策金融制度、“地方创生”政策、农业规模经营等课题进行了具体、深入的探讨，以期为我国全面推进乡村振兴、加快农业农村现代化提供一定的启示和借鉴。中日经贸合作在众多领域都有着广大的发展空间，加强中日经贸合作对日本促进经济复苏具有特殊意义，对中国经济高质量发展具有重要意义。

关键词： 日本经济　中日经贸关系　新冠肺炎疫情　“三农”问题　乡村振兴

目 录

Ⅰ 总报告

Ⅱ 分报告

Ⅲ　中日经贸与区域合作篇

Ⅳ　日本的“三农”问题与“乡村振兴”

V 热点追踪

VI 附录

皮书数据库阅读使用指南

总报告

General Report

B.1

日本经济现状、问题与岸田“新资本主义”

李清如　张季风*

摘　要： 在疫情冲击与政局更迭之下，2021年，日本经济缓慢恢复，但仍面临严峻局面，亟待破局。2021年10月开始执政的岸田政府将应对新冠肺炎疫情作为最优先课题，并提出构建以“推动经济增长与分配的良性循环”为基本理念的日式“新资本主义”。展望日本经济走势，从短期来看，随着新冠肺炎疫情的影响慢慢趋于缓和，日本经济持续缓慢复苏的可能性较大，但国际政治经济形势给日本经济恢复带来很大的不确定性；从中长期来看，日本经济和社会的深层次结构性问题难以解决，前景不容乐观。加强中日经贸合作对促进日本经济复苏具有特殊意义，对实现中国经济高质量发展具有重要意义。

* 李清如，经济学博士，中国社会科学院日本研究所副研究员、全国日本经济学会理事，主要研究领域：日本经济、国际贸易、区域经济等。张季风，经济学博士，中国社会科学院日本研究所二级研究员、全国日本经济学会常务副会长，主要研究领域：日本经济、中日经济关系、区域经济等。

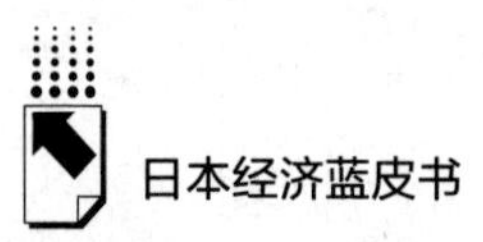

关键词： 日本经济 岸田政府 新冠肺炎疫情 新资本主义 分配政策

2021年，日本经济整体有所恢复，但恢复乏力。受世界经济增速减缓以及新冠肺炎疫情的持续影响，2021年，日本经济恢复的程度低于原来的预期，增速仅为1.7%。2021年，日本政局发生变化，岸田文雄在自民党总裁选举中击败对手，成为日本新首相。岸田上台后提出了应对疫情的紧急经济政策，也提出了所谓日式“新资本主义”的经济构想。展望后疫情时代的日本经济，机遇与挑战并存，能否实现“防疫抗疫与振兴经济”的目标，对日本政局以及经济和社会发展的影响巨大。同时，日本是世界第三大经济体，也是中国重要的经贸合作伙伴，日本经济的走向对世界经济、中国经济具有较大影响。基于此，本报告拟对疫情冲击和政局更迭之下的日本经济状况和后疫情时代的日本经济走向做一探讨。

一 日本经济现状与问题

自2020年初新冠肺炎疫情在日本蔓延以来，到2022年上半年，日本出现过六波疫情。进入2022年7月后，日本暴发第七波疫情，感染人数大大超过前六波疫情。截至2022年8月3日，日本国内新冠肺炎感染人数累计突破1339万人，死亡人数超过3.3万人。①

2021年，日本政局发生更迭。2021年9月初，时任日本首相菅义伟宣布放弃参选下一任自民党总裁，意味着他一年左右的首相生涯戛然而止。在9月29日进行的投票中，岸田文雄成功当选新任自民党总裁。10月4日，岸田文雄出任日本第100任首相，组建第一届岸田内阁；10月31日，在众议院选举中，自民党获胜，11月10日，岸田文雄出任日本第101任首相，

① 日本新冠肺炎疫情数据来自「特設サイト 新型コロナウイルス」、NHK、https://www3.nhk.or.jp/news/special/coronavirus/data-widget/。

组建第二届岸田内阁。在疫情冲击和政局更迭的背景下，日本经济出现一些新的动向。

（一）宏观经济缓慢恢复

总体来看，2021 年，日本经济出现恢复迹象。如图 1 所示，2021 年，日本实际 GDP 增长率为 1.7%，实际 GDP 在 2019 年和 2020 年连续两年出现负增长后迎来正增长。近十年来，日本经济一直低速徘徊，这一增长率处于相对比较高的水平，说明日本经济在逐渐复苏，全球经济进入正常化轨道为日本经济恢复提供了外部环境。但是，受新冠肺炎疫情不断反复的影响，特别是 2021 年底出现的奥密克戎新变异毒株造成全球感染人数急速增加，2021 年，日本宏观经济增长率低于预期水平。根据国际货币基金组织（IMF）在 2021 年 4 月的预测，日本 2021 年的实际 GDP 增长率约为 3.3%；2021 年 10 月，IMF 将对日本 2021 年的实际 GDP 增长率的预测调低 0.9 个百分点，即约为 2.4%[①]，但这仍高于日本政府最后公布的 1.7%，说明日本经济恢复势头减弱。而根据日本内阁府在 2021 年初的估计，2021 年度（即 2021 年 4 月至 2022 年 3 月）日本实际 GDP 增长率能够达到 4.0%，但是，由于奥密克戎新变异毒株感染人数在 2022 年第一季度一直处于高位，2021 年度日本经济增长率最终公布值为 2.2%，大大低于日本政府的预期值。[②] 2021 年，按不变价格计算的日本实际 GDP 为 536.8 万亿日元，尚未恢复到新冠肺炎疫情前 2019 年的 553.1 万亿日元的水平。[③]

再看一下实际 GDP 增长率的季度变化情况。2019 年第四季度，受消费

---

① International Monetary Fund, “World Economic Outlook April 2021,” https://www.imf.org/en/Publications/WEO/Issues/2021/03/23/world-economic-outlook-april-2021; International Monetary Fund, “World Economic Outlook October 2021,” https://www.imf.org/en/Publications/WEO/Issues/2021/10/12/world-economic-outlook-october-2021.

② 内閣府「令和 3 年度の経済見通しと経済財政運営の基本的態度（令和 3 年 1 月 18 日閣議決定）」、https://www5.cao.go.jp/keizai1/mitoshi/2020/r030118mitoshi.pdf。

③ 内閣府「四半期别 GDP 速報 2022 年 1～3 月期・2 次速報（2022 年 6 月 8 日）」、https://www.esri.cao.go.jp/jp/sna/sokuhou/sokuhou_top.html。

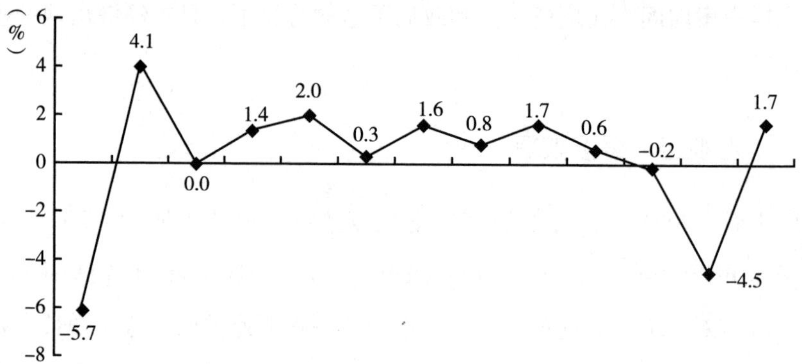

图1　2009~2021 年日本实际 GDP 增长率

资料来源：内閣府「四半期別 GDP　速報 2022 年 1~3 月期・2 次速報（2022 年 6 月 8 日）」、https：//www. esri. cao. go. jp/jp/sna/sokuhou/sokuhou_ top. html。

税增税的影响，个人消费大幅萎缩，实际 GDP 换算为年率下降 10.9%。进入 2020 年之后，新冠肺炎疫情的蔓延对日本经济造成严重冲击，各季度的 GDP 增长率大起大落。其中，2020 年第二季度出现断崖式下降，换算为年率达到-28.1%；第三季度出现恢复性增长，换算为年率达到 22.9%。到 2021 年，新冠肺炎疫情已经持续一段时间，随着日本国内新冠肺炎疫苗接种范围扩大，接种率提高，日本政府出台一系列应对疫情和促进经济复苏的举措，经济社会活动有所恢复，GDP 增长率没有出现像 2020 年那样的大幅波动，但各季度难以保持持续的正增长，而是呈现负增长与正增长交互出现的景象。

2021 年第一季度，受疫情感染人数再次增加、日本政府发布和延长“紧急事态宣言”的影响，以服务消费为中心的个人消费受到较大冲击，实际 GDP 增长率时隔两个季度转为负增长，换算成年率为-1.6%。2021 年第二季度，实际 GDP 在第一季度负增长的基础上有所回调，个人消费和企业设备投资均出现正增长，实际 GDP 增长率换算成年率为 2.6%。2021 年第三季度，第五波疫情来袭，单日感染人数由第三波疫情、第四波疫情时每天以千人计上升至每天以万人计，日本政府一再延长“紧急事态宣言”，再加上全球半导体零部件短缺造成日本汽车产业大幅减产，第三季度，实际GDP再次出现负增长，换算成年率为-3.2%。2021年第四季度，疫情形势趋向平稳，感染人数显著减少，个人消费和社会活动得以恢复，企业生产经营逐渐正常化，实际GDP出现比较高的正增长，换算成年率为4.0%。

从内需和外需对实际GDP增长率的贡献度来看，2017~2019年，内需贡献度均超过外需贡献度，说明经济增长主要由内需拉动。特别是2018年和2019年，外需对于经济增长的贡献度分别为0和-0.4%。2020年，新冠肺炎疫情对内需的打击非常大，内需贡献度降为-3.7%，外需贡献度降为-0.8%。2021年，内需和外需均有所扩大，对实际GDP增长的贡献度分别为0.6%和1.0%，外需贡献度超过内需，说明国际经济环境改善、全球和区域供应链恢复、各国经济社会活动重启等因素对日本经济发展起到积极作用。

（二）个人消费震荡回升

个人消费占日本GDP的比重接近六成，二战以后，其一直是拉动日本经济增长的重要力量。2021年，个人消费恢复增长，增长率为1.3%，但低于实际GDP增长率；按不变价格计算的个人消费额为288.9万亿日元，在日本实际GDP中所占的比重为53.8%，低于新冠肺炎疫情前2019年301.0万亿日元的水平，说明个人消费在新冠肺炎疫情冲击下尚未充分恢复。①

2021年四个季度，个人消费换算为年率的实际增长率分别为-3.1%、2.7%、-4.0%、10.1%，波动幅度很大。特别是第四季度，由于感染人数迅速减少，“紧急事态宣言”宣告结束，经济社会活动放开，个人消费换算为年率的实际增长率高达两位数。

旅游、餐饮、住宿等服务业消费受新冠肺炎疫情冲击最为明显。近年来，访日外国游客数量迅速增加，由2011年的622万人次逐年上升至2015

---

① 内閣府「四半期別GDP　速報2022年1~3月期・2次速報（2022年6月8日）」、https：//www.esri.cao.go.jp/jp/sna/sokuhou/sokuhou_ top.html。

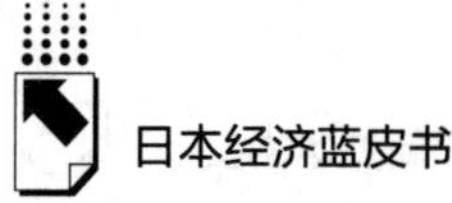

年的 1974 万人次，又继续上升至 2019 年的 3188 万人次，成为支撑日本旅游业的重要来源。[①] 2019 年，访日外国人在日本的消费总额达到 48135 亿日元，接近当年日本 GDP 的 1%。[②] 但是，新冠肺炎疫情暴发后，访日外国游客数量骤减，2020 年降至 412 万人次，较 2019 年减少 87.1%，2021 年更是降至 25 万人次，较 2019 年减少 99.2%。2020 年，访日外国人在日本的消费总额仅为 7446 亿日元，2021 年预计在 1300 亿日元左右，还不到 2019 年的 3%，可见旅游业所受打击之重。同时，日本国内旅游、住宿和餐饮业也受到限制。在实施"紧急事态宣言"期间，各经营场所需要遵守闭店或缩短营业时间的要求，居民需要"自肃"，减少外出和移动；即使是非"紧急事态宣言"期间，居民对外出住宿和就餐也有顾虑；再加上入境游客大幅减少，住宿和餐饮业失去很大一部分客源。日本政府为促进服务业复苏，推行由政府补贴的"去旅游"（Go To Travel）、"去餐饮"（Go To Eat）项目，这虽然取得一些效果，但被诟病助推疫情蔓延，而且随着疫情的反复，这些项目时断时续，提升服务业消费水平的作用有限。据统计，2021 年前三季度，日本国内餐饮、旅游、娱乐相关消费较新冠肺炎疫情前的基准值下降 20%~60%；第四季度由于疫情暂时平息而有所缓解，但很难完全恢复到疫情前的水平。[③]

另外，过剩储蓄也是影响个人消费的一个因素。以 2015~2019 年的家庭储蓄变动趋势为基准，在新冠肺炎疫情后的 2020 年 1 月至 2022 年 3 月，日本家庭累计过剩储蓄达到 59.5 万亿日元。[④] 这说明在疫情冲击下，虽然政府向居民发放补贴，并且采取一系列应对疫情的措施，但是由于受到外出

---

① 観光庁「訪日外国人旅行者数・出国日本人数」、https：//www.mlit.go.jp/kankocho/siryou/toukei/in_ out.html。

② 観光庁「訪日外国人消費動向調査」、https：//www.mlit.go.jp/kankocho/siryou/toukei/syouhityousa.html。

③ 神田慶司等「日本経済見通し：2022 年 2 月」、大和総研、https：//www.dir.co.jp/report/research/economics/outlook/20220221_ 022866.pdf。

④ 神田慶司等「日本経済見通し：2022 年 2 月」、大和総研、https：//www.dir.co.jp/report/research/economics/outlook/20220221_ 022866.pdf。

和社会活动限制，再加上对未来的不确定和不安感，居民更倾向于储蓄，个人消费因此受到阻碍。

（三）企业设备投资呈回暖趋势

企业设备投资是日本经济增长的主要动力之一，在日本 GDP 中所占的比重为 15%~16%。2021 年，随着经济活动逐渐恢复，企业设备投资的减少趋势有所缓解，但仍较上年下降 0.7%。从各季度来看，企业设备投资变化较大。2021 年第一季度，企业设备投资小幅增长 1.8%（年率换算值，下同）；第二季度，由于经济形势整体好转，企业设备投资大幅增长，增长率达到 8.1%；第三季度，受东南亚地区疫情形势严峻、工厂减产停产造成零部件供应短缺影响，企业设备投资大幅下降 9.2%；第四季度，企业设备投资再次小幅增长 0.3%。与新冠肺炎疫情前的 2019 年同期相比，2021 年各季度企业设备投资额的差距很大。这说明虽然企业设备投资出现复苏迹象，但复苏势头仍然较弱。①

从投资计划和先行指标来看，在一些行业，企业设备投资已经出现明显回暖的趋势。根据 2021 年 12 月日本银行的调查，2021 年度，日本制造业企业的设备投资计划增加 11.6%，非制造业增加 5.7%，全产业增加 7.9%，与 2020 年度分别为-10.0%、-7.5%、-8.5%相比，已经出现明显好转。对于生产经营设备的预期判断，在制造业、非制造业以及全产业的调查中，认为设备不足的企业所占比例均超过认为设备过剩的企业所占比例，说明企业设备投资仍有潜力。② 从先行指标来看，作为机械设备投资先行指标的机械设备订货额在 2021 年出现上升趋势。作为建设投资先行指标的建筑开工、工程预定额虽然在住宿和餐饮业等受疫情影响较大的行业仍然比较少，但由于物流设施的增加和城市再开发项目的推进，整体

① 内閣府「四半期別 GDP　速報 2022 年 1~3 月期・2 次速報（2022 年 6 月 8 日）」、https：//www.esri.cao.go.jp/jp/sna/sokuhou/sokuhou_ top.html。

② 日本銀行「全国企業短期経済観測調査（2021 年 12 月）」、https：//www.boj.or.jp/statistics/tk/gaiyo/2021/tka2112.pdf。

也在恢复。①

随着国内外需求增加，在企业收益恢复和零部件供给受到的限制缓和的基础上，企业设备投资的增加倾向逐渐明确。特别是，应对人手不足和远程办公的相关投资、数字化相关软件投资、由出口增加带动的机械设备投资、电子商务规模扩大带来的物流设施建设投资、与城市开发相关的办公楼和商业设施的建设投资等将逐渐增加。此外，与碳中和、碳减排等环境问题相关的研究开发投资也会增加。但是，对于受疫情影响较大的行业，如运输业的铁路车辆、飞机的更新投资，住宿和餐饮业的建设投资等，恢复势头暂时较弱。总体来看，制造业与非制造业的企业设备投资的全面恢复还取决于疫情防控的进展。

（四）出口和进口贸易强势恢复

日本具有出口导向型经济结构，对外贸易在日本经济中具有不可替代的重要地位，特别是，出口一直是日本经济增长的主要动力之一。出口规模能否扩大主要取决于国际经济形势。从世界经济形势来看，疫情有所缓解，全球经济出现恢复性增长，日本对外贸易环境趋好，出口和进口贸易双双出现较大幅度的增长，但贸易收支从2020年的顺差转为2021年的逆差。

根据日本财务省的统计数据，2021年，日本出口总额为83.1万亿日元，较上年增长21.5%，出口额已经超过疫情前2019年的水平。其中，钢铁、有色金属、半导体制造装置、建筑和矿山用机械的出口额增长较快，增长率分别为48.2%、28.8%、33.2%、46.1%；由于东南亚零部件供应延迟等原因而一度减产的汽车产业的出口额也增加了11.9%。2021年，日本进口总额为84.8万亿日元，较上年增长24.6%，进口额也已经超过疫情前2019年的水平。其中，由于资源价格的高涨，原油及粗油、石油制品、液化天然气的进口额大幅提升，增长率分别达到49.1%、72.0%、33.5%。从贸易对象来看，日本对中国、美国、欧盟、东盟的出口额分别较上年增长

① 日本銀行「経済・物価情勢の展望（2022年1月）」、https://www.boj.or.jp/mopo/outlook/gor2201b.pdf。

19.2%、17.6%、21.4%、26.6%，进口额分别较上年增长16.4%、19.4%、21.4%、16.8%；日本对中国、美国、欧盟、东盟的出口额占日本出口总额的比重分别为21.6%、17.8%、9.2%、15.0%，进口额占日本进口总额的比重分别为24.0%、10.5%、11.1%、14.7%。①

2021年，尽管日本出口和进口均出现较大幅度的增长，但贸易收支由2020年的顺差转为逆差，额度为1.7万亿日元。从各月来看，2021年8~12月，日本贸易收支连续5个月为逆差，其中，11月的逆差额度达到0.96万亿日元，这主要是受到国际能源价格上涨推高进口商品贸易额的影响。值得关注的是，截至2021年末，日本拥有海外净资产约411万亿日元，海外投资收益可观，近年来，日本主要依靠投资收益弥补贸易逆差，使经常收支一直保持顺差。据财务省统计，2016~2019年，日本每年经常收支顺差在20万亿日元左右；2020年和2021年，受新冠肺炎疫情影响，日本经常收支顺差有所减少，但仍然分别达到15.9万亿日元和15.4万亿日元。② 每年数目可观的经常收支顺差对日本经济的支撑作用不容小觑。

（五）就业形势两极分化，收入增长仍然缓慢

新冠肺炎疫情对餐饮、住宿、娱乐以及生活关联服务等与人员接触、外出联系比较紧密的行业造成的冲击较大，就业形势出现两极分化。从正式员工与非正式员工的就业数量来看，新冠肺炎疫情在日本蔓延以来，正式员工的就业数量虽然有波动，但总体高于2019年的水平；非正式员工的就业数量则大大低于2019年的水平，并且在2021年下半年出现明显下降的趋势。③

① 財務省「報道発表　令和3年分(々確報)　令和4年3月11日」、https://www.customs.go.jp/toukei/shinbun/trade-st/2021/202128.xml。

② 財務省「令和3年末現在本邦対外資産負債残高」、https://www.mof.go.jp/policy/international_policy/reference/iip/data/2021.htm；財務省「令和3年中　国際収支状況（速報）の概要（令和4年2月8日）」、https://www.mof.go.jp/policy/international_policy/reference/balance_of_payments/preliminary/pg2021cy.htm。

③ 日本銀行「経済・物価情勢の展望(2022年1月)」、https://www.boj.or.jp/mopo/outlook/gor2201b.pdf。

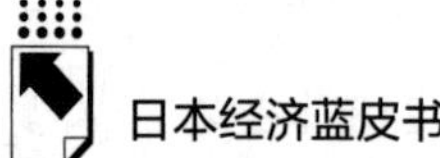

从行业来看，2021 年第二季度，餐饮、住宿、娱乐以及生活关联服务等四个行业的就业人数，较新冠肺炎疫情前的 2019 年同期减少 50 万人左右，2021 年第三、四季度较 2019 年同期减少 70 万人左右。另外，除与人员接触、外出相关的上述四个行业以外，2021 年第二、三、四季度，其他行业的就业人数与 2019 年同期相比均有所增加。①

从劳动供求关系来看，2021 年，完全失业率保持在 2.8%左右的水平。自 2010 年以来，日本完全失业率一直呈下降趋势，从 2010 年的 5.1%降至 2019 年的 2.4%。新冠肺炎疫情之后，日本失业率有所上升，2020 年下半年达到 3.0%，2021 年则平均为 2.8%。② 另外，感到人手不足的企业也有很多。根据日本银行 2021 年 12 月的调查，几乎在所有行业感到“雇佣不足”的企业所占比例均超过感到“雇佣过剩”的企业所占比例。其中，建筑业感到“雇佣不足”的企业所占比例接近 50%，信息通信业则接近 40%，住宿、餐饮业和运输、邮政业感到“雇佣不足”的企业所占比例均约为 35%；感到“雇佣过剩”的企业所占比例最高的行业是住宿、餐饮业，接近 20%的企业感到“雇佣过剩”。③ 随着经济活动的重启和正常化，人手不足的现象可能会进一步增加。

从工资收入来看，人均名义工资在 2020 年第二季度大幅下降后，2021 年缓慢回升，反映出经济活动整体好转，但是仍然显著低于新冠肺炎疫情前的水平，并且 2021 年下半年再次出现下降趋势。其中，“规定内工资”即规定劳动时间内发放的一般工资呈现持续缓慢增加趋势，主要是来自医疗、社会福利服务等领域的工资增加，以及面对面型服务业的需求好转所带来的工资的增加，再加上最低工资的上涨；“规定外工资”即超过规定劳动时间支付的加班补贴、假日劳动补贴、深夜补贴等也有所提高，这反映出制造业

① 三菱総合研究所「ウィズコロナ下での世界・日本経済の展望（2022 年 2 月）2021～2023 年度の内外経済見通し」、https：//www.mri.co.jp/knowledge/insight/ecooutlook/2022/20220216.html。

② 総務省統計局「労働力調査」、https：//www.stat.go.jp/data/roudou/index.html。

③ 三菱総合研究所「ウィズコロナ下での世界・日本経済の展望（2022 年 2 月）2021～2023 年度の内外経済見通し」、https：//www.mri.co.jp/knowledge/insight/ecooutlook/2022/20220216.html。

开始恢复和经济出现好转，但“规定外工资”仍大幅低于疫情前的水平；“特别工资”即年终奖金、期末补贴等，与大幅下滑的上一年相比有所增加，反映出企业业绩的改善。总体来看，就业者收入，即名义工资乘以就业人数得到的总收入，虽然出现缓慢的增加趋势，但水平仍较低。①

（六）疫情加剧日本社会不公的情况亟待破局

新冠肺炎疫情加剧日本社会贫富差距扩大的趋势。2022 年 2 月，日本内阁府发布的日本经济分析报告显示，在疫情的冲击下，非正式劳动者和女性受到的影响更大。即便是在经济不景气的时候，日本企业的正式员工通常也会受到优待和保护，在此次疫情中也是如此。随着疫情蔓延，医疗、社会福利和信息通信业的正式劳动者持续增加，疫情的影响集中表现为非正式劳动者减少。特别是女性非正式劳动者，除了医疗、社会福利行业以外，其他行业的女性非正式劳动者都在减少。这主要是由于，在疫情下，中小学全面停课，医疗护理资源紧张，一些女性不得不放弃工作，承担起照顾孩子和年迈父母等重任；对于在大企业工作和从事专业性工作的正式员工，远程办公已经比较普及，但对于在中小企业工作以及从事一般性工作的女性与老年非正式员工，远程办公迟迟难以推广；再加上餐饮、娱乐、零售、生活关联服务等吸收非正式劳动者较多的行业的营业状况迟迟得不到改善，非正式劳动者的就业受到很大影响。②

疫情下，由于日本政府加大金融宽松力度，富裕阶层和大企业可以通过股价上涨而受益，越是低收入群体和弱势群体，面临的经济压力越大。日本

---

① 日本銀行「経済・物価情勢の展望（2022 年 1 月）」、https：//www. boj. or. jp/mopo/outlook/gor2201b. pdf。

② 内閣府「日本経済 2021-2022—成長と分配の好循環実現に向けて—（令和 4 年 2 月）」、https：//www5. cao. go. jp/keizai1/keizaitaisaku/2021/20211119_ taisaku. pdf；「「低金利で資産格差拡大」内閣府リポート　コロナしわ寄せ非正規に」、ロイター、https：//jp. reuters. com/article/japan-bank-rates-idJPKBN2KC0J1；玄田有史「コロナ禍でも免れた大量失業：高齢者・休業者・非正規がクッション、格差は拡大」、https：//www. nippon. com/ja/in-depth/a07603/。

内阁府的报告显示，在利率持续下降和超宽松的金融环境下，家庭持有资产总额较多的阶层的利息和股息红利收入占比进一步提高，家庭资产收入差距出现扩大的倾向。在物价方面，受进口产品价格高涨的影响，消费品零售价格被推高，占总消费支出约三成的食品消费支出上升。消费品价格上升对于富裕阶级不会产生特别大的影响，但会给低收入家庭带来经济压力。根据日本内阁府的报告，2021 年初以来，在按家庭年收入分成的五个阶层中，最低收入阶层，即平均年收入在 255 万日元左右的阶层，其经济负担更重。① 根据日本学者的测算，在新冠肺炎疫情期间，在按家庭年收入分成的五个阶层中，收入最低的两个阶层即底层 40%的家庭的平均年收入进一步减少，而收入最高的阶层即顶层 20%的家庭的平均年收入进一步增加，这说明收入减少的情况主要集中在低收入阶层。这不仅与高收入家庭的人口在工资稳定的大企业就职的比例较高，而低收入家庭的人口以非正式员工和从事服务业工作居多容易受到疫情打击有关，也与家庭收入中金融资产构成比例不同有关。此外，测算结果还显示，疫情期间，通过减轻税收负担来调节收入再分配的政策并没有发挥太大作用。② 因此，如何在防控疫情的同时调节收入和资产分配、缓解社会贫富差距扩大的问题，考验日本政府智慧。

二　岸田政府的主要经济政策

2021 年 10 月开始执政的岸田政府将应对新冠肺炎疫情作为最优先事项，并提出构建以“推动经济增长与分配的良性循环”为基本理念的日式“新资本主义”。随着执政时间的推移，岸田政府对日式“新资本主义”的内涵不断进行补充和修正，经济政策的框架逐渐清晰。同时，针对其采取的政策措施中存在的问题，日本国内不乏批评的声音。本报告以岸田首相历次

① 「「低金利で資産格差拡大」内閣府リポート　コロナしわ寄せ非正規に」、ロイター、https：//jp. reuters. com/article/japan-bank-rates-idJPKBN2KC0J1。

② 浦川邦夫「所得階層間で異なる影響　コロナ下の格差拡大」、『日本経済新聞』、https：//www. nikkei. com/article/DGXZQOCD0529W0V01C21A1000000/。

施政演说①、日本政府发布的政策的内容②以及推出的经济刺激计划③为依据，从短期政策和长期政策两个视角进行梳理，以期对岸田政府的经济政策有一个客观的认识（见图 2）。

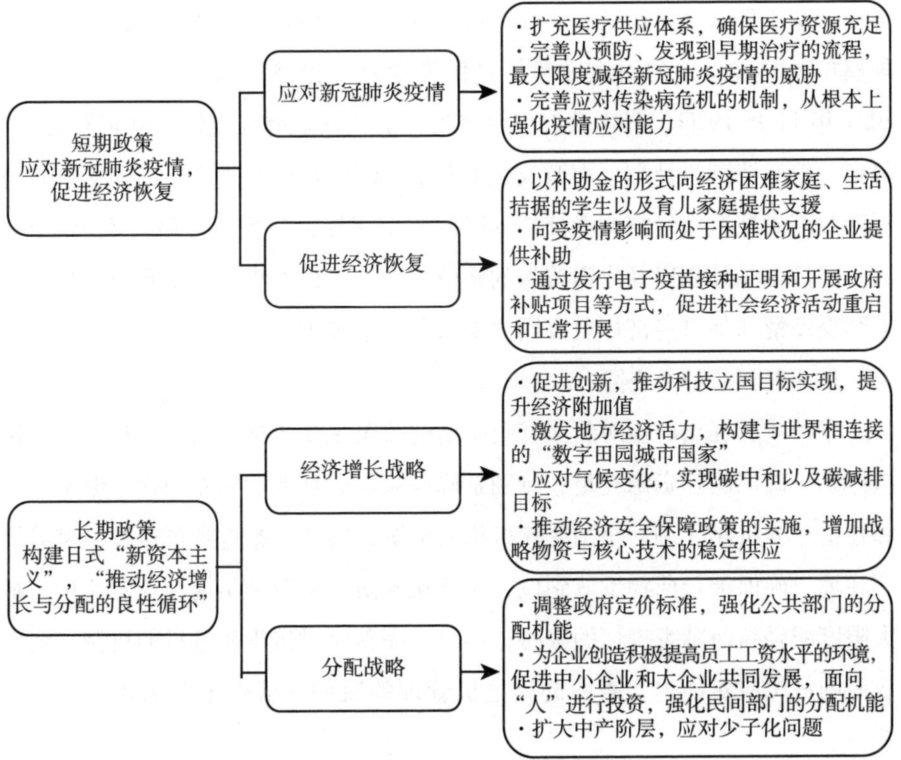

图 2　岸田政府的主要经济政策

资料来源：根据日本政府发布的相关资料制作而成。

---

① 首相官邸「令和 3 年 10 月 8 日第二百五回国会における岸田内閣総理大臣所信表明演説」、https://www.kantei.go.jp/jp/100_kishida/statement/2021/1008shoshinhyomei.html；首相官邸「令和 3 年 12 月 6 日第二百七回国会における岸田内閣総理大臣所信表明演説」、https://www.kantei.go.jp/jp/101_kishida/statement/2021/1206shoshinhyomei.html；首相官邸「令和 4 年 1 月 17 日第二百八回国会における岸田内閣総理大臣施政方針演説」、https://www.kantei.go.jp/jp/101_kishida/statement/2022/0117shiseihoshin.html。

② 首相官邸「岸田内閣　主要政策」、https://www.kantei.go.jp/jp/headline/seisaku_kishida/index.html。

③ 内閣府「コロナ克服・新時代開拓のための経済対策（令和 3 年 11 月 19 日閣議決定）」、https://www5.cao.go.jp/keizai1/keizaitaisaku/2021/20211119_taisaku.pdf。

（一）短期政策：应对新冠肺炎疫情，促进经济恢复

岸田提出，应对新冠肺炎疫情、推进全面防疫举措是最紧迫、最优先的事项，基于先有经济增长、后再考虑财政健全的观点，应毫不犹豫地采取大规模扩大财政支出的财政政策，尽快推动日本经济步入复苏轨道。为此，2021 年 11 月 19 日，日本政府出台名为“克服新冠肺炎疫情、开拓新时代”的新一轮经济刺激计划，财政支出规模达到 55.7 万亿日元，超过安倍政府和菅政府时期数次经济刺激计划的财政支出规模，达到历史最高值。[①] 结合这一经济刺激计划以及岸田首相的施政演说，可以看出，岸田政府在应对新冠肺炎疫情和促进经济恢复方面主要采取以下政策。

1. 应对新冠肺炎疫情

岸田政府提出的应对新冠肺炎疫情的政策主要包括：第一，扩充医疗供应体系，确保医疗资源充足，特别是确保病床充足和病床专用化，健全居家和住宿疗养机制，调动全国医疗机构的资源；第二，推进疫苗接种、完善检测环境、确保治疗药物发放到位，完善从预防、发现到早期治疗的流程，最大限度减轻新冠肺炎疫情的威胁；第三，完善应对传染病危机的机制，增强政府的危机应对能力，查明健康危机管理的瓶颈，从根本上强化疫情应对能力。

2. 促进经济恢复

为缓解疫情对经济的冲击，使经济社会活动尽快恢复到接近正常的状态，除应对新冠肺炎疫情的直接措施之外，岸田政府还设置旨在促进疫情下经济恢复的政策措施。主要包括：以补助金的形式向经济困难的家庭、生活拮据的学生以及育儿家庭提供支援；向受疫情影响而处于困难状况的企业提供补助；通过发行电子疫苗接种证明和开展政府补贴项目等方式，促进社会经济活动重启和正常展开等。

---

① 内閣府「コロナ克服・新時代開拓のための経済対策（令和 3 年 11 月 19 日閣議決定）」、https：//www5. cao. go. jp/keizai1/keizaitaisaku/2021/20211119_ taisaku. pdf。

第一，以补助金的形式向经济困难的家庭、生活拮据的学生以及育儿家庭提供支援。具体措施有，对于育儿家庭，除收入在960万日元以上的高收入家庭外，对新生儿到高中三年级的每个孩子给予10万日元的补助，其中5万日元立即支付，剩余5万日元按照各地方的不同情况，以不需要申请主动支付和经申请再支付相结合，以及提供育儿相关商品或服务等方式给付。对于经济困难的家庭（家庭收入在规定条件以下的低收入家庭），向每户提供10万日元的补助。对于生活拮据的学生，提供紧急教育补助以帮助其继续完成学业。向购置节能性良好的住宅或对现有住宅进行节能化改造的育儿家庭和年轻夫妇提供相应补助。

第二，向受疫情影响而处于困难状况的企业和事业经营者提供补助。具体措施有，不限地区和行业，按经营规模发放补助金，以帮助企业和事业经营者维持运转，补助金上限为法人250万日元、个体经营者50万日元。延长政府金融机构提供的实质无利息、无担保融资和危机应对融资等资金周转支援时限。面向感染扩大地区、经营困难企业，延长雇佣调整补助金特别措施的适用期限。针对能源价格高涨而产生运营成本和生活成本急剧上升的问题，对农业、渔业、运输业等相关行业与困难群体进行支援。

第三，促进社会经济活动重启和正常开展。具体措施有，发行电子疫苗接种证明，居民可以通过智能手机上的专门应用程序用个人编号卡进行申请并获取电子证明。通过“去旅游”“去餐饮”等政府补贴项目激发民间需求，对各类集会活动的召开和取消进行费用上的支持，促进社会经济活动重新开启。关注居民精神健康，对因孤独、孤立而遭遇困难的群众进行支援。

第四，及时跟进和审慎研判疫情形势。一旦疫情再度蔓延，应在争取国民理解的基础上，采取包括限制行动在内的机动措施。

（二）长期政策：构建日式“新资本主义”，“推动经济增长与分配的良性循环”

岸田对于“新自由主义”经济政策持批判态度。其认为，20世纪80年代以来，在世界范围内盛行的新自由主义思潮过于依赖市场和竞争机制，虽

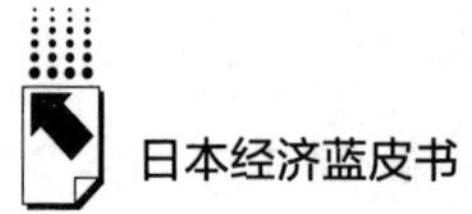

然这推动了世界经济发展，但也因此产生收入分配不均衡、贫富分化和贫困加剧、自然环境负荷过重以及气候问题日益严重等诸多弊端。目前，欧美国家已经在纠正弊端、探索具有更强劲发展动力的新资本主义模式。因此，日本应着力构建兼顾经济增长与分配的日式“新资本主义”，在世界经济与时代变革的挑战中发挥引领作用。日式“新资本主义”由经济增长战略与分配战略两个方面共同构成。

1. 经济增长战略

日式“新资本主义”下的经济增长战略主要包括：促进创新，推动科技立国目标实现，提升经济附加值；激发地方经济活力，构建与世界相连接的“数字田园城市国家”；应对气候变化，实现碳中和以及碳减排目标；推动经济安全保障政策实施等。

第一，促进创新，推动科技立国目标实现，提升经济附加值。具体措施有，重点扶持担负着社会创新重任的初创企业，培育新产业和新商业模式；调整初创企业上市规则，使其能够获得更大的发展空间。进行大学改革，创设规模为10万亿日元的大学科研基金，打造具有世界顶尖水平的研究型大学；重新整编扩充学士、硕士和博士课程，加强对科技领域的人才培养和年轻科研人员的培养；加快大学院系重组，培养超越文理科框架的综合、高端人才；促进研究与管理运营分离，让从事创新工作的研究人员与大学管理运营任务脱钩，更专注于研究；鼓励大学与当地中小企业联合开展创业活动；加大对数字经济、绿色经济、人工智能、量子技术、生命科学、宇宙和海洋领域等尖端科学技术的研究开发投入力度。为企业和社会机构进行研究开发提供税收优惠，创造有利于创新的良好社会环境。

第二，健全数字基础设施，促进数字化转型，激发地方经济活力，构建与世界相连接的“数字田园城市国家”。地方作为日式“新资本主义”的基石，面临老龄化和人口减少等社会课题，对数字化需求很大。因此，从地方开始推进导入数字化，发挥数字技术的作用以解决地方面临的人口减少、老龄化、产业空洞化等课题，缩小城乡差距，激发地方活力，并形成从地方扩展到全国的自下而上的发展模式。具体措施有，完善数字基础设施，推进远程办公、远程医疗、远程教育、自动配送、无人机送货上门、智慧农业、灾害防治等领域对数字技术的应用；用三年左右的时间建成环绕日本的海底电缆，即“数字田园城市超高速公路”，并与各地的大型数据中心、光纤和5G设施相配合，实现在日本全国任何地方都能获得高速大容量的数字化服务。推动数字化转型，发挥政府设立的主管部门“数字厅”的指挥塔功能；推进健康、医疗、护理、教育等准公共领域的数据活用，提升行政部门的在线化办理水平和一站式服务水平；确定数字社会变革的蓝图，明确各政府部门的职责，推进法规制度的修订。强化农林水产业的生产基础，提高旅游业的附加值，增加对地方公共交通系统的支援，促进文化艺术产业振兴。推进中小企业重组，提高中小企业生产效率和可持续经营能力。强化个人编号卡作为数字社会“护照”的功能，构建安全放心的数字社会，让全体国民切身感受到数字化的优点；推动个人编号卡与健康保险证、驾驶执照整合，并在智能手机上搭载个人确认功能，提高其便利性。此外，在现实与网络密不可分的当今时代，完善针对网络攻击的应对机制，强化企业的网络安全体系，防范数字社会面临的风险。

第三，应对气候变化，推动碳中和以及碳减排目标的实现。日本碳中和以及中期减排目标分别为，2050年实现碳中和、2030年实现温室气体排放量较2013年碳达峰时减少46%。为实现碳中和以及中期减排目标，将应对气候变化这一社会性课题转化为具有成长潜力的新市场、新领域，从中发掘新的经济增长点，需要最大限度地导入可再生能源，促进面向清洁能源领域的大规模投资。具体措施有，推动汽车的电动化，增加对蓄电池的投资，强化蓄电池和半导体的日本国内生产基础；通过对使用太阳能发电设备提供补贴等方式加强对可再生能源的应用，促进火力发电燃料向氨及氢燃料转换，对输配电网进行升级改造，推广清洁能源发电。不仅要在能源供给侧制定政策，在能源需求侧也要致力于促进技术创新和设备投资，从供需两侧做出全面规划，制定清洁能源战略。充分发挥日本的优势，在脱碳技术和基础设施建设方面与亚洲其他国家合作，向其脱碳进程提供帮助，并与亚洲各国携手主导技术标准的制定和国际基础设施的完善。

第四，推动经济安全保障政策的实施，提升战略物资与核心技术供应的稳定性，其本质是针对中国的。岸田提出，在世界各国获取战略性物资和重要技术的竞争不断激化的背景下，推动经济安全保障是当务之急。为此，岸田政府设立“经济安全保障推进会议”，并在内阁中设置经济安全保障担当大臣。在经济安全保障推进会议和经济安全保障担当大臣的主导下，由政府各部门共同推进经济安全保障政策实施。具体措施有，设立规模为5000亿日元的基金，用于支持半导体生产基地的日本国内布局和设备投资，以及面向人工智能、量子技术、生命科学、光通信、宇宙和海洋等尖端领域的研发投资。制定“经济安全保障相关法案”，打造强韧供应链，保障战略性物资的稳定供给；完善电力、通信、金融等基础设施建设过程中重要设备和系统的安全性事先审查制度以及涉及经济安全保障的敏感性发明专利的非公开制度等，防止关键技术流出；在确立经济安全保障体制的同时，吸引民间投资转向关系到经济安全的尖端领域和关键领域。需要注意的是，“经济安全保障相关法案”提出所谓的“四大支柱”，即强化包括半导体在内的供应链安全、对重要基础设施设备进行事前审查、加强尖端技术研发、专利非公开，体现出日本有意配合美国制衡中国的意图。

2. 分配战略

按照岸田政府经济政策的理念，追求经济增长固然非常重要，但是，没有分配就没有新的经济增长。虽然资本主义是建立在庞大资本之上的，但创造附加价值的源泉是能够产生创意构思、立意新颖的“人力资本”，也就是“人”。对“人”的分配不是成本或负担，而是面向未来的投资。只有将经济发展的果实有效地进行分配，唤起消费，才能带动新的成长。这是实现经济社会可持续发展、推动经济增长与分配良性循环的“新资本主义”的关键所在。因此，日式“新资本主义”下的分配战略主要包括：调整政府定价标准，强化公共部门的分配机能；为企业创造积极提高员工工资水平的环境，促进中小企业和大企业共同发展，面向“人”进行投资，强化民间部门的分配机能；扩大中产阶层，应对少子化问题等。

第一，调整政府定价标准，强化公共部门的分配机能。具体措施有，全面重新审视诊疗报酬、护理报酬、幼儿服务以及残疾人福利服务等由官方决定的服务价格标准，重点提高处于应对新冠肺炎疫情和应对少子老龄化最前线工作人员的工资待遇。对于从事日常护理、保育和幼教以及残疾人福利服务的工作人员，从 2022 年 2 月起，工资收入提高 3%，平均每月工资增加 9000 日元左右，全年工资增加 11 万日元左右。对于满足一定条件的专业医疗护理人员，从 2022 年 2 月起，工资收入提高 1%，并阶段性提高至工资收入的 3%，平均每月工资增加 12000 日元左右，全年工资增加 14 万日元左右。

第二，为企业创造积极提高员工工资的环境、促进中小企业和大企业共同发展、面向“人”进行投资，强化民间部门的分配机能。首先，设置法人税减税措施，鼓励企业提高员工工资。在满足当年度连续雇佣员工的工资薪金总额较上年度增加一定比例以上，并且当年度员工教育培训费较上年度增加一定比例以上的条件时，大企业最高可就当年度全体员工工资薪金增加额的 30% 直接抵免法人税；中小企业享受税收优惠的条件较大企业宽松，并最高可就当年度全体员工工资薪金增加额的 40% 直接抵免法人税。抵免上限均为当年度法人税总额的 20%。同时，对于大企业，如果工资薪金增加幅度达不到相应要求，则取消其与设备投资和研发投资相关的税收优惠待遇，通过奖惩结合的方式，从正反两个方向增强企业加薪的动力，督促大企业承担更多的社会责任。

其次，向中小企业提供补贴，促进大企业与中小企业共存共荣。向中小企业和小规模经营者开拓销售渠道、提高生产效率、进行革新性产品和服务开发等提供特别补贴，帮助中小企业创造提高员工工资和增加附加价值的来源。同时，推出以促进大企业和中小企业共同成长、构建可持续关系为目标的“伙伴宣言”，规范大企业与中小企业之间的业务分包承包制度，促进大企业与中小企业进行合作。

最后，对人力资本进行投资，促进就业方式多样化和提高女性就业水平。在未来三年内，制订总额为 4000 亿日元的人才培养计划，大力加强面向数字经济、绿色经济等新增长领域的人才转换和人才培养，从而使日本在以数字和绿色为关键词的世界经济大变革中，实现经济可持续增长。同时，加大对职业培训和再就业的财政支持力度，推动劳动力流动和升级顺畅化，完善继续教育和职业教育体系。听取各界意见，参考、学习海外的先进事例，重新构建公共职业培训体系。推广企业非财务信息公开制度，促使企业做到人才投资可视化。通过工作方式改革等推进就业方式多元化，促进各类型人才活跃，鼓励兼职、从事副业和远程办公，完善弹性工作制，改善非正式雇佣劳动者的待遇，强化对自由职业者的法律保护。此外，针对新冠肺炎疫情对女性就业造成更严重冲击的现实，增加对女性就业的支援，帮助女性度过“就业冰河期”。

第三，扩大中产阶层，应对少子化问题。聚焦承担日本未来的年轻一代和育儿家庭，力争大幅提升这些群体的收入。首先，将安倍政府时期设立的“全世代型社会保障研讨会议”变更为“全世代型社会保障构筑会议”，由全世代型社会保障改革担当大臣（同时也是新资本主义担当大臣）担任司会。以“全世代型社会保障构筑会议”为核心，重新审视制约女性就业的因素，努力构建全体劳动者皆加入保险的制度体系，进行育儿支援，减轻年轻一代和育儿家庭对子女和老人的家庭看护负担，抑制年轻一代和育儿家庭的社会保障负担增加，加快构筑既考虑到老年人又面向育儿家庭和年轻人的全世代型社会保障体系。其次，在打造生育友好型社会环境的同时，强化保护孩子生命和安全的各项措施。打造生育友好型社会，扩充保育制度，完善儿童保育机构，强化保育、幼教和小学教育的协作，充分利用地方保育资源，解决“待机儿童”即由于设施和人手不足等原因只能在家排队等待保育所空位的儿童问题。召开关于推进儿童政策的有识之士会议，站在儿童的角度，围绕儿童保护和教育的各种课题展开讨论，确定儿童政策的方向。最后，促进男性和女性共同参与社会活动，破除女性就业障碍，增加女性就业的机会，促进女性经济自立，杜绝家庭暴力，缩小男女工资差距，构建男女都能按照自身意愿参加工作的社会。通过全面导入这些政策，扩大中产阶层，培育未来社会的中坚力量。

（三）岸田政府经济政策的评价

日本国内对岸田政府经济政策的评价褒贬不一，在经济学界和企业界以批评声音居多。从政策内容来看，其重视分配，扭转日本社会贫富差距扩大的趋势；提高工薪阶层工资收入，增加对劳动者的分配；扶助育儿家庭和年轻一代，强调对“人”投资等，具有一定的积极意义。

同时，针对岸田政府经济政策及其提出的日式“新资本主义”，日本国内批评声音众多。批评的观点主要集中在概念不清，新意匮乏，一些主张相互矛盾；逻辑欠妥，政策实际效果可能有限；政策的实施依赖增加财政支出和举债，影响经济社会可持续发展等方面。

总体来看，岸田政府试图打造有别于前两任政府的政策体系，但目前推出的政策措施被指责缺乏新意、拼凑感强。其提出从“新自由主义”转换，构建日式“新资本主义”，存在概念混淆、空喊口号之嫌，但从积极方面来看，强调分配、重视民生、对“人”投资等理念也有一定可取之处。在经济长期低迷、新冠肺炎疫情对经济社会造成严重冲击的大背景下，日本政府更需要构建逻辑清晰、体系连贯，真正能够解决日本现实问题，实现经济、社会、财政、环境可持续发展的政策体系。

三　日本经济展望

进入 2022 年，全球新冠肺炎疫情形势依然严峻。2022 年 1 月，IMF 在《世界经济展望报告》中指出，新冠肺炎疫情时间延长、奥密克戎变异毒株感染人数激增、能源价格上升和供应链中断等因素对全球经济增长造成下行压力，预期 2022 年全球经济增长率由 2021 年 10 月预测时的 4.9%下调至 4.4%。[①] 2022 年 4 月，IMF 再次下调 2022 年全球经济增长率预期至 3.6%。[②] 同时，疫苗的广泛接种和各国经济社会活动的逐渐正常化对于全

① International Monetary Fund, “World Economic Outlook Update January 2022,” https://www.imf.org/en/Publications/WEO/Issues/2022/01/25/world-economic-outlook-update-january-2022.

② International Monetary Fund, “World Economic Outlook April 2022,” https://www.imf.org/en/Publications/WEO/Issues/2022/04/19/world-economic-outlook-april-2022.

球经济摆脱新冠肺炎疫情的阴影带来希望。就日本经济而言，依然是机遇与风险并存。机遇主要来自外部经济环境趋好，受疫情影响被抑制的内需可能迸发出来，数字经济和绿色经济可能成为日本经济的新增长点；挑战主要来自新冠肺炎疫情对宏观经济的影响存在不确定性，能源价格上涨也可能对刚进入复苏轨道的日本经济造成打击。

（一）日本经济短期走势

总体来看，尽管存在各种变数，未来一两年内，随着新冠肺炎疫情的影响慢慢趋于缓和，外需逐渐恢复，宽松的金融环境以及日本政府的经济政策会发挥一定的作用，在这些因素的支撑下，预计日本经济前景将呈现逐渐改善的趋势。但是，疫情形势仍在反复，特别是进入 2022 年第一季度后，受疫情再次扩大的影响，以服务业消费为中心，经济下行压力非常大，因此，预计经济恢复的速度将保持比较缓慢的状态。

从影响宏观经济的因素来看，在个人消费方面，虽然 2021 年第四季度消费回升的趋势已经非常明显，但由于受到第六波疫情的影响，2022 年第一季度，消费再次受到冲击，以服务业为中心，个人消费的恢复仍将面临较大的压力。此后，随着疫苗的普及，疫情防控和消费活动能够同时开展，劳动者的收入状况也得到改善，个人消费的增加趋势将逐渐明显。如果经济社会活动能够正常开展，那么疫情下积累的接近 60 万亿日元的家庭过剩储蓄有望部分回馈消费。但是，由于劳动者家庭的可支配收入长期停滞不前，其对将来的不安感等将可能导致平均消费水平下降。

在企业设备投资方面，虽然其仍然受到资源价格上涨、交易条件恶化、零部件供给限制等因素的影响，但是在国内外需求恢复的大背景下，企业收益和营业状况整体在持续改善。设备投资虽然在面对面型服务业等一部分行业的表现还比较微弱，但在企业收益的改善、宽松的金融环境以及政府经济政策的支持下，整体正在恢复。今后，以机械设备投资、数字化相关投资、碳中和相关研究开发投资等为中心的投资增加趋势将更加明确。但是，疫情的延长和国际政治局势的紧张仍有可能造成关键零部件和原材料的供应链中断和供给受限，这就会对企业收益和设备投资的增加产生压力。

在进出口贸易方面，2021 年，日本出口和进口在 2020 年大幅下降的基础上出现报复性强势复苏，出口增长率和进口增长率均在 20%以上。此后，在世界性生产活动逐渐恢复的背景下，包括生产资料和信息通信行业在内，预计需求将广泛增加，从而带动出口继续增长。特别是随着零部件供应受限的缓和，以及全球对数字化相关需求的增加，预计与汽车产业、数字经济相关的出口将明显增加。但疫情下的触底反弹已经出现在 2021 年，未来出口即使继续增长，增长率也会回落，这是正常的现象。能源价格的上涨和世界性的通货膨胀将继续推升进口额，贸易收支仍有可能是逆差。此外，在日本执行入境限制和出国限制期间，海外入境消费等服务业出口呈现持续低迷状态，随着这些限制逐步放宽，服务业出口预计也将逐渐恢复。

在就业和收入环境方面，虽然部分行业的就业和收入有所改善，但整体改善的趋势比较微弱。随着国内外需求的恢复，以医疗、社会福利、信息通信、建筑业等人手不足比较明显的行业为中心，正式员工的数量将持续增加，并且随着疫情的影响逐渐缓和，面对面型服务业等的非正式员工的数量也会增加。但是，企业通过活用现有员工也可以应对需求增加，因此就业人数的增加速度预计会比较缓慢，失业率将暂时保持现有的水平，随着经济活动的恢复，其可能慢慢下降。

在工资方面，在人手不足现象持续、最低工资上升和面对面型服务业供需改善等因素共同作用下，“规定内工资”将逐渐上涨，并且，随着企业业绩和经济活动的改善，“规定外工资”和“特别工资”会稳步增加。总体来看，劳动者工资将持续缓慢上涨。①

此外，日本政府力推的数字经济和绿色经济有望成为日本经济的新增长点。为促进碳中和与碳减排目标的实现，日本政府出台“绿色增长战略”，在国家层面做出规划，划定具有成长潜力且重点扶持的产业，进行所有政策

① 日本銀行「経済・物価情勢の展望（2022 年 1 月）」、https：//www. boj. or. jp/mopo/outlook/gor2201b. pdf。

总动员，以期营造便于民营企业参与的环境，促进企业创新和投资，创造经济与环境的良性循环。① 例如，在财政预算中特别设置总额为2万亿日元的“绿色创新基金”，主要支持在迈向碳中和社会的过程中不可缺少的、具有基础作用的重点产业，预计这将诱发民间企业的研究开发和设备投资15万亿日元。可以预见，数字化和碳中和不仅是日本国内产业结构调整的重点方向，也是日本未来增强国际竞争力、争取海外市场、强化国际规则主导权的重点领域。

能源价格上涨和国际政治局势紧张对日本经济恢复造成压力。一方面，随着世界经济复苏，各国对原油等资源的需求量增加；另一方面，在脱碳化的国际大趋势下，与资源开发相关的投资也被抑制，因此，资源价格在世界范围内普遍高涨。从2021年末开始，由于乌克兰局势紧张，原油价格进一步上升。日本的资源主要依赖进口，资源价格上涨将带动进口物价上涨，从而导致交易条件恶化，收益向海外流失而产生“交易损失”，因此间接降低GDP。从企业的角度来看，由于原材料成本和进货价格增加，企业收益将受到挤压，设备投资动力不足。对于产值中能源的中间投入占比较高的行业，如矿业、化学、自来水、废弃物处理、造纸、金属、运输、纺织等，这些行业的企业受到的影响会更大，收益恶化的风险也更高。从个人消费的角度来看，如果企业收益下降导致就业和收入环境恶化，家庭的购买力就会进一步下降，并且，随着价格转嫁，消费品零售价格将上升，这会对个人消费造成打击。根据日本智库的预测，原油价格上升将造成2022年度日本实际GDP显著下降。②

鉴于新冠肺炎疫情逐渐缓解，全球经济社会活动趋于正常化，中国经济稳定增长，日本经济发展的外部环境趋好。再加上经过数波疫情演进，日本积累了许多经验与教训，对于防控疫情和恢复经济的调控能力有所增强。因

① 日本経済産業省「2050年カーボンニュートラルに伴うグリーン成長戦略」、https：//www. meti. go. jp/press/2021/06/20210618005/20210618005-4. pdf。

② 神田慶司等「日本経済見通し：2022年2月」、大和総研、https：//www. dir. co. jp/report/research/economics/outlook/20220221_ 022866. pdf。

此，可以预测，2022年，日本经济持续缓慢复苏的可能性较大。根据2022年4月IMF的预测，2022年，日本实际GDP增长率约为2.4%。[①] 日本内阁府和日本银行对2022年度日本实际GDP增长率的预测值分别为3.2%和2.9%。[②] 因此，在国内外疫情得到有效控制、日本政府的经济政策能够起到一定实际效果的比较乐观的情况下，2022年，日本经济有望恢复到疫情前的水平；但是，国际政治经济形势紧张、能源价格高涨给日本经济恢复带来很大的不确定性，日本内阁府和日本银行预期的3%左右的增长率基本很难达成，甚至经济有可能重陷负增长状态。

（二）日本经济中长期展望

对于日本经济中长期展望需要考虑以下几个影响因素：其一是日本经济发展的外部环境即世界经济的发展趋势；其二是日本潜在经济增长率能否提高，亦即困扰日本经济发展的长期痼疾能否治愈或缓解。

从日本经济发展的外部环境来看，随着疫情的影响逐渐平息，世界经济进入复苏和增长轨道，特别是中国经济中高速增长还将持续较长时间，这是促进日本经济中长期发展的利好因素。而且，日本也在积极适应全球经济发展的新变化，即便是在经济环境相对不利的2020年前后，也相继完成了日欧EPA、CPTPP、RCEP、日英EPA等自贸协定的签署，推动CPTPP扩容进入实质性阶段，对于由数字经济、绿色经济引领的全球经济变革也在积极进行准备。虽然疫情的影响可能长期化，地缘政治紧张局势也会给国际环境带来变数，但相对来说，日本经济发展的外部环境仍然可期。

但是，日本国内经济环境依然十分严峻，制约经济发展的长期痼疾几乎无一得到解决，有些甚至越来越严重。其一是人口少子老龄化问题。根据

---

① International Monetary Fund, “World Economic Outlook April 2022,” https://www.imf.org/en/Publications/WEO/Issues/2022/04/19/world-economic-outlook-april-2022.

② 内閣府「令和4年度の経済見通しと経済財政運営の基本的態度(令和4年1月17日閣議決定)」、https://www5.cao.go.jp/keizai1/mitoshi/2021/r040117mitoshi.pdf；日本銀行「経済・物価情勢の展望（2022年4月）」、https://www.boj.or.jp/mopo/outlook/gor2204b.pdf。

2021年9月日本总务省的统计，日本65岁以上老龄人口数量已经达到3640万人，较上年增加22万人，为过去最高水平；老龄化率，即65岁以上老龄人口占总人口的比例，已经达到29.1%，较上年上升0.3个百分点，也为过去最高水平。[①] 随着少子老龄化迅速发展，劳动年龄人口和总人口减少，劳动力不足、国内市场萎缩等问题逐渐显性化。同时，政府在年金、医疗、护理等社会保障方面的支出持续增长，导致社会保障费用膨胀，财政面临巨大压力。在2022年度财政预算中，社会保障支出占财政总支出的比重达到33.7%，即约1/3的财政支出被社会保障相关费用占据。[②]

其二是长期债务问题与超宽松货币政策的隐患。从日本国内经济发展环境来看，2018年10月，付出巨大政策代价的战后第二长经济景气期已经结束，“安倍经济学”的所谓“三支箭”已经将货币政策和财政政策几乎用至穷尽。更为严重的是，受到疫情的冲击，日本银行不得不采取更大力度的宽松政策，这样做的结果就是距离退出异常的超宽松货币政策的“出口”越来越远。从财政政策来看，为应对疫情，日本政府多次出台超大规模刺激经济的政策，岸田政府提出“先考虑经济增长，再考虑财政健全”的口号，这就造成财政收支差距扩大，政府债务不断累积，实现基础财政平衡转为盈余的财政健全化目标遥遥无期。日本国债余额由2010年度的636万亿日元增长至2015年度的805万亿日元，又增长至2020年度的947万亿日元，并在2021年度突破1000万亿日元；包括中央政府、地方政府和社会保障基金在内的一般政府债务余额占GDP的比重在2021年度已经达到256.9%，在主要发达国家中最高，接近美国（133.3%）的两倍，大大超出德国（72.5%）、法国（115.8%）、英国（108.5%）的水平。[③]

其三是创新能力增速趋缓。近年来，日本科技创新实力、显性科技创新

---

① 総務省「統計からみた我が国の高齢者」、https://www.stat.go.jp/data/topics/pdf/topics129.pdf。

② 財務省「令和4年度予算政府案」、https://www.mof.go.jp/policy/budget/budger_workflow/budget/fy2022/seifuan2022/index.html。

③ 財務省「我が国の財政事情(令和3年12月)」、https://www.mof.go.jp/policy/budget/budger_workflow/budget/fy2022/seifuan2022/04.pdf。

成果数量的增速相对趋缓。根据世界知识产权组织（WIPO）发布的《全球创新指数》报告，2007 年，日本创新指数排在全球第 3 位，但是之后排名便趋于下滑。2019 年，创新指数排名中，日本排在第 15 位；2020 年，降至第 16 位；2021 年，日本排名有所回升，排在第 13 位。① 但是，日本的研发投入持续增加，大学与私营企业的合作项目数量、研发经费不断增长，产学研合作愈加深化。在过去 10 年中，日本在专利家族（在两个或两个以上国家/地区申请的专利）数量上保持世界第一的地位。② 可见，日本的科学成果的国际认可度较高，科学技术实力仍不容小觑。

其四是潜在经济增长率持续下降。根据日本银行的测算，自泡沫经济后的 20 世纪 90 年代初以来，日本潜在经济增长率基本呈现下降趋势，在第二次安倍内阁的 2013 年以后有所回升，最高点出现在 2015 年前后，为 1%左右，但此后又开始下降，到 2021 年已经降至 0. 5%左右的低水平。③ 今后，随着疫情的影响慢慢弱化、数字化转型逐渐推进以及资源分配更加有效率，全要素生产率（TFP）的增长率有望持续缓慢上升；劳动时间减少的趋势将逐渐缓和，资本存量增长率也将出现循环性提高的情况。在这些因素支撑下，潜在经济增长率有望缓慢回升。但是，目前，包括应对数字化和气候变化在内，面向后疫情时代的经济和产业结构调整、企业革新和生产要素流动等仍处于缓慢进行或者停滞状态，对于未来推动 TFP 增长率上升的因素，如创新和资源优化配置等，也具有很大的不确定性。因此，未来日本潜在经济增长率将在一段时间内处于较低水平，能否持续回升有待观察。

总体来看，中长期的日本经济也是机遇与挑战并存，后疫情时代世界经济的恢复和增长、中国经济的高质量稳定发展给日本经济带来了机遇，而且日本为适应全球经济复苏、经济全球化深度发展的新形势，加速了自贸区战

---

① 《全球创新指数》2007～2021 年报告参见《全球创新指数》，世界知识产权组织网站，https：//www. wipo. int/global_ innovation_ index/zh/。

② 日本科学技術・学術政策研究所「科学技術指標 2021」、https：//www. nistep. go. jp/research/science-and-technology-indicators-and-scientometrics/indicators。

③ 日本銀行「経済・物価情勢の展望（2022 年 1 月）」、https：//www. boj. or. jp/mopo/outlook/gor2201b. pdf。

略的实施，并取得实际进展，为日本经济与东亚、亚太、欧洲、北美区域经济的深度融合打下了基础。但是，日本国内经济情况并不乐观，深层次的结构性问题难以解决。受国内市场狭窄所限，个人消费难以大规模提高；人口深度老龄化趋势基本无法逆转，社会保障基金的缺口会越来越大，经济活力在减弱，整个社会的不安感也在增强。在财政金融领域，日本的财政状况是世界主要经济体中最差的，政府长期债务负担早已成为高悬在日本政府头上的“达摩克利斯之剑”，疫情以来，日本又增发数以百万亿日元的巨额国债，这使财政状况进一步恶化。可以说，不断增加的长期债务负担正在成为掣肘日本经济发展的关键性因素。超宽松的货币政策措施集中于短期纾困目标，现有政策在微观上对企业的长期可持续发展的支撑作用有限；在宏观上，政策工具失效，其可能遭遇潜在经济风险显性化问题。再加上地方经济不振、创新能力减弱、潜在经济增长率下降等难题的长期困扰，从中长期看，日本经济恐怕难以摆脱低迷、慢性衰退的命运。

四　结语

日本当前最重要的任务是控制疫情和恢复经济。日本经济是外需主导型经济，出口对日本经济至关重要。从战后日本经济发展的经验来看，经济景气循环一般是遵循“出口扩大→生产扩大→设备投资扩大→雇佣扩大→收入扩大→个人消费扩大”的路径完成的，反之亦然。扩大出口是日本实现经济复苏的突破口。中国是日本最大的贸易伙伴和重要的投资伙伴。本报告认为，加强中日经贸合作对日本促进经济复苏具有特殊意义，对中国经济高质量发展同样具有重要意义。

在全球疫情形势依然严峻的情况下，单边主义、贸易保护主义的影响犹存，世界经济的不确定性依旧，但中国经济的稳定发展是确定的。2020 年，在新冠肺炎疫情对全球经济造成巨大压力的背景下，中国经济实现 2.3%的正增长，中国是全球主要经济体中唯一实现正增长的国家，2021 年，中国经济增长率达到 8.1%，领跑全球主要经济体和新兴市场国家。在中日双边贸易方面，2020年，中国再次成为日本最大的出口市场，日本对中国的出口额占日本出口总额的比重超过20%，这一趋势在2021年继续保持，日本自中国的进口额占日本进口总额的比重接近25%。同时，在疫情的冲击下，区域供应链的重要性更加凸显，RCEP的签署和生效为中日经贸合作开辟了更广阔的空间。在RCEP框架下，中日之间首次建立双边自贸关系，这有利于促进中日供应链深度融合，共同维护区域供应链稳定。

在国内国际双循环相互促进的新发展格局下，加强中日经贸合作十分必要。事实上，中日经贸合作在众多领域都有广大的发展空间。从双边贸易来看，根据中国海关的统计，近年来，中国对日本的出口额在中国出口总额中所占的比重逐渐下降，到2021年仅有4.9%，中国自日本的进口额在中国进口总额中所占的比重也只有7.6%，中日贸易仍有潜力可挖。从投资来看，近几年，日本对华直接投资年均为30多亿美元，尚不足高峰年2012年73.5亿美元的一半，中国对日本的直接投资大部分年份处于3亿~5亿美元的低水平，虽然2021年出现显著增长，但累计总额也仅有50亿美元左右，可以说尚处于起步阶段。从主要合作领域来看，应重点加强中日两国在产业链完善、科技创新、节能环保、医疗康养、数字经济以及第三方市场的合作。从当下情况来看，应以做好2022年中日邦交正常化50周年各项纪念活动为契机，营造良好氛围，充分利用RCEP等区域合作平台，争取早日启动中国加入CPTPP谈判程序，推动中日韩FTA谈判进程，提升中日经济合作的质量与水平，促进中日两国经济发展，为引领全球经济复苏做出贡献。

分 报 告

Situation Reports

B.2

日本财政："扩张"政策与"破产"危机

刘 轩*

摘 要： 泡沫经济崩溃后，为重振经济，日本政府不断推出财政扩张政策，加之财政收支严重失衡，赤字国债急剧增加，日本财政面临破产危机。面对新冠肺炎疫情，日本政府推出超强度财政金融刺激政策，两年四次大幅增加补充预算，日本银行大量收购日本国债，增加市场资本授信，在一定程度上缓解了企业经营危机和居民生活压力，却进一步增加了日本财政的破产风险。岸田文雄政府的"新资本主义"缺乏政策"新意"，行动空间有限，事实上，日本正在自觉不自觉地尝试"现代货币理论"逻辑下的政策冒险。

关键词： 日本财政　紧缩财政　扩张财政　新资本主义　现代货币理论

---

* 刘轩，历史学博士，南开大学日本研究院教授，南开大学世界近代史研究中心研究员、全国日本经济学会理事，主要研究领域：日本经济政策、日本经济史。

泡沫经济崩溃以后，日本经济陷入长期低迷和通货紧缩之中。财政收支严重失衡，赤字国债不断累积，使日本财政面临严峻的破产危机。为应对新冠肺炎疫情，日本政府紧急推出多种超强度财政金融刺激政策，虽然在一定程度上缓解了疫情对正常经济生活的冲击，但大大加剧了国债负担，极度压缩了日本政府的政策行动空间，并严重威胁日本现行的财政金融信用体系，使日本自觉或不自觉地践行"现代货币理论"无限制赤字国债逻辑并承受其后果。

一 "破产"危机中的日本财政

2021 年 10 月 8 日，财务省事务次官矢野康治在《文艺春秋》（2021 年第 11 期）发表《如此下去国家财政将破产》一文，痛斥众议院选举前各个党派的"撒钱混战"。"一方面高调提出数十万亿日元的大规模对策，另一方面冻结财政收支黑字化，甚至还要降低消费税税率等，好像国库中有数不尽的黄金，每天听到的都是这些声音。""听着最近的'撒钱混战'政策，难道这就是不得不为的大和魂吗？我已经不能再沉默下去了，如果不在这里说出该说的话，我觉得实在是有些卑怯！"[①] 在矢野看来，今天的日本就像"泰坦尼克"号一样，正在向冰山（债务）挺近。"泰坦尼克"号在撞上冰山前没有发现冰山的存在，与之不同的是，日本在很早以前就注意到了冰山（债务）的存在，只是由于被迷雾笼罩，不清楚具体在何时撞上了冰山，因而缺少了对船撞之后沉没的恐惧感。矢野康治的文章在日本社会引起轩然大波。积极财政派政治家对此加以猛烈批判，甚至要求其辞职。

对于新冠肺炎疫情时期的财政政策，"安倍经济学"之父滨田宏一认为，"现在处于由于新冠肺炎疫情出现人员死亡、经济无法正常运转的非常时期。虽然零利率政策长期化，但仅凭金融政策无法防止失业和物价下跌，危机正在逼近。为防止出现极端通货膨胀，必须对困难者和将来成为劳动者

① 矢野康治「このままでは国家財政は破綻する」、『文藝春秋』2021 年 11 月号。

的年轻人给予积极财政支持。在阻止由于通货膨胀可能引发的问题时，不能实行过度紧缩的财政和金融政策”①。在滨田宏一看来，当代正在流行的“现代货币理论”是消除对均衡财政的诅咒的解毒剂。②

现代货币理论认为，“主权政府债券的出售与货币政策操作功能相同”，“主权政府在本国的货币制度下不可能破产，政府完全可以偿还任何以该国货币支付的债务”。③ 因此，只要一国政府拥有本国货币的发行权，就可以通过中央银行增发货币，消化由于财政赤字引起的巨额债务。在不引起严重通货膨胀的条件下，即使赤字国债持续增加，也不会导致财政破产。对于20世纪90年代出现的现代货币理论，目前的评价褒贬不一。主流经济学家认为，现代货币理论逻辑含混不清，政策主旨的后果非常危险。美联储主席鲍威尔就曾公开表示，现代货币理论“完全错误”。但是，滨田宏一认为，现代货币理论的主要思路是正确的，日本的“国债还有充足的空间，即使日本国债与GDP的比例达到1000%也没有关系”。④ 与滨田的观点相似，斯蒂格利茨认为，日本的国债主要以本国货币发行，由于政府拥有无限制支付能力，政府赤字和债务扩大不会出现问题，因此应该将日本的财政不均衡作为主要的问题来对待。2017年3月，在日本内阁召开的经济财政咨询会议上，斯蒂格利茨建议将日本政府和日本银行持有的国债进行“无效化”处理，或者将债务转换成“永久债或长期债”，以借此转移政府面临的利息上升风险，缓解日本财政面临的破产风险。⑤

与之相对，财政紧缩派认为：“如果一直不进行财政重建，政府债务

---

① 長野光「MMTに改宗した浜田宏一氏が語る、財務省は頭の中を変えるべき」、『JBpress』2021年11月12日、https://jbpress.ismedia.jp/articles/-/67685。

② 西井泰之「浜田宏一氏が語る『MMTは均衡財政への呪縛を解く解毒剤』」、『週刊ダイヤモンド』2019年7月16日。

③ 〔美〕L.兰德尔·雷：《现代货币理论：主权货币体系的宏观经济学》，张慧玉等译，中信出版社，2017，第3~4页。

④ 浜田宏一「国の借金はまだまだできる—アベノミクス生みの親『矢野論文』大論争！—」、『文藝春秋 digital』2021年11月10日、https://bungeishunju.com/n/nc953088c9ac3?magazine_key=m90004adde5d7。

⑤ 高橋洋一「報道されなかったスティグリッツ教授『日本への提言』の中身」、『ダイヤモンド・オンライン』2017年4月6日、https://diamond.jp/articles/-/123825。

就将持续增加，不知什么时候，但早晚一定会破产，也许就在不久的将来。"日本财政虽然并不一定马上破产，但是把讨论财政破产列为禁忌，是在重演历史上典型的"无错误性逻辑"，即"因为不能失败，所以没有必要考虑失败时的事情，也不能考虑"。本着日本必胜的自我麻醉精神而不去考虑失败之事，"表面看来似乎合乎道理，实际上是完全不合理的日本式思维"。①

在财政重建派看来，所谓"日本财政不可能破产"的论调只不过是神话，如此下去，日本财政不是可能破产，而是100%必然破产。②"现代货币理论"和"本国通货持有国安心论"是完全错误的。日本是否会发生财政破产危机，关键不在于这些债务是否基于本国货币产生，而在于日本政府是否能够持续获得资金支持。一旦由于利率大幅提高或汇率发生较大变动而出现商业银行等金融机构不再继续购买国债的情况时，依靠赤字国债维持的日本财政必将破产。③

所谓财政破产危机，是指日本现存"天量"国债的不履行风险，即日本政府无法支付各种债务（国债、地方债、财政投融资债等）的本金和利息。长期以来，日本政府奉行"平衡财政"原则，量入为出。1965 年，日本出台《特别公债法》，决定发行一年期的赤字国债，以补充预算支出的不足。1975 年，为应对石油危机冲击，日本财政出现大规模赤字，日本政府决定再次发行赤字国债。1975 年以后，除 1990~1993 年外，日本政府每年都通过制定《特别公债法》，发行赤字国债，而且发行规模不断扩大。

1994 年度，日本政府再次发行赤字公债，其中包括减税特别国债 3.3

① 小林慶一郎「財政破綻という最悪の事態に備えを」、東京経済財団研究所『論考』2018 年 9 月 14 日、https：//www. tkfd. or. jp/research/detail. php？ id=79。

② 小幡績「『このままでは国家財政破綻』論は1%だけ間違いだ：矢野財務次官と筆者との『決定的な違い』とは?」、『東洋経済オンライン』2021 年 10 月 16 日、https：//toyokeizai. net/articles/-/462445。

③ 小幡績「このまま行けば日本の財政破綻は避けられない—『MMT 理論』(现代货币理论)、『自国通貨持つ国は安心』は大間違い—」、『東洋経済』2021 年 11 月 27 日、https：//toyokeizai. net/articles/-/471734。

万亿日元、震灾国债 0.8 万亿日元，当年政府债务总额达 431.0 万亿日元。此后，日本政府多次实施扩张财政政策，导致赤字公债规模不断扩大。截至 2021 年 10 月，日本累计债务总额高达 1421.7 万亿日元，为当年 GDP 的 256%（见图 1）。对于如此庞大的国债，日本政府何时能够清偿？是否打算清偿？日本财政到底存在多大程度的破产风险？严峻的财政形势一直困扰日本政府。

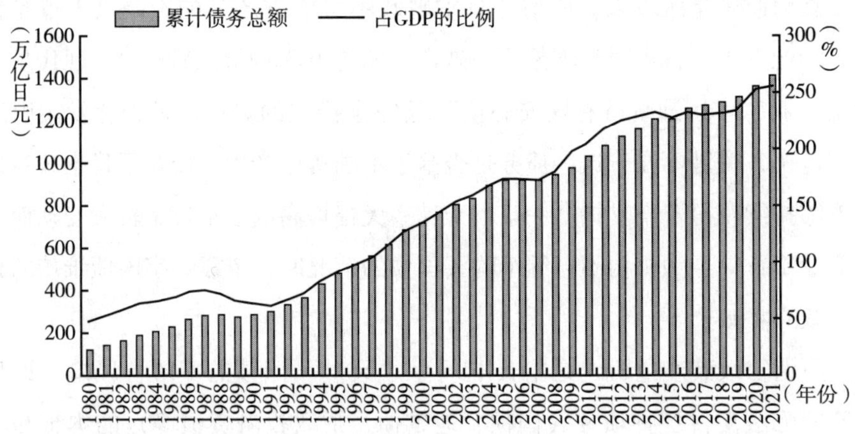

图 1　1980~2021 年日本政府累计债务总额及其占 GDP 的比例的变化

注：图中 2021 年指截至 2021 年 10 月。

资料来源：IMF，“World Economic Outlook，” Ocotober，2021。

泡沫经济崩溃后，伴随着日本经济低迷和巨额国债膨胀，日本政府内部始终存在财政紧缩派（财政重建派）、结构改革派与积极财政派之间的争论。桥本龙太郎内阁时期，日本政府曾经推动财政改革以实现财政重建，但最终以失败而告终。小泉纯一郎内阁时期，日本政府全力推动经济结构改革，日本的公共投资管理体制虽然得到一定调整，却未能根本解决赤字财政问题。第二次安倍晋三内阁时代，在“安倍经济学”的政策逻辑下，日本政府实行“超量化宽松”金融政策，并辅以机动财政政策，但日本经济始终未能真正摆脱通货紧缩状态。由于日本银行长期无限制增发基础货币，日本经济已经走入低利率甚至零利率下的“流动性陷阱”。

二　新冠肺炎疫情下的财政扩张及其问题

为抑制新冠肺炎疫情的蔓延，日本政府积极运用财政、金融、税收等政策手段加以应对。从新冠肺炎疫情对日本社会的冲击看，相比欧美等国家，日本的人均感染数和死亡数都相对较少。然而，日本政府采取了历史上空前的财政扩张政策。2020 年 4 月，日本政府提出紧急补充预算，在 2020 年度原定预算支出 102.7 万亿日元的基础上，增加预算 25.7 万亿日元。随后分别在 5 月和 12 月提出 31.9 万亿日元和 15.4 万亿日元的补充预算。通过三次补充预算，共增加预算支出 73 万亿日元，2020 年度预算支出高达 175.7 万亿日元（见图 2）。

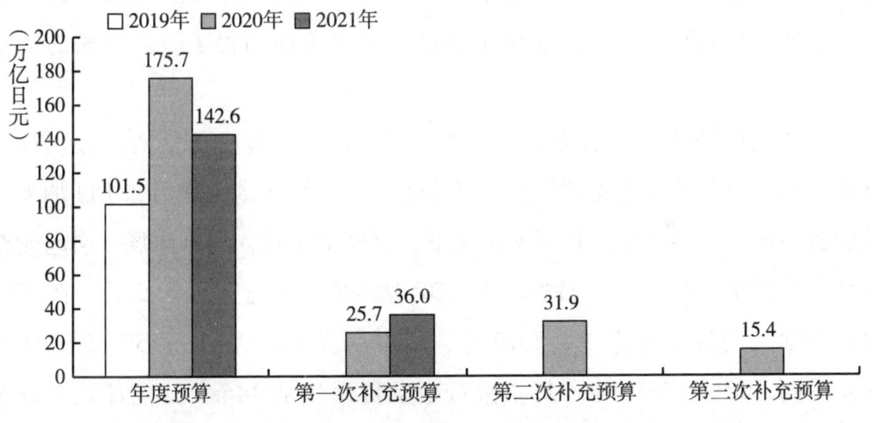

图 2　日本应对新冠肺炎疫情的预算调整

资料来源：财務省『財務省の政策—毎年度の予算・決算—』、https://www.mof.go.jp/index.htm。

过度扩张的财政金融刺激措施在一定程度上缓解了企业破产和雇佣压力，增强了居民的消费信心，客观上起到了稳定经济预期的作用。伴随着日本银行大量基础货币的投放和巨额财政支出、公共资金的投入，日本股票市场迎来了疫情时期的异常繁荣。

泡沫经济崩溃后，日本股票市场长期萎靡不振，日经指数一直徘徊在10000点左右。为使日本经济走出低谷，日本政府不断推出财政刺激政策，但始终未能摆脱低迷萧条。在小泉结构改革时代和2008年世界金融危机时期，日经指数几度跌至8000点以下的历史低位。第二次安倍内阁时代，为彻底打破通货紧缩局面，日本政府人为制定了2%的通货膨胀目标，大力推行“超量化宽松”政策，不断加大财政投入和基础货币投放力度，使股票市场持续上涨，日经指数较长期维持在20000点左右（见图3）。

新冠肺炎疫情在日本蔓延后，一度冲击日本股市，使日经指数迅速下跌。此后，伴随着大规模财政金融政策的不断推出，股票市场快速反弹，日经指数多次超过30000点的关口，大型企业的经营效益得到了有效改善。通过日本股票市场在疫情背景下的异常繁荣可以看出，上市大型企业不仅遭受疫情的冲击相对较小，而且还由于各种刺激政策而赢得了较为宽松的资本空间。

自“安倍经济学”实施后，日本经济出现一定程度的活力，特别是大型企业的经营环境改善主要得益于日本银行过度释放基础货币和不断加大财政刺激力度。在零利率或负利率背景下，巨额资金进入资本市场，引起股票市场异常活跃。2012年，日本名义GDP达500.5万亿日元。此后，在“安倍经济学”的猛烈刺激下，2019年，日本名义GDP上升至558.5万亿日元。然而，2012~2019年，日本银行基础货币量从146.0万亿日元上升至509.8万亿日元。2020年，为减轻新冠肺炎疫情冲击，日本银行继续加大基础货币投放力度，一年内新增133.8万亿日元，基础货币量达到643.6万亿日元；2019~2020年，日本预算支出增加74.2万亿日元，2020年达到175.7万亿日元，国债增加108.6万亿日元（见图4）。

从资本流动趋势看，由于日本政府和日本银行的大规模资金注入，日本金融市场较为活跃，商业银行的信贷能力有所增强，企业融资渠道十分充裕。然而，从近十年资本流动情况看，日本商业银行并没有出现明显的贷款增加趋势。在新冠肺炎疫情初期，资本市场出现短暂的大幅波动，但伴随着

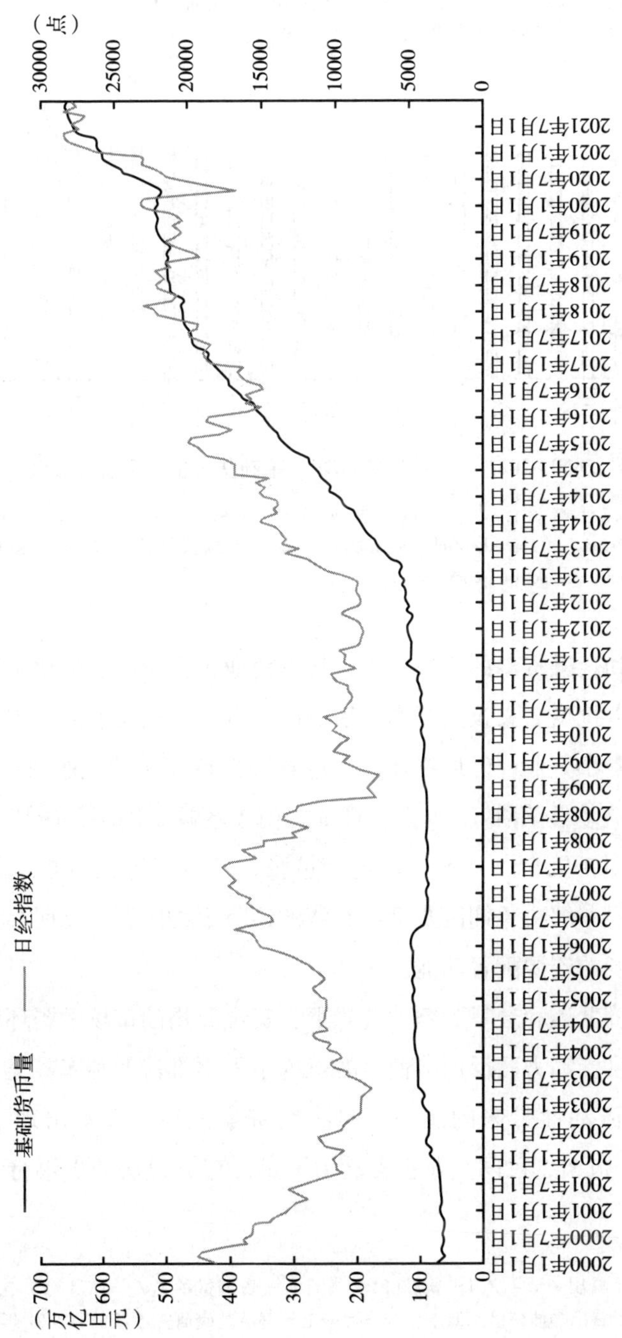

图3　基础货币量与日经指数的变化

资料来源：日本銀行『日本銀行関連統計マネタリーベース』、「日経平均株価」、https：//indexes. nikkei. co. jp/nkave。

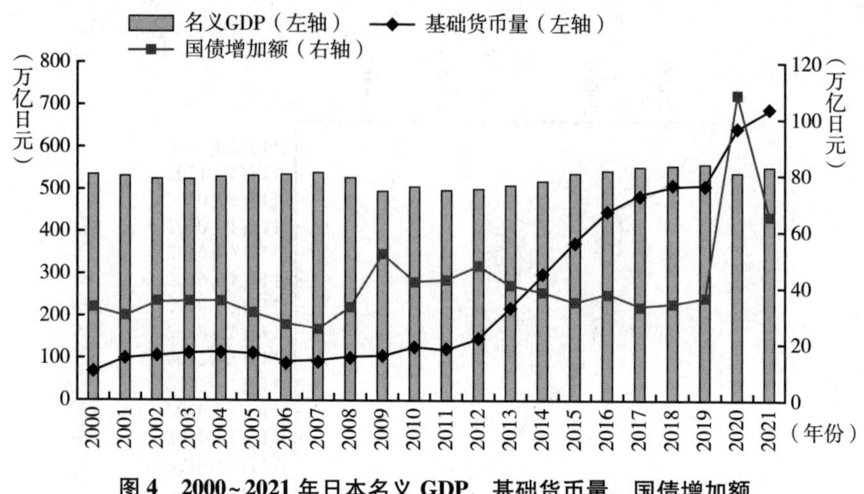

图 4　2000~2021 年日本名义 GDP、基础货币量、国债增加额

资料来源：日本銀行『日本銀行関連統計マネタリーベース』、https：//www. boj. or. jp/statistics/boj/other/mb/index. htm；内閣府『国民経済計算（GDP 統計）』、https：//www. esri. cao. go. jp/jp/sna/menu. html。

政府财政资金和金融资本的积极介入，日本商业银行贷款的变化幅度趋于平缓。事实上，以抗疫名义投入资本市场的巨额资金，表面上用于支持受到疫情影响较大的中小企业，但最终往往通过各种渠道变相转入股票市场①，并事实上造成“流动性陷阱”。今天，日本国内市场缺少的不是融资渠道，而是投资动力和创新机会。日本财政过度扩张，日本银行无限制地超量化宽松，非但不能根本解决长期困扰日本经济的通货紧缩问题，反而会进一步严重扭曲资本市场的资源配置功能。

在长期经济低迷和通货紧缩的背景下，资金充裕的市场融资环境不能直接激发企业的投资动力，反而迫使金融机构不得不维持低利率甚至负利率并面对这种过度流动性带来的压力。泡沫经济崩溃后，日本出现了严重的“资产负债表”危机，民间企业投资动力不足，想方设法减少银行贷款，结

① 上野剛志「貸出・マネタリー統計（21 年 4 月）—資金供給量の伸びは約 5 年ぶりの高水準に、銀行貸出の伸びは急低下—」、『ニッセイ経済基礎研究所統計』2021 年 5 月 14 日、https：//www. nli-research. co. jp/report/detail/id＝67770？site＝nli。

果导致商业银行出现大规模的资金剩余。为了生存，商业银行不得不大量购买低息国债以维持经营利润。[①] 因此，“安倍经济学”逻辑下貌似规模庞大的“超量化宽松”政策，事实上变成了一场日本财政、商业银行和日本银行之间的非正常资金流动游戏，这对日本中央银行的制度体系和独立性地位造成严重的冲击。

三　岸田文雄“新资本主义”的财政空间

在奥运会结束和新冠肺炎疫情稍有缓解之际，经过自民党党首选举，2021 年 10 月，日本迎来第 100 任首相岸田文雄。在就任首相前，岸田就打出了“新资本主义”“推动经济增长与分配的良性循环”“令和所得倍增计划”等宣传口号。11 月 8 日，内阁府成立的“新资本主义实现会议”提出了“科技立国、创新支持、数字田园城市和经济安全保障”四大增长战略。基于此，日本内阁出台《克服新冠开拓新时代经济对策》，主要内容包括：防止新冠肺炎疫情扩大，在疫情共存背景下重开社会经济活动和应对新的危机，开拓未来社会，启动“新资本主义”，推进防灾、减灾和国家经济安全体制建设。

2021 年 11 月 24 日，根据《克服新冠开拓新时代经济对策》，日本内阁府、金融厅、财务省、厚生劳动省、农林水产省、中小企业厅联合发文，要求日本政策金融公库、冲绳振兴开发金融公库、日本政策投资银行、商工组合中央金库、农林渔业信用基金等公共金融机构全力支持各种企业的经营者，“面对即将到来的资金需要较多的年末、年度末，为使经营者资金周转不面临重大障碍，要充分发挥金融中介机能”。

2021 年 12 月 20 日，日本国会通过历史上最大规模的补充预算案，一次性追加预算支出 36.0 万亿日元，实际追加财政补充预算 31.6 万亿日元，其中包括为阻止新冠肺炎疫情扩大，增加 18.6 万亿日元；为重启社会经济

① 刘轩：《日本长期通货紧缩的形成机理与政策警示》，《现代日本经济》2016 年第 6 期。

活动和应对未来危机，增加 1.8 万亿日元；“新资本主义”建设经费 8.3 万亿日元，建立安全安心经济社会的相关经费 2.9 万亿日元等。为解决补充预算的财源问题，日本政府在原定新增发国债 43.6 万亿日元的基础上，追加发行国债 22.1 万亿日元，2021 年度新增国债为 65.7 万亿日元。

从财政决算执行情况看，包括各种公债收入等在内，2020 年度，决算收入达到 184.6 万亿日元，实际决算支出为 147.6 万亿日元，当年形成了高达 37.0 万亿日元的预算结余。在扣除 30.8 万亿日元的预算结转后，实际剩余资金达 6.2 万亿日元。2021 年度，日本政府最初预算支出为 106.6 万亿日元，加上 12 月的补充预算 36.0 万亿日元，2021 年度全部预算支出达 142.6 万亿日元（见图 2）。

尽管岸田内阁特别强调“新资本主义”和“推动经济增长与分配的良性循环”等理念，但从岸田政府的短期具体政策看，除个别地方略微调整外，与安倍内阁、菅内阁时代的经济政策和运行模式基本相同，即为应对新冠肺炎疫情，加大财政刺激力度。2021 年 12 月 24 日，日本政府提出 2022 年度新预算案，预算支出高达 107.6 万亿日元，并继续发行 36.9 万亿日元国债，以弥补预算支出的不足。

岸田首相一方面置身于财政重建派的行列之中，另一方面积极推行大规模的财政刺激政策。现实的“新资本主义”事实上正在延续“安倍经济学”的政策思路，继续加大政府对经济的干预力度。12 月 1 日，在高市早苗的领导下，自民党政务调查会设立“财政政策讨论本部”，聘请前首相安倍晋三担任最高顾问，高市早苗担任顾问，西田昌司担任本部长。表面来看，“财政政策讨论本部”是要全面讨论日本的财政政策，但真正目的在于聚集积极财政派，继续推行财政扩张政策。与之相对，12 月 7 日，在岸田首相的直接领导下，自民党“财政再建推进本部”改组为“财政健全化推进本部”，聘请麻生太郎担任最高顾问，原财务大臣额贺福志郎担任本部长。“财政健全化推进本部”主张遵守财政规律和重建财政，主要目的在于对抗积极财政派。两个公开对立的财政“本部”的成立为自民党内部的领导权之争和岸田政权的未来走向埋下了重大隐患。

四 结语

长期财政破产危机下的过度财政扩张使日本政府逐渐习惯非正常的赤字国债行为，财政扩张政策甚至演变为日本政府的常态化政策。日本政府越来越无视现有财政风险和金融风险，一切问题留待后人解决。紧缩财政和重建财政等问题虽然偶尔也被提上政府议事日程，但始终被动让位于不得不继续的财政扩张。今天，“财政破产之狼”一直没有出现，日本社会也逐渐习惯了“狼来了”的呼喊和无动于衷，未来，“财政破产之狼”一旦来了，日本社会是否会陷入反应迟滞和精神麻痹的全面崩溃之中，或未可知。[①]

今天的日本所处的时代已经不是泡沫经济刚刚崩溃的 20 世纪 90 年代，而是一个国家竞争力不断下降、政府背负巨额国债、金融系统存在严重“流动性陷阱”的危机时代。在新冠肺炎疫情蔓延和财政危机困境下，不管岸田政府如何设计“新资本主义”，都不得不面对长期萧条的经济形势和日益激烈的全球化竞争格局。

在全球经济一体化的今天，日本政府无节制地发行国债，日本银行无限制地收购国债，势必严重冲击日本现行财政金融制度和信用体系。在日本国债无限制膨胀的背景下，一旦内外环境发生突变，日本政府和日本银行是否能够及时应对？是否由此触发抛售日本国债、抛售日元的世界性浪潮？是否可能引起日本股票市场崩盘？不管饱受批判的现代货币理论是否空想，不管其政策逻辑和实践效果如何，事实上，日本正在自觉不自觉地践行现代货币理论，并必将承受其后果。

---

① 白川方明「通貨、国債、中央銀行—信認の相互依存性—」、日本金融学会 2011 年度春季大会における特別講演、2011 年 5 月 28 日、https：//www. boj. or. jp/announcements/press/koen_ 2011/data/ko110530a. pdf。

B.3

日本金融：政策微调与持续宽松

刘　瑞*

摘　要： 2021年，日本银行继续实施长短期利率操作下的量化质化宽松政策，并出台了应对疫情的资金支持特别措施。同时，在全球对气候变化的关注力度日益加大的背景下，日本银行推出促进金融机构应对气候变化的资金支持新制度，推动企业绿色转型。2021年，日本的金融政策呈现三个特点：一是政策力度大，但数量型特征弱化；二是更加注重精准施策，提升政策效能；三是从中长期视角为经济可持续发展提供金融支持。其主要政策效果表现为：一是维持低利率水平，但并未改变物价低迷的状况；二是基础货币扩张，货币存量增加；三是日元贬值，股票市场总体平稳；四是银行贷款呈增加趋势，但增幅减弱。为解决有效需求不足的问题，日本银行将继续维持超宽松货币政策基调；操作层面，日本银行将减持短期国债，调整资产负债表规模；超宽松货币政策可减少财政政策扩张成本；应对气候变化应注重市场中立性等。

关键词： 日本银行　金融政策　新冠肺炎疫情　物价水平　绿色金融

2021年，日本银行共召开八次金融政策决策会议。在新冠肺炎疫情对经济造成严重冲击的背景下，日本银行继续营造宽松的金融环境，实施量化质化宽松政策，提振物价，维持金融体系稳定。

* 刘瑞，经济学博士，中国社会科学院日本研究所研究员、全国日本经济学会秘书长，主要研究领域：日本金融、中日金融制度比较等。

一　金融政策主要举措及特点

面对疫情多次反弹，日本经济形势严峻。根据日本银行在2022年1月的预测，2021年度，日本核心消费者物价指数（CPI）预计为零增长，2022年仅增加0.6个百分点，[①] 与2%的物价目标相去甚远。在此背景下，日本银行一方面继续实施长短期利率操作下的量化质化宽松政策，另一方面出台疫情资金支持特别措施。值得关注的是，在全球对气候变化日益重视的背景下，日本银行推出促进金融机构应对气候变化的资金支持新制度，推动企业绿色转型。

（一）继续实行长短期利率操作下的量化质化宽松政策

作为“安倍经济学”的重要支柱，日本银行自2013年推行量化质化宽松货币政策以来，[②] 持续扩大、加大非常规金融政策规模和力度。2016年1月，日本银行推出负利率政策。[③] 同年9月，日本银行在“总体验证”货币政策的基础上[④]，推出长短期利率操作下的量化质化金融政策[⑤]，即短期政策利率为-0.1%，十年期国债利率为0，以进行收益率曲线调控。

2021年3月，基于实现2%的物价目标，日本银行为实施更有成效的、

---

① 日本銀行『経済・物価情勢の展望』、2022年1月、https：//www.boj.or.jp/mopo/outlook/gor2201b.pdf。

② 日本銀行「『量的・質的金融緩和』の導入について」、2013年4月4日、https：//www.boj.or.jp/announcements/release_2013/k130404a.pdf。

③ 日本銀行「『マイナス金利付き量的・質的金融緩和』の導入」、2016年1月29日、https：//www.boj.or.jp/announcements/release_2016/k160129a.pdf。

④ 日本銀行「『量的・質的金融緩和』導入以降の経済・物価動向と　政策効果についての総括的な検証」、2016年9月21日、https：//www.boj.or.jp/announcements/release_2016/rel160930d.pdf。

⑤ 日本銀行「金融緩和強化のための新しい枠組み　『長短金利操作付き量的・質的金融緩和』」、2016年9月21日、https：//www.boj.or.jp/announcements/release_2016/k160921a.pdf。

持续的金融宽松政策，再次进行政策检验，① 根据检验结果，日本银行宣布继续维持宽松政策环境。② 2021 年日本银行采取的主要举措如下。

（1）继续进行收益率曲线调控，大规模购买长期国债

2020 年 4 月，日本银行取消每年购买长期国债的上限 80 万日元，大量提供日元资金。2021 年，日本银行仍执行 2%物价目标，在长短期利率操作下，继续维持长期国债的购买规模，增加基础货币供给。

（2）继续积极认购风险资产，平抑资产市场的大幅波动

为抑制由疫情引发的资产市场的风险溢价，平抑资本市场的大幅波动，恢复投资者信心，2020 年 3 月，日本银行将交易型开放式指数基金（ETF）、房地产投资信托基金（J-REIT）等风险资产购买额度上调 1 倍，其中，ETF 从每年 6 万亿日元升至 12 万亿日元，J-REIT 从每年 900 亿日元上调至 1800 亿日元。③ 2021 年，日本银行仍然维持这一应对疫情的临时举措。值得关注的是，在 ETF 产品中，与东证股价指数（TOPIX）、日经 225 指数、JPX 日经 400 指数联动的份额约为 25%，仅与 TOPIX 联动的份额约为 75%。2021 年 3 月，日本银行将 ETF 购买对象限定为与 TOPIX 联动且由购买主体为积极进行设备及人才投资的企业所发行的股票。④

在购买企业发行的商业票据（CP）和企业债等方面，截至 2022 年 3 月末，日本银行将上限设定为 20 万亿日元。

（二）调整应对疫情资金支持特别措施

2021 年 3 月，日本银行推出“贷款促进付息制度”，采取灵活下调长短

---

① 日本銀行「より効果的で持続的な金融緩和を実施していくための点検」、2021 年 3 月 19 日、https：//www. boj. or. jp/announcements/release_ 2021/rel210322b. pdf。

② 日本銀行「より効果的で持続的な金融緩和について」、2021 年 3 月 19 日、https：//www. boj. or. jp/announcements/release_ 2021/k210319a. pdf。

③ 日本銀行「新型感染症拡大の影響を踏まえた金融緩和の強化について」、2020 年 3 月 16 日、https：//www. boj. or. jp/mopo/mpmdeci/state_ 2020/k200316b. htm/。

④ 日本銀行「ETFの買入れの運営について」、2021 年 3 月 23 日、https：//www. boj. or. jp/announcements/release_ 2021/rel210323d. pdf。

期利率的举措，减少负利率政策对金融机构盈利的负面影响。同年 12 月，日本银行调整“为应对疫情而出台的企业资金支持特别措施”（简称“疫情资金支持特别措施”）[①]，对大企业和中小企业实施差别优惠制度。

（1）对于面向大企业或以住房贷款为中心的民间债务担保，2022 年 3 月末后，日本银行不再延期。从 2022 年 4 月起，日本银行购买规模从合计 20 万亿日元恢复至疫情前水平，即 CP 价值降至 2 万亿日元，企业债价值降至 3 万亿日元。

（2）对于面向中小企业的银行融资，日本银行将其到期时间从 2022 年 3 月底延长至 9 月底，进一步强化对中小企业的资金支持。

（三）应对气候变化的金融政策

在全球关注气候变化的背景下，绿色融资成为多国央行的关注点。2021 年 6 月，日本银行提出引入新型资金供给方案，为企业应对气候变化对策提供融资支持。[②] 2021 年 7 月，日本银行出台《支援气候变化应对的资金供给框架》，[③] 以专注于脱碳设备投资的企业为对象，采用无息贷款方式，向金融机构提供资金，用于发行环境、社会和治理（ESG）等债券。这一制度实施至 2030 年度末。贷款期限原则上为一年，但在对象投融资规模上限内可以不限次数展期，因此，在实质上可以将其理解为长期融资支持。

2021 年 12 月 23 日，日本银行首次进行应对气候变化的公开市场操作：为应对气候变化而进行投融资活动的金融机构提供 2 万亿日元资金。此次公开市场操作共涉及 43 家银行，既有三菱 UFJ 银行等大型银行，也有横滨银行、福冈银行等地方银行。[④]

从上述政策举措来看，2021 年，日本银行的金融政策呈现三个特点。一

---

① 日本銀行「当面の金融政策運営について」、2021 年 12 月 17 日、https：//www. boj. or. jp/announcements/release_ 2021/k211217a. pdf。

② 日本銀行「当面の金融政策運営について」、2021 年 6 月 18 日、https：//www. boj. or. jp/mopo/mpmdeci/state_ 2021/k210618a. htm/。

③ 日本銀行「当面の金融政策運営について」、2021 年 7 月 16 日、https：//www. boj. or. jp/mopo/mpmdeci/state_ 2021/k210716a. htm/。

④ 『日本経済新聞』2021 年 12 月 23 日。

是政策力度大，但数量型特征弱化。为摆脱长期通货紧缩，日本银行持续实行非常规货币政策，通过大规模购买国债，降低长短期利率，为市场提供流动性。2021 年，日本银行仍实行无上限购买国债的宽松政策，但实际国债保有规模有所下降。截至 2021 年末，日本银行持有国债 521 万亿日元，同比减少 9.7%，自 2008 年以来时隔 13 年出现负增长。[①] 日本银行量化色彩弱化，反映出其更加重视货币政策的可持续性。2013 年，量化质化宽松政策实施以来，日本银行持续大量增加国债购买规模，2013~2020 年，持有国债增加 421 万亿日元，占国债发行总额的四成。但此举并未提升物价，反而导致日本银行面临的财务风险增加，国债市场功能弱化等。因此，从 2020 年起，国债购买规模开始减少，仅在应对新冠肺炎疫情等非常时期有所增加。

二是更加注重精准施策，提升政策效能。在应对疫情过程中，日本银行根据实际资金需求情况，及时调整对大企业和中小企业的资金扶持计划，一方面缩短对大企业的优惠期限；另一方面加大对融资难的中小企业的支持力度，增加资金供给，降低融资成本，更有效地提升资金配置效率。

三是从中长期视角为经济可持续发展提供金融支持。从中长期看，由于气候变化对经济、物价、金融等造成较大影响，日本银行从市场中立的视角出发，既为宏观经济的长期稳定提供绿色融资，也助力企业绿色转型发展。另外，推动构建金融机构应对气候变化的投融资支持制度框架，鼓励更多资金投入低碳绿色领域，扩大金融机构适用零利率的业务范围，有助于减少负利率政策对金融机构经营效益的挤压，增加收益。

二　政策效果

（一）维持低利率水平，但并未改变物价低迷的状况

如图 1 所示，在长短期利率调控操作下，2021 年，代表短期市场利率

① 日本銀行「営業毎旬報告」、2021 年 1 月 5 日、https：//www. boj. or. jp/statistics/boj/other/acmai/release/2021/ac211231. htm/。

的无担保隔夜拆借利率保持在-0.07%~-0.01%，新发十年期国债利率保持在0.01%~0.1%，均处于超低水平，可以激发资金运用活力，提振物价水平。

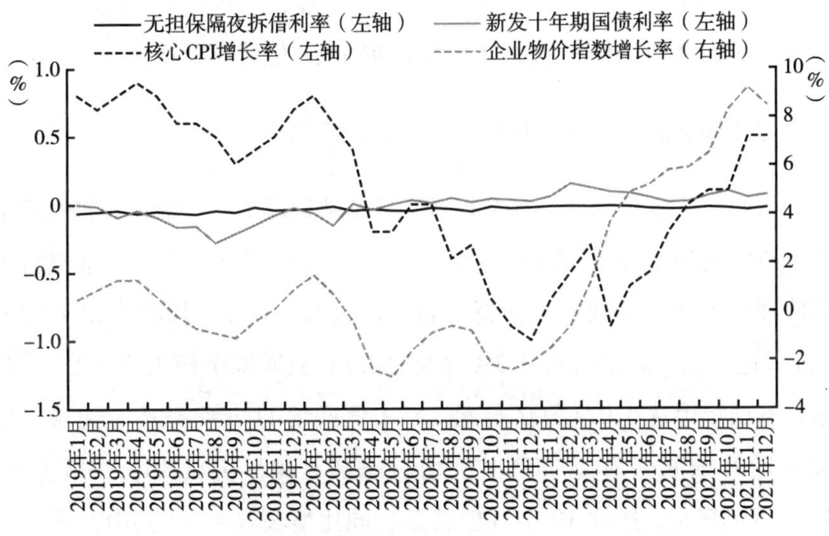

图1 2019~2021年日本长短期利率变化情况

资料来源：无担保隔夜拆借利率来源于日本银行，https：//www.boj.or.jp/statistics/market/short/tankirate/index.htm/；新发十年期国债利率来源于日本相互证券，https：//www.bb.jbts.co.jp/ja/historical.html；核心CPI增长率来源于日本总务省，https：//www.stat.go.jp/data/cpi/；企业物价指数增长率来源于日本银行，https：//www.boj.or.jp/statistics/pi/index.htm/。

事与愿违，与日本银行设定的2%物价目标相比，日本核心CPI长期处于低迷状态，从2020年8月起，核心CPI连续12个月同比负增长，在2021年8月转为零增长后基本维持微弱上升态势，在12月仅增长0.5%。究其原因，物价低迷的背景主要源于需求不足。根据日本内阁府统计，反映经济需求与潜在供给的指标GDP缺口连续八个季度为负值，2021年第三季度为-4.8%，[①] 需求不足约为27万亿日元，大致为第二季度的5倍。

① 内閣府「今週の指標　No.1268」、2021年12月2日、https：//www5.cao.go.jp/keizai3/shihyo/2021/1202/1268.pdf。

值得注意的是，从 2021 年 3 月起，企业物价指数明显上涨，11 月，涨幅高达 9%，是 1980 年 12 月以来的最高涨幅。从其结构来看，此轮价格上涨主要源于进口商品价格暴涨，其中，2021 年 11 月，进口商品价格上涨 44%。究其背景，一是原油等大宗商品价格上涨；二是日元贬值。二者导致进口商品成本增加。日本企业的业绩受到挤压，经营风险增加。

（二）基础货币扩张供给，货币存量增加

为摆脱通货紧缩困境，日本银行坚持基础货币扩张供给，并将宽松货币政策一直实施到实现 2%物价目标时。为减少疫情蔓延影响，日本银行大规模保障资金供给，基础货币保持高位。2021 年 12 月，基础货币平均值为 657.8 万亿日元，同比增长 8.3%（见图 2）。从期末余额来看，2021 年 12 月末，基础货币达 670.7 万亿日元，年末值连续 11 年突破历史纪录。代表广义流动性的货币存量 M3 也呈增长态势。2021 年 12 月，M3 规模为 1531.5 万亿日元，连续 10 个月创新高，同比增长 3.4%，其中，现金、银行存款增加显著。

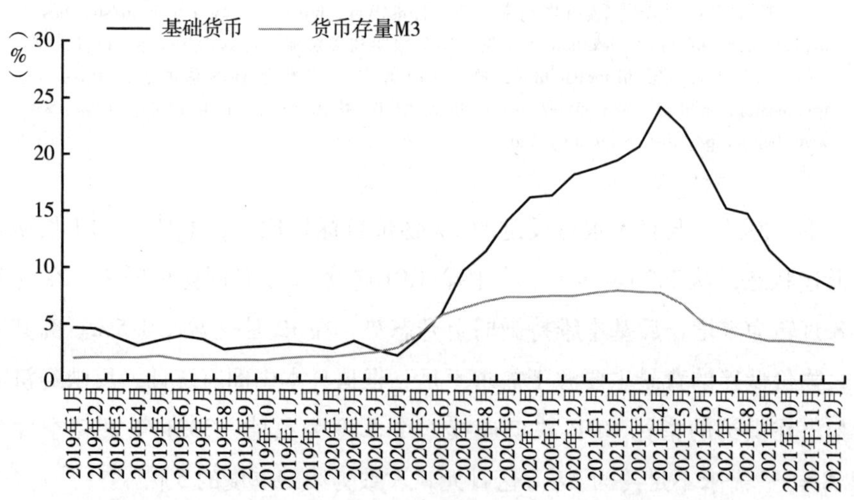

图 2 日本银行基础货币及货币存量 M3 的增长率变化情况

资料来源：日本银行，https：//www. stat-search. boj. or. jp/index. html。

（三）日元贬值，股票市场总体平稳

2021 年 1~12 月，美元兑日元汇率从约 1 美元兑 103 日元上升至 1 美元兑 114 日元，日元贬值超过 10%（见图 3），时隔六年再次呈现贬值状态。其动向与日美金融政策走向密切相关。疫情冲击下，美国经济停滞，供给受到制约，无法满足居民的商品和服务需求，物价涨幅提高。2021 年 11 月末，美国 CPI 同比增长 6.8%，为 39 年来最高涨幅。为抑制通货膨胀，美国联邦储备系统（FRB，简称“美联储”）提出缩表计划。另外，日本银行长期实行低利率，出于资本逐利特性，为追求更高回报，美元资金受到市场追捧，“卖出日元，买入美元”的资金流向导致日元贬值。

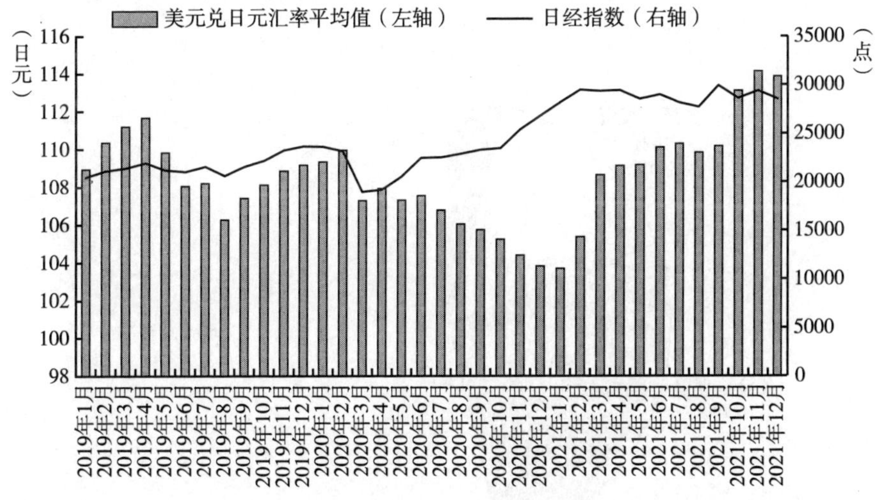

图 3　日本股市、外汇变化情况

资料来源：日本经济新闻社，https：//vdata. nikkei. com/economicdashboard/macro/；日本银行、https：//www. boj. or. jp/statistics/market/index. htm/。

日本银行实施超宽松货币政策，为日本股市上扬提供了宽松的资金环境。2021 年末，日经平均股价为 28791.71 日元，为 1989 年末达到最高点 38915 日元以来时隔 32 年的高水准。2021 年末，东证一部总市值达 734.89

万亿日元，年末首次突破700万亿日元大关。从增量来看，2021年日经指数，年末比年初增加1347点，连续三年增长。2021年，日经指数的最高点与最低点差额仅为3656点，为2012年以来最小值，反映出股票市场总体稳定。日经指数的最低值出现在2021年8月，此时新冠肺炎疫情感染人数再次增加，日经指数降至27013点。2021年9月，菅义伟宣布不参加自民党总裁选举，日经指数升至31年来的高位，为30670点。

在宽松政策的支持下，截至2021年9月底，日本家庭金融资产连续六个季度增加，达1999.8万亿日元，约为GDP的4倍，创历史新高。从其构成可以看出：在家庭金融资产中，现金及存款占比为54%，股票、投资信托仅占15%（见图4），金融资产配置的特点以稳定性、安全性为主，反映出居民对经济的预期并不乐观，信用创造机制的功能尚未得到充分发挥。

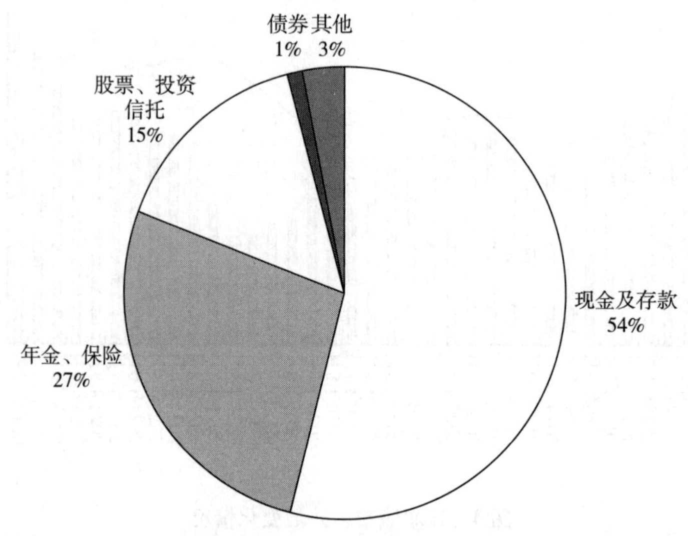

图4 日本家庭金融资产构成情况

资料来源：日本銀行『資金循環統計』2021年第3四半期。

（四）银行贷款呈增加趋势，但增幅减小

疫情后，日本银行加强贷款支持，2020年3月，贷款的同比增幅为

2.1%，之后持续上升；从2021年3月起，贷款增幅回落，从5.9%降至2021年12月的0.5%，贷款增幅连续7个月低于上一年同期（见图5）。主要原因在于企业融资环境好转，尤其大企业的经济活动重新开始，其有能力返还贷款；同时，企业债发行利率很低，有利于大企业直接融资。2021年，日本企业发行的企业债总额约为2750亿美元（约为31.8万亿日元），创历史最高水平。其中，以美元、欧元等外币计价的企业债总额为1381亿美元（约为15.7万亿日元），同比增长约20%；以日元计价的企业债总额为1369亿美元(约为15.6万亿日元)。[①] 其主要用于发行ESG债和作为企业并购（M&A）资金。

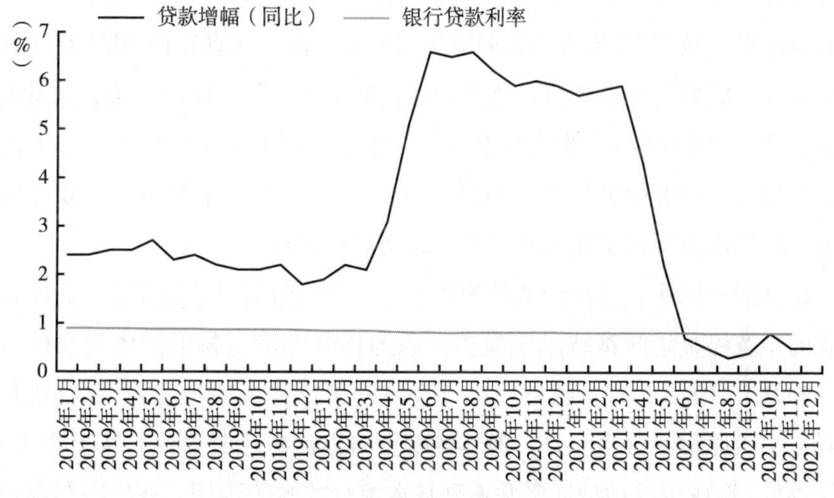

图5　日本金融机构贷款情况

资料来源：日本银行，https：//www.boj.or.jp/statistics/dl/index.htm/#p02。

2021年12月，日本银行调查结果显示，总体来看，日本企业的融资环境逐步好转，但中小企业对资金的需求仍很迫切。2021年12月，全产业资金需求判断指数（DI）为12，比10月调查时提升1%。其中，大企业的DI基本持平，为16，中坚企业提升1个点位至14，中小企业为8，比上次减少1个点。服务行业

① 『日本経済新聞』2021年1月17日。

的中小企业形势尤为严峻，旅馆与餐饮服务业的 DI 降至-33，与个人相关的服务业的 DI 为-11。[①] 这些企业受疫情影响严重，仍需政策扶持。

三　政策课题及展望

（一）为解决有效需求不足的问题，日本银行将维持超宽松货币政策基调

从全球范围来看，由于能源等产品价格上涨，多个国家及经济体的通胀风险增加，多国央行开始通过收缩资产负债表、加息等方式，改变宽松政策运行方向。美联储决定于 2021 年 11 月分阶段减少资产购买计划，12 月加快缩表进程，从 2022 年 1 月起缩减国债购买规模，并宣布在 2022 年 3 月结束应对疫情的量化宽松政策，比原计划提前了 3 个月。同时，美联储将重启加息，预计 2022 年将三次上调利率。[②] 另外，2021 年 12 月 16 日，英国央行宣布加息，欧洲中央银行（ECB）也透露 2022 年可能加息。主要经济体的银行在货币政策正常化与经济重建之间艰难徐行。

在疫情长期化、经济低增长等背景下，为刺激弱化的总需求，日本银行实施的超宽松金融政策将继续发力，以为提升经济主体的活力提供政策支持。2021 年 10 月，日本银行发布《经济物价形势展望报告》，从物价目标来看，虽然原材料价格上升，但其转嫁至销售价格从而导致 CPI 上涨 2%的可能性低。[③] 成本推动型通胀并不是日本银行的政策预期，在经济与物价良性循环的政策指向下，量化宽松政策的退出尚需时日。

在全球主要央行恢复加息的进程中，日本银行维持宽松基调，可能导致日元贬值，加速进口商品价格上涨。

---

① 日本銀行「全国企業短期経済観測調査（短観）」、2021 年 12 月 13 日、https：//www. boj. or. jp/statistics/tk/gaiyo/2021/tka2112. pdf。

② Federal Reserve Issues FOMC Statement，December 15，2021，https：//www. federalreserve. gov/newsevents/pressreleases/monetary20211215a1. htm.

③ 日本銀行「経済・物価情勢の展望 2021 年 10 月」、2021 年 10 月 29 日、https：//www. boj. or. jp/mopo/outlook/gor2110b. pdf。

（二）操作层面，日本银行将减持短期国债，调整资产负债表规模

虽然日本银行在政策指向上仍坚持宽松政策，但资产负债表规模出现缩小动向。资产方面，截至 2021 年末，日本银行持有 521.1 万亿日元国债，比 2020 年末减少 14.4 万亿日元，为 2013 年黑田东彦就任日本银行总裁以来首次收缩。其中，长期国债为 507.8 万亿日元，增加 13.5 万亿日元，而短期国债则减至 13.3 万亿日元，仅为 2020 年末的 1/3。在 ETF 资产购买方面，2021 年 3 月，日本银行撤销了每年 6 万亿日元增量的下限，虽然维持 12 万亿日元的购买上限，但提出根据市场情况按需操作的方针。由于市场溢价风险减弱，2021 年 4 月，日本银行大幅减少 ETF 购买规模，2021 年购买额骤降至 8734 亿日元，仅为 2020 年的 12%，是 2013 年黑田总裁就任以来的最低值，基本恢复至量化质化宽松政策之前的水准（2012 年为 6397 亿日元）。2022 年，资产调整仍将继续。

负债方面，基础货币虽然仍呈扩张态势，但增速放缓，2021 年末的增速为 8.3%，远低于 2021 年 4 月 24.3% 的峰值。其变化与日本银行于 2020 年 7 月出台的疫情资金支持特别措施有关，2021 年 12 月，疫情相关市场供给高达 82.2 万亿日元，扩大了日本银行的负债规模。2021 年 12 月，日本银行调整疫情资金支持特别措施后，对信用担保贷款的部分从之前的 0.1% 付息及 2 倍宏观加算的政策，改为从 2022 年 3 月起实行 0 付息及与贷款规模相符的宏观加算政策，对金融机构的优惠措施减少。预计此项特别措施会使基础货币规模呈减少趋势，基础货币投放速度也将因此放缓。

（三）超宽松货币政策可降低财政政策扩张成本

为应对疫情，2021 年 11 月，岸田文雄首相领导的日本新一届内阁通过应对疫情的经济刺激对策，财政支出达 55.7 万亿日元，创历史新高。主要用于四个领域：一是防止疫情蔓延（22.1 万亿日元）；二是疫情下重启社会经济活动，防范危机（9.2 万亿日元）；三是新资本主义（19.8 万亿日元）；

四是防灾减灾（4.6万亿日元）。[①]

为此，日本政府第三次编制2021年度补充预算，一般会计预算为36万亿日元，其中用于经济对策的为31.6万亿日元。[②] 此举将一般会计支出规模提升至142万亿日元，比最初预算增加30%。由于税收收入不足，日本政府追加22万亿日元国债作为2021年度补充预算案的财源。补充后的2021年度一般会计支出达142.6万亿日元，仅次于2020年度的175.7万亿日元。2021年度，国债余额首次突破1000万亿日元。据IMF统计，日本政府债务余额占GDP的比重达257%，日本债务情况在G7中最为严重。[③]

疫情对策、温和通胀目标等会使财政支出进一步增加，2022年度，日本政府制定了一般会计总额高达107万亿日元的最初预算，其连续十年突破历史新高。根据日本财务省测算，如果利率上升1个百分点，国债将增加3.7万亿日元。[④] 在超低利率环境下，国债利息负担大为减轻，财政收支恶化成本降低。

值得注意的是，在应对疫情的过程中，日本政府通过大量发行短期国债提供财政支持。与此同时，日本银行大量买入短期国债，抑制短期利率攀升。但此举必将形成事实上的财政货币化，引发国债扩张、金融秩序稳定受损等问题。伴随短期利率稳定，政府预算设计仍将以长期国债及超长期国债为重心，日本银行会随之减少短期国债的购买量，从而减小国债持有规模，调整资产负债表。日本银行多次强调，此举并不意味着退出宽松政策，仍会强化预期在政策导向中发挥的作用。

（四）应对气候变化应注重市场中立性

作为多国中央银行的新议题，应对气候变化的金融支持也成为日本银行的一项重要使命。黑田总裁指出，要发挥绿色金融功能，解决环境的负外部

① 内閣府「『コロナ克服・新時代開拓のための経済対策』について」、2021年11月19日、https：//www5.cao.go.jp/keizai1/keizaitaisaku/2021/20211119_ taisaku.pdf。

② 財務省「令和3年度予算」、https：//www.mof.go.jp/policy/budget/budge r_workflow/budget/fy2021/fy2021.html。

③『日本経済新聞』2021年11月26日。

④『日本経済新聞』2022年1月19日。

性问题，在金融领域应注重对三大要素的构建：一是面对气候变化风险，金融体系需强化韧性；二是以零排放为目标，配置金融资源；三是完善信息披露制度，发挥金融市场的功能。①

在金融市场，由于投资者与企业之间信息不对称，尤其在环境问题上，存在企业风险溢价高、投资者要求高回报等市场摩擦，因此中央银行以市场中立性的角色购买企业债，调节企业的资本成本。② 值得关注的是，日本银行以物价和金融体系的长期稳定为政策目标，气候变化在日本银行的使命中如何界定，需要进一步说明。此外，央行过度介入可持续性融资，是否会扭曲市场价格形成功能，增加无效或低效投资，或因此延误气候变化应对进程，这些课题不仅需要日本银行解答，也是新形势下各国央行共同面对的政策课题。

① 黒田東彦「気候変動問題における金融の役割」、2021 年 11 月 29 日、https：//www. boj. or. jp/announcements/press/koen_ 2021/ko211129a. htm/。

② 武藤一郎「資産購入、市場中立性も焦点」、『日本経済新聞』2021 年 12 月 24 日。

B.4

日本产业：恢复与“危机”并存*

田　正**

摘　要： 2021年，日本制造业“恢复”与“危机”并存，电子零部件、生产用机械产业迅速增长，原材料与消费品产业持续低迷。受新冠肺炎疫情影响，2021年，日本服务业发展遭受巨大挑战，生活性服务业持续低迷，而生产性服务业发展较好。当前，日本产业发展面临新冠肺炎疫情持续冲击、经济绿色转型承压、产业数字化转型需求迫切，产业链供应链稳定性需要提升等问题。日本政府制定绿色增长战略、推动经济社会数字化转型、积极进行产业链供应链调整、推出半导体和数字产业战略等。2022年，日本制造业将呈现整体恢复态势，日本服务业的发展仍面临较大的不确定性。

关键词： 日本产业　绿色转型　数字经济　产业链供应链　半导体

2021年，日本的产业虽然在新冠肺炎疫情冲击之下有了一定程度的恢复，但受需求乏力、供给约束等因素的影响，整体发展仍然疲弱，尚未恢复至疫情发生之前的水平。当前，日本产业发展面临复杂的内外部环境压力，日本政府在经济绿色转型、数字化发展、产业链供应链调整等领域出台了一

---

* 本报告受国家社会科学基金一般项目“战后日本经济内外循环关系的历史、理论与政策研究”（项目编号：21BGJ057）、中国社会科学院青年启动项目“日本产业再生政策研究”（项目编号：2021YQNQD0067）资助。

** 田正，经济学博士，中国社会科学院日本研究所副研究员、全国日本经济学会理事，主要研究领域：日本经济、日本产业。

系列产业政策，多领域、多层次促进日本产业发展。本报告基于日本政府公布的数据，在整体回顾2021年日本制造业、服务业发展情况的基础上，分析日本产业发展面临的主要问题，梳理日本政府的相应对策，并对2022年日本产业发展做一些展望。

一 2021年日本产业形势

2021年，日本的产业虽然在新冠肺炎疫情冲击之下有了一定程度的恢复，但是仍面临较大的下行压力。电子零部件、生产用机械产业增长态势良好，汽车、原材料、消费品等制造业发展受阻，服务产业整体面临较大的下行风险。

（一）日本制造业形势

2021年，日本制造业发展呈现“恢复”与“危机”并存的局面。受出口增加影响，日本电子零部件、生产用机械产业发展状况良好，而汽车产业则因零部件供给不足发展受阻，日本原材料和消费品行业持续低迷。

1. 制造业的整体情况

新冠肺炎疫情发生后，在日本政府超大规模紧急经济对策和积极货币政策的刺激下，日本制造业从2021年开始逐渐恢复，各项指标呈现“V”字形反转走势。如表1所示，日本工矿业生产指数从2020年第二季度的81.5恢复至2021年第二季度的97.7，同比增长19.9%，工矿业库存指数则从142.1下降至108.2，同比下降23.9%。2021年第二季度，日本制造业投资同比增长4.0%，营业收入同比增长20.1%，制造业经常利润同比增长159.4%。但是，自2021年第三季度后，受消费不振、内需不足等因素影响，日本制造业各项指标再次掉头向下，日本制造业发展再次面临挑战，与疫情前水平仍有一定距离。如表1所示，日本工矿业生产指数2021年第三季度环比下降3.7%，工矿业出货指数环比下降4.1%，工矿业库存指数则环比上升5.7%。2021年11月，日本工矿业生产指数有所回升，环比增长7.2%，增至97.7，反映出日本制造业零部件供给不足的情况有所缓解，日本制造业发展情况有望改善。2021 年 12 月，日本银行“短观”[①] 调查显示，日本制造业大企业经营信心指数[②]为 18%，较 9 月提高 3 个百分点，反映出日本制造业企业对未来经营情况的预期有所改善。[③]

表 1　日本制造业运行概况

	工矿业生产指数	工矿业出货指数	工矿业库存指数	制造业投资同比增长率（%）	制造业营业收入同比增长率（%）	制造业经常利润同比增长率（%）
2019 年第一季度	102.8	101.6	105.9	8.5	1.1	-6.3
2019 年第二季度	102.8	101.4	107.3	-6.9	-1.2	-27.9
2019 年第三季度	101.7	101.3	109.3	6.4	-1.5	-15.1
2019 年第四季度	98	97.3	114.6	-9.0	-6.7	-15.0
2020 年第一季度	98	96.8	117.1	-5.3	-5.5	-25.3
2020 年第二季度	81.5	80.4	142.1	-9.7	-20.0	-48.7
2020 年第三季度	88.8	87.8	124	-10.3	-13.2	-27.1
2020 年第四季度	93.9	93	114.6	-8.5	-5.4	21.9
2021 年第一季度	96.6	94.9	109.5	-6.4	-1.4	63.2
2021 年第二季度	97.7	95.6	108.2	4.0	20.1	159.4
2021 年第三季度	94.1	91.7	114.4	0.9	9.7	71.0

注：工矿业生产指数是反映日本制造业变化的数量指标，为 412 种重要工业产品的加权平均值，以 2015 年为基准年，设定为 100，本报告选取其季节调整后的数值。

资料来源：経済産業省「鉱工業指数」、https://www.meti.go.jp/statistics/tyo/iip/b2015_result-2.html；財務省「法人企業統計」、https://www.e-stat.go.jp/stat-search/files?page=1&layout=datalist&toukei=00350600&tstat=000001047744&cycle=8&tclass1=000001049372&tclass2val=0。

2. 电子零部件、生产用机械产业增长迅速，汽车产业发展震荡

2021 年，日本电子零部件、生产用机械产业[④]迅速恢复。如图 1 所示，

① “短观”是日本政府每季度对企业展开的趋势性调查，反映企业对短期经济前景的信心。

② 企业经营信心指数的计算方法为，认为预期业务好转企业的占比减去预期业务恶化企业的占比。

③ 日本銀行「短観」、https://www.boj.or.jp/statistics/tk/gaiyo/2021/tka2112.pdf。

④ 生产用机械产业包括机床、工业机械人、建设机械、半导体制造设备、纤维机械、农业机械等。

相对于制造业整体而言，整体来看，电子零部件和生产用机械产业的生产指数显著增长。日本电子零部件的生产指数从2020年第三季度的96.6迅速增长至2021年第三季度的113.5，增长17.5%，生产用机械产业的生产指数则从90.4增加至120.4，增长33.2%。2021年第三季度，日本电子零部件、生产用机械产业的设备投资、营业收入、经常利润同比分别增长103.9%、105.6%、151.2%以及86.2%、99.8%、159.2%。日本电子零部件、生产用机械产业迅速增长的原因在于面向中国的出口持续增长，中国电子信息、机械设备制造等领域旺盛的需求带动日本电子零部件、生产用机械产业恢复。例如，日本机床产业来自中国的订单金额在2021年9月为259.3亿日元，同比增长108.5%。①

另外，新冠肺炎疫情严重冲击日本汽车产业。与电子零部件、生产用机械产业显著增长不同的是，日本汽车产业复苏乏力，2021年以来甚至出现产量下滑的现象。受到汽车零部件及车载半导体供给不足的严重影响，日本大型汽车制造商纷纷减产限产，供给受限成为日本汽车产业产量下滑的主要原因。截至2021年9月，受车载半导体供给不足的影响，丰田、日产、本田等七家公司总计减少了105万辆汽车的生产。②如图1所示，日本汽车产业的生产指数在2021年出现迅速下滑的态势，从2021年第一季度的92下降至第三季度的76.6。但是，从2021年10月起，日本汽车产业所面临的汽车零部件及车载半导体供给不足的问题有所缓解，11月，日本汽车产业的生产指数恢复到90.2。

3. 原材料与消费品产业持续低迷

受新冠肺炎疫情和经济低碳绿色转型双重影响，日本的原材料产业尚未恢复至疫情前水平。2021年第三季度，钢铁、石油、造纸产业的生产指数分别为94.2、79.7、92.6，环比增速分别为-0.5%、6.0%、1.0%。这些产业均面临较大的碳中和、碳减排压力，未来增长空间有限。日本钢铁产业的

① 日本工作機械工業会「工作機械統計」、https://www.jmtba.or.jp/machine/data。

② 「ホンダ、新車納期1年超えも　半導体不足が販売にも影」、『日本経済新聞』2021年9月19日。

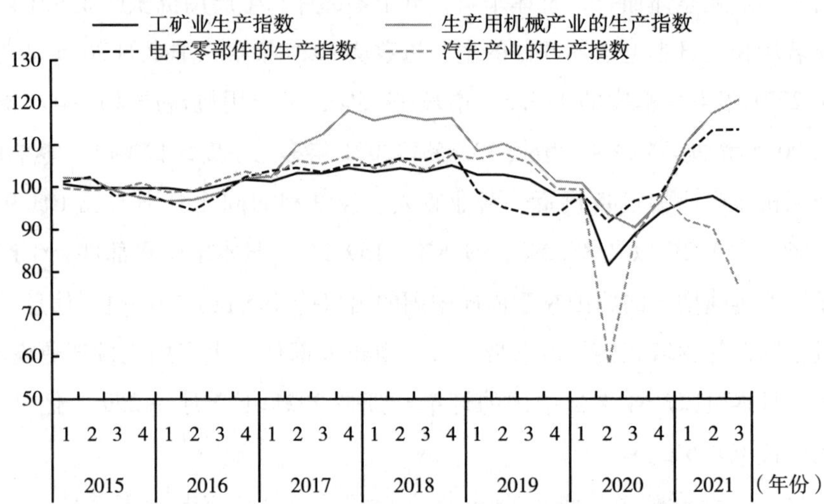

图 1　2015 年至 2021 年第三季度日本工矿业生产指数及电子零部件、生产用机械产业、汽车产业的生产指数变化

注：图中数据为季节调整后的季度值；“1”“2”“3”“4”分别代表第一季度、第二季度、第三季度、第四季度。

资料来源：経済産業省「鉱工業指数」、https：//www. meti. go. jp/statistics/tyo/iip/b2015_ result-2. html。

碳排放量占日本碳排放总量的 14%，面对日本 2050 年实现碳中和的要求，日本钢铁产业的减排压力较大。日本政府持续推动缩减国内石油产能，日本石油处理能力从 2015 年的每天 391. 7 万桶下降至 2019 年的每天 351. 9 万桶，日本石油产业面临升级转型压力。[①] 日本纸的产量从 2015 年的 1482 万吨下降至 2020 年的 1121 万吨。[②] 2021 年第三季度，塑料、化学产业的生产指数分别为 98. 3、100. 4。日本的塑料和化学产业积极推动实现产品具备高附加值，从而扩大了产品的销售范围。随着世界范围内电动汽车产量的增加，其对高性能化学、塑料材料的需求将进一步增加。

① 石油連盟「今日の石油産業 2020」、https：//www. paj. gr. jp/statis/data/data/2020_data. pdf。

② 経済産業省『経済産業省生産動態統計年報』、https：//www. meti. go. jp/statistics/tyo/seidou/result/ichiran/08_ seidou. html。

另外，食品、纺织等消费品产业受到新冠肺炎疫情的影响严重。如表2所示，2021年第三季度，食品、纺织产业的生产指数分别为95.6、82.2，环比增速为-1.3%、3.1%。受大宗商品价格上升的影响，食品生产不可或缺的食用油、面粉等原材料价格持续上升，不利于日本食品产业发展。此外，日本的衣物经销商无法开展正常的销售活动，导致对防治产品的需求下降，日本国内纺织产品产量从2015年的95.9万吨下降至2020年的70万吨。①

表2　2019年第一季度至2021年第三季度日本原材料与消费品产业的生产指数的变化

	钢铁产业	化学产业	石油产业	塑料产业	造纸产业	食品产业	纺织产业
2019年第一季度	100.4	108.6	93	105.6	99.5	101.8	94.1
2019年第二季度	99.9	108.3	94.1	105.7	98.3	100.6	92.6
2019年第三季度	97	107	92.3	104.2	100.4	101.2	92.3
2019年第四季度	93.6	103.5	92.3	101.9	95	99.1	89.2
2020年第一季度	95	101.4	86	104.1	95.1	100.7	89.3
2020年第二季度	70.5	95.5	74.5	88.8	83.9	96.2	80.8
2020年第三季度	78.6	95.3	74.1	96.6	86	97.7	75.3
2020年第四季度	89.4	93.5	79	100.9	89.6	95.8	76.1
2021年第一季度	94.3	98.2	76	103	90.3	97.8	80.4
2021年第二季度	94.7	101.6	75.2	102.1	91.7	96.9	79.7
2021年第三季度	94.2	100.4	79.7	98.3	92.6	95.6	82.2

注：表中数据为季节调整后的季度值。

资料来源：経済産業省「鉱工業指数」、https://www.meti.go.jp/statistics/tyo/iip/b2015_result-2.html。

（二）日本服务业形势

2021年，日本服务业发展面临下行压力。生活性服务业仍未走出疫情

① 経済産業省『経済産業省生産動態統計年報』、https://www.meti.go.jp/statistics/tyo/seidou/result/ichiran/08_seidou.html。

冲击阴影，而生产性服务业积极探索新商业模式，发展情况较好，但未来发展仍将承压。

1. 服务业的整体情况

总体看来，2021 年，受新冠肺炎疫情影响，日本国内服务业供给和需求受到双重冲击，发展并不理想，未来仍然面临巨大挑战。如表 3 所示，日本第三产业生产指数从 2020 年第四季度的 98 下降至 2021 年第一季度的 97.3，而后在第二季度和第三季度分别下降至 96.8 和 96，表现出逐渐下滑的趋势。而且，日本服务业投资和营业收入在 2021 年第二季度分别环比下滑 31.2%和 7.2%，服务业经常利润也在 2021 年第三季度表现出环比-31.3%的跌幅。2021 年 12 月，日本银行“短观”调查显示，日本服务业中的中小企业的经营信心指数为-4%，反映出对日本未来服务业发展情况的担忧。

表 3　2019 年第一季度至 2021 年第三季度日本服务业运行概况

	第三产业生产指数	服务业投资（环比）（%）	服务业营业收入（环比）（%）	服务业经常利润（环比）（%）
2019 年第一季度	103.5	40.7	2.0	28.0
2019 年第二季度	103.6	-30.4	-7.7	-2.4
2019 年第三季度	104.4	6.9	0.3	-25.9
2019 年第四季度	101.2	-4.5	-0.7	9.2
2020 年第一季度	100.1	44.8	-0.2	-10.9
2020 年第二季度	90	-40.5	-16.3	-24.4
2020 年第三季度	95.8	8.5	7.4	-3.5
2020 年第四季度	98	4.2	6.7	36.7
2021 年第一季度	97.3	36.1	0.4	11.2
2021 年第二季度	96.8	-31.2	-7.2	11.9
2021 年第三季度	96	3.8	3.3	-31.3

注：第三产业生产指数是以每种服务业附加值为权重计算得出的反映服务业发展情况的指数，以 2015 年为基准年，设定为 100，本报告选取季节调整后的数值。

资料来源：経済産業省「第 3 次産業（サービス産業）活動指数」、https://www.meti.go.jp/statistics/tyo/sanzi/index.html；財務省「法人企業統計」、https://www.e-stat.go.jp/stat-search/files?page=1&layout=datalist&toukei=00350600&tstat=000001047744&cycle=8&tclass1=000001049372&tclass2val=0。

2. 生活性服务业持续低迷

2021 年，日本生活性服务业呈现整体增长乏力的状态。从整体情况看，日本生活性服务业生产指数从 2020 年第四季度的 96.9 持续下降至 2021 年第三季度的 93.1。从具体行业看，零售业和房地产业的增长状况要好于生活性服务业的整体情况。如表 4 所示，日本零售业和房地产业的生产指数分别从 2020 年第四季度的 100.6 和 102.4 下降至 2021 年第三季度的 96.3 和 100.1。在疫情背景下，日本零售业不断调整销售方式，提升单位客源价值。例如，日本超市行业运用“天天平价”（EDLP）策略，实时调整生鲜产品价格，促进消费。受货币宽松政策影响，金融机构对房地产业投资增加，外国投资者也积极参与日本房地产交易，助推日本房地产业发展。此外，受到新冠肺炎疫情影响，日本饮食服务业与旅游业等行业则受到严重打击。如表 4 所示，截至 2021 年第三季度，饮食服务业和旅游业的生产指数分别为 61.7 和 23.2，远未达到疫情前水平。基于疫情防控需要，日本政府在“紧急事态宣言”中对餐饮、娱乐场所采取缩短经营时间的政策措施，导致日本民众的出行需求持续下滑，旅游业发展陷入困境。观光厅“旅行观光消费动向”显示，2021 年第三季度，日本国内旅行消费额为 2.3 万亿日元，较 2019 年同期下降 65.2%。①

表 4　2019 年第一季度至 2021 年第三季度日本生活性服务业的生产指数变化

	生活性服务业	零售业	房地产业	饮食服务业	旅游业
2019 年第一季度	102.6	101.8	102.9	100	94.6
2019 年第二季度	102.6	101.9	101.8	100.1	99.9
2019 年第三季度	103.6	104.9	102.4	100	92.7
2019 年第四季度	100.4	97.1	101.2	98.8	92.8
2020 年第一季度	98.9	99.3	102.2	90.8	67.1
2020 年第二季度	85.6	92	98	52.9	5.3
2020 年第三季度	93.9	98.3	103	74.4	20.6

① 観光庁「旅行・観光消費動向調査」、https：//www.mlit.go.jp/common/001441385.pdf。

续表

	生活性服务业	零售业	房地产业	饮食服务业	旅游业
2020 年第四季度	96.9	100.6	102.4	77.6	52.3
2021 年第一季度	95.1	100	102.5	66.7	22.3
2021 年第二季度	94.1	96.9	102	64.8	14.2
2021 年第三季度	93.1	96.3	100.1	61.7	23.2

注：表中数据为季节调整后的季度值。

资料来源：経済産業省「第 3 次産業（サービス産業）活動指数」、https：//www.meti.go.jp/statistics/tyo/sanzi/index.html。

3. 生产性服务业恢复状况较好，但仍面临下行压力

2021 年，日本生产性服务业发展情况好于生活性服务业，但受新冠肺炎疫情等不确定性因素增加的影响，其仍面临增长压力。如表 5 所示，日本生产性服务业的生产指数从 2021 年第一季度的 99.8 下降至第三季度的 98.7。一方面，金融业和信息通信业发展较好。2021 年，日本金融业积极拓展海外金融业务，创新经营方式，从而维持了增长态势。例如，三菱 UFJ 银行与泰国 Ayudhya 银行合作，收购越南民间金融机构，扩大在东南亚地区的金融业务。[①] 日本信息通信业则由于电子商务、远程工作、云计算、网络安全、数字化转型等需求的增加，维持了较好的经营业绩。日本 IDC 公司调查数据显示，2021 年，日本信息通信业增速将超过 3%，2022 年，市场规模将达到 6 万亿日元。[②] 另一方面，运输业和批发业面临较大下行压力。如表 5 所示，日本运输业和批发业的生产指数分别从 2021 年第一季度的 91.4 和 93.7 下降至第三季度的 90.3 和 91.3。新冠肺炎疫情阻碍航空运输需求恢复，影响国际物流稳定，导致日本运输业和批发业发展承压。

① 「アユタヤ銀行による在ベトナム金融機関の買収について発表」、『日本経済新聞』2021 年 8 月 26 日。

② IDC「国内 ITサービス市場予測を発表」、https：//www.idc.com/getdoc.jsp? containerId=prJPJ48259521。

表 5　2019 年第一季度至 2021 年第三季度日本生产性服务业的生产指数变化

	生产性服务业	金融业	信息通信业	运输业	批发业
2019 年第一季度	104.3	101.1	105.5	104.3	101.8
2019 年第二季度	104.7	101.1	106.1	104.1	102.8
2019 年第三季度	105.8	101	106.8	105.1	104.2
2019 年第四季度	101.5	98.9	104	102.3	96.5
2020 年第一季度	101.7	99.9	104.1	99.9	95.5
2020 年第二季度	94.4	98.7	101.7	81.9	85.7
2020 年第三季度	97.3	101.4	102.3	89.2	89.9
2020 年第四季度	98.4	102.6	103	91.1	93.6
2021 年第一季度	99.8	104.7	103.5	91.4	93.7
2021 年第二季度	99.4	104.8	106.4	91	91.9
2021 年第三季度	98.7	104.1	101.8	90.3	91.3

注：表中数据为季节调整后的季度值。

资料来源：経済産業省「第 3 次産業（サービス産業）活動指数」、https://www.meti.go.jp/statistics/tyo/sanzi/index.html。

二　2021年日本产业发展面临的主要问题

2021 年，日本产业在发展过程中面临的突出问题包括：新冠肺炎疫情持续冲击、经济绿色转型承压、产业数字化转型需求迫切、产业链供应链稳定性需要提升等。

（一）新冠肺炎疫情对日本产业发展造成持续冲击

新冠肺炎疫情的发生，不仅对世界经济造成前所未有的冲击，也严重打击了日本产业。对于日本制造业而言，全球产业链供应链稳定性受到影响，生产所需的零部件等无法及时获取，造成生产停滞。同时，新冠肺炎疫情导致大宗商品和原材料的价格持续上升，导致日本制造业的生产成本持续提升，压缩企业利润，不利于日本制造业发展。对于日本服务业而言，新冠肺炎疫情导致日本居民外出就餐、旅游需求减少，居民消费欲望下降，国际游客减少，不利于促进日本国内服务业发展。日本耐用品消费态度指数从2021年3月的38.1下降至11月的36.5。[①] 自新冠肺炎疫情发生至2022年7月，日本已经经历了七波新冠肺炎疫情高峰，随着奥密克戎毒株的出现，日本国内新冠肺炎疫情风险再次提升。新冠肺炎疫情带来的不确定性对日本制造业和服务业的发展造成短期的深刻影响。

（二）碳中和背景下经济绿色转型压力巨大

气候变化已经成为人类社会所面临的严峻问题。当前，世界各国均在致力于推动经济绿色转型，实现碳中和。2021年，美国提出了“创造就业和应对气候变化的创新政策”，促进清洁能源技术发展，欧盟则推出“应对气候变化一揽子提案”（Fit for 55），围绕碳中和进行产业战略性布局。日本则提出了在2050年实现碳中和的计划。

在产业和企业层面，传统的粗放式生产模式已经不适应现实需要，企业应承担相应的环境管理责任，推动生产方式实现清洁化转型，促进经济绿色转型。为此，就需要推动实现全产业链的绿色转型，如生产过程中所使用的清洁能源占比达到100%，降低原材料、零部件及销售等环节所产生的碳排放量等。推动经济绿色转型、实现碳中和已经成为日本的一项重要政策，钢铁、汽车等碳排放量较多的产业面临严峻的绿色转型压力。

（三）产业数字化转型需求迫切

当前，新一轮产业科技革命和产业革命正在发生，新一代通信技术与生物、能源、材料等科技相融合，推动新技术不断产生。科技竞争在大国博弈中占据的地位日趋明显，世界各国均在增加对数字科技领域的投入。2021年，美国提出《美国创新与竞争法案》，把2500亿美元用于支持先进技术研发。[②] 欧盟提

---

① 内閣府「消費動向調査」、https：//www. esri. cao. go. jp/jp/stat/shouhi/shouhi. html。

② U. S. Government Services and Information, “United States Innovation and Competition Act of 2021,” https：//www. congress. gov/bill/117th-congress/senate-bill/1260.

出“地平线欧洲框架计划”，投资900亿欧元用于加大对数字科技、工业技术等领域的政策支持力度。① 日本早在2016年就提出建设“社会5.0”的口号，希望通过网络空间与物理空间的融合，为人们创造富裕的“超智能社会”。新冠肺炎疫情暴露出日本在数字化转型方面的薄弱之处。由于行政手续数字化水平不高，日本政府无法及时掌握疫情信息，日本企业也存在数字化转型不足的问题。根据日本经济产业省的调查，约有95%的企业处于数字化转型初级或尚未开展相关工作的阶段。② 为此，在国家间科技竞争激烈的背景下，日本需要推动产业数字化转型，加快科技创新步伐，维持科技竞争优势。

（四）产业链供应链稳定性提升要求凸显

在新冠肺炎疫情冲击和地缘政治风险增加的背景下，产业链供应链稳定性问题成为世界各主要国家关注的重要问题。2021年6月，美国发布关于提升供应链稳定性的报告，认为需要提升药品、半导体、关键矿物等战略性物资的供应能力。2021年5月，欧盟发布“新产业战略”，指出需要提升“战略自主能力”，减少原材料、蓄电池等战略领域的对外依赖。③ 新冠肺炎疫情的暴发促使日本再次提升了对产业链供应链安全维护的重视程度。日本三菱UFJ调查咨询公司的报告显示，79.9%的受访企业表示疫情对其销售活动造成负面影响，41.8%的企业表示其在国内的生产活动受到疫情影响，还有19.2%的企业表示其面临难以从海外购买零部件的情况，50.9%的企业表示难以找到可替代的零部件导致其产业链稳定性遭受负面影响。④

---

① European Commission, “Horizon Europe,” https://ec.europa.eu/info/research-and-innovation/funding/funding-opportunities/funding-programmes-and-open-calls/horizon-europe_en.

② 経済産業省「DXレポート2」、https://www.meti.go.jp/press/2020/12/20201228004/20201228004-3.pdf。

③ 日本貿易振興機構「欧州委産業界の復興と自律性強化を目指す産業戦略の更新版発表」、https://www.jetro.go.jp/biznews/2021/05/956c0a8d5231e24c.html。

④ 三菱UFJリサーチコンサルティング「我が国ものづくり産業の課題と対応の方向性に関する調査」、https://www.meti.go.jp/meti_lib/report/2020FY/000066.pdf。

三　2021年日本实施的主要产业政策

日本政府在2021年提出了绿色增长战略、《第六期科学技术创新基本计划》、产业链供应链调整政策、半导体和数字产业战略等一系列产业政策，采取财政税收措施，促进产业发展。

（一）制定绿色增长战略，促进经济绿色转型步伐

2020年10月，日本政府提出了在2050年实现碳中和的目标，积极推动经济绿色转型，致力于形成经济增长与环境保护的良性循环。[①] 2021年4月，日本政府表示，力争2030年的温室气体排放量比2013年下降40%，并朝着减少50%的方向努力。为实现碳中和目标，加快经济绿色转型，2020年12月，日本又提出了《2050年碳中和绿色增长战略》，将“增长战略”与“建设低碳社会”相结合，推动碳中和成为产业发展的新机遇，加强对相关产业展开战略性布局，并给予相应的政策支持。2021年10月，日本政府提出“基于《巴黎协定》的长期增长战略”，进一步完善和丰富了绿色增长战略。在明确碳减排目标的基础上，基于绿色增长战略，日本政府将海上风电、氢能源、氨燃料、核能、电动汽车及蓄电池、半导体、物流、农林水产、航空飞行器、碳回收、住宅、资源循环、生活服务等14个产业确定为重点发展的绿色产业，为每个重点产业制订相应的“绿色实施计划”，明确产业未来的发展空间，引导企业在相应领域进行投资。此外，日本政府还采取积极的财政、金融支持措施促进绿色产业发展。

（二）推动经济社会数字化转型，实施科技创新战略

一方面，在新设立的“数字厅”的统筹下推动经济社会领域的数字化

① 首相官邸「第二百三回国会における菅内閣総理大臣所信表明演説」、https：//www. kantei. go. jp/jp/99_ suga/statement/2020/1026shoshinhyomei. html。

转型进程。2021 年 9 月，数字厅正式成立，成为日本构建数字社会的“司令塔”。具体措施包括：完善“个人编号卡”制度，扩大其使用范围和“个人编号卡”的普及范围；提升日本政府的行政数字化水平，推动行政手续网上办理，促进政府网站的标准统一；建设政府云端数据管理系统，实现中央政府与地方政府之间共享数据；制定数字安全保障基本方针，提升数据安全水平，加强对国家信息系统使用的监督与管理。① 另一方面，实施《第六期科学技术创新基本计划》，提升日本科技创新水平。2021 年 3 月，日本政府公布《第六期科学技术创新基本计划》，提出在 2021～2026 年投入 30 万亿日元用于支持科学技术发展。一是促进实现“社会 5.0”。积极推动 5G、后 5G、人工智能、超级计算机、空间系统、量子技术、半导体等新一代信息技术发展，培育数字化社会建设人才。二是推动进行解决现实社会问题的研究开发。制定社会科学与自然科学融合发展战略，强化人工智能、生物技术、量子技术、先进材料、宇宙海洋、环境能源、健康医疗、农林水产等领域的国家级研究开发。三是强化基础研究能力。设立 10 万亿日元的“大学基金”，用于加强对青年科研人员的培养，完善研究环境，推动构建世界一流的研究型大学。②

（三）积极进行产业链供应链调整，提升产业链供应链稳定性

新冠肺炎疫情暴发后，日本的产业链供应链受到严重影响，日本政府不断出台产业链供应链调整措施，以构建灵活且具有弹性的产业链供应链，具体表现在以下几个方面。一是促进日本企业将产业链搬迁回日本。2021 年 3 月，日本政府推出第二次“国内投资促进补贴”政策，提升医疗用品、关键零部件等战略性物资的本地化生产能力。从政策实施的结果看，共有 151 家企业获

① デジタル庁「政策」、https：//www. digital. go. jp/policies。

② 内閣府『科学技術・イノベーション基本計画』、https：//www8. cao. go. jp/cstp/kihonkeikaku/index6. html。

得批准，补贴金额达到2095亿日元，涉及半导体、蓄电池、海上风电等行业。[①] 二是推动日企在东南亚地区实现生产多元化。2021年，日本政府实施第四次“海外供应链多元化支援”政策，支持日本企业在东南亚地区实现多元化生产，降低产业链供应链中断风险。三是推动企业制订“事业可持续计划”。2021年，日本政府继续推出“事业持续性强化计划”政策，用于推动中小企业制订灾害发生时的经营调整计划，给予符合条件的中小企业税收优惠措施以及相应的补助金。截至2021年10月，共有3.4万家中小企业获得了日本政府的资助。[②] 四是加强国际产业链供应链领域的合作。2021年4月，日本、澳大利亚、印度三国经济部长发表“供应链强韧化倡议”，试图通过改善营商环境，促进以提升供应链韧性为目的的设备投资。

（四）推出半导体和数字产业战略，确保半导体供给

为确保半导体稳定供应、提升日本半导体产业的国际竞争力，日本政府在2021年6月推出“半导体和数字产业战略”，决定加大对半导体产业的投资力度，重构生产体制，提升半导体产品的供给能力。一是强化半导体供给能力。加强与国外半导体厂商的合作，在国内建设高端半导体生产基地。目前，索尼、电装和台积电公司已经达成协议，预计2022年在日本熊本县建造半导体工厂，经济产业省为此项目提供8000亿日元的补助金。[③] 二是加强半导体技术开发。加强后5G、绿色技术等领域的半导体技术的研发和创新，提升世界市场中日本半导体在5G、自动驾驶、电动车、新能源等绿色和数字化领域的份额。[④]

---

① 経済産業省「サプライチェーン対策のための国内投資促進事業　2次公募採択事業」、https：//www.mizuho-ir.co.jp/topics/supplychain/std02/03.html。

② 中小企業庁「事業継続力強化計画」、https：//www.chusho.meti.go.jp/keiei/antei/bousai/keizokuryoku.htm。

③「TSMCソニー半導体工場九州EV供給網に誘致の真価」、『日本経済新聞』2021年12月13日。

④ 経済産業省『半導体・デジタル産業戦略』、https：//www.meti.go.jp/press/2021/06/20210604008/20210603008-1.pdf。

四　结语

2021 年，国际政治经济形势复杂多变，对日本产业发展产生严峻挑战，日本政府出台了一系列产业政策，推动日本产业发展。就 2022 年日本产业而言，日本制造业将呈现整体恢复态势。岸田文雄政府推出大规模经济对策，将提振日本国内经济需求，增加企业设备投资，降低企业库存。日本服务业发展仍然面临较大的不确定性。随着奥密克戎毒株的出现，新冠肺炎疫情对日本服务业发展造成冲击的可能性逐渐增大，不排除日本政府再次实施“紧急事态宣言”的可能性，从而减少居民的外出就餐和旅游需求，对日本生活性服务业的发展造成较大影响。

B.5

日本对外经济关系：回升态势与不利因素

李清如*

摘　要： 新冠肺炎疫情对全球经济造成严重冲击之后，2021年，虽然疫情形势仍然严峻，但世界各国经济社会活动逐渐恢复，日本对外贸易出口总额和进口总额均较上年增长超过20%，对外直接投资流量和投资收益明显回升。日本企业海外盈利水平呈现V字形恢复态势，但平均盈利比例还没有恢复到疫情前的水平。企业供应链受半导体短缺、物流阻断等不利因素影响较为明显，数字化和脱碳化成为日本企业开展海外业务时重点考虑的因素。在区域经济合作方面，RCEP达到生效门槛，区域供应链的作用将进一步发挥，但在中美博弈深化的背景下，各方围绕区域经济合作主导权的争夺呈现白热化态势。

关键词： 新冠肺炎疫情　对外贸易　对外直接投资　RCEP　供应链

2021年，全球经济在受到新冠肺炎疫情严重冲击之后迎来复苏。根据国际货币基金组织（IMF）在2022年4月发布的《世界经济展望报告》，2021年，全球实际GDP增长率约为6.1%。① 同时，疫情的反复扰动全球经济复苏进程，世界经济仍然面临较大的不确定性。在经济复苏与疫情反复相

* 李清如，经济学博士，中国社会科学院日本研究所副研究员、全国日本经济学会理事，主要研究领域：日本经济、国际贸易、区域经济等。

① International Monetary Fund, "World Economic Outlook April 2022," https: //www. imf. org/en/Publications/WEO/Issues/2022/04/19/world-economic-outlook-april-2022.

交织的大背景下，2021 年，日本对外贸易、投资、企业海外生产经营以及区域经济合作均出现一些新动向。

一　2021年日本对外贸易的动向

2021 年，日本对外贸易出口总额较 2020 年增长 21.5%，进口总额增长 24.6%，对外贸易整体出现反弹性增长，对主要贸易对象的贸易额也都有不同程度的回升。其中，对中国出口和进口占日本出口总额和进口总额的比重分别为 21.6%和 24.0%，对美国出口和进口占日本出口总额和进口总额的比重分别为 17.8%和 10.5%，中国继续保持日本第一大出口对象国和进口来源国的地位。

（一）日本对外贸易整体情况

2021 年，日本对外贸易出口总额为 830913.7 亿日元，较上年增长 21.5%，超过疫情前 2019 年的水平，达到近十年来的最高值；进口总额为 847607.3 亿日元，较上年增长 24.6%，同样超过疫情前 2019 年的水平，达到近十年来仅次于 2014 年的最高值。如表 1 所示，2010~2020 年，日本出口增长率除在全球金融危机后的 2010 年达到 24.4%以外，其余年份均在 12%以下；进口增长率除 2010 年达到 18.0%以外，其余年份均在 15%以下；其中有一些年份，出口或进口甚至出现负增长。2021 年，日本对外贸易出口总额和进口总额增长率均在 20%以上，表现出不亚于全球金融危机后的恢复势头，反映出疫情下对外贸易出现强势的复苏。一方面是由于 2020 年新冠肺炎疫情对全球经济造成严重打击，2020 年，日本对外贸易出口总额和进口总额大幅下降，增长率分别为-11.1%和-13.5%。2021 年，虽然疫情仍在反复，但随着世界各国经济社会活动逐渐恢复，生产和消费需求均有所增加，对外贸易额触底反弹，出现超过 20%的高增长率。另一方面是由于能源和原材料价格大幅上升，通货膨胀的影响在世界范围内显现，在一定程度上推升了贸易额。也正是由于这一原因，在贸易平衡方面，2021年，日本对外贸易整体表现为逆差，进口总额超过出口总额，逆差额为16693.6亿日元。

表1　2010~2021年日本对外进出口贸易情况

单位：亿日元，%

年份	出口		进口		贸易差额
	金额	增长率	金额	增长率	
2010	673996.3	24.4	607649.6	18.0	66346.7
2011	655464.8	-2.7	681111.9	12.1	-25647.1
2012	637475.7	-2.7	706886.3	3.8	-69410.6
2013	697741.9	9.5	812425.5	14.9	-114683.5
2014	730930.3	4.8	859091.1	5.7	-128160.9
2015	756139.3	3.4	784055.4	-8.7	-27916.1
2016	700357.7	-7.4	660419.7	-15.8	39938.0
2017	782864.6	11.8	753792.3	14.1	29072.3
2018	814787.5	4.1	827033.0	9.7	-12245.5
2019	769316.7	-5.6	785995.1	-5.0	-16678.5
2020	683991.2	-11.1	680108.3	-13.5	3882.9
2021	830913.7	21.5	847607.3	24.6	-16693.6

注：贸易差额为出口金额减去进口金额，负数为逆差；由于保留小数点的缘故，计算结果可能略有差异。

资料来源：財務省「報道発表　令和3年分(確々報)　令和4年3月11日」、https://www.customs.go.jp/toukei/shinbun/trade-st/2021/202128g.xml。

从2021年1~12月各月情况来看，与上年同期相比，日本出口总额自2021年3月起连续10个月同比正增长，进口总额自2021年2月起连续十一个月同比正增长，说明对外贸易的复苏呈现持续的趋势。其中，2021年4月、5月、6月以及7月连续四个月，出口总额同比增长率在30%以上，最高时为49.6%；2021年6月、8月、9月、11月以及12月五个月，进口总额同比增长率在30%以上，最高时为44.7%。[①] 如果将贸易额的增长分解为价格的增长和数量的增长，那么可以看出：出口额的增长在一定程度上是由价格的上涨而造成的，进口受价格因素的影响更大，进口额的增长大部分是由价格的上涨造成的，特别是在2021年7~12月，这一趋势更加明显，说明世界范围内通货膨胀的影响显现在对外贸易上。[②]

（二）日本与主要贸易对象的贸易情况

2021年，日本对各主要贸易对象的贸易额均有不同程度的回升，出口增长率和进口增长率基本都达到两位数。如表2所示，在日本对外贸易出口总额和进口总额中来自亚洲的部分所占的比重分别为58.0%和48.5%，相当于近六成的出口和近半数的进口均在亚洲市场，体现出亚洲在日本对外贸易中的重要性。其中，对中国的出口额占日本出口总额的比重在2020年首次超过20%后继续保持这一趋势，2021年占比为21.6%；至于自中国的进口额占日本进口总额的比重，自2010年以来一直保持在20%以上，2021年为24.0%；在日本贸易对象国别排名中，中国继续保持2020年以来的第一大出口对象国和2002年以来的第一大进口来源国的地位。需要注意的是，由于中日统计口径不同，贸易差额的方向也有所不同。按照日本财务省的统计数据，2021年，日本对中国的贸易逆差为23931.1亿日元；而按照中国海关的统计数据，2021年，中国对日本的贸易逆差为397.0亿美元。[③] 此外，日本对东盟的出口额和进口额占日本出口总额和进口总额的比重分别为15.0%和14.7%，东盟是日本在亚洲的重要贸易对象；日本对印度的出口额和进口额占比虽然较低，但增长较快。

---

① 財務省「報道発表　令和3年分(確々報)　令和4年3月11日」、https：//www.customs.go.jp/toukei/shinbun/trade-st/2021/202128g.xml。

② 財務省「報道発表　令和3年12月分貿易統計(確々報)　令和4年3月11日」、https：//www.customs.go.jp/toukei/shinbun/trade-st/2021/202112g.xml。

③《（2）2021年12月进出口商品国别（地区）总值表（美元值）》，中华人民共和国海关总署网站，http：//www.customs.gov.cn/customs/302249/zfxxgk/2799825/302274/302277/302276/4127455/index.html。

表2　2021年日本与主要贸易对象的进出口贸易情况

单位：亿日元，%

贸易对象	出口			进口			贸易差额
	金额	增长率	份额	金额	增长率	份额	
总额	830913.7	21.5	100.0	847607.3	24.6	100.0	-16693.6
亚洲	481581.9	22.8	58.0	410789.2	18.5	48.5	70792.7
中国	179843.9	19.2	21.6	203775.0	16.4	24.0	-23931.1
东盟	124609.6	26.6	15.0	124688.0	16.8	14.7	-78.4
中国香港	38904.1	13.9	4.7	1201.8	39.9	0.1	37702.3
中国台湾	59880.8	26.4	7.2	36818.3	28.6	4.3	23062.6
韩国	57695.7	21.0	6.9	35211.6	23.9	4.2	22484.1
印度	14110.7	45.3	1.7	6746.1	33.6	0.8	7364.5
大洋洲	21941.3	30.0	2.6	64124.8	47.1	7.6	-42183.5
澳大利亚	16745.3	29.3	2.0	57337.0	49.7	6.8	-40591.7
北美洲	157483.2	17.7	19.0	104099.4	20.6	12.3	53383.8
美国	148314.1	17.6	17.8	89031.1	19.4	10.5	59283.0
中南美洲	30860.8	35.0	3.7	36729.3	22.5	4.3	-5868.6
欧洲	107970.4	17.8	13.0	131864.8	21.4	15.6	-23894.4
欧盟	76681.0	21.4	9.2	94218.2	21.4	11.1	-17537.2
英国	11377.5	-0.7	1.4	7561.8	10.4	0.9	3815.7
中东	20522.2	13.5	2.5	84707.2	52.4	10.0	-64185.1
非洲	10554.0	24.5	1.3	15292.3	65.9	1.8	-4738.3

注：份额为各贸易对象出口额或进口额占日本出口总额或进口总额的比重；贸易差额为出口金额减去进口金额，负数为逆差；由于保留小数点的缘故，各贸易对象的份额和贸易差额的计算结果可能略有差异。

资料来源：財務省「報道発表　令和3年分(確々報)　令和4年3月11日」、https://www.customs.go.jp/toukei/shinbun/trade-st/2021/202128g.xml。

2021年，日本对美国的出口额和进口额在日本出口总额和进口总额中分别占17.8%和10.5%，美国是日本在北美洲的主要贸易对象；对欧盟的出口额和进口额在日本出口总额和进口总额中分别占9.2%和11.1%，欧盟是日本在欧洲的主要贸易对象。大洋洲和中东的出口额在日本出口总额中的份额较低，但在进口总额中占有明显份额，分别为7.6%和10.0%。日本自大洋洲和中东的主要贸易对象如澳大利亚、阿联酋、沙特阿拉伯和卡塔尔等进口的产品以资源和能源为主，日本对这两个地区的贸易均出现显著的逆差。中南美洲和非洲在日本对外贸易中所占份额仍比较低，日本在中南美洲的主要贸易对象是巴西、智利等，在非洲的主要贸易对象是南非等。

（三）日本对外贸易行业结构

从行业构成来看，出口方面，2021年，化学制品出口额为105535.1亿日元，较上年增长23.7%，在日本出口总额中所占比重为12.7%；按原料分类的制成品出口额为99268.8亿日元，较上年增长32.3%，在日本出口总额中所占比重为11.9%；一般机械出口额为163822.7亿日元，较上年增长24.7%，在日本出口总额中所占比重为19.7%；电气设备出口额为153093.7亿日元，较上年增长18.7%，在日本出口总额中所占比重为18.4%；运输设备出口额为161921.6亿日元，较上年增长12.0%，在日本出口总额中所占比重为19.5%。由此可知，作为日本支柱产业的汽车产业的出口额虽然在出口总额中约占1/5，但增长速度明显低于整体增长速度，这是由于2021年日本汽车产业受半导体短缺、供应链扰动的影响比较明显，再加上日本国内应对疫情的限制措施，生产能力受到影响，进而影响到出口。

进口方面，2021年，矿物燃料进口额为169693.5亿日元，较上年增长50.8%，在日本进口总额中所占比重为20.0%；化学制品进口额为97320.0亿日元，较上年增长23.8%，在日本进口总额中所占比重为11.5%；按原料分类的制成品进口额为82722.0亿日元，较上年增长26.0%，在日本进口总额中所占比重为9.8%；一般机械进口额为76798.9亿日元，较上年增长9.0%，在日本进口总额中所占比重为9.1%；电气设备进口额为136393.0亿日元，较上年增长20.1%，在日本进口总额中所占比重为16.1%。可以看出，矿物燃料不仅在日本进口总额中占1/5，而且进口增长率在50%以上，其中原油及粗油、石油制品、液化天然气、液化石油气、煤炭的进口增长率分别高达 49.1%、72.0%、33.5%、70.4%、61.7%，反映出能源价格普遍上涨对日本对外贸易的影响。①

二　2021年日本对外投资的动向

2021 年，日本对外直接投资流量和投资收益较上年均出现明显增长，对外直接投资的主要目的地和投资收益的主要来源地集中在亚洲、北美洲和欧洲。同时，2021 年，日本企业海外生产经营出现一些值得关注的动向。

（一）日本对外直接投资流量情况

2021 年，日本对外直接投资流量合计 161100.0 亿日元，较上年同期增长 57.7%，增幅非常大，说明在经历新冠肺炎疫情冲击后，2021 年，虽然疫情仍在蔓延，但世界各国经济社会活动有一定程度的恢复，与对外贸易的趋势相类似，日本对外直接投资流量也出现较大幅度的增长。

日本对外直接投资流量主要集中在亚洲、北美洲和欧洲。2021 年，日本对亚洲、北美洲和欧洲的投资流量分别为 50528.9 亿日元、66090.1 亿日元和 41808.5 亿日元，在日本对外直接投资总流量中分别占 31.4%、41.0%、26.0%。对中南美洲和非洲的投资流量相对较小，分别为 5994.8 亿日元和 923.7 亿日元；对大洋洲和中东则出现投资收回大于投资流入的负流量情况，分别为-3940.2 亿日元和-305.9 亿日元。其中，2021 年，日本对中国和东盟的投资流量分别为 10494.6 亿日元和 29449.9 亿日元，在日本对亚洲投资流量中的占比分别为 20.8%和 58.3%，中国和东盟是日本在亚洲投资的主要目的地；对美国的投资流量为 65369.9 亿日元，在日本对北美

① 財務省「報道発表　令和 3 年分(確々報)　令和 4 年 3 月 11 日」、https：//www.customs.go.jp/toukei/shinbun/trade-st/2021/202128g.xml。由于保留小数点的缘故，各行业对出口总额或者进口总额的份额的计算结果可能略有差异。

洲投资流量中的占比为 98.9%，美国是日本在北美洲投资的主要目的地；对欧盟和英国的投资流量分别为 15173.4 亿日元和 20582.8 亿日元，在日本对欧洲投资流量中的占比为 36.3%和 49.2%，欧盟和英国是日本在欧洲投资的主要目的地。①

（二）日本对外直接投资收益情况

2021 年，日本对外直接投资收益合计为 140147.3 亿日元，较上年增长 13.1%，与对外贸易和对外直接投资流量的趋势相类似，对外直接投资收益也出现明显的增长。日本对外直接投资的收益主要来源于亚洲、北美洲和欧洲。2021 年，日本对亚洲、北美洲和欧洲的对外直接投资收益分别为 56915.7 亿日元、30704.6 亿日元和 38320.5 亿日元，在日本对外直接投资总收益中分别占 40.6%、21.9%、27.3%。日本对中南美洲和大洋洲的对外直接投资收益分别为 7358.0 亿日元和 6340.5 亿日元，在日本对外直接投资总收益中分别占 5.3%和 4.5%，对中东和非洲的对外直接投资收益则更低，分别为 50.5 亿日元和 457.6 亿日元。其中，2021 年，日本对中国和东盟的对外直接投资收益分别为 23224.7 亿日元和 21917.2 亿日元，在日本对亚洲对外直接投资收益中的占比分别为 40.8%和 38.5%，中国和东盟是日本在亚洲对外直接投资收益的主要来源地；对美国的对外直接投资收益为 28664.7 亿日元，在日本对北美洲对外直接投资收益中的占比为 93.4%，美国是日本在北美洲对外直接投资收益的主要来源地；对欧盟和英国的对外直接投资收益分别为 19045.9 亿日元和 16386.2 亿日元，在日本对欧洲对外直接投资收益中的占比分别为 49.7%和 42.8%，欧盟和英国是日本在欧洲对外直接投资收益的主要来源地。②

从对外直接投资流量和对外直接投资收益的对比可以看出，亚洲、北美

① 日本銀行「業種別・地域別直接投資」、https://www.boj.or.jp/statistics/br/bop_06/bpdata/index.htm/。

② 日本銀行「業種別・地域別直接投資」、https://www.boj.or.jp/statistics/br/bop_06/bpdata/index.htm/。

洲和欧洲既是日本对外直接投资的主要目的地，又是日本对外直接投资收益的主要来源地，但其所占比例各有不同。从对外直接投资流量来看，对亚洲和北美洲的对外直接投资流量占日本对外直接投资总流量的比重分别为31.4%和41.0%，北美洲高出亚洲9.6个百分点；从对外直接投资收益来看，对亚洲和北美洲的对外直接投资收益占日本对外直接投资总收益的比重分别为40.6%和21.9%，亚洲高出北美洲18.7个百分点；对欧洲的对外直接投资流量和对外直接投资收益占比分别为26.0%和27.3%，大致相同。在各地区内部，对中国和东盟的对外直接投资流量占日本对亚洲对外直接投资流量的比重分别为20.8%和58.3%，东盟高出中国37.5个百分点，而对中国和东盟的对外直接投资收益占日本对亚洲对外直接投资收益的比重分别为40.8%和38.5%，中国高出东盟2.3个百分点；对欧盟和英国的对外直接投资流量占日本对欧洲对外直接投资流量的比重分别为36.3%和49.2%，英国高出欧盟12.9个百分点，对欧盟和英国的对外直接投资收益占日本对欧洲对外直接投资收益的比重分别为49.7%和42.8%，欧盟高出英国6.9个百分点。

（三）日本海外企业生产经营动向

根据日本贸易振兴机构的“海外日系企业调查”和日本国际协力银行的“日本制造业企业海外经营情况调查”等调查数据，可以看出2021年日本海外企业生产经营的一些动向。①

第一，日本企业海外盈利水平呈现V字形恢复，但恢复势头仍有所欠缺，还有很多国家和地区的日本企业盈利占比没有恢复到疫情前的水平。根

① 参见日本貿易振興機構（ジェトロ）『2021年度　海外進出日系企業実態調査（全世界編）—ビジネス正常化へ道半ば。販売価格の引き上げや調達先の見直しが進む—』、https：//www.jetro.go.jp/world/reports/2021/01/f77677626ebf0fb5.html；株式会社国際協力銀行『わが国製造業企業の海外事業展開に関する調査報告—2021年度海外直接投資アンケート結果（第33回）—』、https：//www.jbic.go.jp/ja/information/press/press-2021/1224-015678.html。部分结果参考日本贸易振兴机构“海外日系企业调查”的分地区报告以及以前年度的报告。

据日本贸易振兴机构的“海外日系企业调查”数据，2021 年，海外日本企业实现盈利的占比平均为 62.6%，虽然高于 2020 年的 48.0%，但低于疫情前 2019 年的 65.0%，是近十年来除 2020 年以外的最低水平。其中，在中国和韩国的日本企业的盈利占比分别为 72.2%和 85.3%，不仅大幅超过 2020 年的 63.5%和 71.8%，也超过 2019 年的 68.5%和 79.1%，展现出比较强劲的恢复势头。在东盟的日本企业的盈利占比为 57.1%，高于 2020 年的 43.9%，但低于 2019 年的 64.2%；在美国、欧盟和英国的日本企业的盈利占比分别为 59.2%、66.2%和 62.6%，高于 2020 年的 47.1%、48.1%和 47.5%，但低于 2019 年的 66.1%、70.9%和 70.4%。这说明在这些国家和地区的日本企业的盈利水平离疫情前的盈利水平还有差距。

第二，在未来三年左右时间日本企业有可能开展业务的国家和地区排名中，中国列首位，印度和美国分列第二位和第三位。日本国际协力银行的“日本制造业企业海外经营情况调查”数据显示，关于“中期（未来三年左右）有可能开展业务的国家和地区”，中国的得票率为 47.0%，继续保持与 2020 年排名相同的第一位，印度和美国的得票率分别为 38.0%和 32.8%，分列第二位和第三位。由于新冠肺炎疫情扩大，印度和东盟各国的生产经营受到限制，得票率均有所下降。印度虽然仍排在第二位，但得票率下降 7.8 个百分点，与排在第一位的中国的得票率的差距拉大；越南、泰国和马来西亚分别由 2020 年的排名第三位、第四位和第八位下降至 2021 年的排名第四位、第五位和第九位；印度尼西亚和菲律宾仍然保持在第六位和第七位，但得票率分别下降 7.6 个百分点和 1.4 百分点。由于经济景气形势持续改善，美国的得票率明显上升，并由 2020 年的排名第五位上升至 2021 年的第三位。

第三，企业供应链受半导体短缺、物流阻断等因素冲击较为明显，数字化和脱碳化成为日本企业开展海外业务时重点考虑的因素。根据日本贸易振兴机构的“海外日系企业调查”和日本国际协力银行的“日本制造业企业海外经营情况调查”数据，由于半导体短缺、疫情下零部件厂商生产活动受限、钢铁和石油等原材料和能源价格上涨、集装箱不足和运输线路减少或运输迟滞等因素，企业原材料和零部件采购成本、生产制造成本和运输物流成本增加，这对企业造成压力。供应链的混乱对各行业均造成影响，其中受半导体短缺影响最大的行业是汽车、运输设备、电机和电子行业等。很多企业不得不将增加的成本转嫁到产品的价格上，选择重新评估销售价格的企业的占比比2020年显著增加。

同时，日本贸易振兴机构的“海外日系企业调查”显示，42.0%的企业已经将数字技术应用到生产经营中，21.7%的企业预计将要应用，合计占比超过六成。应用的数字技术主要包括电子商务、云技术、机器人、数字营销、人工智能、物联网等。企业认为，应用数字技术，可以带来强化市场营销、扩大销售渠道、提高产品和服务质量、应对工资上涨和劳动力不足问题、创造新型商业模式等多方面的优势。在脱碳化方面，已经采取脱碳化相关措施的企业的占比为33.9%，将要采取相关措施的企业的占比为30.8%，合计占比也超过六成。相关措施包括：节约能源和资源，例如，照明的LED化、无纸化、材料的简化和再利用等；引进可再生能源和新能源电力，例如，引入太阳能发电设备等，开发环保新产品等。其动因主要有日本总部的指示和要求，所在国政府的规定和税收优惠，以及客户、投资人、消费者的需求等。

三 2021年日本区域经济合作与自贸区建设的动向

2021年，日本在区域经济合作和自贸区建设方面取得进展。2020年11月签署的《区域全面经济伙伴关系协定》（RCEP）在2021年11月达到生效门槛，并于2022年1月1日起正式生效；2020年10月签署的《日英经济伙伴关系协定》（日英EPA）于2021年1月1日起正式生效。同时，《全面与进步跨太平洋伙伴关系协定》（CPTPP）的扩容也在推进中。

（一）RCEP达到生效门槛

日本于2021年4月正式完成RCEP的批准程序。2021年11月3日，东盟秘书处发布通知，宣布文莱、柬埔寨、老挝、新加坡、泰国、越南等六个东盟成员国和中国、日本、新西兰、澳大利亚等四个非东盟成员国已正式提交核准书，RCEP 达到协定生效门槛，于 2022 年 1 月 1 日正式生效。[①] 作为全球覆盖人口最多、经贸规模最大的自由贸易区，RCEP 的批准和生效对于区域供应链的健全和发展意义重大；同时，作为日本与中国、韩国间的首个自贸协定，RCEP 对于推动日本对外贸易和投资乃至宏观经济发展也有着积极意义。根据日本政府测算，RCEP 生效后，将推动日本 GDP 提高 2.7%；根据联合国贸易和发展会议（UNCTAD）测算，日本对区域内的贸易将提高 5.5%，是 RCEP 全体成员国中获益最大的国家。[②]

日本与 RCEP 成员国之间的贸易额约占日本对外贸易总额的一半，其中，对中国和韩国的出口额在日本出口总额中分别占 21.6%和 6.9%，对中国和韩国的进口额在进口总额中分别占 24.0%和 4.2%，中国和韩国是日本重要的贸易伙伴。在 RCEP 框架下，对于中韩两国对日本制造业产品免税的比例，中国将从现行的 8%逐渐扩大到 86%，韩国将从现行的 19%逐渐扩大到 92%；特别是在汽车领域，汽车零部件等的关税将在最长 20 年左右的时间逐步被废除，这对于日本汽车产业是重要利好因素。此外，RCEP 的作用不仅在于降低关税，还在于实现贸易和投资规则的规范和统一。到目前为止，亚洲一些国家之间已经签订双边自由贸易协定（FTA），但是这些 FTA 的规则和手续不同，对于跨境设置生产据点的企业来说存在缺乏便利性的问题。[③] RCEP 的生效可以消除规则不统一的障碍，使区域内规则和手续共通化，提升通关的便利性和商务活动的便利性，有利于日本跨国企业在整个区

① The ASEAN Secretariat, "Regional Comprehensive Economic Partnership (RCEP) Agreement to Enter into Force on 1 January 2022," https://asean.org/regional-comprehensive-economic-partnership-rcep-to-enter-into-force-on-1-january-2022/.

② 参见「RCEP 国会承認　年末にも発効、アジアに巨大経済圏」、『日本経済新聞』、https://www.nikkei.com/article/DGXZQOUA27E3L0X20C21A4000000/；「RCEP、日本に最大の恩恵『輸出 5%増』 UNCTAD 試算」、『日本経済新聞』、https://www.nikkei.com/article/DGXZQOGR14EHJ0U1A211C2000000/。

③ 増川智咲「目前に迫る、RCEP 発効—そのメリットと課題とは？—」、大和総研、https://www.dir.co.jp/report/column/20211220_010778.html。

域内开展业务和进行布局。

但是，日本企业认为，利用 RCEP 规则仍面临一些问题。例如，原产地证明等手续繁杂，大企业尚能安排专门人员处理，中小企业应对这些手续则感到负担较重；关税减免所需的时间如果较长，积极效果就会很有限，根据中国对日本的关税承诺表，一些产品存在 10 年、15 年甚至 20 年的过渡期，换言之，在协定生效的第 11 年、第 16 年和第 21 年，关税税率才会降至零，而在华日本企业面临员工工资、房租等上涨的问题，在等待关税减免的过程中可能面临生产经营负担加重的困境；中国对日本减免关税的比例最终只有 86%，一些日企采购或销售的产品由于没有包含在内而无法享受税收优惠等。①

（二）日英 EPA 正式生效

除 RCEP 之外，2020 年 10 月签署的日英 EPA 从 2021 年 1 月 1 日起正式生效。虽然日英 EPA 是一项两国间的双边贸易协定，但是从前文的分析中可以看出，英国在日本对外贸易和投资中均占有明显份额。2021 年，英国在日本对欧洲的对外直接投资流量和对外直接投资收益中分别占 49.2% 和 42.8%，这是日本在欧洲重要的利益所在。日英 EPA 的签署和生效对于英国“脱欧”后维护日本企业在英国的经济利益、加强日英经济联系具有积极意义。日本贸易振兴机构的“海外日系企业调查”数据显示，在从事进口业务（将产品从日本进口至英国）方面，有 47.8%的在英日本企业已经在利用日英 EPA 相关条款，21.8%的企业准备利用或正在探讨中；在从事出口业务（将产品从英国出口至日本）方面，有 15.0%的在英日本企业

---

① 参见日本貿易振興機構（ジェトロ）「特集各国進出企業に聞く—RCEPへの期待と発効を見据えた事業戦略　実際の活用にはメリットの見極めを要する（中国）—」、https://www.jetro.go.jp/biz/areareports/special/2021/0702/a6d5aaf7f76fcea2.html；日本貿易振興機構（ジェトロ）「特集各国進出企業に聞く—RCEPへの期待と発効を見据えた事業戦略大連進出企業、関税撤廃スケジュールを注視（中国）—」、https://www.jetro.go.jp/biz/areareports/special/2021/0702/c3a54fe222fbf97a.html。

已经在利用日英EPA相关条款，45.0%的企业准备利用或正在探讨中。[①] 其面临的问题主要是证明手续复杂、需要对公司内部制度进行整顿、需要供应商和客户等上下游的配合、需要增加额外成本进行应对以及原产地规则严格等。

（三）推动CPTPP扩容

CPTPP于2018年3月签署，于2018年12月30日正式生效。其前身是美国主导的《跨太平洋伙伴关系协定》（TPP），但美国在特朗普政府上台后退出了谈判。CPTPP的签署和生效是在美国退出的情况下由日本主推完成的，其是日本发挥战略影响力的重要平台。CPTPP生效后，日本在力争主导权的前提下，积极推动CPTPP扩容。

英国“脱欧”后，开始将加入CPTPP提上议程。2020年10月，日英EPA正式签署，日英双方同时就英国加入CPTPP的事项交换文书，日本政府表明坚定地支持英国尽快加入CPTPP，并向英国提供相应的帮助。2021年2月1日，英国正式申请加入CPTPP，成为第一个申请加入的新成员。6月2日，CPTPP 11个成员国举行视频会议，决定启动英国加入CPTPP的谈判；6月22日，英国正式开始与CPTPP的11个成员国展开谈判。英国“脱欧”造成其对欧盟出口骤减，因而，其更加重视亚太市场，希望通过加入CPTPP予以弥补，运用CPTPP的数字及服务贸易规则，英国可以发挥在金融科技、信息技术、咨询服务等服务出口领域的优势。[②]

2020年11月，中国国家主席习近平在以视频方式出席亚太经合组织第二十七次领导人非正式会议时指出，中方将积极考虑加入CPTPP。[③] 2021

① 日本貿易振興機構（ジェトロ）「2021年度　海外進出日系企業実態調査（欧州編）—6割強の企業が黒字を見込むも、2019年の水準には戻らず　グリーン分野の投資拡大に期待—」、https://www.jetro.go.jp/world/reports/2022/01/884abd60b0c7fa54.html。

② 「英、TPP参加へ交渉開始　30年までに輸出6割増」、『日本経済新聞』、https://www.nikkei.com/article/DGXZQOGR21DD90R20C21A6000000/。

③ 《习近平：中方将积极考虑加入全面与进步跨太平洋伙伴关系协定》，新华网，http://www.xinhuanet.com/politics/leaders/2020-11/20/c_1126767335.htm。

年9月16日，中国商务部部长王文涛向CPTPP保存方新西兰贸易与出口增长部部长奥康纳提交了中国正式申请加入CPTPP的书面信函，两国部长就中方正式申请加入的有关后续工作进行了沟通。[①] 11月4日，中国国家主席习近平以视频方式出席第四届中国国际进口博览会开幕式并发表主旨演讲时强调，中国将深度参与绿色低碳、数字经济等国际合作，积极推进加入CPTPP。[②] 积极推进加入CPTPP，是中国促进高水平开放、对接高标准国际规则的重要战略布局。日本对于中国申请加入CPTPP的意见比较复杂，一方面，日本担忧中国因此增强在亚太地区的贸易主导权，并对中国能否达到CPTPP的要求条件提出质疑；另一方面，日本经济界对通过CPTPP促进中国进一步开放市场存在一定期待。

2021年12月13日，韩国政府宣布启动申请加入CPTPP的程序，但由于相比RCEP，CPTPP对市场开放程度的要求更高，有可能招致韩国国内产业界和农业团体反对。RCEP是日本和韩国之间的首个自贸协定，韩国将汽车和机械等主要敏感品类排除在取消关税产品之外，并计划利用10~20年的较长时间分阶段取消关税，从而保护韩国产业。但是，CPTPP要求高水平的市场开放，关于对现有关税的取消必将被提上议事日程，韩国产业界对此反应谨慎，担心支柱产业可能遭受打击。同时，CPTPP要求扩大在RCEP中搁置的农业领域的市场开放范围，韩国综合农业团体协议会对此表示强烈反对。[③] 因此，韩国国内能否就加入CPTPP达成共识仍是未知数。此外，2021年12月，厄瓜多尔申请加入CPTPP，成为除墨西哥、秘鲁、智利等现有成员国外，第一个新申请加入的拉美国家。

---

① 《中方正式提出申请加入〈全面与进步跨太平洋伙伴关系协定〉（CPTPP）》，中华人民共和国中央人民政府网，http://www.gov.cn/xinwen/2021-09/16/content_5637879.htm。

② 《习近平在第四届中国国际进口博览会开幕式上发表主旨演讲》，中华人民共和国中央人民政府网，http://www.gov.cn/xinwen/2021-11/04/content_5648891.htm。

③ 「韓国、中国TPP加盟方針で焦り　申請へ手続き開始」、『日本経済新聞』、https://www.nikkei.com/article/DGXZQOGM133XE0T11C21A2000000/。

四　日本对外经济关系展望

随着世界各国经济社会活动逐渐恢复，日本对外贸易、投资、企业海外生产经营有望重回正轨，但新冠肺炎疫情和世界经济波动仍给日本对外经济的发展带来不确定性。IMF 在 2022 年 1 月发布的《世界经济展望报告》中预计 2022 年全球经济增长率将从 2021 年的 5.9%下降至 4.4%，并指出，奥密克戎变异毒株可能会延长全球疫情的存续时间，不断上涨的能源价格和供应链中断导致通货膨胀水平比预期更高、影响更广泛，全球经济形势比此前预期的更加恶化。[①] 2022 年 4 月，IMF 再次下调 2022 年全球经济增长率预期至 3.6%。[②] 日本对外经济的发展与国际经济形势分不开，疫情的持续、供应链的扰动、资源能源价格上涨等因素将对日本国内经济和对外经济发展带来下行压力，对日本企业海外生产经营也会产生影响。

在区域经济合作方面，RCEP 生效后，区域供应链的重要性将进一步凸显，其对于区域内各国企业的支持作用将进一步发挥。同时，由于中美博弈进一步深化，美国力图调动盟友及“志同道合国家”的力量在经济领域加强对华制衡，亚太地区经贸格局及规则重构进程趋向复杂，各方关于区域经济主导权的博弈也在强化。2021 年 10 月，美国总统拜登以视频方式出席东盟峰会时提出，要围绕印太地区建立“经济新框架”；11～12 月，美国商务部部长雷蒙多在多个场合对美国准备推出的“经济新框架”进行介绍，并表示预计在 2022 年正式启动相关进程。“经济新框架”重点聚焦供应链协调、技术出口管制、人工智能和数字技术标准制定等领域，并将在基础设施领域进行重点合作，提供所谓基础设施建设“替代方案”，旨在填补特朗普

① International Monetary Fund, “World Economic Outlook Update, January 2022: Rising Caseloads, a Disrupted Recovery, and Higher Inflation,” https://www.imf.org/en/Publications/WEO/Issues/2022/01/25/world-economic-outlook-update-january-2022.

② International Monetary Fund, “World Economic Outlook April 2022,” https://www.imf.org/en/Publications/WEO/Issues/2022/04/19/world-economic-outlook-april-2022.

政府退出 CPTPP 造成的空白，抗衡中国日益增强的地区影响力，构建超越 RCEP 和 CPTPP、由美国主导的新平台。2022 年 1 月 9~14 日，日本经济产业大臣萩生田光一出访印度尼西亚、新加坡和泰国，强调要与东盟在能源资源、供应链、技术创新、数字经济、人才培养等领域加强合作，并发表“亚洲未来投资倡议”，着眼于在后疫情时代深化与东盟各国的经济联系。2022 年 1 月 21 日，日本首相岸田文雄与美国总统拜登举行视频会谈，就新设经济版部长级“2+2”机制达成协议。这反映出，日美积极将同盟合作及对华竞争措施从外交、安全领域进一步推进至经济领域。在各方因素的共同作用下，围绕区域经济合作主导权的争夺将逐渐白热化。

中日经贸与区域合作篇

Sino-Japanese Economic and Trade Cooperation and Regional Cooperation

B.6

中日经贸合作关系的回顾与展望

吕克俭*

摘　要： 回顾2021年中日关系和经贸合作状况，尽管面临新冠肺炎疫情的持续冲击，但两国多个领域的交流与务实合作不断深化，经贸合作在RCEP等重大利好因素助力下保持稳定发展势头，民间交流也呈现一些新动向。中日关系进入稳步发展轨道，但依然面临复杂外部环境和诸多不确定性敏感因素。2022年新年伊始，世界经济复苏前景不确定性凸显，仍面临诸多风险与挑战。中国坚持加快构建以国内大循环为主体、国内国际双循环相互促进的新发展格局，继续实行高水平对外开放，深化双多边经贸合作。站在新的历史起点上，两国经贸合作面临新的发展机遇，中日双方应相向而行，继续加强全方位、宽领域的互惠合作，努力构建契合新时代要求的中日关系，开辟两国经贸关系新的发展前景。

* 吕克俭，中华人民共和国商务部亚洲司原司长、中华人民共和国驻日本国大使馆原商务公使，全国日本经济学会副会长，主要研究领域：中日经济关系、区域经济合作等。

关键词： 中日关系　经贸合作　中日贸易　日本对华投资　RCEP

2021年是中日关系克服新冠肺炎疫情等外部因素持续冲击保持稳步发展的重要一年。中国全面支持日本举办东京奥运会，并欢迎日本积极参加北京冬奥会。中日两国纪念名古屋“乒乓外交”50周年，举办了一系列活动。10月，日本岸田文雄内阁启航，习近平主席与岸田首相举行电话会谈，为两国关系下一步发展做出了规划，明确了方向。① 中日外长先后举行多次电话会谈，双方确认，将以中日文化体育交流促进年和中日邦交正常化50周年为契机，努力改善两国国民感情，把一个稳定、健康的中日关系带入下一个50年。11月，《区域全面经济伙伴关系协定》（RCEP）达到生效门槛，根据规定，从2022年1月1日起，协定将对已批准的中日等十个国家生效。全球第二大和第三大经济体首次达成自贸减税安排，实现了历史性突破，有利于共同维护和强化以规则为基础的多边贸易体制，也将进一步促进中日经贸关系深化发展。同时，围绕服务贸易、知识产权、金融、数字贸易等议题，中日两国将在RCEP大框架下实现新的突破，有效助力金融市场开放、跨境电商合作、数字经济标准对接等。期待两国抓住机遇、相向而行，以中日邦交正常化50周年为里程碑和新起点，继续深化务实合作，探索实现协作互利共赢的新路径。

一　2021年中日经贸关系回顾

（一）中日贸易体现较强韧性和底蕴，实现长足发展

中日两国交往历史悠久，2000多年来友好交往始终是两国关系的主流，

---

① 《习近平同日本首相岸田文雄通电话》，求是网，http：//www.qstheory.cn/yaowen/2021-10/08/c_1127937951.htm。

特别是两国邦交正常化和中国改革开放以来，双边经贸关系克服各种困难实现了长足发展。中日经济合作特别是中日贸易合作成为助力中日关系发展的“压舱石”和“稳定器”。在疫情冲击下，日本经济复苏步伐十分迟缓，但中日贸易逆势增长，自 2018 年以来连续四年保持 3000 亿美元规模。这既体现了中日经济关系的强韧性，也反映出日本经济对中国的依存度上升。面对复杂外部环境，加强中日经贸合作既有利于日本实现经济复苏，也有利于推动中国经济实现高质量发展。

2021 年，中国进出口规模再上新台阶，首次突破 6 万亿美元关口，与主要贸易伙伴的进出口均实现稳定增长。[①] 中国海关总署相关数据显示，2021 年，中日贸易总额达 3714 亿美元，同比增长 17.1%。其中，中国对日出口 1658.5 亿美元，同比增长 16.3%，自日进口 2055.5 亿美元，同比增长 17.7%。[②] 日本仍稳居东盟、欧盟、美国之后，为中国第四大贸易伙伴；按国别排名，日本是中国第二大贸易伙伴国、第二大出口对象国和第一大进口来源国。日本财务省在 2022 年 1 月 20 日发布的《2021 年贸易统计速报》显示，日本在 2021 年对中国、亚洲的进出口额均创历史新高。由于半导体制造设备、电子零部件等产品的对华出口增幅显著，2021 年，日本对华出口 17.9844 万亿日元，同比增长 19.2%。[③] 中国继续保持日本第一大贸易伙伴、第一大出口目的地和第一大进口来源地的地位。

尽管 2021 年中日贸易形势良好，但在新冠肺炎疫情冲击下，受全球经济恢复不均衡、外部环境更趋复杂严峻和不稳定不确定、国际贸易增长动能减弱等因素影响，世界经济复苏和国际贸易增长前景仍不明朗，中日贸易要实现高质量发展仍面临诸多风险和挑战。

① 《（1）2021 年 12 月全国进出口总值表（美元值）》，中华人民共和国海关总署网站，http：//www.customs.gov.cn/customs/302249/zfxxgk/2799825/302274/302275/4122124/index.html。

② 《（1）2021 年 12 月全国进出口总值表（美元值）》，中华人民共和国海关总署网站，http：//www.customs.gov.cn/customs/302249/zfxxgk/2799825/302274/302275/4122124/index.html。

③ 財務省「貿易統計」、https：//www.customs.go.jp/toukei/latest/index.htm。

（二）日本对华投资态势稳定，前景看好

2021 年，日本对华直接投资保持稳定态势，日本在华新设企业 998 家，同比增长 24.9%；实际使用金额为 39.1 亿美元，同比增长 16.0%。截至 2021 年底，日本累计在华设立企业 5.46 万家，实际使用金额为 1229.9 亿美元，居国别首位。日本对华投资的重点集中于零售业、运输机械业及金融保险业，投资额占日本对华投资总额的 70%以上。

普华永道发布的《2021 在华日本企业发展调研报告》显示，在华日企高度重视中国市场，并对在华待遇和经营环境总体满意，九成以上的受访企业表示在未来 3~5 年会保持现有规模或加大对华投资力度；其中，长江三角洲地区和粤港澳大湾区是对日企较具吸引力的区域。[①] 同时，中国日本商会发布的《中国经济与日本企业 2021 年白皮书》显示，疫情给在华日企造成的影响较为有限，逾九成企业“没计划”调整生产基地。上述结果显示，中日经济合作关系底蕴深厚，多数日本主要企业继续在中国拓展市场的意愿没有减弱，且存在继续改善、升级的可能。

（三）中国企业对日本投资前景广阔

2021 年，中国企业对日本投资有效克服了疫情等负面因素影响，呈现恢复性增长态势，对日本全行业直接投资高达 8.1 亿美元，中国企业累计对日本投资达 50.1 亿美元。RCEP 生效后，日本投资自由化程度将有所提高，更有利于中国投资者特别是中小企业大胆进入日本市场，中国企业在日本投资前景广阔，商机无限。双方企业可不再局限于中日两国市场，而是积极整合中日产业技术资源，以 RCEP 经济圈大市场为目标，不断增强企业在亚洲乃至世界的竞争力。

中国企业还致力于发挥自身优势特色，在日本推广移动支付、共享经济、短视频等新经济模式。2021 年 1 月，“滴滴出行日本”的送餐服务

① 《普华永道发布〈2021 在华日本企业发展调研报告〉》，中国日报中文网，http：//regional.chinadaily.com.cn/cn/2022-01/11/c_ 697699.htm。

“DIDI FOOD”在日本福冈县启动，第一批有700多家店铺加入，今后还将陆续进驻九州其他县。此外，运营短视频App“TikTok”的北京字节跳动科技有限公司也在日本设立了办公室，通过向科技和媒体相关企业等投资与进行收购，积极拓展日本市场。

另外，在日中国企业协会及日本中华总商会等机构坚持以“商”为轴，努力“扎根”日本社会，为服务在日中国企业、打造中日交流平台而不懈努力。同时，在日中国企业高度重视履行社会责任，每当日本遭遇重大自然灾害时，都会第一时间积极组织会员企业捐款捐物，贡献自身力量，充分体现了在日中国企业的社会责任感。

（四）技能实习生合作和人员往来受到较大冲击

改革开放以来，中日劳务合作始终是中国对外劳务合作的重要组成部分，长期以来为促进两国经贸往来和人员交流发挥了积极作用。2021年，在疫情等不利外部因素的影响下，在日承包工程完成营业额4.1亿美元，累计完成营业额56.8亿美元。中国对外承包工程商会等部门积极稳妥地开展赴日劳务人员招募工作，将其与乡村振兴、职业技能提升等行动有机结合，充分考虑疫情背景下日本市场用工需求，促进中日劳务合作不断优化结构，向高技能领域发展，取得良好成效。中国商务部统计，2021年，中国向日本派遣技能实习生5988人，同比下降62.5%，中国在日本的技能实习生总数达5.9万人，主要分布在日本各地的中小企业，涉及农业、制造业和服务业多个领域。

为严格防范新冠病毒跨境传播，全球各国都采取了对跨境人员移动的严格限制。2021年度，访日外国游客数量仅为24.59万人次，为1964年以来的最低纪录。[①] 2021年1~11月，访日中国人总数仅为4.5万人次左右。尽管在新冠肺炎疫情背景下中日技能实习生合作及两国人员往来受到很大影响，但两国在相关领域的合作潜力仍然乐观。

---

① 《2021年访日外国游客仅有24.6万人　降幅达94%》，光明网，https://m.gmw.cn/baijia/2022-01/21/1302772262.html。

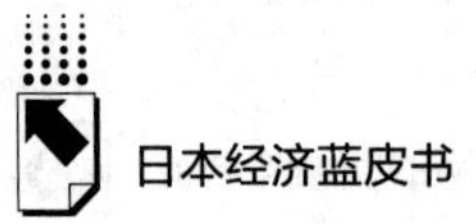

（五）深化金融、跨境电商等服务贸易领域合作

2018年中日两国签署《关于加强服务贸易合作的备忘录》并建立“双边服务贸易合作机制”以来，两国在服务贸易领域的合作不断深化。在2021年1月举办的第二届“中日资本市场论坛”上，上海证券交易所与日本交易所集团更新了《ETF互通合作协议》，深圳证券交易所与日本交易所集团签署了《ETF互通合作谅解备忘录》。

在2021年北京服务贸易交易会上，日本展区由跨境电商展区和企业展区构成，面积为2020年的8倍。服贸会吸引了以日用品为主、涉及消费品和养老服务等领域的数十家日本企业参展。首次设立的数字服务专区也有数家日本企业积极参与。在此次服贸会上，日本展区成为人气最高的展区之一，其中大阪近铁百货的多种商品全部售罄，显示了中日跨境电商业务的巨大潜力和良好前景。

加强金融、跨境电商等服务贸易领域的合作，既有利于维护两国金融稳定，也有助于提升双边贸易与投资便利化水平，不断将两国的投资合作潜力转化为具体的合作成果。

（六）政府和地方交流合作实现新突破

2021年，尽管受疫情影响，中日两国经济界主要团体的大型交流互访等活动仍未能正常举行，但在两国政府和经济界有识之士的共同努力下，中日政府及地方各层级经济交流活动以线上线下等形式蓬勃开展，取得丰硕成果。2021年11月，由中国商务部与日本外务省牵头的第15次中日经济伙伴关系磋商以视频会议的形式顺利举行，双方一致同意以2022年中日邦交正常化50周年为契机，促进经济和民间交流。双方还确认了今后继续以适当方式推进对话和务实合作的方针。①

① 《第15次中日经济伙伴关系磋商召开》，中华人民共和国商务部网站，http：//renhongbin. mofcom. gov. cn/article/activities/202111/20211103221794. shtml。

在地方合作层面，2021 年，北京、成都、大连、上海、天津、苏州、青岛等七个中日地方发展合作示范区纷纷抢抓机遇、先行先试、持续发力，不断优化体制机制，努力开辟中日地方发展合作新局面，形成了不少好经验好做法，实现了良好开局。

（七）积极携手推进第三方市场合作

“一带一路”倡议提出以来，得到了包括日本在内的国际社会的积极响应。中日加强在“一带一路”合作框架下的第三方市场合作已成为两国企业界的共识。在 RCEP 成功签署并如期生效的背景下，对于第三方市场合作这种企业跨国合作新模式而言，RCEP 将成为最佳试验田。

近年来，中日两国企业在开展第三方市场合作方面已有良好基础，目前进行的市场合作的案例涵盖产品服务类、投资合作类和产融结合类等三种类型，主要涉及东盟、俄罗斯等组织和国家。2021 年 7 月，中日促进绿色低碳第三方市场合作研讨会在湖北武汉成功举办，会议发布了《中日第三方市场合作示范项目案例集》，汇总了第一届中日第三方市场合作论坛召开以来的 18 个重点示范项目，为未来中日在更广领域、更深层次、更高水平开展第三方市场合作提供了有益借鉴，并重点关注绿色低碳项目领域的机遇。日本企业在技术、管理、国际化运营经验等方面较中国企业具有优势；中国企业在集成服务、成本控制、建设周期等方面具有优势。相信随着“一带一路”建设的深入推进和 RCEP 的生效实施，中日携手开展在第三方市场的互利多赢合作必将有利于亚太各国的繁荣发展。

（八）抢抓 RCEP 签署及生效机遇，推动亚太经济一体化进程

2021 年 11 月，RCEP 达到生效门槛，根据规定，从 2022 年 1 月 1 日起，协定将对已批准的中、日等十个国家生效。全球第二大和第三大经济体首次达成自贸减税安排，是中国实施自由贸易区战略取得的重大历史性突破。同时，RCEP 客观上使日本首次与主要贸易伙伴中国和韩国签署自贸协定，有助于共同加快推进中日韩 FTA 谈判，推动构建开放型亚太经济一体

化发展新格局。

多年来，中日两国在推动区域经济一体化进程和自贸安排方面有着广泛的共同利益，一直保持着密切协调与沟通。两国应抓住 RCEP 机遇，有效助推中、日、韩三国经贸合作再上新台阶。目前，中、日、韩分列全球第二大、第三大、第十大经济体。2021 年，中日韩贸易逆势增长，中日、中韩双边贸易额均创历史新高。三国应顺势而为，以 RCEP 生效为契机，不断加快中日韩 FTA 谈判进程，以高规格高标准的“小多边”自贸安排对 RCEP 这一“大多边”框架发挥“压舱石”的作用，助力中国“一带一路”倡议、日本“高质量基础设施伙伴关系计划”及韩国“新南方政策”实现有效对接，有效推动亚太地区乃至全球经济早日重回稳定增长轨道。

抚今追昔，中日邦交正常化以来，中日经贸合作为中国的改革开放和经济建设做出了一定的贡献，中日经贸关系在量和质上都取得了飞跃发展，中国的发展也为日本企业提供了巨大机遇和市场空间。作为世界主要经济体，两国经济深度融合、紧密依存，对于这一合作共赢的结果，双方应当倍加珍惜。中日全方位经贸合作不仅给两国人民带来福祉，也为亚太乃至世界经济的稳定发展做出了积极贡献。

二　2022年前景展望

2022 年伊始，新冠肺炎疫情仍在全球蔓延，世界经济复苏前景的不确定性凸显，仍面临诸多风险与挑战。2022 年是中国实施“十四五”规划承上启下的关键之年，也是日本构建“新资本主义”、力促经济复苏的希望之年，RCEP 在年初正式生效，中国成功举办北京冬奥会，两国还将迎来邦交正常化 50 周年这一重要历史节点。面对“世界百年未有之大变局”，中国将坚持高质量发展，坚持以经济建设为中心，推动经济实现质的提升和量的合理增长。站在新的历史起点，中日两国都迎来了新的发展机遇。中日两国应积极把握 RCEP 生效等利好，重温初心，相向而行，继续深化全方位、宽领域的互惠合作与交流，更加积极加强在贸易投资、科技创新、“碳达峰”

“碳中和”、服务贸易、现代农业及第三方市场等领域的务实合作，实现高水平互利共赢。面对单边主义和逆全球化趋势，作为世界第二大、第三大经济体，中日两国应共同维护多边体系和自由贸易，不断开辟两国经贸关系新的发展前景。同时，两国应发挥自身优势，携手推动以下领域的务实合作。

（一）紧抓 RCEP 生效契机，构建面向新时代的中日全方位经贸合作关系

在 RCEP 框架下，中日两国首次达成双边关税减让安排，实现了历史性突破。RCEP 的生效有助于进一步加快两国贸易、投资一体化进程，共同推进区域产业链、供应链调整重组，使中日两国生产网络更加契合数字经济、绿色经济时代的需要。根据联合国贸发会议（UNCTAD）测算，RCEP 生效后，日本对区域内的出口额将比 2019 年增长 5.5%，按金额计算增加约 200 亿美元。①

RCEP 生效后，在货物贸易领域，日本对华出口成本将大幅下降；在服务贸易领域，中国采取正面清单方式、日本采取负面清单方式承诺开放，日本将进一步开放房地产、金融、运输等部门。在完成过渡期后，86%的日本出口至中国的产品将享受零关税待遇，同时，中国出口至日本 88%的产品将享受零关税待遇。我们相信，随着各 RCEP 成员国特别是中日两国经济稳定增长带来的有利条件刺激，中日两国企业可以积极利用 RCEP 的优惠关税措施和贸易便利化措施，不断优化调整亚太产业链、供应链布局，加快自身发展步伐，助力 2022 年中日贸易努力实现 4000 亿美元目标。

（二）加强科技创新特别是数字贸易等领域的合作

在科技创新领域，两国互有优势，互补性强，仍有很大合作潜力。2021 年中央经济工作会议明确提出在“强化国家战略科技力量”“强化企业创新主体地位”“继续开展国际科技合作”背景下，进一步深化中日两国在科技

① 《联合国贸发会议估算：RCEP 生效后日本受惠最多》，《参考消息》2021 年 12 月 17 日。

创新领域的合作具有更为重要的现实和长远意义。特别是在5G、AI、区块链、大数据、智能机器人、新能源汽车等领域，中日应携手合作，充分发挥两国在新技术转化方面的优势，将新技术以最快速度转化为新产品，推动两国经济发展。北京"中日创新合作示范区"是国内首个也是唯一一个以科技创新为主题的中日地方合作示范区，未来将积极建设中日创新服务中心，打造产业引入、创新培育的"三厅三中心"，为日企提供用于科技成果转化、创新孵化等功能的空间载体和专业服务，助推中日两国企业在技术、产品等方面深入交流合作。

在中日科技创新合作中，数字贸易领域的合作潜力巨大。近年来，世界各国都在利用大数据、物联网、AI等新技术驱动产业升级与跨界融合。日本在IT技术特别是半导体制造设备、电子零部件等硬件方面拥有强大的技术储备和丰富的知识底蕴。有鉴于此，中日两国在数字经济、电子商务等创新领域有着广阔的合作前景，双方应抓住机遇，努力推动中日数字经济合作实现新跨越，进一步释放数字经济发展红利。此外，RCEP专门设置了电子商务章节，为中日两国数字贸易的开展提供了制度性安排。在深化中日跨境电商业务的同时，以电子支付、网约车为代表的中国平台经济下产生的新消费模式也可以通过RCEP利好推广到日本，这既有利于中国互联网企业扩大在日本的投资规模，也将为日本的产业模式创新提供新机遇。

（三）加大"碳达峰""碳中和"领域的合作力度

当前，中国正在实施资源高效利用、生态环境治理等创新发展战略。日本于2020年12月发布了《2050年碳中和绿色增长战略》，规划了14个重点发展领域的路线图，提出了相应的产业政策方向。[①] 中日两国都是化石能源进口与消费大国，两国在"碳达峰""碳中和"领域有着巨大的合作潜力和空间。日本在氢能利用，二氧化碳捕集、利用和封存，煤电清洁转型等高

① 経済産業省『2050年カーボンニュートラルに伴うグリーン成長戦略』、https://www.meti.go.jp/policy/energy_environment/global_warming/ggs/index.html。

科技领域具备先进的技术和成熟的经验，双方合作可进一步深化。由中日双方每年轮流举办的中日节能环保综合论坛自2006年至2021年已成功举办15届，累计签署合作项目413个，成为两国在节能环保领域加强互惠合作的重要平台和有效渠道。

目前，氢能在日本新能源战略中占据主导地位。2017年，日本公布了“氢能基本战略”，旨在创造一个“氢能社会”。中日两国在氢能这一新能源领域的合作潜力巨大。作为21世纪最具发展潜力的高效清洁能源，中日两国近年来都投入巨资致力于对氢能的开发利用。在氢能技术研发上，日本比中国的起步时间要早，已经积累了丰富的经验，中国可以借鉴日本的经验和做法，共同推动氢能开发利用，不断拓展中日在新能源领域合作的深度和广度。日本新能源产业技术综合开发机构（NEDO）北京事务所成立以来，已促成中日合作项目100多个，在中日双方共同努力下，山西、陕西、辽宁、浙江等地政府均致力于推动中日企业进行氢能合作，涉及氢能运输、氢能储运、氢能混合发电等项目。在法律法规的制定与落实、技术创新、成本降低、需求挖掘、应用场景多样化等方面，双方均有着广阔的合作空间。

（四）大力推动医疗康养、金融等现代服务业领域合作

2021年，中国GDP超过114万亿元，其中，最终消费支出对经济增长的贡献率超过65%，是经济增长的第一动力。[①] 中国的消费结构也实现了从温饱型、小康型向富裕型、享受型转变，医疗康养等多样化服务消费成为新的热点需求。根据RCEP规定，中国将提高日本重点关注的证券金融服务业、老龄人口服务业以及房地产服务业的承诺水平，而日本则向中国重点关注的房地产、金融、运输等服务部门做出了更高水平的开放承诺。

2022年1月17日，国家统计局公布的数据显示，中国65岁以上老龄人口已突破2亿人，占总人口的14.2%，据此推算将为医疗康养产业带来上万

① 《2021年中国GDP超114万亿元　同比增长8.1%》，光明网，https://m.gmw.cn/baijia/2022-01/17/1302767013.html。

亿元级的生产和消费市场；日本已迈入深度老龄化社会，在医疗健康、养老产业有着丰富的经验与技术。着眼后疫情时代，中日双方在医疗健康和养老产业的合作潜力巨大，具备现实的市场需求和广阔的市场前景，必将实现互利共赢。

此外，中日双方在金融科技、第三方金融市场合作等领域也有很大的合作潜力。中国国家开发银行和日本国际协力银行通过加强双边合作，配合两国企业推进高质量项目实施，取得良好效果。同时，日本在绿色金融产品构建和创新上经验丰富，市场基础较好，中日应推动绿色金融标准的相互认证和产品互通，通过鼓励中国企业购买日本绿债或支持日本企业在中国发行熊猫债等方式促进中日绿色金融合作，为在东亚地区建立气候融资体系奠定坚实基础。

（五）以地方合作示范区为龙头，积极推动中日地方间的交流与合作

中日两国的地方合作一直走在中日经贸合作的最前沿，截至2021年底，中日两国友好省县和城市已达375对。中日地方合作为增进两国民间理解互信发挥了重要作用，并已成为两国友好交往的重要渠道和平台。尽管中日地方间一些既定的双边人员交流安排受到影响，但在疫情防控常态化背景下，两国地方友城以线上线下结合等模式积极探索开展交流的新方式，宣传推介自身产业优势、特色产品等，不断深化互利合作，共同推动中日地方城市互利合作走向深化。

在两国政府支持下建立的北京、上海、苏州、成都、天津、大连、青岛等中日地方合作示范区，是两国地方合作的新框架。这些示范区都是中国最具创新活力、最富投资潜力的地区，拥有开展中日地方合作的旺盛需求、坚实基础和广阔空间。中日地方间应发挥各自优势，加强全方位、多领域的交流与合作，实现真诚合作、优势互补、共同发展，在地方层面建立中日两国新经济发展的“加油站”。

今后，应继续鼓励和支持中日地方间发挥各自优势，抓住邦交正常化50周年契机，找准自身产业定位，扩大在贸易投资、科技创新、中小企业、

农水产品进出口等领域的交流与合作，实现优势互补和共同发展，从地方层面助力“后疫情时代”两国关系行稳致远。

（六）紧抓 RCEP 机遇，助推两国进行现代农业、乡村建设合作

中国正致力于实施“乡村振兴战略”，巩固全面建成小康社会的奋斗成果。在保障粮食安全的基础上，进一步调整优化农业生产结构、区域布局和产品结构，加快推进乡村产业振兴。“乡村振兴战略”的实施，也给中日两国农业合作创造了广阔的空间。日本在农业农村现代化建设方面走在亚洲前列，在体制机制上也有许多值得我们借鉴的地方。例如，日本的“农业协同组合”在整合、利用、分配农村金融资源方面就发挥了很好的融资功能；再有，日本的农产品质量安全保障制度、农业机械自动化技术、农产品栽培技术等也值得我们学习。双方还可以探讨在农村旅游、动植物检疫、生物育种等领域的深度合作。中日两国还应加强在食品安全等领域的信息沟通，建立合作机制、增强互信，共同应对食品安全问题。此外，两国还应合作拓展“互联网+农业”业态，利用电商平台促进农村产业链供应链升级重铸，以推进两国在现代农业及乡村领域取得新的合作成果。

RCEP 生效后，除了关税减让外，在原产地规则、贸易便利化、服务投资、非关税壁垒等方面均有高水平承诺，为拓展和深化中日农业贸易合作创造了条件。农业贸易企业可结合自身情况和 RCEP 相关规则进行综合分析和发展战略设计，以充分利用优惠政策。在 RCEP 框架下，两国还可携手合作，进行优势互补，共同拓展亚太区域农业合作及农产品贸易，实现互利共赢。

（七）有效扩大两国企业双向投资，积极拓展第三方市场

习近平主席在第四届进博会开幕式上宣布了中国全面扩大开放新举措。中国将进一步缩减“外资准入负面清单”，有序扩大电信、医疗等服务业领域开放；中国将修订扩大《鼓励外商投资产业目录》，引导更多外资投向先进制造业、现代服务业、高新技术、技能环保等领域。RCEP 正式生效将推动两国供应链、产业链进一步整合，扩大相互投资范围，对两国企业特别是

中小企业“走出去”具有积极作用。

中日第三方市场合作打造了中日共同推进“一带一路”建设的新模式，也是双方与有关国家开展更多领域务实合作的有效路径，将为中日两国的资源、产品、服务与有关国家的需求高效对接搭建桥梁，发展前景广阔。近年来，中日两国在东南亚等市场存在较多的投资合作机遇，通过在第三国共同实施项目，实现风险共担、利益共享，不仅能够扩大两国经贸领域的合作，也有助于东道国的经济发展，开创“1+1+1>3”的共赢格局。中日两国应继续鼓励和支持本国企业充分发挥自身优势，尽快落实已达成的合作项目，在深化基础设施、资源能源、产能和装备制造等传统领域合作的同时，顺应第四次工业革命发展趋势，在智能制造、AI、5G 等新兴领域互学互鉴，不断开辟两国在第三方市场合作的新前景。

（八）参与“后疫情时代”全球经济治理，有效推动地区合作

当前，全球经济复苏前路坎坷，新冠肺炎疫情阴霾未散，逆全球化暗流涌动，贸易保护主义、单边主义对世界经济的负面影响隐现。同为亚洲重要国家和世界主要经济体，中日经贸合作已超越双边层面，对引领区域一体化、推动构建开放性世界经济具有重要影响。双方应广泛参与“后疫情时代”全球经济治理，深化 RCEP 框架下的互利合作，推进中日韩合作提质升级，加快中日韩 FTA 谈判进程，有效提升东亚地区经济增长潜力，实现地区经济长期稳定增长。

同时，中日两国作为本地区和世界负责任的国家，应积极参与联合国、世界贸易组织、G20、亚太经合组织等机制合作，积极推动国际经济机构改革，积极参与和推动国际经济协调行动，坚持多边主义、开放包容、互利合作、与时俱进，共同维护正常的国际贸易秩序和环境，在后疫情时代国际秩序和全球经济治理方面发挥更大的引领作用。

B.7

日中贸易与投资的现状与问题

〔日〕高岛龙祐　藤原智生*

摘　要： 2021 年，日中贸易总额较 2020 年增长 15.1%，扭转了 2019 年和 2020 年连续两年负增长的趋势。2021 年，日本对华直接投资为 10495 亿日元，较上年减少了 1.6%。2021 年，在华从事业务经营的日资企业在一定程度上受到疫情及全球经济下行压力的影响，但相对世界其他国家和地区而言发展势头良好；与此同时，全球性原材料价格上涨以及集装箱运输费用上涨等物资采购成本的上涨对在华日资制造业企业产生巨大影响。在华日资企业希望中国政府进一步改善营商环境，助力供应链多元化和强韧化发展。

关键词： 日中贸易　日本对华投资　在华日资企业　新冠肺炎疫情　成本约束　供应链调整

一　2021年的日中贸易

考虑到双方统计口径不同，图 1 和表 1 以日本财务省贸易统计数据和中国海关总署统计数据为基础，基于双方的进口数据考察 2012~2021 年的日中贸易情况以及 2021 年各月的具体贸易情况。其中，日本对华出口即为中

* 高岛龙祐，日本贸易振兴机构北京事务所所长，主要研究领域：日本经济、日中经济关系、国际贸易投资。藤原智生，日本贸易振兴机构北京事务所经济信息部部长，主要研究领域：世界经济、国际贸易、国际投资。

国自日本进口，相关数据为中国海关总署统计数据；日本自华进口的相关数据为日本财务省贸易统计数据。从图1可以看出，2021年，日中贸易总额为3914亿美元，与2020年贸易总额3402亿美元相比增长15.1%，扭转了2019年和2020年连续两年负增长的趋势。[①] 2021年，尽管全球范围内新冠肺炎疫情依然肆虐，贸易保护主义仍然盛行，但日本对外贸易出现反弹性增长，对华贸易也呈回升态势，中国继续保持日本第一大出口对象国和进口来源国的地位。其中，日本对华出口额（即中国自日本进口额）为2062亿美元，较2020年增长17.1%；日本自华进口额为1853亿美元，较2020年增长12.9%。从贸易收支来看，日本对华贸易连续五年实现顺差，且2021年顺差额扩大至209亿美元。

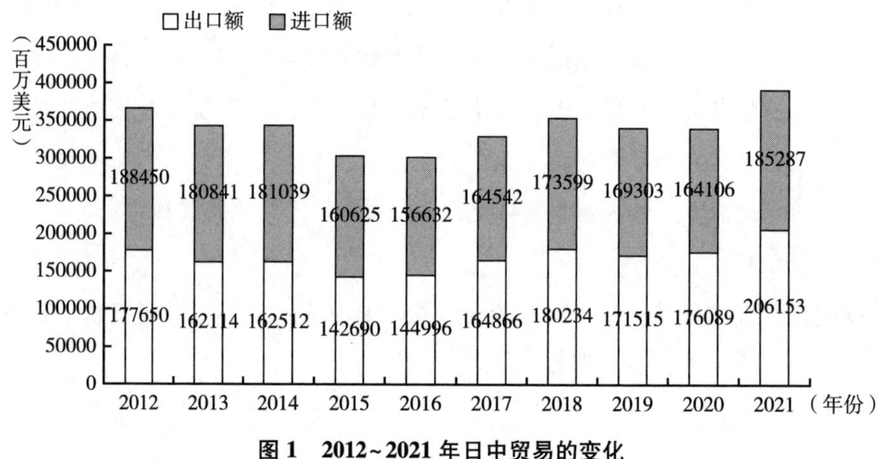

图1　2012~2021年日中贸易的变化

注：（1）由于计算机处理的关系，表中数据可能存在与其他统计不同的情况；（2）日元兑美元汇率如下：2017年为112.10，2018年为110.40，2019年为109.02，2020年为106.78，2021年为109.84（美国联邦储备委员会发布）。

资料来源：日本贸易振兴机构基于双方进口数据制作而成（2022年2月4日），由于资料来源不同，图中数值与本书附录中的数据略有差异。

① 在这一分析中，日本对华出口使用中国的进口统计数据，以形成以双方进口数据为基础的分析方式。这是因为，在进行贸易统计时，出口坚持到岸主义，进口坚持原产地主义，导致经中国香港的对华出口（目的地为中国香港的产品）在日本的贸易统计中不能计为对华出口。中国的进口统计将原产地为日本的所有产品均收入其中，所以，以两国进口统计为基础的数据更接近日中贸易的实际状态。

表 1　2021 年 1~12 月日中贸易情况

单位：百万美元，%

	出口		进口		进出口		贸易收支
	金额	增长率	金额	增长率	金额	增长率	
1 月	15358	36.5	16575	4.2	31934	17.6	-1217
2 月	13010	15.6	13726	124.1	26737	53.8	-716
3 月	19245	30.4	14517	9.0	33762	20.3	4728
4 月	18457	25.5	16052	-0.4	34509	11.9	2405
5 月	16651	33.6	14528	3.0	31180	17.3	2123
6 月	18515	21.4	14861	14.9	33375	18.4	3654
7 月	17293	12.8	14865	8.8	32158	10.9	2428
8 月	16746	17.6	14845	19.1	31591	18.3	1901
9 月	18129	5.5	16103	18.8	34232	11.4	2027
10 月	16386	9.9	15173	3.7	31559	6.8	1212
11 月	18738	14.4	17378	7.4	36115	10.9	1360
12 月	17625	-3.9	16665	10.2	34290	2.5	960
全年	206153	17.1	185287	12.9	391440	15.1	20866

注：（1）月度增长率为较上年同月增长率；（2）由于数据处理过程中保留位数的关系，表中数据可能存在与其他统计不一致的情况。日元兑美元汇率如下：2017 年为 112.10，2018 年为 110.40，2019 年为 109.02，2020 年为 106.78，2021 年为 109.84（美国联邦储备委员会发布）。

资料来源：日本贸易振兴机构基于双方进口数据制作而成（2022 年 2 月 4 日）。

（一）出口的特征

如表 1 所示，2021 年，日本对华出口额为 2062 亿美元，较 2020 年增长 17.1%，连续两年维持增长之势。其中，电气设备和机械类等产品出口势头良好，带动日本对华出口整体呈增长之势。

从产品种类来看，电气设备相关类产品（第 85 类）的出口额较 2020 年增长了 15.0%，主要产品的出口增长势头良好，其中，集成电路同比增长 20.0%，二极管等半导体器件同比增长 11.3%（见表 2）。

机械器具相关类产品（第84类）的出口额同比增长20.3%。其中，制造半导体芯片和平板显示器的制造机械产品（8486）的出口增长势头尤为强劲，较2020年的增幅达到33.9%。

车辆相关类产品（第87类）的出口额同比减少2.9%。其中，乘用车及其他汽车（整车）同比减少了12.5%，汽车零部件及附件产品则同比增长11.6%。

化妆品相关类产品（第33类）的出口额同比增长了15.8%，增幅较上年（31.6%）缩小了15.8个百分点。

表2　2021年日本对华出口产品结构

单位：百万美元，%

HS编码	产品种类	金额	增长率	占比	贡献率
第85类　电气设备及其零部件		54712	15.0	26.5	4.1
8542	集成电路	22345	20.0	10.8	2.1
8541	二极管、晶体管以及其他类似的半导体器件、光电类半导体器件（包括光电池）	4735	11.3	2.3	0.3
8532	电容器	4502	10.0	2.2	0.2
8536	用于电路的开关、保护和连接的机器	4296	14.3	2.1	0.3
8504	变压器、静态变频器和电感器	2741	11.5	1.3	0.2
第84类　核反应堆、锅炉及机械器具		44145	20.3	21.4	4.2
8486	用于制造半导体、集成电路和平板显示器等的机器	12916	33.9	6.3	1.9
8479	机械器具（仅限于有固定功能）	5345	29.5	2.6	0.7
8443	印刷机、打印机、复印机和传真机	2238	25.0	1.1	0.3
8481	管道阀门、机器阀门	2099	15.1	1.0	0.2
第90类　光学、照相、电影、计量、检验、医疗或外科用仪器及设备、精密仪器及设备		18044	11.7	8.8	1.1
9013	液晶器件、激光器和其他光学仪器	3071	0.8	1.5	0.0
9031	用于检测和检查的机器以及轮廓投影仪	2827	23.1	1.4	0.3
9001	光导纤维、光导纤维电缆、偏光板和测距仪	2754	8.0	1.3	0.1

续表

HS 编码	产品种类	金额	增长率	占比	贡献率
第 87 类 车辆及其零件、附件,但铁道及电车道车辆除外		16060	−2.9	7.8	−0.3
8703	乘用车及其他汽车	8879	−12.5	4.3	−0.7
8708	汽车零部件及附件	6856	11.6	3.3	0.3
第 39 类 塑料及其制品		11890	17.6	5.7	1.0
3920	塑料制其他板材、薄板、薄膜等	3443	16.3	1.7	0.4
第 72 类 钢铁		5891	27.1	2.9	0.7
第 29 类 有机化学品		5778	27.0	2.8	0.7
第 33 类 精油及香膏;芳香料制品及化妆盥洗品		5654	15.8	2.7	0.4
3304	化妆品类(用于美容、定制化妆品)	4995	16.4	2.4	0.4
第 74 类 铜及其制品		5625	34.6	2.7	0.8
第 38 类 各种化学工业制成品		4836	25.9	2.3	0.6
3824	铸造用模具、中子的定制黏合剂、化学工业中生产的化学产品以及定制品	2590	28.8	1.3	0.3
第 71 类 珍珠、宝石、半宝石、贵金属及其制品,日常用制模货币以及货币		3630	73.4	1.8	0.9
第 73 类 钢铁制品		2645	12.9	1.3	0.2
第 34 类 肥皂、有机界面活性剂、洗涤剂以及调制润滑剂		2188	60.2	1.1	0.5
合 计		206153	17.1	100	—

注:(1)表中出口数据依据的是中国海关总署统计的中国自日本进口额,以贸易数据库 Global Trade Atlas(美元计价)为基础进行计算;(2)表中选取的产品种类按两位数分类占比在 1.0%以上的产品种类的交易金额降序排列;(3)其中加粗项为排名前五位的产品种类。

资料来源:日本贸易振兴机构基于相关资料制作而成。

(二)进口的特点

2021 年,日本自华进口额为 1853 亿美元,较 2020 年增长 12.9%,一改2019年以来连续两年减少的势头走上增长轨道。电气设备和机械类产品的进口增势支撑了日本自华进口的整体增长。

从具体的产品种类来看，电气设备相关类产品（第85类）的进口额较2020年增长了18.1%。尤其是作为主要产品的智能手机等便携式电话机终端产品同比增长20.9%，助推了整个自华进口的增长；此外，包括个人计算机屏幕在内的显示器以及放映机等产品也延续了增长势头，同比增长12.9%。机械器具相关类产品（第84类）中，作为主要产品的个人计算机（自动数据处理设备）的进口额同比减少了5.5%，而2020年大幅增长20.8%（见表3）。

纺织相关类产品（第63类）的进口额同比大幅减少了43.6%，主要是因为作为主要产品的无纺布口罩的进口由2020年的大幅增加126.9%转为大幅减少62.1%。

可见，2020年，日本实施新冠肺炎疫情防控对策、防止病毒传播需要大量口罩，积极推行居家办公模式导致对个人计算机的需求急剧增加等，各种因素的综合作用导致日本对相关品类产品的自华进口额大幅增加；2021年，上述品类产品的供需不断被调整，其自华进口额转向减少。

另外，钢铁制品（第73类）、有机化学品（第29类）、无机化学品等相关产品（第28类）以及铝及其制品（第76类）等与制造业原材料相关联的品类产品的进口额较2020年均呈增长态势，这反映了全球原材料价格的上涨。

表3　2021年日本自华进口产品结构

单位：百万美元，%

HS编码	产品种类	金额	增长率	占比	贡献率
第85类	**电气设备及其零部件**	54059	18.1	29.2	5.1
8517	电话机及其他设备	21791	20.9	11.8	2.3
8528	监视器、录像投影机	3287	12.9	1.8	0.2
8504	变压器、静态变频器和电感器	2523	26.9	1.4	0.3
8541	类似于二极管、晶体管之类的半导体器件、光电类半导体器件（包括光电池）	2491	-0.2	1.3	-0.0

续表

HS 编码	产品种类	金额	增长率	占比	贡献率
8542	集成电路	2439	38.8	1.3	0.4
8544	绝缘导线、电缆以及光导纤维电缆	2304	24.6	1.2	0.3
8516	家用加热电器(如电烤炉、烤箱以及电吹风等)	1931	20.2	1.0	0.2
第 84 类　核反应堆、锅炉及机械器具		35195	7.1	19.0	1.4
8471	自动数据处理机及其构成组件	15033	-5.5	8.1	-0.5
8415	空调机	2333	22.4	1.3	0.3
8443	印刷机、打印机、复印机和传真机以及零部件和附件	1992	-0.9	1.1	-0.0
8473	专用于或主要用于办公设备的零部件及附件	1628	-26.5	1.0	-0.3
第 61 类　针织或钩编的服装及衣着附件		7522	7.4	4.1	0.3
6110	运动衫、套衫、开衫、马甲及其他类似产品	2640	12.0	1.4	0.2
第 62 类　非针织或非钩编的服装及衣着附件		6354	0.3	3.4	0.0
6204	女式套装、夹克衫、连衣裙、短裙及短裤等	1776	1.3	1.0	0.0
第 39 类　塑料及其制品		5815	15.5	3.1	0.5
3926	其他塑料制品以及由 HS 编码 3901~3914 所属材料制成的产品	2353	7.0	1.3	0.1
第 94 类　家具、寝具		5745	14.7	3.1	0.4
9401	椅子及其零部件	1976	14.8	1.1	0.2
第 90 类　光学设备、精密仪器及设备、医疗或外科用仪器及设备		5598	18.8	3.0	0.5
第 95 类　玩具、游戏品、运动用品及其零件、附件		5337	17.9	2.9	0.5
9503	三轮车、其他带车轮的玩具、玩偶、模型泡泡等	1982	19.8	1.1	0.2
9504	电视游戏用控制器及设备等	1937	13.5	1.0	0.1
第 87 类　车辆及其零件、附件,但铁道及电车道车辆除外		4628	26.3	2.5	0.6
8708	汽车零部件及附件	2940	23.4	1.6	0.3

续表

HS 编码	产品种类	金额	增长率	占比	贡献率
第 29 类	有机化学品	4470	33.6	2.4	0.7
第 73 类	钢铁制品	4381	15.1	2.4	0.3
第 63 类	纺织用纤维及其他纺织制成品	3504	-43.6	1.9	-1.7
6307	室内纺织品以外的其他纺织制成品(包括无纺布口罩等)	1764	-62.1	1.0	-1.8
第 28 类	无机化学品和贵金属、稀土类	3329	62.3	1.8	0.8
第 16 类	肉、鱼、甲壳动物、软体动物及其他水生无脊椎动物的制品	2337	9.4	1.3	0.1
第 64 类	鞋靴、护腿	2236	10.5	1.2	0.1
第 76 类	铝及其制品	2090	25.3	1.1	0.3
第 42 类	皮革制品、手提包	2058	-0.8	1.1	-0.0
4202	包、钱包、盒子	1893	-1.4	1.0	-0.0
合 计		185287	12.9	100.0	—

注：表中进口数据出自日本财务省的贸易统计数据，其余说明同本文表 2。

资料来源：日本贸易振兴机构基于相关资料制作而成。

二 日本对华投资的现状及展望

（一）日本对华直接投资的动向

根据中国商务部的统计数据（2022 年 1 月 13 日发布），2021 年，世界各国和各地区的对华直接投资（不包括银行、证券和保险领域）的实际利用金额较上年增长了 14.9%，达到 11493.6 亿元（折合为 1734.8 亿美元，同比增长 20.2%）。在新冠肺炎疫情肆虐且不断蔓延导致全球性跨境投资陷入低迷的背景下，中国吸引外来直接投资却创下历史最高水平。

依据日本财务省的“国际收支统计”（按照不同产业、不同地区统计）

数据，2021 年，日本对华直接投资为 10495 亿日元，较上年减少 1.6%。[①] 其中，制造业投资为 6372 亿日元，较上年减少 19.7%，在投资总额中所占的比重为 60.7%；而非制造业投资为 4123 亿日元，较上年增加 50.7%，占比上升至 39.3%（见表 4）。

表 4　2019~2021 年日本各产业对华直接投资的变化

单位：亿日元，%

	2019 年			2020 年			2021 年		
	金额	占比	增长率	金额	占比	增长率	金额	占比	增长率
制造业（合计）	7668	67.1	-21.3	7933	74.4	3.5	6372	60.7	-19.7
食品	366	3.2	n. a.	208	1.9	-43.2	297	2.8	42.8
纺织品	75	0.7	-0.6	41	0.4	-44.9	-46	n. a.	n. a.
木材、木浆	162	1.4	25.3	288	2.7	77.2	179	1.7	-37.7
化学、医药	1156	10.1	10.0	880	8.2	-23.9	653	6.2	-25.8
石油	24	0.2	-66.7	8	0.1	-67.3	-7	n. a.	n. a.
橡胶、皮革	-227	n. a.	n. a.	63	0.6	-127.8	-204	n. a.	n. a.
玻璃、土石	244	2.1	-35.1	539	5.1	121.0	178	1.7	-67.0
铁、有色金属、金属	527	4.6	-28.2	575	5.4	9.0	282	2.7	-50.9
一般设备	1208	10.6	-48.6	1138	10.7	-5.8	1259	12.0	10.6
电气设备	1092	9.6	-26.3	793	7.4	-27.4	1036	n. a.	30.6
运输设备	2770	24.2	-22.2	3346	31.4	20.8	2439	23.2	-27.1
精密仪器	123	1.1	-37.4	-118	n. a.	n. a.	84	0.8	n. a.

① 日本和中国的投资相关统计数据之所以存在差异，很大原因是两国的统计范围和制表方法不同。从日本方面来看，“直接投资” 包括：（1）“股票资本”，指投资企业的股票、所持分公司的出资以及其他资本给付金；（2）“再投资收益”，指在投资企业未进行分配的收益中，与投资者出资比率相对应的部分以及未向投资者转账的分公司收益；（3）“其他资本”，指前述两项不包括投资者与投资企业以及分公司之间的交易资本，比如，母公司与分公司之间的资金借贷以及股票以外的证券买卖交易资本等。在中国方面的统计中，“股票资本” 部分所占比重有所上升。

续表

	2019年			2020年			2021年		
	金额	占比	增长率	金额	占比	增长率	金额	占比	增长率
非制造业(合计)	3759	32.9	67.3	2736	25.6	-27.2	4123	39.3	50.7
农业、林业	-3.8	n. a.	n. a.	*	n. a.	n. a.	14.8	n. a.	n. a.
渔业、水产业	*	n. a.	n. a.	*	n. a.	n. a.	*	n. a.	n. a.
采矿业	*	n. a.	n. a.	*	n. a.	n. a.	*	n. a.	n. a.
建筑业	25	0.2	220.3	11	0.1	-58.1	12	0.1	17.3
运输业	93	0.8	n. a.	100	0.9	7.2	-9	n. a.	n. a.
通信业	26	0.2	n. a.	-40	n. a.	n. a.	5	n. a.	n. a.
批发、零售业	1663	14.6	39.3	2127	19.9	27.9	2278	21.7	7.1
金融、保险业	1481	13.0	29.1	1346	12.6	-9.1	1519	14.5	12.9
房地产业	116	1.0	n. a.	-800	n. a.	-791.7	-22	n. a.	n. a.
服务业	368	3.2	70.6	-70	n. a.	-119.1	159	n. a.	n. a.
合计	11427	100.0	-4.7	10669	100.0	-6.6	10495	100.0	-1.6

注：n. a. 表示无数据；* 表示项目数不足 3 件。由于存在不公开或无法分类的项目，所以所有分项加总与合计值可能存在一定差异。

资料来源：根据日本财务省“国际收支统计”数据制作而成（2022 年 7 月 28 日）。

长期以来，日本都是中国吸引外商直接投资的重要对象，但不同于全球对华直接投资中有近七成投向非制造业领域，日本对华直接投资一直以制造业投资为主，占比维持在 60%以上。2021 年，日本对华直接投资依然以制造业为主，但对非制造业的投资进一步增加，所占比重接近四成。根据日本贸易振兴机构（JETRO）的调查，近五成的在华日本企业表示其在华累积收益“几乎全部”或“大约一半”用于在中国国内进一步扩大生产以及作为提高销售等能力的投资资金。从选择回答“几乎全部收益用于投资”或“大约一半收益用于投资”的受访企业占比来看，制造业比非制造业高出 23.7 个百分点。

从日资企业的投资项目来看，不少日资汽车企业着力建设电动汽车等新能源汽车的生产工厂，以扩大生产能力。这与中国政府积极推动经济高质量发展的政策取向是一致的。在非制造业领域，为了分享中国积极扩大内需政策的红利，以国民收入增加和消费升级为背景，日资企业积极在中国推进体验型消费等新形态的业务拓展活动；尤其是在证券业，紧跟中国政府制定《外商投资法》及缓和市场准入规制等行动的步伐，对华进行投资的案例不断涌现。可以认为，中国重新修订《外商投资准入特别管理措施（负面清单）》并切实推进相关规定，让外资参与在实质上成为可能，使外资企业得以在华拓展业务范围。

（二）在华日资企业的发展动向

依据 JETRO 每年进行的“亚洲、大洋洲日资企业实况调查”（以下简称“JETRO 日资企业调查”），对于“未来 1~2 年在中国开展事业的方向性”这一问题，选择回答“扩大事业规模”的受访企业的占比在 2017 年和 2018 年实现小幅增长后，受中国国内改革、中美贸易摩擦以及新冠肺炎疫情等因素影响，在 2019 年和 2020 年连续两年下滑，2020 年跌至 36.6%（见图 2）。2021 年，选择回答“扩大事业规模”的受访企业的占比较 2020 年

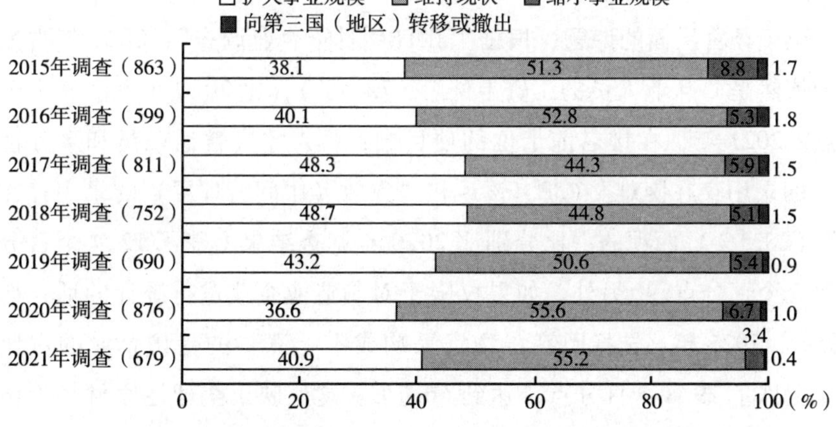

图 2　对“未来 1~2 年在中国开展事业的方向性”选择

注：括号中的数据为受访企业数量，单位为家。

资料来源：JETRO 日资企业调查。

上升了 4.3 个百分点，为 40.9%，虽然还没有恢复到新冠肺炎疫情之前的 2019 年的水平（43.2%），但从不同产业来看，制造业领域的“铁及有色金属”和“电子及电子设备”以及非制造业领域的“运输业”中选择“扩大事业规模”的受访企业的占比均比 2020 年调查结果高出 10 个百分点以上。

2021 年，选择回答“缩小事业规模”以及“向第三国（地区）转移或撤出”的受访企业只占 3.8%，为 2010 年调查（3.4%）以后出现的最低水平。而选择回答“维持现状”的受访企业的占比为 55.2%，与上年大致相同。

在华日资企业扩大在华事业规模的意愿有所增强，原因在于，2021 年，全球性新冠肺炎疫情继续对企业的经营活动造成影响，在中国开展的经营活动能够确保获得稳定的营业收益。“JETRO 日资企业调查”结果显示，2021 年，72.2%的在华日资企业实现盈利，较 2020 年调查结果（63.5%）上升了 8.7 个百分点，是自 2007 年将非制造业纳为调查对象以来的最高水平。在华日资企业实现盈利的主要原因包括“在当地市场的销售额增加”和“出口扩大带来的销售额增加”。

至于经营层面的课题，根据“JETRO 日资企业调查”，2021 年占据首位的依然是“从业人员的工资上涨”（72.4%），比 2020 年上涨 9.1 个百分点。2021 年，在排名前十位的项目中，“人才（普通职员和事务性人员）的录用存在困难”（32.1%）和“人才（中间管理层）的录用存在困难”（28.1%）两项的占比分别比 2020 年调查结果上涨了 12.7 个百分点和 7.5 个百分点。① 另外，如果仅限于对制造业企业进行统计的话，如表 5 所示，2021 年，选择回答“物资采购成本上涨”的受访企业的占比较上年上涨了 29.8 个百分点，达到 66.7%。这反映出全球性原材料价格上涨以及集装箱运输费用上涨等物资采购成本的上涨已经对在华日资制造业企业造成巨大的影响。

---

① 相关数据参见 JETRO“亚洲、大洋洲日资企业实况调查”，2021。

表 5　在华日资制造业企业在经营层面的问题（排名前十位，可多项选择）

单位：%，个百分点

序号	问题	2021 年调查	2020 年调查	增长幅度
1	从业人员的工资上涨	77.6	68.7	8.9
2	物资采购成本上涨	66.7	36.8	29.8
3	竞争对手抬头(成本方面的竞争)	58.4	52.2	6.1
4	人才(普通职员)的录用存在困难	52.4	34.1	18.4
5	成本削减接近极限	49.7	46.1	3.7
6	主要交易客户要求降价	46.3	46.2	0.1
7	人才(技术人员)的录用存在困难	43.8	33.3	10.5
8	从业人员的素质	40.0	40.0	-0.1
9	环境规制进一步严格	39.6	46.7	-7.1
10	无法拓展新的客户群体	37.8	38.8	-1.0

资料来源：JETRO 日资企业调查。

2020~2021 年，日资企业直面由新冠肺炎疫情在全球蔓延及与此相关的预防控制措施等带来的新的经营课题。2021 年，针对新一批赴任员工、派驻人员家属以及出差人士的邀请函发放依然受到限制，从日本很难前往海外的情况依然存在，这成为很大的问题。日中两国都需要通过科学的、合理的对策，在防控疫情的同时，重启双边人员往来。

三　在华日资企业供应链的现状及课题

2020~2021 年，由于新冠肺炎疫情蔓延至世界各地，物资供给和人员往来中断等风险显现。而且，中美摩擦进一步扩展至各个领域，两国在物品、技术以及数据等相关产品的出口和跨境管理等方面加大了力度，日资企业意识到被夹在中美两国之间受到规制的风险。在如此环境变化中，企业想要继续维持稳定的业务经营活动，针对供应链的重新调整和分散布局进行讨论的时机已经成熟。

根据2021年“JETRO日资企业调查”，有两三成的受访在华日资企业回答“存在”对管理、经营体制以及供应链（销售战略、物资筹措以及生产网络）等进行调整的计划。从进行调整的具体内容来看，回答“调整物资采购地”的受访企业的占比已达到2020年调查结果的两倍以上，为87.3%。至于进行调整的理由，选择回答“使生产成本合理化”的受访企业的占比最多，为66.9%，其他还有“新冠肺炎疫情扩散”（18.9%）、“环境规制愈发严格”（15.0%）以及“通商环境发生改变”（11.8%）等。

从计划进行变更的物资采购地以及变更后物资采购地的具体内容来看：选择回答“将物资采购地从日本变更为中国”的受访企业的占比最高，达到40.0%；而回答“将物资采购地从中国变更为其他地区国家”的受访企业的占比为8.3%；还有受访企业选择“将物资采购地从中国变更为日本”，占比较小，为6.7%。

从近年来日资（制造业）企业在中国构筑供应链的方向性来看，其旨在提升当地的物资采购率。“JETRO日资企业调查”结果显示，从在华日资（制造业）企业原材料和零部件的采购地占比来看，当地（中国国内）所占比重在2010年为58.3%，2019年已经上升至69.5%；受新冠肺炎疫情以及中美贸易摩擦冲击全球供应链的影响，2020年，当地（中国国内）采购率有些许下滑，但2021年回升至69.5%（见图3）。

从在中国国内采购物资的具体对象（平均值）看，“当地企业”占65.4%，“当地日资企业”占28.7%，“其他外资企业”占5.9%。可见，在从当地采购物资的对象中，较之当地日资企业，当地企业占更大的比重。从不同省区市看，“当地企业”占比最高的是江苏省，山东省和北京市的占比也超过七成；而上海市、广东省以及湖北省的“当地日资企业”占比相对较高，接近四成。从不同产业种类看，一般机械的“当地企业”的占比接近八成，而电气和电子设备以及塑料制品从“当地日资企业”采购的比重相对较高，大约为40%。

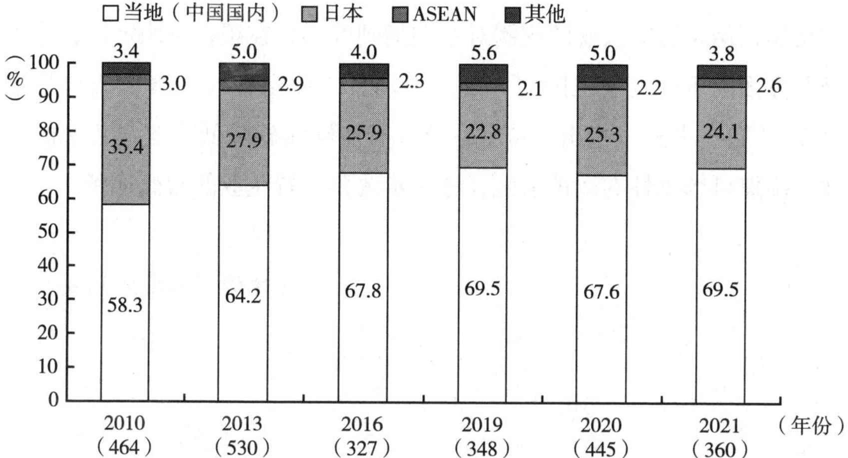

图 3　2010~2021 年在华日资企业物资采购地变化（仅限制造业）

注：括号中的数据为受访企业数量，单位为家。

资料来源：JETRO 日资企业调查。

四　结语

2021 年，新冠肺炎疫情在全球肆虐以及中美贸易摩擦导致各国均采取了强化经济安全保障政策的措施，世界范围内商业经营活动的不确定性进一步增加。相较于其他国家和地区，日资企业在中国受到这种商业经营上的消极影响相对较少，因此在中国拓展业务的重要性进一步提升。在供应链方面，新冠肺炎疫情在全球蔓延等因素成为各国意识到促进供应链多元化和强韧化的契机，但不少外资企业通过强化与当地企业的合作以及推行地产地销型运营模式，进一步巩固了已经在中国形成的供应链。

与此同时，在华日资企业在开展事业的过程中也面临一系列问题。2020 年中国开始施行《中华人民共和国外商投资法实施条例》和《优化营商环境条例》等法律法规，在华日资企业一直倡导的公平参与政府采购、外汇自由汇兑等内容得到体现，提高了在华外资企业对广义营商环境进一步改善

的期待水平。2021 年，中国政府围绕一部分法律法规出台了实施细则和征集意见稿，但是法律法规的规制对象和细则等仍存在很多不确定性，导致业务经营方面的不确定性也随之增加。中国日本商会在《中国经济与日本企业 2021 年白皮书》中指出，希望中国政府能够实施降低商业经营中的不确定性、确保可预见性的政策措施，进一步改善外资企业的营商环境。

（叶琳译，张季风编校）

B.8

RCEP对中日供应链合作的影响分析*

孙 丽 图古勒**

摘 要： 本报告结合RCEP中关税减让承诺及其他相关条款，剖析RCEP强化中日供应链合作的路径。本报告认为，RCEP作为东亚地区第一个覆盖全面的区域贸易协定以及中日之间达成的唯一的自由贸易协定，能够加深中日两国供应链合作，对中日两国供应链安全与经济发展具有促进效应，但RCEP的条款标准依旧不够高，中日两国应共同致力于缔结更高标准的自由贸易协定，进一步强化中日供应链合作。

关键词： RCEP 区域经济一体化 中日供应链合作 增加值贸易

中国、日本、韩国、澳大利亚、新西兰以及东盟十国共同参与的《区域全面经济伙伴关系协定》（RCEP）自2022年1月1日正式生效。在逆全球化盛行、贸易保护主义抬头、新冠肺炎疫情蔓延的背景下，这个成员国GDP占全球GDP的30%、人口占全球总人口30%的世界最大自由贸易区的建立受到了全世界的广泛关注。该协定的生效不仅标志着东亚地区的区域经济一体化进入全新阶段，作为中日之间首个自由贸易协定，还意味着中日之

---

* 本报告是2021年度国家社科基金重大研究专项（项目编号：21VGQ027）的中期成果。

** 孙丽，经济学博士，辽宁大学国际经济政治学院教授，博士生导师，全国日本经济学会常务理事，主要研究领域：世界经济、日本经济。图古勒，辽宁大学国际经济政治学院硕士研究生，主要研究领域：世界经济、日本经济。

间有了正式稳定的经贸合作机制。可以预见，RCEP 的签署将对中日两国供应链合作产生正向的经济效应，同时中日经贸合作将开启新纪元。本报告梳理了中日供应链的发展历程，从增加值贸易的角度分析了中日供应链合作的现状，并结合 RCEP 中关税减让承诺及其他相关条款剖析了 RCEP 强化中日供应链合作的路径。

一 RCEP 框架下中日供应链合作的现状

中日供应链合作的现状主要有两个明显的特征。第一，两国间贸易联系紧密，互为重要的贸易伙伴。第二，中日两国比较优势具有较为明显的差异，互补性成为中日两国供应链合作的重要基础。

（一）中日两国互为自由贸易区网络的核心

为了更加形象与直观地反映中日两国在对方自由贸易区网络中的核心地位，本报告使用 2020 年双边贸易流量数据，分析中日两国在 RCEP 达成之后的自由贸易区网络情况。结果显示，与其他自由贸易伙伴相比，中日两国之间的进出口贸易流量最大，存在最为密切的贸易往来关系，处于对方自由贸易区网络的核心地位；中日双边贸易流量占日本与其自由贸易区网络总贸易流量的 36.98%，占中国与其自由贸易区网络总贸易流量的 20.03%。在中日两国目前所构建的自由贸易区网络中，对方均起到主导作用，因此，RCEP 的签署对中日两国自由贸易区战略的发展具有重要意义。

（二）中日间逐步形成高层次的生产分工格局

两国间中间产品贸易额占双边贸易总额的比重及其变化可以反映出两国生产分工的层次及发展趋势。本报告使用 UN Comtrade 数据库中广义经济分类法（BEC）下的中日双边贸易数据，将所有商品分为零部件、半成品、初级产品、资本品与消费品，其中，零部件、半成品与初级产品为中间产品，资本品与消费品为最终产品。2010~2020 年，在日本对华出口中，中间产品占比均超过 60%，有些年份甚至超过 70%。具体来看，日本对华出口的中间产品以零部件与半成品为主，初级产品的年均占比仅为 2.54%。在中国对日本出口方面，最终产品的占比较大，中间产品占比为 40%~50%，接近一半。中国对日本的中间产品出口以半成品为主，年均占比为 25.96%，且呈现增长趋势；零部件年均占比为 17.18%，初级产品年均占比为 3.34%。

以上贸易结构及变化趋势反映出，首先，中日间生产分工格局已达到较高层次。中间产品贸易在两国贸易中所占比重较大，且以零部件和半成品为主，低技术、低附加值的初级产品在贸易中所占份额很小。其次，两国贸易结构与生产分工格局较为稳定。虽然日本对华中间产品出口贸易占比呈现下降的趋势，但降幅不大，所占比重依旧保持在六成以上。中国对日本中间产品出口贸易占比基本保持稳定，年均占比低于最终产品出口占比 7 个百分点。因此，日本主要生产并对华出口中间产品、中国进行生产组装并对日本出口最终产品的贸易结构与生产分工格局目前较为稳定。

（三）中日双边贸易的增加值结构

本报告采用 UIBE GVC Indicators 数据库提供的数据①，将中日双边贸易的总值进行分解，从中日双边贸易结构和增加值结构的角度探析中日双边贸易的互补性。本报告将数据库中所包含的产品类别进一步划分为初级产品、劳动密集型产品、低技术密集型产品与高技术密集型产品四类进行分析，受篇幅所限，省略具体数据，只谈结论。

1. 中日初级产品的贸易增加值结构

中日初级产品贸易中的出口增加值显示出明显的结构差异。中国对日本出口初级产品的增加值主要来自国内，而日本由于自然资源匮乏，对初级产品的生产不具备比较优势，因此日本对华出口初级产品中隐含的国内增加值

① RIGVC UIBE，2016，UIBE GVC Index，http：//rigvc. uibeedu. cn/english/D _ E/database _ databa se/index. htm.

占比较小。日本在初级产品生产方面的较强外部依赖性为中日两国在 RCEP 框架下的初级产品贸易合作提供了很大的空间。

通过数据分析可以看出中日两国在全球价值链上的位置差异。中国对日本出口初级产品的国内增加值更多来自最终产品，而日本对华出口初级产品的国内增加值更多源于中间产品。这反映出，在初级产品生产与贸易中，日本较中国处于价值链的上游位置，两国具有互补性。

2. 中日劳动密集型产品的贸易增加值结构

中日劳动密集型产品双边贸易的增加值结构与总体更为相似，中国对日本出口以及日本对华出口中隐含的国内增加值占比均很大。中日劳动密集型产品双边贸易主要依靠两国自身的增加值，对其他国家的依赖较小。

但是，双方在国内增加值结构上表现出较大的差异。中国对日本出口劳动密集型产品的国内增加值更多来源于最终产品，日本对华出口劳动密集型产品的国内增加值更多来源于中间产品。可见，相较于中国，日本位于价值链更高端位置。在劳动密集型产品上，中日两国的比较优势具有明显差异，存在错位分工。

3. 中日低技术密集型产品的贸易增加值结构

通过对中日两国低技术密集型产品双边贸易的增加值结构的分析可以发现，首先，在低技术密集型产品生产过程中，日本融入全球价值链的程度更深，中国对日本出口中隐含的国内增加值所占比重明显高于日本。

其次，在中日低技术密集型产品双边贸易中，中日两国出口的国内增加值结构相似。在中日低技术密集型产品双边贸易中，两国的国内增加值均更多来源于中间产品。两国在 RCEP 框架下继续加强关键中间产品的贸易往来，对于两国低技术密集型产品的生产与贸易具有重要意义。

4. 中日高技术密集型产品的贸易增加值结构

近年来，中日两国高技术密集型产品双边贸易的增加值结构的差异不断缩小。中国对日本高技术密集型产品的出口增加值以最终产品中的 DVA 为主，而日本对华出口的增加值以被中国和其他国家吸收的中间产品中的国内增加值为主。这表明中日两国在高技术密集型产品全球供应链中所占位置不同，日本主要进行产品研发或核心零部件生产，在全球价值链中处于上游位置；而中国更多进行最终消费品的加工组装生产，处于价值链的下游。

二　RCEP 强化中日供应链合作的路径

2020 年新冠肺炎疫情来势迅猛，在对全球经济、政治格局产生巨大冲击的同时，显著影响中日双边经贸往来。一方面，日本政府与产业界极力主张提升供应链弹性并构建以东盟为核心的多元供应体系；另一方面选择在疫情防控、高端制造等领域加快供应链的“本土化、多元化”布局。日本选择以上政策的意图在于摆脱所谓对中国的过度依赖。然而，中国拥有完善的基础设施、全体系的工业制造业供应能力、巨大的市场前景，东盟国家等望其项背，日本难以真正实现与中国“脱钩”，双方在加强疾病防控、推进复工复产、进行产业分工合作、签署区域经济协定等方面有着广阔的合作前景。RCEP 的签订将深化中日两国产业链供应链合作。

新自由制度主义指出，国际制度能够为国家间的合作提供规范、原则和程序，进而促进双边及多边层面的互惠合作。[①] RCEP 作为中日之间签署的首个区域贸易协定，为中日之间的供应链合作提供了制度规范，将促进中日供应链合作进一步发展。RCEP 的生效能够提升双方市场准入水平，弱化供应链合作进程中“序贯生产”带来的成本放大效应；加速两国供应链的整合；加强两国数字经济领域的合作，从而提高两国供应链体系的适应性；促进中日第三方市场合作开展，使两国的供应链合作向纵深发展。

（一）中日双边关税减让降低贸易成本

在 RCEP 签署之前，中日双边贸易采用 WTO 框架下的最惠国标准，关

① Robert Keohane, “The Demand for International Regimes,” *International Organization*, Vol. 36, No. 2, 1982, pp. 325-355.

税税率较高。中日两国在 RCEP 框架下首次达成双边关税减让安排，将降低中日双边贸易成本，对于进一步推进中日两国经贸关系发展具有重要意义。本报告将 HS 分类下的产品划分为初级产品、劳动密集型产品、低技术密集型产品、高技术密集型产品（见表 1），并结合中日两国的关税减让承诺表，计算并分析两国在 RCEP 框架下的市场准入水平和时间进程，由此可以更加清晰地研判 RCEP 对降低中日双边贸易成本的效果。

表 1　产品类别划分

产品类别	具体产品
初级产品	HS01—HS27
劳动密集型产品	HS39—HS67、HS94-HS96
低技术密集型产品	HS28-HS38、HS68-HS83
高技术密集型产品	HS84—HS93、HS97

资料来源：笔者自制。

1. 初级产品

在 RCEP 框架下，中国对日本部分初级产品的进口关税将分别在协定正式生效后的第 1 年、第 11 年、第 16 年和第 21 年降为零。从图 1 可以看出，中国对于初级产品的关税下降力度更大，在协定生效后的第 1 年、第 11 年、第 16 年、第 21 年将分别有 24.3%、70.0%、83.0%、87.9%的初级产品的商品税目实行零关税。在日本自华进口方面，在协定生效后的第 1 年、第 11 年、第 16 年、第 21 年，分别将有 31.90%、44.2%、59.8%、59.9%的初级产品的商品税目实行零关税。在 RCEP 中，日本依旧保持了对初级产品尤其是农产品的较高水平贸易保护。但是，具体来看，日本在 HS07（食用蔬菜、根及块茎）、HS20（蔬菜、水果、坚果或植物其他部分的制品）等自中国进口的主要初级产品上做出了较大力度的关税减让。对于 HS07 下的产品的商品税目，在协定生效后的第 1 年、第 11 年、第 16 年、第 21 年分别有 25.0%、42.1%、67.1%、65.93%实行零关税；对于 HS20 下的产品的商品税目，在协定生效后的第 1 年、第 11 年、第 21 年分别有 7. 1%、43. 2%、79. 3%实行零关税。因此，可以预见，RCEP 中的关税减让安排将促进日本对中国蔬菜等初级产品的进口以及中国对日本高附加值初级产品的进口。

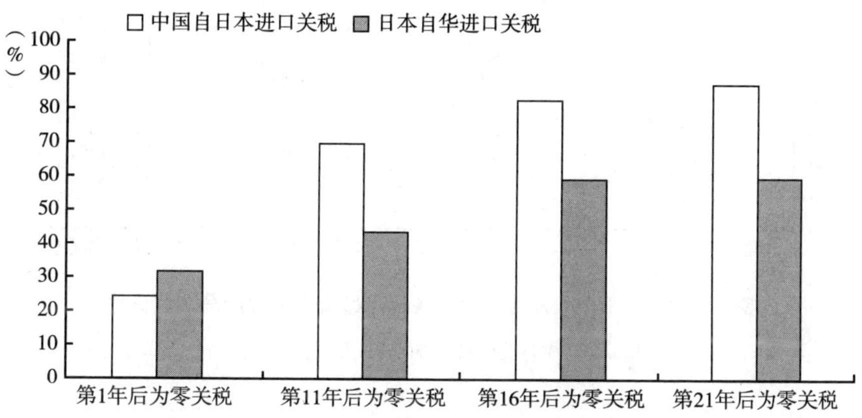

图 1　RCEP 下中日双边初级产品贸易免税产品数量占比

资料来源：笔者根据 RCEP 中日关税减让协议表计算制作而成。

2. 劳动密集型产品

RCEP 中，中日两国均向对方做出了梯度削减进口关税的承诺，并且减税规模与力度较大。中日两国劳动密集型产品双边贸易的市场准入水平将在 RCEP 框架下得到显著提高。在中国自日本进口方面，在协定生效后的第 1 年、第 11 年、第 16 年、第 21 年将分别有 14. 6%、70. 4%、81. 4%、83. 9%的劳动密集型产品的商品税目实行零关税；在日本自华进口方面，在协定生效后的第 1 年、第 11 年、第 16 年、第 21 年将分别有 39. 6%、69. 2%、88. 3%、91. 0%的劳动密集型产品的商品税目实行零关税（见图 2）。

中日两国在劳动密集型产品领域各有不同的分工优势，相比中国，日本处于全球价值链高端，在高附加值中间产品生产与贸易方面具有优势；相比日本，中国的劳动力成本较低，在最终消费品的生产与贸易上存在明显优势。RCEP 框架下，中日两国对劳动密集型产品的双边贸易做出了大规模的关税减让安排，这将扩大中日两国的错位分工，有利于中日优势产品以更低

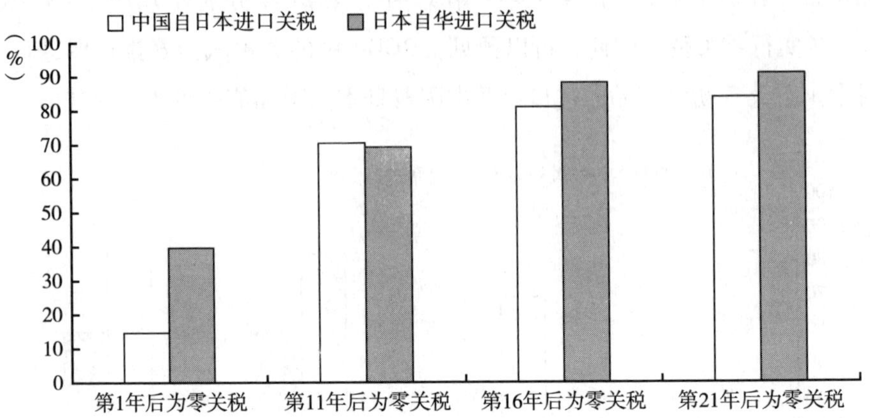

图 2　RCEP 下中日双边劳动密集型产品贸易免税产品数量占比

资料来源：笔者依据 RCEP 中日关税减让协议表计算制作而成。

关税成本进入对方市场，加强双方贸易联系，强化中日劳动密集型产品供应链。一方面有利于中国最终消费品生产企业以更低成本获得来自日本的高质量中间产品投入；另一方面能够使日本消费者以更低廉的价格获得来自中国的最终消费品，日本消费者福利水平将提升。

3. 低技术密集型产品

如前所述，RCEP 中，中日两国均向对方做出了梯度削减进口关税的承诺，并且减税规模与力度较大。中日两国低技术密集型产品双边贸易的市场准入水平将在 RCEP 框架下得到显著提高。在中国自日本进口方面，在协定生效后的第 1 年、第 11 年、第 16 年、第 21 年分别有 34. 1%、79. 7%、89. 1%、90. 9%的低技术密集型产品的商品税目实行零关税；在日本自华进口方面，在协定生效后的第 1 年、第 11 年、第 16 年、第 21 年分别有 79. 6%、95. 8%、98. 6%、98. 6%的低技术密集型产品的商品税目实行零关税（见图 3）。

对于低技术密集型产品，日本做出的关税减让承诺规模较大，且关税减让的时间进程较短，在协定生效后的第 1 年有接近 80%的产品的商品税目实行零关税，协定生效后的第 21 年这一比例上升到 98. 6%。RCEP 通过降低贸易成本，强有力地促进中国低技术密集型最终消费品对日本的出口。中国

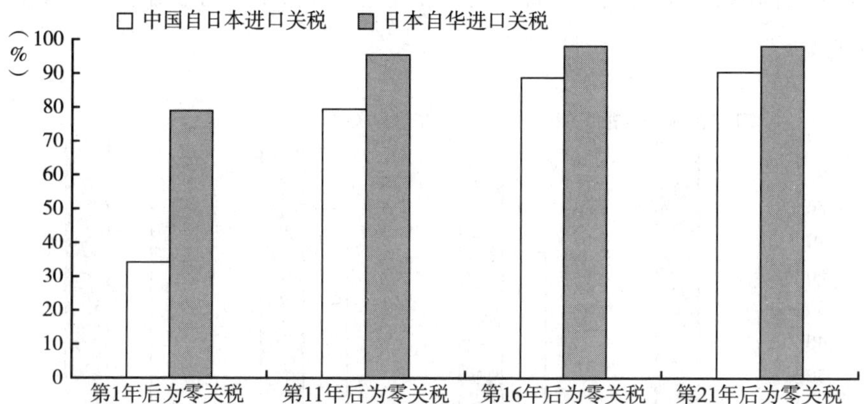

图 3　RCEP 下中日双边低技术密集型产品贸易免税产品数量占比

资料来源：笔者依据 RCEP 中国对日本关税减让承诺表计算制作而成。

对日本低技术密集型产品的进口在前期依然具有较大规模的关税保护，协定生效后的第 1 年实行零关税的产品的商品税目仅超三成。但在协定生效的第 16 年之后，中国对进口的日本低技术密集型产品开始大规模实行零关税，零关税商品税目的比例在协定生效后的第 21 年也超过 90%。可以预见，RCEP 在较长期内将促进中日双边低技术密集型产品贸易，推动中日双边供应链发展。

4. 高技术密集型产品

中日两国目前同为机电产品以及运输设备等高技术密集型产品的出口大国，但是由于中国在某些关键核心技术方面的缺失，中国高技术密集型产品在生产过程中对其他国家的依赖程度较高。在 RCEP 框架下，中国对来自日本的高技术中间产品普遍实行了较大幅度的降税，在协定生效后的第 1 年、第 11 年、第 16 年、第 21 年将分别有 27.1%、66.9%、79.6%、83.2%的高技术密集型产品的商品税目实行零关税（见图 4）。这将促进日本对中国的高技术中间产品的出口贸易，在美国对华高技术封锁的背景下，这有助于中国规避供应链安全风险。同时，中国对国内汽车市场的保护在逐步放开，少部分载人机动车辆实现关税减让承诺，对大部分特殊用途机动车辆以及机动车零部件实行梯度降税。此举为

在日后更高标准自贸协定下对日本更大程度地开放汽车市场做出了积极有益的尝试。

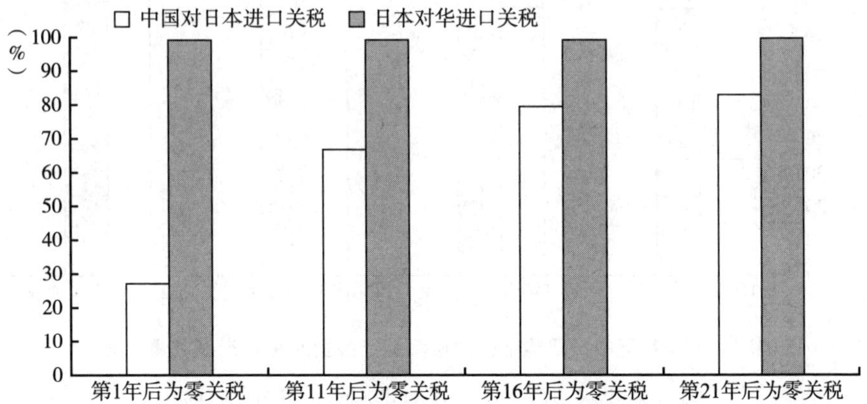

图 4　RCEP 下中日双边高技术密集型产品贸易免税产品数量占比

资料来源：笔者依据 RCEP 中国对日关税减让承诺表计算制作而成。

在日本自华进口关税方面，在协定生效后的第 1 年、第 11 年、第 16 年、第 21 年将分别有 99.7%、99.8%、99.9%、100%的高技术密集型产品的商品税目实行零关税。这对于中国从事高技术密集型最终消费品生产的厂商来说，是开拓日本市场的积极信号。

（二）提升市场准入水平，弱化贸易成本放大效应

当前，国际分工呈现“序贯生产”的形式，各个国家能够根据本国的比较优势，嵌入全球价值链的某一阶段参与国际分工。这种“序贯生产”形式的特点是中间产品多次出入境，即一国制造的中间产品在出口后，用作下一阶段中间产品生产的投入品，然后再次出口直至被最终消费。[①] 然而中间产品的多次出入境会使关税与运输成本叠加，产生贸易成本的放大效应。[②] 各主

① 余心玎、杨军、王苒、王直：《全球价值链背景下中间品贸易政策的选择》，《世界经济研究》2016 年第 12 期，第 47~59、133 页。

② Yi，K. M.，“Can Multistage Production Explainthe Home Biasin Trade?” *The American Economic Review*，Vol. 100，No. 1，2010，pp. 364-393.

要经济体均寻求通过构建自由贸易区网络以使贸易伙伴的市场准入水平提升，降低双边贸易成本。RCEP 的签署能够显著增加中日两国自由贸易区网络所覆盖的贸易量。使用 UN Comtrade 数据库提供的中日两国 2020 年贸易数据测算，RCEP 的签署使中国自由贸易区网络覆盖的贸易量占比从之前的 27.29%提高到 34.12%；在纳入中、韩两大贸易伙伴后，日本自由贸易区网络覆盖的贸易量占比从 35.16%提高到 64.66%（见图 5）。

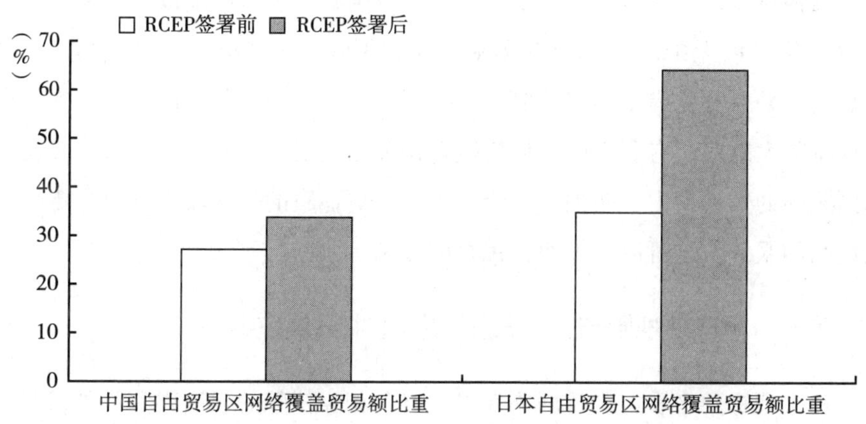

图 5　中日自由贸易区网络覆盖贸易额比重

资料来源：笔者根据 UN Comtrade 数据库中日贸易数据制作，参见 UN Comtrade Database，https：//comtrade. un. org。

除此之外，RCEP 的签署整合了中国在东亚地区签署的众多低水平的双边自由贸易协定，提升了中国在东亚区域内自由贸易协定的平均深度水平，中国与区域内贸易伙伴间的贸易便利化水平会随之提高，贸易成本会进一步下降。具体来说，RCEP 的货物贸易章节提出将提高中日双方货物贸易自由化水平与市场准入水平。数据显示，RCEP 生效前，中国仅对占总商品税目 8.0%的日本商品实施零关税；RCEP 生效后，占总商品税目 25.0%的日本商品可以零关税进入中国市场，而中国最终对日本实行零关税的商品占总商品税目的 86%；在日本对中国产品的关税方面，RCEP 生效后，关税立即降为零的产品的商品税目占比为 57%，最终零关税的产品的商品税目占比为

88%。较大力度的关税减让会弱化中日两国贸易成本的放大效应，促进中日双方价值链生产和贸易的发展，增加两国民众福利。此外，RCEP 第一节第十三条规定各缔约方取消已计划的对农产品使用出口补贴的权力，RCEP 生效后，中日双方农产品贸易将更加顺畅；RCEP 第二节第十七条规定缔约方之间全面取消数量限制。RCEP 的生效还会提高中日之间贸易的便利化水平，例如“海关程序与便利化”章节包含高于 WTO《贸易便利化协定》水平的增强条款，该章节第十条中规定了对税则归类、原产地以及海关估价的预裁定等。可以预见，RCEP 生效后，关税下降、市场准入水平提高，加之一系列贸易便利化措施，将抑制“序贯生产”给中日供应链合作带来的贸易成本放大效应，有利于中日供应链合作健康发展；同时，这将进一步激发两国之间的贸易潜力，两国的民众将能够以更低廉的价格获得、享受更广泛的商品和服务，这可以增加双方民众的福利。

（三）原产地规则与投资规则将强化中日供应链

从宏观视角来看，中日两国在供应链上相互依赖的程度很深，虽然日本考虑到本国的产业链与供应链安全，开始将其在中国的产能转出，但实际上受限于日本企业对华较强的路径依赖以及在华获得的高收益，日本难以与中国真正“脱钩”。RCEP 生效将强化中日供应链合作，并实现更多的贸易创造与投资创造。在大部分区域贸易协定中，两个成员国在进行双边贸易时，通常要求进口产品所累积的双方价值成分符合协定所规定的标准，才可以享受区域内的优惠关税。与此不同，RCEP 下的原产地规则设定了区域累积规则，即在计算进口商品是否满足区域价值成分要求而享受区域内优惠关税时，会将该进口商品中来自 RCEP 所有成员国的价值成分计算在内。在此规定下，RCEP 覆盖的国家间会产生累积增值的效果，例如，“原先中国企业从日本进口 1 个零部件，需要增值 35%才能出口至韩国享受零关税，但在 RCEP 以后，中国企业只需要增值 20%，另外 15%从日本增值，再出口至韩国就能享受零关税”。这不仅能够提升商品在区域内流动的便利程度，还能够显著增加中日两国进行中间产品贸易的利得，因而能够间接加强中日两国的贸易联系，稳定与强化中日供应链。

此外，RCEP 中的投资规则也将对中日供应链产生强化效果。在初级产品、劳动密集型产品与低技术密集型产品方面，相对日本，中国的劳动力成本低，产业链条完整，具有规模经济效应。相较于中国，日本处于价值链高端，产品附加值高，但对于国外中间产品有较强的依赖性。在高技术产品生产方面，日本具有明显的出口优势，掌握先进技术，生产关键中间产品；中国虽然依赖国外中间产品，但已经具有强大的生产能力。因此，双方之间相互投资会达到双赢的局面。RCEP 的投资章节规定各国均采用负面清单方式，对制造业、农业、林业、渔业、采矿业领域投资做出较高水平的开放承诺，这将促进中日之间的外商投资活动，增强中日供应链的韧性，加速中日两国供应链整合。

（四）加强中日数字经济合作

全球数字经济的发展方兴未艾，数字经济已融入各国供应链之中，中日两国加强数字经济与数字贸易领域的合作，对中日两国进行供应链合作具有重要意义。

首先，RCEP 将为中日数字经济合作提供相对有效的平台。RCEP 能够为中日双方提供在第三方市场展开数字经济合作的机会。在第三方市场进行合作时，即使中日关系出现波折，双方合作也不会脱离既有进程，这可以在一定程度上化解双边层面合作中的障碍与难题。其次，RCEP 包含较高标准的知识产权规则以促进各方在经贸合作中对技术的交流，同时 RCEP 的投资章节规定禁止成员国要求国外投资者向其领土内的人转让特定的技术、生产流程或者其他专有知识，这有望促进中日之间数字经济中的核心技术合作。再次，RCEP 中的电子商务章节的相关内容会推进中日之间的数字贸易与电子商务发展。最后，RCEP 是中日两国签署的第一个自由贸易协定，将明显加强中日之间的贸易相关法规与政策协调，强化对两国间产业合作的部署，加深双方的政治互信与战略互惠，进一步促进双边数字经济合作。

（五）推动中日第三方市场合作

中日第三方市场合作是“一带一路”倡议向纵深发展进程中，中国提出的国际合作新模式。[①] 第三方市场合作是由主权国家政府及该国跨国企业，通过与其经济实力与技术水平相当且资源禀赋与贸易比较优势具有互补性的国家及企业，在具有良好自然禀赋和更强贸易互补性的第三方国家（或地区）进行商品贸易、基础设施建设、金融服务、新兴科技产业等相关市场的多边合作。比较资源优势、政治共识和共同利益是开展第三方市场合作的基础。[②] 如上所述，中日两国的比较优势与资源禀赋具有显著差异，开展第三方市场合作的物质基础坚实。同时，RCEP 签署后，中国、日本与东盟三方有了统一的合作框架与机制，此举会深化区域内分工、减少双边及区域内的恶性竞争，为中日两国在东盟的第三方市场合作创造平台，提供诸多合作视角。东盟国家是日本“印太”构想与中国“一带一路”倡议的关键“节点”，东盟同时是中日两国的传统经济合作伙伴。日本早在 20 世纪 60 年代便开始开发东南亚市场，目前，日本是东盟第二大贸易伙伴与最大外资来源国。中国虽然与东盟的经贸合作的起步时间较晚，但随着近十余年的迅猛发展，中国目前已经成为东盟的第一大贸易伙伴国与第三大外资来源国。当前，东盟各国普遍开启了本国的大发展战略，如泰国“工业 4.0”发展计划、印度尼西亚的“全球海洋支点”战略等。然而，东盟国家普遍面临基础设施薄弱、技术落后、资金匮乏等问题，这掣肘其国家战略的开展。中日两国在东盟的第三方市场合作的重点领域主要为海运、基础设施、数字经济、金融以及海洋安全等。[③] 在 RCEP 框架下积极推动中日两国在东盟的第三方市场合作，能够在助力中日两国企业加强双方优势互补、增加双方贸易

---

① 宫笠俐：《中日第三方市场合作：机遇、挑战与应对方略》，《现代日本经济》2019 年第 5 期，第 44~54 页。

② 门洪华、俞钦文：《第三方市场合作：理论建构、历史演进与中国路径》，《当代亚太》2020 年第 6 期，第 4~40 页。

③ 王厚双、张霄翔：《“一带一路”框架下中日加强在东盟第三方市场合作的对策思考》，《日本问题研究》2019 年第 2 期，第 23~33 页。

红利的同时，推动东盟产业发展、基础设施升级、民生福利增加，达到三方共赢的效果。

（六）构建“中日韩+X”的东北亚区域合作模式

随着 RCEP 的签订，朝鲜半岛问题缓和，东北亚区域合作升温，中韩自贸区的升级版以及中日韩自贸区均在谈判之中。日本与中国进行产业合作、参与“一带一路”倡议的积极性有所提高，作为全球装备制造业竞争力排名靠前的国家，日本在大多数产业拥有非常雄厚的技术储备和开发能力，中国与日本签署 RCEP、日本对东北亚区域合作参与度的提高对中国来说是一个重大的机遇。东北亚六国人口占世界人口的比重大约为 23%，GDP 占世界 GDP 的比重约为 19%，经济结构的互补性强，资源、能源丰富，资金和人力资源充足。在中日韩经济合作逐渐加强的同时，俄罗斯的远东开发正在不断提速，日本、韩国、中国均参与其中，这对相互间的经济合作平台构建大有裨益。目前，东北亚缺少国家层面的制度性合作机制，中国应该加快中日韩自由贸易协定谈判，并以其签署为基础，通过“中日韩+X”的形式，进一步拓展中国在东北亚地区的战略空间。

三　结论及建议

当前，全球范围内逆全球化和保护主义大行其道，加之新冠肺炎疫情在全球范围内并无好转，都让世界经济与自由贸易遭受重创。中国和日本的制造业在全世界具有举足轻重的地位，在全球经济艰难时刻，全球产业链的完整运转更加依赖中日这两个重要经济体的合作，但中日两国的自由贸易谈判此前停滞不前，中日经贸合作缺乏稳定的机制保障。RCEP 的生效可谓恰逢其时。该协定从货物贸易、服务贸易、跨境投资和电子商务等领域有力推动东亚地区的生产网络重构进程以及东亚区域价值链构建进程。

中国当前提出要构建“以国内大循环为主体、国内国际双循环相互促进”的新发展格局，中国的区域经济一体化战略也在持续稳步推进，中欧投资协定已经签署，可以想象，RCEP 绝不是中日间自由贸易谈判的终点。中国应借力 RCEP 继续推进自由贸易区战略，以及与日本的经贸合作。

（一）借力 RCEP 平台，与日本深度合作，共谋发展

中国应借力 RCEP 平台，进一步加强与日本的经贸合作。一是要以中日第三方市场合作机制和经贸合作机制为抓手，争取在国内多地建设中日经贸合作示范区，在高端装备、人工智能、港航物流、金融服务、环保、文化等领域开展多边合作，同步对接设立日本境外园区及公共海外仓，重点打造面向日本的多式联运转口贸易综合枢纽。二是要积极开拓日本市场，建立通关便利化合作机制，加快在基础设施、贸易、产能输出等方面的深度合作，培育新的出口增长点，与日本精准对接、深度合作、共谋发展。三是在 RCEP 基础上进一步减少两国在技术标准与管理服务标准上的差异，加强在新标准制定方面的深入交流与合作，最大限度地减少标准不统一给双方经贸合作带来的制约。

（二）对标 RCEP 高标准规则，打造优良的外部经贸发展生态圈

习近平总书记在党的十九大报告中明确指出，要“赋予自由贸易试验区更大改革自主权，探索建设自由贸易港”。首先应主动对标 RCEP 高标准贸易规则，依托各地自贸试验区，加快推进国际贸易“单一窗口”建设，提升监管效率，便利企业通关，调动企业扩大进出口规模的积极性；配合海关继续开展压缩货物通关时间、降低合规成本和免除海关查验无问题企业吊装移位仓储费试点工作，建立口岸收费目录清单制度和公示制度，进一步提高贸易便利化水平；持续推进“放管服”政策，全面推行多证合一，降低制度成本。以此为基础，对接 CPTPP 中的国有企业、环境、劳工标准等高标准规则，为市场开放营造更加完备的环境，吸引更多日本企业来华投资兴业。

（三）拓宽中日第三方市场合作领域，建立长效合作机制

中日双方应该把握 RCEP 签订的契机，在尊重东道国意愿的基础上，

探索更多第三方市场合作项目，拓宽双方的合作领域，例如，医疗与养老、新能源、电子商务与跨境电商、人工智能等领域。中日两国在企业层面可通过合资的方式展开合作，中国提供生产能力，日本提供高新技术，如此可以利用三方优势，实现三方共赢。同时，在政府层面应建立中日第三方市场合作的长效促进机制，定期交流、组建专门管理机构、完善第三方市场合作信息分享平台与重点国别项目信息库。在资金方面要建立第三方共同投资基金，通过股权与债权等多元化融资方式提供企业需要的融资支持。

（四）用亚太区域价值链对接新发展格局

新冠肺炎疫情发生前，全球供应链的区域化格局逐步形成，中国、美国、德国分别成为亚洲、美洲、欧洲的供应链中心。在全球三大供应网络中，亚太供应链作为全球供应链的重要组成部分，是目前生产链条最多、参与国家最多、贸易额最大和分工结构最为复杂的区域价值链。后疫情时代，为了确保供应链的安全性，全球供应链的区域化进程会进一步加快。在国际贸易受疫情影响普遍低迷之际，中国与亚太贸易合作十分抢眼，区域合作进一步加强。根据 WTO 在 2020 年 10 月 6 日发布的《全球货物数据与贸易展望》报告，2020 年，全球贸易下降 9.2%，其中，亚洲地区出口、进口可能分别下降 4.6%和 4.2%，不到全球降幅的一半。这意味着，2020 年，亚洲出口和进口在全球贸易中的占比将分别提升 5.1 个和 5.5 个百分点。中国应该以强大的生产能力与超大规模市场为基础，以 RCEP 的生效为抓手，积极主导构建东亚—太平洋区域价值链与供应链，以对接中国“以国内大循环为主体、国内国际双循环相互促进”的新发展格局。

B.9
RCEP原产地规则对中日韩贸易发展的积极影响*

施锦芳　赵雪婷**

摘　要： 原产地规则用来确定贸易货物的原产国家或地区，当满足这一规则时，相关国家或地区方可享受FTA的关税优惠。因此，原产地规则是FTA中的重要一环，但较为严格的原产地规则也会阻碍对FTA的利用。RCEP对原产地规则的改进能够使包括中日韩在内的缔约国更容易满足原产地标准，从而利用RCEP框架下大幅减让的关税税率，扩大区域内货物贸易规模，提升贸易便利化水平，加强中日韩三国产业链及供应链合作，为中日韩三国在经贸领域打造更广阔的发展前景。

关键词： RCEP　原产地规则　原产地标准　中日韩

2021年11月2日，文莱、柬埔寨、老挝、新加坡、泰国、越南等六个东盟成员国和中国、日本、新西兰、澳大利亚等四个非东盟成员国向东盟秘书长正式提交核准书，《区域全面经济伙伴关系协定》（RCEP）达到生效门槛。截至2022年5月1日，RCEP已对除印度尼西亚与菲律宾两国

* 本报告为国家社科基金一般项目“以‘RCEP+东北亚’促进东北经济外循环研究”（项目编号：21BGJ056）、国家社会科学基金重大项目“建设面向东北亚开放合作高地与推进新时代东北振兴研究”（项目编号：20&ZD098）的阶段性成果。

** 施锦芳，经济学博士，东北财经大学东北亚经济研究院教授，博士生导师，主要研究领域：日本经济、国际经济合作。赵雪婷，东北财经大学国际经济贸易学院博士研究生，主要研究领域：世界经济。

之外的 13 国生效。RCEP 作为世界高质量、高标准的自由贸易协定之一，具有全面性、现代性与互惠性等特征。RCEP 框架下的成员国的零关税覆盖率大幅提升至 90%以上，原产地规则多样化，并兼具先进性、灵活性和创新性。

中日韩三国既在世界上占据重要经济地位，又互为彼此的主要贸易伙伴国。在 RCEP 框架下，中日韩三国达成了首个自由贸易协定。原产地规则是自由贸易协定中适用于缔约国之间货物贸易优惠的决定性规则，对促进货物贸易具有重要作用。随着自由贸易协定（FTA）数量的增加，原产地规则的内容日渐丰富且多样化，其影响也随着规则的复杂化程度加深而不断扩大。原产地规则是 RCEP 的重要组成部分，也是其创新性最强、影响力最大、含金量最高的章节之一。[①] RCEP 原产地规则有利于中日韩贸易货物更容易获得原产地资格，进而显著提高三国对 RCEP 优惠关税税率的利用，并进一步促进中日韩在货物贸易领域的合作，扩大东亚区域供应链与生产链。基于此，本报告将研究 RCEP 下原产地规则的内容与特征，以及如何巧妙利用原产地规则扩大中日韩三国贸易。

一　原产地规则的概念及重要性

原产地规则的主要内容包括原产地标准、直接运输规则和原产地证书，其中最为重要的原产地标准又分为“全部产地生产标准”[②] 和“实质性改变标准”[③] 两类。实质性改变标准以“税则归类改变标准”（CTC）[④] 为主，

① 夏融冰：《有效运用 RCEP 原产地规则把握贸易机遇》，《国际商报》2021 年 7 月 5 日。

② “全部产地生产标准”（或完全原产产品标准）指全部使用本国生产的原材料或零部件生产、制造的产品。

③ “实质性改变标准”是指使用进口的原材料在出口国生产、加工导致产品外形或用途发生改变的标准。

④ “税则归类改变标准”指若货物加工使四位数级税目归类发生变化，即以使其发生变化的国家为货物原产地的标准。

以“区域价值成分标准”（RVC）[①] 和“加工工序标准”（TECH）[②] 为补充标准（见图 1）。

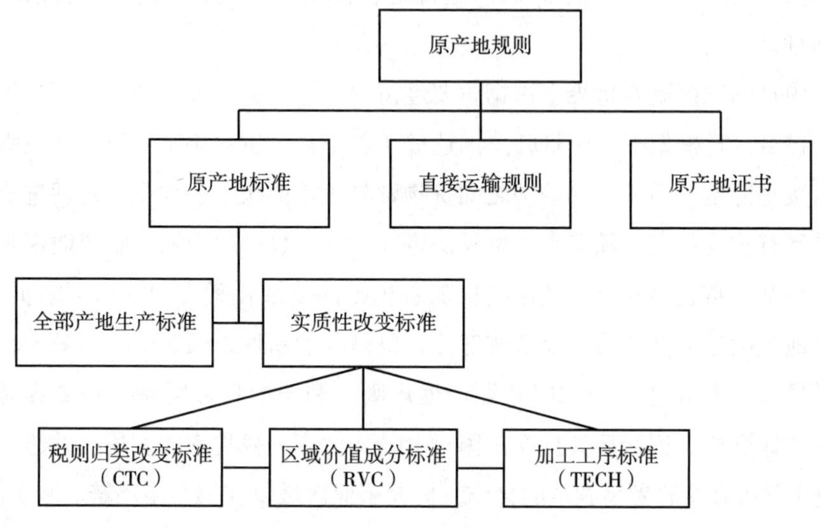

图 1　原产地规则的主要内容

资料来源：笔者自制。

（一）原产地规则

在 FTA 下生产或制造的货物是否适用优惠关税取决于是否满足原产地规则，因此，原产地规则在 FTA 中占据极为重要的位置。考虑到本国利益，世界各国之间缔结的 FTA 的原产地规则存在差异。原产地规则影响较大的 FTA 包括北美自由贸易协定（NAFTA）、欧洲经济区（EEA）[③] 和东盟自由贸易区（AFTA）。NAFTA 原产地标准以税则归类改变标准为主，并针对重

① “区域价值成分标准”是通过计算区域内对原产材料进行加工后增值部分占货物价值的比重以判断产品是否符合原产地标准。不同协定框架下的区域价值成分标准各有不同，区域价值成分标准设定得越高，原产地证明的取得就越困难。

② “加工工序标准”指货物若符合加工工序清单要求即可被认为是原产地货物的标准。

③ 2017 年特朗普出任美国总统后，用《美墨加三国协议》（USMCA）取代 NAFTA。EEA 包括欧盟七国中的奥地利、芬兰、冰岛、挪威和瑞典。

要品种引入区域价值成分标准，对区域价值成分、原产材料的累积规则等的计算要求更加精准；EEA 使用区域价值成分标准和加工工序标准，原产地证明采取出口商原产地声明制度；AFTA 以区域价值成分标准为基础，多国都选择使用政府机构颁发的原产地证明，但也存在部分国家采取出口商原产地自主声明制度。

在自由贸易协定中，通常不单独使用以上三个实质性改变标准，而是将其组合使用。例如，在判断货物原产地时，在适用税则归类改变标准的情况下，即使大部分原材料的附加值在出口区域内产生，但是由于使用了少量的非原产材料，其也可能无法享受 FTA 的关税优惠。这种确定原产地的绝对性会导致出现较大偏差，影响产品生产，需要其他标准进行补充。

（二）原产地规则对区域价值链的影响

原产地规则是判断货物原产地的关键，与关税同样对贸易自由化和便利化产生重要影响。满足原产地规则的产品才能够享受自由贸易区的关税减让等优惠，从而降低企业生产成本，促进区域内产业成长，增加区域内直接投资，形成区域价值链。由于存在贸易转移效应，相较于区域外贸易，成员国更倾向于区域内贸易，且区域内贸易的创造效应更加明显，能够进一步促进区域内投资与就业的扩大，这有利于区域内生产链、供应链的形成与强化。

FTA 下关税削减或取消所带来的利益能够使区域内所有成员国受益。但是，根据进口货物原产地的不同，其适用的关税税率存在差异，尤其是在适用双边自由贸易协定规定的优惠关税税率时，必须证明货物原产于协定缔约国。在协定缔约国内完全获得或生产的产品即使符合原产地标准，但是类似工业制品等产品在多个国家进口原材料并进行加工组装、多国参与产品生产的情况下，判断原产地较为困难。来自区域外国家的产品通过关税税率最低的国家进入自由贸易区内，使低关税的国家将其商品出口到同为自由贸易区成员但关税较高的国家，降低区域内其他成员较高的关税，即贸易偏转现象，将导致缔约国享受的优惠大打折扣。为了防止贸易偏转现象发生，缔约国必须满足原产地规则以取得原产地证明。若原产地规则限制较多、限制指数较高，出口企业为满足原产地规则，生产成本将被迫提高。因此，减少原产地规则的要求，在原产地规则限制较少时，区域内企业通过利用优惠的关税税率扩大出口规模，增强价值链创造效应，并通过有效配置生产要素降低成本，实现区域整体福利水平的提高。[①]

（三）原产地规则存在的局限性

原产地规则是自由贸易协定中不可或缺的重要部分，但是也伴随一些不可避免的问题。第一，若原产地规则的规定过于严苛，则出口商为满足要求，将被迫提高生产成本。当为满足原产地要求导致企业生产成本大于原产地带来的优惠时，FTA 带来的利益会消失，企业对 FTA 的利用率也将下降。而且，当区域内生产原材料或中间产品企业的生产率与区域外的企业相差较大时，为满足原产地规则所需要的成本也会增加。因此，即使关税税率降低能够为出口企业带来利益，但是面临不断增加的生产成本，企业也会减少对 FTA 的使用。第二，不同自由贸易协定的原产地判定标准存在差异。随着全球签署的 FTA 不断增加，不同的原产地规则被引入。各 FTA 对同一种类产品的关税优惠和原产地规则要求不尽相同，导致“意大利面碗”现象发生，造成企业使用原产地规则不便，这不利于防止原产地规则使用过程中出现不当行为。例如，中间产品在进入生产过程时若出现伪造行为，判断其符合原产地标准的难度将增大。因此，自由贸易协定签署后，加强对原产地规则的深入理解和解读非常重要。

二　中日韩三国既有 FTA 的原产地规则

20 世纪 80 年代初，美国开始推进双边贸易合作；90 年代，欧洲经济一

---

① 胡靖、柳雨心：《RCEP 的原产地规则与区域价值链重构》，《工信财经科技》2021 年第 3 期，第 86~98 页。

体化进程加速。至于日本，其在进入 20 世纪中后期即开始重视区域经济合作，探讨区域经济一体化发展。此阶段，全球签署的贸易协定数量大幅增加，区域经济一体化蓬勃发展。随着自由贸易协定的增加，区域经济贸易模式不断完善，作为货物贸易中的重要一环，原产地规则的内容也更加丰富和先进，认定标准更加灵活。

（一）中日韩三国既有 FTA 的原产地规则分析

1. 中日韩三国已签署的部分 FTA

2001 年中国加入 WTO 以来，加大力度探索与世界其他国家签署自由贸易协定。虽然起步时间与欧美和日本相比较晚，但是进展迅速。截至 2021 年 12 月，中国已签署 19 个 FTA，其中中国—柬埔寨 FTA 与 RCEP 也于 2022 年 1 月生效。改革开放加速了中国推动 FTA 的进程，在此过程中，中国由 FTA 参与者逐渐向倡议者转变。再看日本，其与新加坡签署的第一个自由贸易协定于 2002 年 11 月开始生效，之后日本对外贸易规模不断扩大，截至 2022 年 1 月 1 日已签署或生效的 FTA 多达 21 个。在与日本缔结 FTA 的国家中，墨西哥、智利、秘鲁和加拿大已与美国、欧盟等缔结 FTA，东盟与中国、印度、韩国等的 FTA 也早已生效，日本的 FTA 网络逐渐完善。至于韩国，其在中日韩三国中拥有最多的区域贸易伙伴，自由贸易谈判始于 20 世纪 90 年代末，在东亚范围内的启动时间也较早。2004 年 4 月，韩国签署的首个自由贸易协定生效。截至 2022 年 2 月 1 日，韩国已经与 57 个国家签署了 19 个自由贸易协定，包括 18 个已生效和 1 个已签署的 FTA。

2. 中日韩既有 FTA 的原产地判定标准比较

首先，原产地判定标准是原产地规则的核心内容，通过判定货物的原产地确定其是否有资格享受优惠的市场准入待遇，包括“产品特定原产地规则”和“制度性原产地规则”①。在过去中国签署的自由贸易协定中，原产地认定标准较为单一，缺乏灵活性。随着中国对外开放程度提高，双边与多边自由贸易

① 制度性原产地规则主要包括累积规则、微量条款、微小加工、中性成分和原产地证书等。

协定签署进程加快，对于原产地的认定标准与方式不断进行扩充和完善，使区域内成员国能更容易满足原产地标准，实现互惠互利。如表1所示，中国早期与东盟签署的FTA以进口成分和区域价值成分作为判断原产地规则的主要标准。之后，在与智利、新加坡和秘鲁的FTA原产地判定标准中不再包括进口成分，降低了获取原产地资格的要求。已生效的RCEP则针对原产地判定标准做出了更大的改进和创新，如通过累积规则使产品原产地价值成分可在15个成员国构成的区域内进行累积，以享受RCEP优惠关税。

表1　中日韩已签署FTA判定原产地的部分标准

		是否无须经主管当局认证，由出口商、生产商或进口商签发原产地证书	是否允许双边或部分累积	是否允许对角累积	是否允许完全累积	是否包含“产品特定原产地规则”	价值成分计算方式	是否包含退税规则
东盟	中国	×	√	×	×	×	进口成分与区域成分	×
	日本	×	√	×	×	×	区域成分	×
	韩国	×	√	×	×	×	区域成分	×
智利	中国	×	√	×	×	√	区域成分	×
	日本	×	√	×	×	√	区域成分	×
	韩国	√	×	×	√	√	区域成分	×
新加坡	中国	×	√	×	×	×	区域成分	×
	日本	×	√	×	√	√	进口成分与区域成分	×
	韩国	×	√	×	√	√	区域成分	×
秘鲁	中国	×	√	×	×	√	区域成分	×
	日本	×	√	×	√	√	区域成分	×
	韩国	×	√	×	×	√	区域成分	×

续表

		是否无须经主管当局认证，由出口商、生产商或进口商签发原产地证书	是否允许双边或部分累积	是否允许对角累积	是否允许完全累积	是否包含“产品特定原产地规则”	价值成分计算方式	是否包含退税规则
澳大利亚	中国	×	√	×	×	—	—	√
	日本	√	√	×	×	×	区域成分	×
	韩国	√	√	×	×	√	区域成分	×
印度	日本	×	√	×	×	×	区域成分	×
	韩国	×	√	×	×	√	区域成分	×

注：表中“√”表示“是”，“×”表示“否”，“—”表示“无”。

资料来源：世界银行数据库，https：//datatopics. worldbank. org/dta/table. html。

其次，在日本与多国签署 FTA 的过程中，原产地规则的内容和实施程序在不断变化。如表 1 所示，2002 年生效的日本—新加坡 FTA 的原产地判定标准中的价值成分计算方式包括进口成分和区域成分两个要求，而且不能未经主管当局认证，由出口商、生产商或进口商签发原产地证书，但允许完全累积且包含“产品特定原产地规则”。2012 年生效的日本—秘鲁 FTA 的原产地判定标准的限制相比之前有所减少，除允许完全累积和包含“产品特定原产地规则”外，还允许双边或部分累积。此外，日本—秘鲁 FTA 还简化了办理原产地证明的手续，引入出口商原产地自主声明制度，较大程度降低了办理成本。之后，日本—澳大利亚 FTA、日本—欧盟 FTA 与《全面与进步跨太平洋伙伴关系协定》（CPTPP）又引入了出口商、生产商、进口商原产地自主声明制度，证明手续不断简化。

最后，韩国的优惠原产地规则以《关税法》的规定为主，优惠原产地证书的签发单位是海关和韩国工商商会。2004 年生效的韩国—智利 FTA 的原产地判定标准较中国—智利 FTA 与日本—智利 FTA 更加宽松灵活，允许无须经主管当局认证，由出口商、生产商或进口商签发原产地证书，并且允许完全累积，免除了对中间产品的原产资格要求。2014 年生效的韩国—澳大利亚 FTA 的原产地判定标准相比中日两国与澳大利亚的 FTA 较为宽松。相较于中国和日本必须经主管当局认证才可签发原产地证书，韩国则可由出口商、生产商或进口商自主签发原产地证书。此外，韩国—澳大利亚 FTA 的原产地规则中还包含中国、日本与澳大利亚 FTA 中未包含的“产品特定原产地规则”。韩国通过积极推进健全且先进的原产地规则，降低了与其他国家开展货物贸易的成本，以享受原产地规则带来的更多优惠。

（二）中韩自由贸易协定的原产地规则

进入 21 世纪以来，中国与韩国贸易合作发展迅速，贸易联系更加密切。根据中国海关总署的统计，2010 年，中韩双边贸易额已突破 2000 亿美元，2020 年增至 2853 亿美元，中国已成为韩国的第一大贸易伙伴国。为促进两国经贸合作，2015 年 6 月，中韩两国签署《中韩自由贸易协定》，其于同年 12 月正式生效。协定第三章介绍了原产地规则和原产地实施程序，对货物原产地判定标准提出了具体要求。原产地规则方面，“附件 3-B”中所列特定货物的原产标准有二：一是非原产材料总价值占货物 FOB 价格不超过 40%；二是生产货物的原产材料价值需占全部材料价值的 60%及以上。原产地实施程序方面，“附件 3-C”所示的原产地证书可由出口方授权机构签发，对于完税价格不超过 700 美元的原产货物给予免提交原产地证书并享受优惠关税等待遇。《中韩自由贸易协定》生效以来，两国企业积极获取原产地证书，享受优惠关税。2018 年，中韩双边贸易额较 2015 年增长 13.7%，受疫情影响，2020 年，中韩双边贸易额较 2018 年有所下降，但与 2015 年的贸易额相比仍增长 3.4%，而且中韩 FTA 的利用率也高于中国 FTA 利用率的平均水平。

（三）日本原产地规则

如表 2 所示，日本—印度 FTA 采取税则归类改变标准与区域价值成分标准方式；与墨西哥和欧盟的 FTA 在税则归类改变标准方面，对于成品中除来自品目编码 HS8503 的部分改变外，在满足 RVC 最低限制的条件下，给予部分原产货物原产地待遇。不同 FTA 的 RVC 比例或比例区间具有差异，日本—墨西哥 FTA 为 50%；日本—智利 FTA 为 45%；日本—欧盟 FTA 最为严格，达到 55%。仅采取税则归类改变标准的 CPTPP 中，部分原产商品可以不设条件享受原产地待遇。当采取税则归类改变标准及 RVC 最低限制时，对于除日本—墨西哥 FTA 之外的其他 FTA，成品税则分类即使发生改变，只要满足 RVC 设置的标准也可享受原产地待遇。对于日本出口中争议较大的产品如汽车，日本与 CPTPP、欧盟和东盟以及部分东盟成员国的九个 FTA 都仅把 RVC 作为原产地资格约束条件，因此满足原产地所需条件更加严格，以限制日本汽车享受原产地优惠，从而制约日本汽车行业出口。

表 2　日本 FTA 的原产地规则内容及签发条件

对象国	规则内容	部分原产商品的原产资格签发条件
印度	CTSH 及 RVC 最低限制	仅满足 RVC 最低限制时
墨西哥	CTH(除 HS 8503 项)、CTH 及 RVC 最低限制	仅满足 RVC 最低限制时
智利、欧盟	CTH(除 HS 8503 项)、RVC 最低限制	商品及对同一 HS 分类内成品的改变都满足 RVC 最低限制时
CPTPP	CTH	无条件
泰国、东盟、菲律宾、瑞士、越南、秘鲁、澳大利亚、蒙古国	CTH、RVC 最低限制	对同一 HS 分类内成品的改变都满足 RVC 最低限制时
新加坡、马来西亚、印度尼西亚、文莱	CTSH、RVC 最低限制	对同一 HS 分类内成品的改变以及分类编码改变都满足 RVC 最低限制时

注：品目编码 HS8503 专用于或主要用于品目 HS8501 或 HS8502 所列机器的零件，其中 HS8501 包括电动机及发电机（不包括发电机组），HS8502 包括发电机组及旋转式变流机；CTH、CTSH 分别表示税则归类改变标准（CTC）中 HS 编码 4 位、6 位的数级改变。

资料来源：長谷川実也「特恵原産地規則の多様性・複雑性の現状及び収斂に向けた動き—特恵原産地規則の簡素化への多国間の枠組みの役割—」、財務省財務総合政策研究所『フィナンシャル・レビ゛ュー』通巻第 140 号、2019 年 11 月。

三 RCEP 框架下的原产地规则及特征分析

RCEP 的原产地规则结合现有自由贸易协定的经验，对内容进行充实，呈现内容更加丰富、规定更加细致的特点，这成为协定中的一大亮点。仅从已公布的适用原产地规则的商品来看，RCEP 对大多数商品设置了更加灵活的原产地标准、先进的累积规则、企业原产地自主声明制度与背对背原产地证明制度，都有利于企业更加灵活地使用原产地规则。

（一）更加灵活的原产地标准

通过对 RCEP 与中国、日本和韩国与东盟签署的三个“10+1”自由贸易协定以及中韩 FTA 的原产地规则进行比较后可知，CTH/VA40 在典型原产地规则中使用最频繁，CTSH/VA40 的规则比 CTH/VA40 的规则更加灵活，在 RCEP 原产地规则中，CTH/VA40 为 2410 个，远多于 CTSH/VA40 的 634 个（见表 3）。根据粗略分类，在 RCEP 涉及的共计 5204 个品种中，3314 个品种即 64%的品种使用同一原产地规则。可见，RCEP 的原产地规则制定更加灵活。灵活性能够有效降低由于限制较多的原产地规则导致的 RCEP 利用率下降这一局限性，对首次达成 FTA 的中日韩来说至关重要。此外，对部分品种来说，RCEP 的原产地规则比区域内国家既有 FTA 的原产地规则更加灵活。尤其是由于原产地规则受限未利用过 FTA 的出口商，若满足 RCEP 原产地规则，使用 RCEP 的企业将大幅增加，这有利于企业扩大贸易规模。如 RCEP 的关税税率表第十一部分“纺织用纤维及其制品”的原产地标准与日本现存的规定不同，引入了加工标准，即无论使用哪国原产材料，只要能够证明在缔约国内进行生产就可以满足原产地规则。因此，RCEP 生效后，日本其他 FTA 的缔约国将转向使用 RCEP。[①]

---

① 早川和伸「RCEPの貿易創出効果—原産地規則の観点から—」、『アジア研リポート』、2021。

表 3 中日韩主要自由贸易协定中的原产地规则数量

单位：个

	RCEP	中国—东盟	日本—东盟	韩国—东盟	中国—韩国
CTC	1100	1	1479	5	218
CTC/VA40	288	8	122	524	175
CTH	475	—	416	11	2418
CTH/VA40	2410	113	2921	3900	154
CTSH	16	—	7	—	338
CTSH/VA40	634	—	34	73	4
VA40	39	5074	222	26	74
WO	164	8	3	607	806

注：CTC、CTH 和 CTSH 分别表示税则归类改变标准中 HS 编码 2 位、4 位和 6 位的数级改变；VA 规定价值含量或价值增值，要求产品含有出口国最低限量的当地价值，VA40 即规定最终产品可含有 40%进口含量的最高限制；WO 表示完全获得标准。

资料来源：早川和伸「RCEPの貿易創出効果—原産地規則の観点から—」、『アジア研リポート』、2021 年。

（二）先进的累积规则

在判定商品的原产地时，如果投入生产的材料本身在 RCEP 缔约国生产并满足原产地规则，可以将该材料视为 RCEP 原产材料。在商品的原产地资格判定中，如果投入材料全部作为非原产材料处理，即使不满足原产地标准，也有可能通过累积获得原产地证明。RCEP 的原产地累积规则使商品可以在 15 个成员国范围内进行区域成分累积，即在认定出口商品的原产地资格时，来自 RCEP 的任何一个成员国的原产货物或者生产活动可以更容易获得原产地资格。预计 RCEP 生效后五年内，将实现区域内成员所有生产和货物完全累积，出口商将更加容易满足原产地规则。

中日韩三国与 RCEP 中的许多国家的地理位置较近，通过供应链调配 RCEP 其他国家的生产资料并对其进行出口的情况屡见不鲜，利用累积规则使货物获得原产地资格，有利于参与贸易的各方在更大程度上享受关税优惠等待遇。以汽车行业为例，中国生产涡轮增压器这一引擎零部件并将其出口到日本，在日本进行引擎整件生产，在满足 RCEP 原产地规则中区域价值成分不少于 40%的条件下，再出口到韩国进行汽车制造，那么商品仍然符合原产地规则。因此，累积规则有利于进一步提高中日韩区域内产业链、价值链结构的灵活性和多样性，使企业充分享受累积规则带来的好处。

（三）企业原产地自主声明制度与背对背原产地证明制度

1. 首次提出企业可利用原产地自主声明制度

从原产地程序看，RCEP 规定了两类原产地证明文件，即授权机构签发的原产地证书和原产地自主声明。原产地自主声明是高水平、高标准自贸协定的重要特征之一，指除由经审查批准机构签发原产地证书外，经核准的出口商或生产商也可自行出具原产地声明。RCEP 对出口商或生产商出具的原产地声明这一规定给予各成员国较长的过渡期，要求各成员国在 10~20 年内引进或实施该制度。其中，除柬埔寨、缅甸和老挝之外的成员国将在协定生效 10 年内引入原产地自主声明制度。RCEP 在所有成员国内都生效后，计划在五年内对引入原产地自主声明制度进行商议。①

RCEP 生效后，可以利用原产地自主声明制度申请原产地资格。由于该制度具有能够及时获得原产地证书、手续更加简洁、降低企业成本等优点，因此选择原产地自主声明方式的企业不断增加，同时，这标志着原产地声明将由以原产地证书为主要原产地证明的模式向机构签发原产地证书与基于信用由企业自主出具原产地声明并行的模式转变。RCEP 引入并实行原产地声明制度不仅能够大幅降低政府的行政管理和运营成本，还能缩短货物通关时间，提高通关效率。

2. 首次提出背对背原产地证明的概念

背对背原产地证明是中间缔约方针对已由原出口缔约方出具原产地证明

---

① 于鹏、廖向临、杜国臣：《RCEP 和 CPTPP 的比较研究与政策建议》，《国际贸易》2021 年第 8 期，第 27~36 页。

的货物再次分批分期灵活出具的原产地证明，其他缔约方进口货物时仍可凭借背对背原产地证明享受 RCEP 优惠的关税税率。因此，RCEP 成员国出口的货物在中间缔约方享受关税优惠后进行销售，对不超过最初原产地证明中规定的数量及在有效期限内的使用原产地证明的货物再出口，出口国家不仅能够享受 RCEP 优惠关税税率，还有利于提高企业销售策略水平以及与物流相关的规定的灵活性。

四　结语

20 世纪 90 年代以来，全球范围内区域贸易协定的签订进程加快，中日韩三国也不例外。在 FTA 框架内，从缔约国进口产品至本国国内，满足原产地规则即能够享受优惠关税待遇，使进口企业获得利益，但是并非所有企业都能够享受到协定带来的便利与优惠。作为东亚乃至全球的重要经济体，中日韩三国之间迟迟未能达成自由贸易协定，但各自与多国签署 FTA，缔约国存在重叠，形成“意大利面碗”效应，加之区域内外关税税率差异导致出现贸易偏转等现象均不利于进出口贸易发展。

RCEP 的正式签署与生效为这一困境打开局面，在 RCEP 下，中日韩实质上达成了首个 FTA。通过本报告的梳理与分析可以看出：RCEP 下的原产地规则对中日韩三国扩大经贸领域的合作具有重要意义。作为世界高标准、高水平的自由贸易协定，RCEP 将亚太地区复杂的自由贸易协定进行整合统一，原产地规则在以往自由贸易协定的原产地规则的基础上进行升级，原产地标准更加灵活，扩大了累积范围，并引入原产地自主声明制度和背对背原产地证明制度，这有利于优化中日韩三国区域内供应链、产业链，节约外贸企业出口成本，扩大出口规模，相关国家更容易满足原产地规则并享受优惠，从而在更大范围内发挥贸易创造效应。

日本的“三农”问题与“乡村振兴”

Japan's “Three Dimensional Rural Issues” and “Rural Revitalization”

B.10 战后日本“三农”问题与“乡村振兴”综览

张季风　孔擎瞰*

摘　要： 本报告梳理和分析了战后日本的“三农”问题和乡村振兴的发展历程，得出了日本经验对中国乡村振兴的启示意义。本报告认为，日本的“三农”问题主要表现在农村人口老龄化、农业劳动力减少、粮食自给率低下、耕地减少和荒废问题严重、农村过疏化等方面。日本在解决了农民脱贫问题后，日本的乡村振兴历经外生性开发向内生性开发的转变，21 世纪后，日本的乡村振兴进入制度化成熟阶段。日本在乡村振兴过程中提出的“一村一品”、田园

* 张季风，经济学博士，中国社会科学院日本研究所二级研究员、全国日本经济学会常务副会长，主要研究领域：日本经济、中日经济关系、区域经济等。孔擎瞰，东京农工大学博士研究生，主要研究领域：中日农业经济比较、农业的六次产业化。

城市构想、地方创生等新理念和新模式，均产生了广泛的积极影响。开展中日两国在乡村振兴领域的全面合作，对中日农业经济的发展和中国乡村振兴战略的实施都有重要意义。

关键词： 乡村振兴　日本“三农”问题　地方创生战略　数字田园城市国家构想

截至2020年底，中国实现了农村贫困人口全面脱贫的目标，但“三农”问题依然存在，如农业劳动力减少、农村人口老龄化、城乡发展失衡、乡村落后的基础设施和公共服务、乡村生态环境的破坏等问题，仍然深刻影响中国农业经济的发展，阻碍农业农村现代化的实现。脱贫攻坚取得胜利后，还需切实做好巩固拓展脱贫攻坚成果同乡村振兴有效衔接等各项工作，这是“三农”工作重心的历史性转移。

日本的农业地理条件与自然人文环境和中国十分相似，日本在解决“三农”问题和乡村振兴[①]方面取得了很大的成就，积累了丰富的发展经验，但目前依旧存在一些难以解决的问题。日本自1961年颁布《农业基本法》（以下简称《农基法》）开始，相继制定了多种乡村振兴战略，特别是1999年《食料、农业、农村基本法》[②]（以下简称《新基本法》）颁布以后，日本的乡村振兴进入制度化阶段。2021年11月18日，新组建的岸田文雄内阁更是提出了最新的农业发展方向，即在“数字田园城市国家构想”下，全力推进智慧农业发展。[③] 日本在乡村振兴领域走在了中国的前面，而

① 日本的“农村振兴”的内涵与中国的“乡村振兴”基本一致，考虑到读者的阅读习惯，本书通称“乡村振兴”。

② 《食料、农业、农村基本法》中的“食料”包括大米、小麦等粮食作物，以及园艺类蔬菜作物、水果以及各种经过加工的食品，还包括原料、饲料等非农用产品，所以很难找到准确对应的汉语。为了保持原法律的精确性，本书仍然使用日文中的“食料”一词。

③ 首相官邸「第31回農林水産業・地域の活力創造本部」、https：//www.kantei.go.jp/jp/101_kishida/actions/202111/18nourin.html。

中国的乡村振兴才刚刚起步。因此，本报告拟通过梳理日本的“三农”问题和乡村振兴发展历程，以期借鉴日本的发展经验与教训，助力中国乡村振兴的发展和共同富裕的实现。

一 战后日本“三农”问题概观

与世界各国相同，日本也存在“三农”问题。伴随经济高速增长，日本顺利地解决了农村劳动力过剩和农民贫困问题，乡村建设也取得了很大成就，城乡差距基本被消除。目前，日本的“三农”问题主要表现在农村人口老龄化、农业劳动力减少、粮食自给率低下、耕地减少和荒废问题严重、农村过疏化等方面。

（一）农民问题

1.农村人口过剩和农民贫困问题很快得到解决

第二次世界大战后，日本通过农地改革等一系列经济民主改革，改变了农村原有的社会关系，极大地解放了农村的生产力。战后初期，日本农村接纳了大量的海外回归人员，导致农村人口大量增加，但随着朝鲜战争带来的“朝鲜特需”和之后的经济高速增长，农业劳动力的过剩问题很快就“云消雾散”。战后，日本首先以粮食增产为目标，大力推进农业基础设施建设，同时大力发展工业，引导农村劳动力向城市转移（见图1）。从客观上来看，一方面，由于农业生产设施和技术的广泛使用，特别是政府对大米的补贴政策，粮食产量显著增加，由此提高了农民的农业收入水平。另一方面，由于工业的发展，以农外兼业为主的“第二类兼业农户”[①] 的数量不断增加，这种半工半农的工作形式为农民带来了大量的非农业收入。1965年，日本农村

① 兼业农户，指有一人或一人以上的家庭成员从事农业生产之外工作的家庭，其中以农业收入为主的兼业农户被称为“第一类兼业农户”，以非农业收入为主的兼业农户被称为“第二类兼业农户”。到20世纪60年代中期，第二类兼业农户已达到农户总数的41.7%。

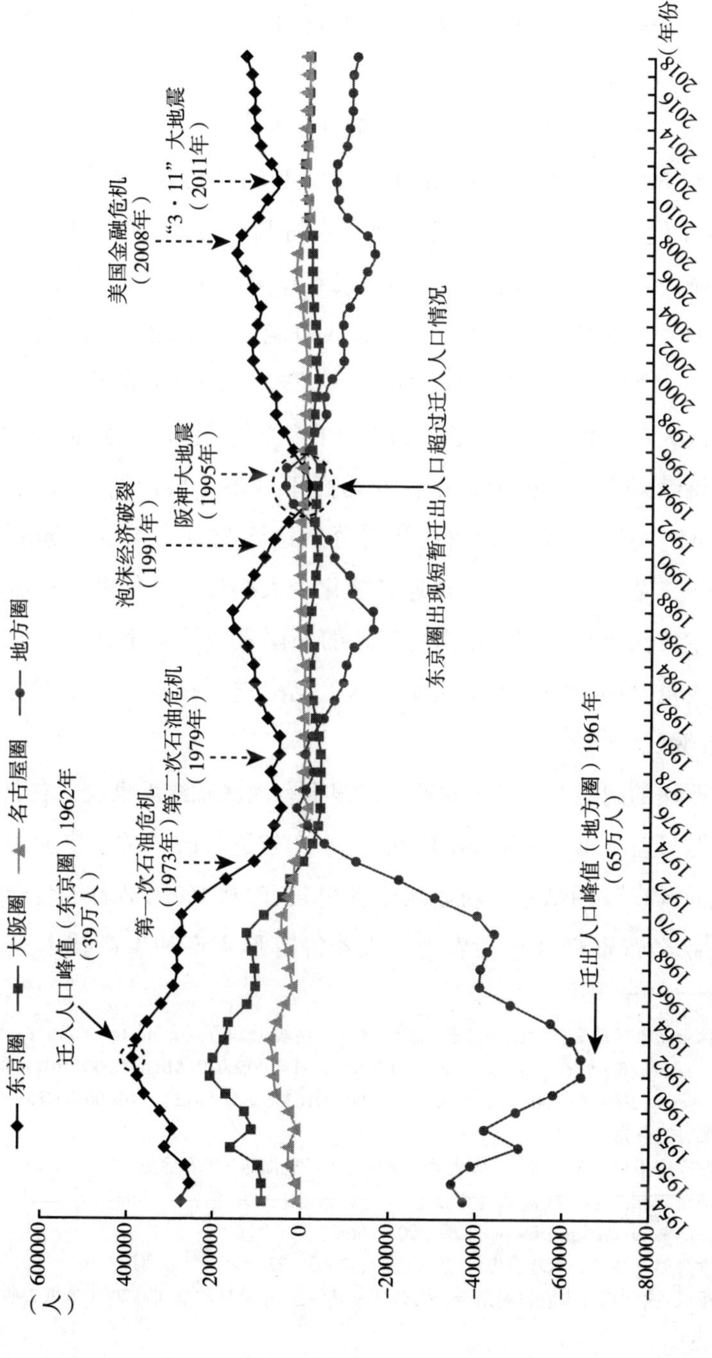

图1　1954~2018年日本东京圈、大阪圈、名古屋圈与地方圈迁入人口与迁出人口差

资料来源：総務省「住民基本台帳人口移動報告」、https：//www. stat. go. jp/data/idou2020np/jissu/pdf/all. pdf。

家庭户均年收入已达 83.5 万日元[①]，高于同年工薪家庭[②] 79.7 万日元的水平[③]，而且，1965~1970 年，一般农户的恩格尔系数比城市一般工薪家庭要低[④]，农民的贫困问题已经得到解决。

2. 农业人口老龄化加剧，农业生产后继无人

20 世纪 80 年代初，日本的农业就业人口占比已经下降到 10%，可以说，在 70 年代中期，日本便已经完成了农村剩余劳动力的转移任务[⑤]，人口从农村地区向城市地区的大规模转移已经结束（见图 1）。然而，20 世纪 80 年代，日本农业领域的劳动力短缺、人口老龄化问题开始凸显。农村人口大量减少，尤以半山区和山区农村为甚。若以 2015 年的指数为 100，半山区和山区人口分别从 1975 年的 120 和 159 下降至 2015 年的 100 和 100，未来还将持续减少；农村老龄化程度均高于城市，预计到 2025 年，半山区和山区 65 岁及以上人口所占比例将分别达到 39%和 45%，远高于城市地区的 28%。农村人口减少和迅速老龄化令人担忧。近年来，日本农业劳动力缺口主要由来自中国、东南亚等地的外国农业研修生弥补，但由于受到新冠肺炎疫情的影响，大量农业研修生无法进入日本，农业劳动力目前处于紧缺的状态。

更为严峻的问题是，日本农家子弟很少有人愿意继承家业，农业生产后继无人问题日益突出。根据 2020 年农林水产省进行的“关于农业经营继承的意识意向调查”的结果，农业从业者中只有 50.1%明确表示会全部或部分继承农业经营资产（包括农地、机器等有形资产和生产技术等无形资

① 農林水産省「農業経営動向統計(昭和 24 年~平成 15 年）」、https：//www.e-stat.go.jp/stat-search/files? page = 1&layout = datalist&toukei = 00500201&tstat = 000001013460&cycle = 7&year = 20070&month = 0&tclass1 = 000001033666&tclass2 = 000001034851&tclass3 = 000001034852。

② 工薪家庭指户主在公司、政府机关、学校、工厂或商店工作的家庭。

③ 経済企画庁『年次経済報告豊かさへの挑戦(昭和 44 年）』、https：//www5.cao.go.jp/keizai3/keizaiwp/wp-je69/wp-je69-s0021.html。

④ 橘本寿朗『現代日本経済史』、岩波書店、2005、232 頁。

⑤ 张季风：《战后日本农村剩余劳动力转移及其特点》，《日本学刊》2003 年第 2 期，第 78~93 页。

产），有 7.8%的人明确表示不会继承任何农业资产，能够确定有人继承（已征得本人同意）的农户只占 40.1%。① 农林水产省的另一项调查数据显示，仅有 24.3%的农业经营体在五年之内确保有继任者；而且，近十年来，每年新增的 49 岁及以下农业从业人员仅为 2 万人左右，供给严重不足。② 农业生产后继无人将成为未来日本农业发展和乡村振兴的主要制约因素。

（二）农业问题

1. 农业产值与农业收入徘徊不前，但近年来农产品出口额增加

从战后开始，日本农业在经历农业技术推广、农业机械化等过程之后，逐步向智慧农业③迈进，基本实现了安全高效的农产品生产、环境友好型农业建设的目标，但依然存在诸多问题，如农业产值、农业收入徘徊不前，特别是粮食自给率持续走低，成为日本国计民生的巨大隐患。

首先是农业总产值的稳中趋降与徘徊不前。2019 年，日本农业总产值约为 8.9 万亿日元，约占 GDP 的 1.6%，较 2018 年的农业总产值略微下降，下降了 1.8%。日本的农业总产值在 1984 年达到 11.7 万亿日元的峰值后一直处于徘徊不前局面，2000 年以来的 20 年基本维持在 8.1 万亿~9.1 万亿日元的水平。④ 近年来，畜牧产业产值在农业产值中占比最大，约占 36%，其次是蔬菜和大米，分别约占 27%和 19%。分类别来看，大米、小麦和畜产肉类的产值在 20 世纪 80 年代中期达到峰值，蔬菜、水果的产值则在 90 年代初期达到峰值，之后开始减少，且近年来保持在一个相对稳定的波动范围内。

再看一下农业收入的变化，从 1994 年达到 5.1 万亿日元后一直呈下降趋势，近 20 年来，日本农业收入也一直为 2.6 万亿~3.8 万亿日元。具体到

① 農林水産省「農業経営の継承に関する意識・意向調査結果（令和 2 年）」、https://www.maff.go.jp/j/finding/mind/attach/pdf/index-66.pdf。

② 農林水産省「新規就農者調査 2019 年」、https://www.maff.go.jp/j/tokei/kouhyou/sinki/attach/pdf/index-1.pdf。

③ 智慧农业指现代科学技术与农业种植相结合，从而实现无人化、自动化、智能化管理。

④ 農林水産省「農業総産出額及び生産農業所得（全国推計）」、https://www.e-stat.go.jp/stat-search/file-download?statInfId=000032073035&fileKind=2。

农户的收入，则因生产经营农产品种类、耕地面积的不同而有很大差距，总体来看，耕地规模大的农户收入水平很高，大棚等设施蔬菜种植专业户收入水平较高。具体来看，经营2.2公顷水田农户的农业收入每年只有73万日元，经营43公顷以上水田农户的农业收入每年可达1700多万日元；经营0.5公顷的大棚设施蔬菜种植户的年收入可达540万日元，而经营4.5公顷的大棚设施蔬菜种植户的年收入在1900万日元以上。[①]

当然，日本农业也并非一无是处，可圈可点之处很多，其单位耕地收益非常高，现代农业、绿色农业、城市农业都取得了长足发展，位居世界前列。特别是日本的农业战略从保守型转向进攻型后，农产品对外出口额迅速增加，日本农林水产品和食品的出口额最近10年来不断增加，2020年达到了9217亿日元，且仍在不断增加，2021年1~11月的出口额为1.08万亿日元，比上年同期增长了26.8%，已超过2020年水平。[②] 2021年新上台的岸田文雄内阁提出了新的农业政策，随着2022年《区域全面经济伙伴关系协定》（RCEP）等各项协定的正式生效，日本农产品出口额预计将进一步增加。

2. 粮食自给率不断下降

从20世纪60年代开始，日本的粮食自给率一直呈下降趋势，截至2020年，日本的粮食自给率（按热量计算）仅为37%[③]。日本的粮食安全问题十分严峻，在这种情况下，通过进口弥补粮食缺口成了唯一的办法。2020年，日本的农林水产品进口额达到8.9万亿日元，几乎和农业总产值持平，排名前五的进口地分别是美国、中国、加拿大、泰国和澳大利亚。[④]

---

① 農林水産省「営農類別経営統計からみた1農業経営体当たりの経営状況(推計) 2019年」、https://www.maff.go.jp/j/tokei/kouhyou/noukei/einou_kobetu/attach/pdf/index-16.pdf。

② 農林水産省「農林水産物・食品の輸出額(令和3年11月)」、https://www.maff.go.jp/j/shokusan/export/e_info/attach/pdf/zisseki-1.pdf。

③ 農林水産省「令和2年度食料自給率について」、https://www.maff.go.jp/j/zyukyu/zikyu_ritu/attach/pdf/012-20.pdf。

④ 農林水産省「農林水産物輸出入概況(2020年)」、https://www.maff.go.jp/j/tokei/kouhyou/kokusai/attach/pdf/houkoku_gaikyou-44.pdf。

随着日本人均收入水平的提高和饮食结构的变化，对农产品的种类和品质也有了更高的要求，这成为推动农产品进口增加的因素之一。1965~2020 年，日本的粮食自给率（按热量计算）由 73%降至 37%，大致维持在 40%左右，处于发达国家中的最低水准。按生产额计算，2020 年，粮食自给率为 67%（见图 2）。从主要农产品的自给率来看，2020 年，主食大米的自给率为 98%，小麦为 15%，芋类为 66%，蔬菜为 76%，牛肉为 43%（2019 年），猪肉为 50%（2019 年），饲料类为 25%，水果类为 31%，可以看出，日本餐桌上的主食大米、蔬菜的自给率很高，再加上国际环境稳定、粮食市场供给充足，粮食安全基本可以得到保障。因此基于对现实情况的考虑，在农林水产省于 2020 年发布的《食料、农业、农村基本计划》中基本延续了 2015 年的目标，把 2030 年粮食自给率的预定目标设定为 45%（按热量计算）。

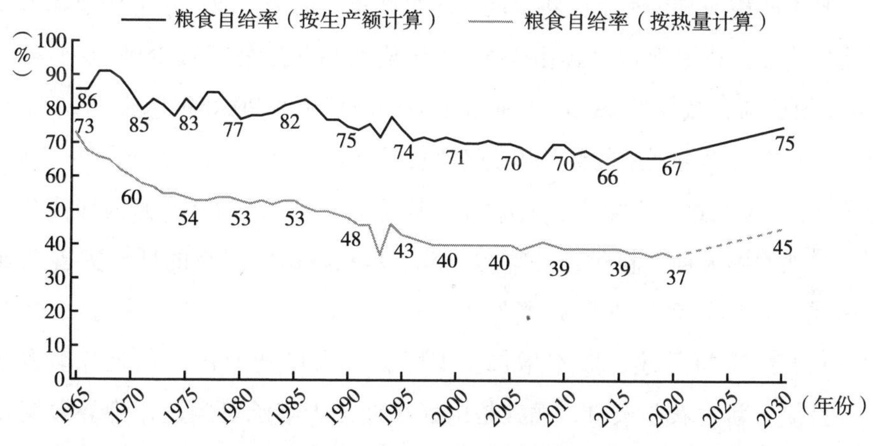

图 2　日本粮食自给率的长期变化与预期目标

注：图中 2020~2030 年为目标值。

资料来源：農林水産省「令和 2 年度食料自給率について」、https：//www. maff. go. jp/j/zyukyu/zikyu_ ritu/attach/pdf/012-1. pdf。

不过关于粮食安全问题，日本在 2015 年提出了一个新概念：粮食自给力。所谓“粮食自给力”，是指日本农林水产业所拥有的潜在的粮食生产能力。考虑到日本国内大量的弃耕农田、食品浪费和人口少子老龄化带来的饮食结构的变化，以 2018 年推定的人均每天必需热量 2169 卡路里为标准，如果在最大化利用弃耕农田，改以大米、小麦为中心进行农业生产计算的话，则人均每天的可供给热量为 1727 卡路里，的确无法满足需求。如果改为保障热量最大化、以芋类作物为主进行农业生产的话，则人均每天的可供给热量为 2586 卡路里，足以满足国民饮食需求，保障粮食安全。① 如果充分利用耕地资源，提高劳动生产率，改变作物种植方向，日本的粮食安全问题或许并没有那么严重。但是，潜在的粮食生产能力毕竟还不等于现实的供给能力。不管怎么说，现实的粮食自给率依然偏低，一旦出现自然灾荒或国际战乱，进口受阻，则粮食安全难以保障。这对于一个人口过亿的国家来说，无疑是一个重大隐患。

3. 耕地减少和撂荒严重，但耕地集约化程度有所上升

日本的耕地减少和荒废耕地问题十分严重。由于工业、住宅用地和荒废耕地的增加，耕地面积已经由 1961 年峰值的 609 万公顷减少到 2021 年的 434.9 万公顷，减少了 28.6%。而荒废耕地面积则在 2020 年达到了 28.2 万公顷，其中可以再利用的约为 9 万公顷，仅占 32%，较 10 年前减少了 5.8 万公顷。② 细究这一现象产生的原因，则可以主要归结为自然原因和社会原因。自然原因方面，耕种条件恶劣，缺乏水利设施和严重的鸟兽灾害（如野猪问题）导致弃耕现象频繁发生，这在半山区尤为严重。社会原因方面，农产品销售低迷，成本增加，山区农村人口老龄化，农业劳动力流失，且缺乏新生农业人口，尤其是山区耕地无人继承等问题，都导致荒废耕地增加。

不过，尽管耕地面积不断减少，荒废耕地不断增加，但耕地的集约化程度不断提升。目前，日本负责耕地集约化的机构是“农地中间管理机构”（2014 年组建），常被称为“农地银行”，其职能类似于银行。农地银行会

---

① 農林水産省『令和 2 年度食料・農業・農村基本計画』、https：//www.maff.go.jp/j/keikaku/k_ aratana/attach/pdf/index-13.pdf。

② 農林水産省「荒廃農地の現状と対策について(令和 3 年 11 月）」、https：//www.maff.go.jp/j/nousin/tikei/houkiti/attach/pdf/index-19.pdf。

从农民手中借入分散的耕地（包括可利用的荒废耕地），并视情况进行土地整备，然后将集约化后的耕地租借给农业公司、大规模的家庭经营者或法人机构等，以减少荒废耕地的增加，实现农业规模化经营，降低农业生产成本，提高农业生产率。为了提升耕地集约化程度，2016 年的税制改革规定：如果将不超过 10 公亩（1 公亩相当于 100 平方米）的自留地之外的耕地租借给机构 10 年或以上，则可以享受减少固定资产税的优惠。在这种政策刺激下，2017 年，该机构利用的集约化耕地面积已经达到了日本耕地总面积的 55.2%，集约化耕地占比持续提高。① 根据计划，2023 年，这样的集约化耕地面积将达到总耕地面积的 80%。

（三）农村问题

日本的农村存在各种问题，最为突出的问题莫过于“过疏化”问题。战后日本的农村为工业化和城市化发展提供了大量的剩余劳动力，但由此导致农村人口大量流出。人口向东京一极集中的现象一直在持续，由此导致的农村过疏化、弃耕现象日益加剧。

日本农村空心化始于 20 世纪 60 年代末，最先出现在耕地面积稀少、农业自然禀赋恶劣的山区农村，直观表现为农村地区过疏化。此外，在人口外流严重的空心村，耕地大量被抛荒和弃耕，尤其是 20 世纪 80 年代中后期，抛荒和弃耕现象开始出现在半山区地带。20 世纪 90 年代后，农村人口数量急剧减少、年龄结构严重失衡、老龄化程度加剧，导致村落原有的功能无法维持，村落的空心化问题凸显，町村的破旧废弃房屋不断增加，在一些问题严重的山村、渔村甚至出现了废村现象。在人口急剧减少的地区出现生产低迷、产业衰退、财政保障能力减弱，教育、医疗、防灾等公共服务质量下降问题，进而出现难以维持生产生活的过疏地区。截至 2021 年，日本共有 820 个“过疏市町村”，占日本市町村数量的 47.7%，根据 2015 年国势调查

① 農林水産省「農地の担い手への集積・集約化に向けた取組状況について(平成 30 年)」、https：//www.kantei.go.jp/jp/singi/keizaisaisei/miraitoshikaigi/suishinkaigo2018/nourin/dai11/siryou6.pdf。

数据，“过疏市町村”面积占日本国土面积的60.1%，人口却仅占日本总人口的8.9%。[①] 过疏化地区的财政自给能力极弱，主要依赖国家财政拨付。日本农村地区的过疏化、空心化问题十分严重。

二　日本乡村振兴事业的演进轨迹与展望

（一）战后日本乡村振兴事业的分期

日本的乡村振兴由来已久，时间可以追溯到明治时期甚至更早，本报告只讨论战后日本的乡村振兴事业。为了更深入地进行考察，有必要对战后日本的乡村振兴事业进行阶段划分。很遗憾，截至目前，学界并没有对战后日本的乡村振兴时期划分形成统一的认识，因此本报告拟做一尝试。

乡村振兴是一项复杂的系统工程，绝对准确的分期很难实现，只能做大概分期。本报告对分期设定两个原则：一是根据乡村振兴事业是否被纳入国家战略和法制系统；二是参照中国乡村振兴的内容要素，以便于进行比较。从战后日本经济发展历程来看，首先致力于解决粮食增产问题，1947年进行“农地改革”，解放了农村生产力，粮食大幅增产，解决了粮食严重短缺的燃眉之急。1956年，农林省提出了“新农山渔村建设综合对策”，其中已包含许多乡村振兴的内容，但重点仍在于保障粮食的稳定供给，这一时期乡村振兴事业并未出现实质性进展。1960年，池田勇人首相提出“国民收入倍增计划”，确定了以工业为中心的经济发展路径。城市的创业活动和就业机会不断增多，人口从农村不断流向城市。1961年日本颁布《农业基本法》，标志着日本农政进入新的法治化发展阶段，该法明确了乡村振兴的基本理念，也可以说《农基法》的颁布标志着战后日本乡村振兴事业正式起航。

① 全国過疎地域連盟「過疎市町村の特徴は（令和3年）」、http://www.kaso-net.or.jp/publics/index/18/。

战后日本乡村振兴事业可分为以下四个阶段：第一阶段（1961~1978年），外生式发展时期；第二阶段（1979~1998年），内生式发展时期；第三阶段（1999~2014年），制度化发展时期；第四阶段（2014年至今），地方创生时期。

（二）不同阶段的乡村振兴

1. 第一阶段：外生式发展时期（1961~1978年）

第一阶段的乡村振兴的主要目标是缩小城乡差距，这与《农基法》的宗旨相一致，这一时期的乡村振兴基本上由国家政策主导，以“企业诱致”（引进城市工业来农村投资设厂）为中心展开，其外生性特点十分显著。在这一阶段，日本制定了一系列乡村振兴相关法，为此后的乡村振兴法制建设奠定了基础。1965年，《山村振兴法》的颁布将山村振兴纳入国家层次的行政范畴。该法的主要目标有如下两点：第一，提高农村、山村的经济能力与居民福祉；第二，农村、山村更好地发挥国土保全、水源涵养、保护自然环境的作用。1970年，日本颁布了《过疏地区振兴法》，这标志着政府将解决过疏问题纳入法治化、机制化层面，依据法律开始面向过疏地区进行一系列的生活环境和产业基础建设，并一直持续到现在。1971年，《农村地区工业等导入促进法》（以下简称《农工法》）正式公布。该法提出，中央与地方应积极引导工业向农村地区转移，促进农业从业者在引入的工业企业就业，以改善日本的农业构造①，力求实现农业与工业均衡发展。相当多的城市企业开始转移到农村，自《农工法》颁布至2006年，到农村设厂的企业达8800家，吸收农村劳动力58万人就业。② 其中，在20世纪70年代的十年当中，城市工业向农村转移较为显著，就业人数较多。不容回避的是，城市工业在向农村转移的过程中出现了一些问题，例如，将公害留给农村而利润

---

① 日本的农业构造通常指“农业构造问题”，即日本农业生产呈现零细化、生产率低下、老龄化和兼职化、稻作单一等特点。

② 農林水産省「農工法による工業など導入実績」、https://www.soumu.go.jp/main_sosiki/jichi_gyousei/cgyousei/2001/kaso/pdf/kasokon20_02_02_s1.pdf。

回流到城市等，但还是促进了农村地区经济发展和乡村振兴事业。1977 年颁布的《地区农政特别对策事业》则标志着乡村振兴政策正式成为地区性政策，要求各地要根据地区实际情况尽可能激发有志于从事农业生产的人的自主性和创意，培养他们成为地区农业的核心。此项政策对地方农业人才的培养客观上为 20 世纪 80 年代兴起的内生性乡村振兴运动打下了基础。

1977 年，日本制定了《第三次全国综合开发计划》（以下简称《三全综》）。《三全综》相比前两个以经济开发为主题的开发计划有了极大的转变，其基本目标是：在有限的国土资源下活用地区特性，有计划地开发建设根植于传统文化的人与自然和谐相处的人类居住环境。① 从明治时代以来大约一个世纪的时间，国土开发的重点都集中在大城市和太平洋沿岸工业地带，《三全综》第一次明确将把人口和产业的集中方向转向地方城市和人口集中度较低的地区，由此形成了在农村、山村地区定居的构想，为后续的“地方创生战略”提供了参考。

1978 年 12 月，大平正芳内阁提出了“田园城市构想”——区域经济振兴新构想。该构想的理念是：城市有着田园的闲适，田园具有城市的活力。其目标是将城市与田园两者结合在一起并促进这种稳定的交流，将区域社会与世界联系起来，建立一个自由的、和平的、开放的社会。实现地方中小城市和农村、山村、渔村一体化，使这样的田园城市圈构成多极重叠的网络，最终建成一个完整的田园城市国家。也可以说，“田园城市构想”是一个政治哲学设想和政治理念，在国土开发史上具有里程碑意义。② 其也成为岸田内阁提出的“数字田园城市国家构想”的重要蓝本。

2. 第二阶段：内生式发展时期（1979~1998年）

这一阶段的乡村振兴更多体现在其内生性和地区性上；同时，随着工业转移的增多，乡村振兴更多地开始关注乡村的自然环境。从 20 世纪 80 年代开始，地区开发运动蓬勃发展，各地区各显神通，自主积极推进本地的经济

---

① 国土庁『第三次全国総合開発計画 1977 年』、https://www.mlit.go.jp/common/001135928.pdf。

② 张季风：《日本国土综合开发论》（第二版），中国社会科学出版社，2013，第 94~99 页。

发展。在这样的潮流之下，乡村振兴事业进入“地方的时代”。比如，秋田县的集体农场、岛根县的新岛根模式和冈山县的町村土地管理中心等①，都为乡村振兴事业提供了丰富的经验。

不过其中影响力最大、影响范围最广的应该是由大分县知事平松守彦于1979年提出的“一村一品”运动。大分县有80%左右的市町村属于过疏地区，平松认为在这些过疏地区有很多不适合引进工业和发展工业的地区，应当利用当地资源，发展特色产业来振兴经济。由于当地年轻人口的流失和地方百姓主观能动性不足，为了改变这种状况，平松知事借用大山町既有的青梅、栗子特色种植活动，号召活用地方资源，从特色种植产业出发，开始在全县推广“一村一品”运动。

“一村一品”运动是一个综合性的乡村振兴运动，这项运动以开发特色农产品为主，重视差异化发展与宣传，对农业人才培养、农村社区振兴也有积极作用。“一村一品”运动的实施主体是市町村各级农协组织和农村社区居民。② 1983年，日本通产省号召各都道府县向大分县学习，推广“一村一品”运动，发展地方特色经济，这一运动迅速扩展到日本全国，并逐渐传播到韩国、泰国、中国等国家。“一村一品”运动并不仅是为了振兴农村产业和提高农民收入水平，也是为了激发农村活力，建设一个促进人们和谐奋进的农村社会。其所创造的“大分模式”至今仍被世界各地的农村开发者所学习借鉴。③

这一时期的乡村振兴虽然是以地区自主开发和内生式为主，但政府在政策和财力方面也给予大力支持，1989年，竹下登首相提倡的“故乡创生与1亿日元事业”就是典型的例证。该政策与“一村一品”的区域性政策不同，是国家政策。其核心是由国家利用转移支付手段向每一个市町村提供资助的

① 福田稔「地域開発と農業・農村歴史と展望」、『農林業問題研究』第20卷第2号、1984年、49~56頁。

② 向井加奈子、藤倉良「一村一品運動の継続を可能にする要因」、法政大学公共政策研究科『公共政策志林』2014年第2号、87~100頁。

③ 例如，中国农业农村部于2021年12月20日公布，中国已认定3673个全国“一村一品”示范村镇，主导产业产值超过7000亿元。

“1 亿日元事业”，要求每个市町村集思广益，提出自己的智慧计划。这项政策尽管投资不多，但对促进乡村振兴产生了积极影响，即使到目前也还能看到许多町村当时利用“1 亿日元事业”项目资金修建的标志性建筑。不仅如此，“故乡创生”也为 2014 年开展的“地方创生”事业奠定了思想基础。

随着农村城市化、过疏化和老龄化不断深入，再加上国际社会对环境保护的意识日益增强，这一时期的乡村振兴对环境方面的投入日益增加。为了促进农村地区活性化，同时保护好自然环境，日本政府于 1991 年将“农业基盘整备事业”正式改名为“农业农村基盘整备事业”，加上了“农村”二字。自此，农村地区的基础设施建设理念从单纯的灌溉系统等农业生产设施建设逐渐开始朝着农业生产与农村环境一体化建设的方向转变。从 1990 年进行的“半山区整备”开始，“人居环境整备”（1991 年）、“水环境整备”（1991 年）和“生物栖息地整备”（1994 年）等事业也相继展开。另外，在 1993 年设立的“故乡水土基金”和 1998 年设立的“梯田基金”的基础上，各地区自发的由当地居民广泛参与的环境保护活动、土地改良设施建设和地区资源保全活动也兴盛起来。

3. 第三阶段：制度化发展时期（1999~2014年）

1999 年，日本颁布《食料、农业、农村基本法》，明确将乡村振兴纳入新法律框架。该法对乡村振兴内容进行了详细阐述，指出应考虑改善农业生产，农村的交通、信息状况和加强通信、卫生、教育和文化等基础设施建设，改善景观，以推动山区及周边地区等不利于农业生产的地区发展，促进城乡交流，促进城市农园和其他农业生产方式发展。“应根据本地区的特点，通过引进新作物、生产和销售当地特色产品来促进农业和其他工业的发展，以及通过改善生活环境来促进人口定居，增加就业机会。”① 2000 年，日本制定了《食料、农业、农村基本计划》（以下简称“基本计划”），此后每五年制订一次，对乡村振兴进行了具体且详尽的规划。2001 年，农林水产省内设立“农村振兴局”，以作为乡村振兴工作的中央行政管理部门，

① 農林水産省『食料・農業・農村基本法』、1999。

各都道府县也设立了地方政府所属的乡村振兴课，使乡村振兴工作有了组织保障。自此，日本的乡村振兴开始进入全新的制度化阶段。

总的来看，这一阶段乡村振兴的主要内容有三个方面：农村福祉与社会环境的建设、农业的六次产业化①和促进城乡交流。具体措施由“基本计划”明确规定。2000 年的“基本计划”包括三个方面：农村的综合振兴、半山区等地区的振兴、城乡交流。2005 年的“基本计划”包括四个方面：构筑地区资源的保全管理政策体系、农村经济的活性化、促进城乡共生与多方参与和在安全舒适的农村生活。2010 年的“基本计划”主要包括五个方面：农业的六次产业化、城乡交流、城市及周边地区农业的振兴、村落功能的维持和地区资源环境的保全、农山渔村活性化远景政策的制定。②

这一时期，为应对人口减少和老龄化，乡村振兴更加注重社区的重组、村落的联合协作，发挥地域个性和多样化作用，并强调城乡融合、共生和“对流”。同时，日本建立健全了许多与乡村振兴相关的规章制度，例如，2000 年建立半山区等地区直接补贴支付制度；2007 年提出新的“提高农地、水、环境保全对策”。

值得一提的是，日本政府从 2008 年开始实施“故乡纳税”制度，该制度实际上是为了缩小城乡差距、增加地方税收的制度，其是为促进乡村振兴而设置的“税”，与其说是收税倒不如说是捐赠。这个税种不是强制的，而是自愿的，也没有规定必须向哪个地方政府缴纳，纳税人可以随意向自己喜欢的地方政府缴纳，地方也不仅限于一个，可以同时向多个地方政府缴纳。当某人向某一个乡村捐赠一定金额的“故乡税”，就可以抵扣相应数额的住民税和个人所得税。这实际等于国家财政向农村地区增加了转移支付，是一种惠农政策。按照捐款用途，其大致分为自然保护、高龄者、儿童及青少年、传承传统、NPO 及各种团体支援、文化教育及生涯学习、公共设备、

① “六次产业化”指致力于推进作为第一产业的农林渔业、第二产业的制造业和第三产业的零售业等行业综合一体化发展的运动，同时希望能活用农山渔村丰富的地区资源来产生新的附加值，通过上述活动在农山渔村实现提高收入水平和确保就业岗位的目标。

② 農林水産省『食料・農業・農村基本計画』、2000、2005、2010。

祭典活动、医疗福祉、观光等，名目众多，纳税人还可以指定所捐款项的用途，非常人性化。纳税人可从捐赠对象所在乡村得到各种土特产或农副产品等赠品。

2009 年政权更迭后，民主党政权实施按农户进行所得补偿的政策，进行农业的六次产业化；2013 年制订“农林水产业、区域活力计划”，根据该计划设立农地中间管理机构，创设日本式直接补贴支付制度。

4. 第四阶段：地方创生时期（2014年至今）

这一时期实际是第三阶段制度化发展时期的延续，只不过叠加了“地方创生”这一新的政策。地方创生的理论渊源是“地方消失论”[①]，其背景是日本农村特别是边远山区、渔村过疏化、废村化已到了极为严重、治理刻不容缓的程度。根据日本人口数量减少的趋势，预计到 2040 年，日本有 896 个市町村（约占日本市町村数量的一半）可能消失。[②] 面对这种危机局面，2014 年，日本政府制定了综合性的“地方创生战略”，目的在于放缓人口向东京过度集中的趋势，解决地方人口减少问题，同时确保城乡宜居环境，维持拥有活力的日本社会。安倍内阁成立“地方创生本部”，而且专设“地方创生担当大臣”，同时设立“地方创生转移支付制度”，提供财政支援。菅内阁、岸田内阁继续推行地方创生战略。

2014 年是“地方创生战略”的起始年，主要是制定国家层面和地方层面的实施战略，出台了第一期《村镇、人、工作创生计划》，2019 年，制定第二期《村镇、人、工作创生计划》。该计划指出，地方创生的提出源于人口减少所引发的地方消失危机，而地方创生的关键是地方产业发展。地方产业发展有助于促进人口回流地方，人口回流进一步激发了地方持续发展的活力，因此，发展产业才是从根本上构建的有效的应对机制。

这一时期，农林水产省农村振兴局主导的建立“小据点”和“地域运营组织”（Region Management Organization，RMO）活动与“地方创生战略”

① “地方消失论”指根据对日本年轻女性（20~39 岁）的人口预测，认为到 2040 年预计有一半的市町村会消失。

② 增田寛也『地方消滅—東京一極集中が招く人口急減—』、中央公論新社、2014。

同步推进。所谓“小据点”是指当地居民在与地方公共团体、事业单位、各种团体进行合作以及分担工作的同时，对行政设施、学校、邮局等各种具有生活支援功能的设施进行集约，建设维持地域交流的“小据点”。所谓“地域运营组织”，是指以当地居民为中心形成的，为守护地域生活而致力于长期不懈地解决地区难题的组织。在乡村振兴过程中，地域运营组织代行公共设施管理等行政事宜，开展区域多样化活动等工作，近年来，这一组织的数量不断增加。农林水产省向对于提供购物、育儿等维持地域交流服务并以此吸引地域内外年轻人群的事业团体提供资金支持。截至 2020 年底，日本已形成 1267 个小据点，比 2016 年增长了 75%，形成了 5783 个地域运营组织，相比五年前增长了 88%，[①] 取得了一定的成效。

但是，近些年，日本的乡村振兴事业在取得上述成果的同时，也暴露出一些诸如农村活性化工作缺乏创新、对农村的环境建设投入不足等问题。另外，为了实现乡村振兴，相关领域的人才是不可或缺的。目前，日本在农村地区已经建设了大量的高标准农田水利基础设施和网络通信基础设施，为完善公共设施打下了良好的基础，但在吸引人才和人才培养方面尚有不足。因此，农林水产省提出，在一些条件允许的农村，要为人才提供更多的支持，帮助他们解决实际困难，包括提供相关创新工作设备、住房保障等。

三　日本乡村振兴事业的若干启示

回首日本 50 多年来的乡村振兴历程，其积累了丰富的经验，留下了很多教训。下文结合日本的经验，谈一下对中国正在开展的乡村振兴事业的若干启示。

（一）完善乡村振兴相关法律法规和规划十分重要

纵观日本乡村振兴历程，不同的发展阶段都制定了相应的法律，“立法

① 内閣府地方創生推進事務局「小さな拠点・地域運営組織の形成に関する取組(令和 3 年)」、https://www.chisou.go.jp/sousei/about/chiisanakyoten/pdf/r03_0426_shiryou1.pdf。

当先，规划先行”是其重要特点。1961年，日本正式颁布《农业基本法》，1965年，颁布《山村振兴法》，由此开始了对广大山村地区的政策支持。自1965年以来，日本相继颁布了《农业地区工业等导入促进法》（1971年）、《第三次全国综合开发计划》（1977年）、《农业经营基础强化促进法》（1993年）、《食料、农业、农村基本法》（1999年）、《过疏地区自立促进特别措施法》（2000年）、《六次产业化、地产地消法》（2010年）和《村镇、人口、工作创生法》（2014年）等。它们覆盖了乡村振兴事业的方方面面，明确了乡村振兴事业的具体对象、目标和负责机构，日本还依据相关法律制定详细的规划和计划，既有方向性也有可操作性。乡村振兴在具体执行时处于法律的指导约束下，在乡村振兴的具体领域做到了权责分明，避免了负责机构之间“踢皮球”的现象，最大限度减少乡村振兴事业中可能发生的混乱现象和不必要的损耗。另外，日本的乡村振兴事业还与不同时期的农业政策、国土开发规划相结合并配套组合，相互补充，取得了良好的效果。例如，在战后日本农政史上著名的《农业基本法》（1961年）、《食料、农业、农村基本法》（1999年）都包含乡村振兴的内容，特别是后者将乡村振兴正式纳入制度范畴。战后日本制定的七次全国综合开发计划和国土形成计划也均将乡村振兴放在十分重要的位置。乡村振兴在不同阶段有着不同的目标，这些目标是很难通过单一的农业政策实现的，如乡村振兴初期通过农政改革提高农民收入，同时，通过国土开发计划为地方城市和乡村经济发展扫除障碍，缩小了城乡间的收入差距，也缩小了城乡基础设施和公共服务的差距，为乡村振兴打下了良好的基础。

乡村振兴是中华民族伟大复兴的重要组成部分，现在仍处于起步阶段，搞好法治建设和规划编制工作极为重要。2021年中国颁布了《乡村振兴促进法》，但远远不够，还应借鉴日本经验，在乡村振兴的细化领域做好立法工作和规划、计划编制工作，以保障中国乡村振兴事业可持续发展。

（二）乡村振兴需要凝聚力量，进行多方共建

乡村振兴是一个系统工程，横跨农业、食品加工业以及其他制造业、交

通业、建筑业、生态环境等多个领域，而负责这些领域的政府机构和社会团体不一，只有相互协调、多方协作，乡村振兴才能实现健康发展。2001年，日本基于《食料、农业、农村基本法》成立了农村振兴局，由其负责统筹协调其他领域机构，确立了以农村振兴局为主、其他部门配合提供支持的模式。实践证明，这种管理体系是行之有效的。在资金投入方面，除了中央政府给予财政资金支持之外，更多的是调动地方公共团体、民间企业等社会力量共同推动乡村振兴事业的发展。

与日本的做法一样，中国在2021年成立了国家乡村振兴局，由其负责全国乡村振兴促进工作的统筹协调、宏观指导和监督检查；国务院其他有关部门在各自职责范围内负责有关的乡村振兴推进工作。同时，县级以上地方人民政府农业农村主管部门负责本行政区域内乡村振兴促进工作的统筹协调、指导和监督检查；县级以上地方人民政府其他有关部门在各自职责范围内须负责有关的乡村振兴促进工作。一个中央统筹、省（区市）负总责、市县乡抓落实的乡村振兴工作机制初步建立。但具体的资金投入、统筹规划与协调形式尚处于摸索阶段，今后多方参与的乡村振兴协调会议制度有望建立。

（三）注重自然环境、人文景观的保护

日本在开展乡村振兴过程中，十分重视发挥农业农村的多种功能。农业农村首先为全体国民提供各种农产品，是国民饮食生活的基础；其次是社会稳定器，可以在社会动荡时容纳城市外溢的人口。另外，农业农村还具有自然环境保全、文化传承等功能。

日本十分注重对乡村地区的生态保护。从1958年的《水质保护法》开始，相继制定了《水质污浊防治法》（1970年）、《废品处理及清扫法》（1970年）、《湖泽水质保全特别措施法》（1984年）和《禽畜粪便处理法》（1999年）等法律。通过这些法律，日本确定了污水排放标准，对污染水质的企业处以重罚，同时在乡村建设大量污水处理设施；另外，还加强了对农药的销售和使用管理，推广发展环境友好型农业，引导农民减少对化

肥、农药的使用。对于垃圾处理则明确了垃圾分类标准，要求从幼儿园就开始普及，规范了垃圾放置、运输和焚烧流程，严厉处罚违反规定的企业和个人。

日本的乡村振兴十分注重对自然和人文景观的保护。日本政府于 2004 年正式公布了《景观法》，该法要求作为“景观行政团体”的地方自治体应同地区居民缔结景观协定，共同制定适合当地的“景观条例”。农山渔村有着自身独有的自然人文景观，而今后的乡村振兴又重视城乡交流，因此保全建设良好的景观便成了重点。乡村振兴不再只是保证农民基本收入稳定，对农民更高层次的对地方文化保护和美丽乡村的需求也给予了回应。此外，日本还以世界农业遗产、日本农业遗产等的认定为契机，大力推进地方农产品品牌化，发展乡村观光业。

实际上，中国的乡村振兴战略也包含保护自然环境、人文景观、产业振兴以及城乡融合的内容，但在实践过程中出现了各种各样的问题。在今后的发展过程中，如何处理好产业发展与文化繁荣、生态保护的关系值得深入研究；在乡村建设方面，如何避免“千村一面、千城一面”的弊端，保住乡土乡风，留住乡愁，至关重要。日本的乡村振兴在这方面的经验值得借鉴。

（四）促进城乡融合发展

城乡融合发展是日本乡村振兴事业的一个重要方向。通过城乡间的交流，可以加深两地居民间的相互理解，使城市居民感受到乡村生活的魅力。日本大力推动乡村观光事业发展，包括放宽对农家民宿、农家餐馆的营业标准的限制，在城市开设大量农产品直销店，发放大量游客可以使用的地方消费优惠券，同时着手提升乡村地区的数字化基础设施建设水平，为游客带来更好的体验。此外，日本政府积极开展各种面向学生的农业生产和食品教育活动，鼓励学生体验农业生活，学生已经成为乡村观光事业的一大游客来源。政府还支持地方举办富有特色的节日活动，在促进地方活性化的同时吸引城市游客，更好地促进地方经济社会发展。中国农村各地也在开展不同形式的“民宿”“农家乐”等城乡融合活动，取得了很好的效果。但总体来看，水平和服务质量参差不齐，在规范化管理、卫生管理等方面，日本的经验非常值得借鉴。而且，中日两国在这方面可以加强交流，甚至可以探索游客互访、联合经营等模式以进行深入合作。

另外，在促进城乡融合方面，日本“故乡纳税”制度十分值得借鉴，这项制度从2008年实施以来，非常受日本人欢迎，取得了良好的效果，相关数据显示，2020年，日本“故乡纳税”的捐款总额达到6724.9亿日元，是上一年度的1.4倍，创下历史最高纪录。日本城市居民之所以都在积极参与“故乡纳税”，是因为它可以抵扣个人税金，这为该政策实施的可持续性提供了保障。具体抵消金额的计算方法是：捐款数额减去2000日元，例如，一个人捐款10000日元，那么其中8000日元可以用来抵扣个人税金。“故乡纳税”这一惠农制度可谓“一石三鸟”，其一可实现政府缩小城乡差距的政策目标；其二可促进农村增收和振兴乡村经济，能够更好地宣传和推销当地的名产特产；其三，捐赠者体现了自身的价值，加强了与乡村的联系，有了一定的获得感。这种制度非常值得我国借鉴，相类似的政策若能在我国得以实施，则可能得到城市中产阶层特别是高收入阶层的积极响应，这对于推动乡村振兴定能起到事半功倍的效果。

（五）留住人才、人才振兴是乡村振兴的关键所在

日本的乡村振兴、地方创生和田园回归战略的主旨是吸引人口到乡村工作、定居，大背景是农村地区人口减少。半个多世纪以来，尽管日本做了各种各样的努力，但并未扭转农村人口老龄化日趋严重、农村劳动力减少、农业生产后继无人的严峻局面，在留住人才、人才振兴方面做得并不尽如人意，其教训是深刻的。日本目前正在大力推进农村地区的数字化建设，期望打造“数字田园城市国家”，通过采取在生产条件差的半山区进行直接补助等措施来留住农业人口，同时加大对农业人才的培养力度，试图靠质的提升来弥补量的减少。

中国乡村地区的人口外流情况也比较严重，大部分青壮年劳动力外出打

工，出现了类似日本的“三老农业”现象①，村落人口离开村庄在县城购房置业，村庄空心化现象也比较突出。中国目前正在加大对农村地区的基建投资、社会服务建设力度，期待以此减缓人口向城市的流动速度。另外，中国对农业人才的培养投入不足，而且农林类院校毕业生从事农业生产的比率偏低。中国应该加大对农业人才培养特别是乡村振兴人才培养的资金支持力度，由中央财政向各地乡村振兴局和农业院校拨款，以用于对乡村振兴及相关领域人才的培养，出台鼓励农林类院校毕业生从事农村农业工作的激励政策，以期提高农业人口质量，培育乡村振兴新模式。《乡村振兴促进法》中设有“人才支撑”专章，对留住人才、人才振兴做了详细规定，期待将这些规定尽快落到实处。

四　结语

本报告介绍了战后日本乡村振兴的发展历程、经验教训，以及岸田政权出台的“数字田园城市国家构想”。不难发现，中日在“三农”问题和乡村振兴方面虽然有许多不同点，但共同点更多。

关于未来日本农业、农村发展以及乡村振兴，日本政府在2020年《食料、农业、农村基本计划》中做了如下描述：第一，确保粮食的稳定供给，保障粮食安全；第二，推动农业可持续发展，保护耕地；第三，确保农业后继有人，保障农业稳定经营；第四，农业成长产业化，做好农业基础设施建设、数字经济基础设施建设；第五，推进农业生产、农产品流通环节的技术创新；第六，改善农村、山村人居环境，挖掘支撑农村的新动能、新活力；第七，推进农村振兴，利用当地资源促进就业。中国的乡村振兴战略主要是保障粮食安全，确保18亿亩耕地红线，培养农业人才，促进乡村产业、乡村文化和乡村生态振兴，推动城乡融合发展，实现共同富裕，等等。从以上

① 日本的“三老农业”是指由于青壮年劳动力都进城打工，农村只剩下老爷爷、老奶奶和老妈妈从事农业生产的现象，中国的一些地区也出现了类似现象。

内容可以看出，当前，中日两国面临几乎相同的“三农”问题，政策取向也别无二致。这也预示着中日两国在乡村振兴领域具有广阔的合作空间。今后中日两国在智慧农业、绿色农业、都市农业、乡村生态保护、文化景观保护、田园回归、共同应对农村人口老龄化等领域都有着很好的合作前景。提升中日农业农村领域合作水平，对保证中国乡村振兴战略顺利施行、开辟乡村振兴新模式、实现共同富裕具有重要的现实意义。

B.11
日本农村人口老龄化的进展及其影响*

聂海松　张季风　杨非凡**

摘　要： 自20世纪50年代日本大力发展工业以来，大量年轻劳动力从农村向城市转移，加之人均寿命增长和“团块世代”人群步入老年，社会因素与自然因素导致日本农村人口老龄化问题非常严重。人口老龄化对日本农业发展造成了非常大的负面影响，不仅影响到了日本农业的发展和食物保障，而且连农村社区自身的存在都受到了威胁。日本政府为了解决农村人口老龄化问题，尝试了非常多的办法，从人、土地、城市等方面制定并修正了一系列政策。日本农村社会出现的人口问题以及日本政府解决问题的过程都对中国农村发展有着重要启示和宝贵的借鉴意义。

关键词： 日本　人口老龄化　农业劳动力　人口结构

引　言

日本人原本就是农耕民族，对农业生产非常重视。二战前，农业一

---

* 本报告是日本科研费助成金“JSPS KAKENHI Grant Number JP18K12923”的阶段性成果。

** 聂海松，农学博士，东京农工大学博士生导师，日中社会学会理事，主要研究领域：中日人口问题、中日老龄化及相关政策等。张季风，经济学博士，中国社会科学院日本研究所二级研究员、全国日本经济学会常务副会长，主要研究领域：日本经济、中日经济关系、区域经济等。杨非凡，责任著者，东京农工大学博士研究生，主要研究领域：老龄服务产业。

直是日本的支柱产业，日本内阁府统计数据显示，农业产值在 1984 年达到 11.7 万亿日元，在日本实际 GDP 中的占比为 3.9%。自 20 世纪 90 年代以后，日本的农业产值开始持续下滑，到 2020 年仅占日本实际 GDP 的 0.86%。日本农业的种种问题开始凸显出来。农业劳动力数量逐年减少，脱农化形势严峻，农村人口老龄化程度不断加深，再加上农业产值本身的缩水、弃耕农地的增加、进口农产品的竞争等，日本农业的发展可以说是遇到了前所未有的危机。

2020 年，日本人口为 1.2507 亿人，老龄化率为 28.7%，老年劳动力在全部劳动力中的占比为 13.6%。农业从业人员仅为 163.6 万人，这些不到日本总人口 2%的人口支撑着日本大部分的粮食生产工作，而且，65 岁以上的老年人在其中占 70%以上。如果这一代人退休，日本农业将面临崩溃的危机。如果问题无法得到妥善解决，甚至会出现 1 名农业从业人员承担 100 名以上国民口粮的极端情况，粮食的海外依存度将大幅提高，粮食自给率进一步下降，目前，日本的粮食自给率已经是主要发达国家中最低的，仅为 37%（按摄入热量计，2018 年数据）。此外，农业劳动力减少并没有使人均耕地面积增加，而是形成了大量的弃耕农地，截至 2021 年底，弃耕农地面积约为 3800 平方公里，与埼玉县面积相当，占耕地总面积的 8%，并且还在逐年扩大。

农业劳动力老龄化、弃耕农地增加、农业从业人口持续减少等国内因素，加之日本参与《全面与进步跨太平洋伙伴关系协定》（CPTPP）使农业全球化加速、进口农产品增加导致日本农产品竞争力下降等国际因素，对日本农业产生了深远的影响，严重阻碍日本农业经济及农村的发展。日本意识到问题所在，但迟迟未能改变局面。那么，日本农业劳动力数量为何会减少至此？这给农村带来了什么样的影响？日本政府做出了哪些应对？日本的人口老龄化发展与农业改革都快于中国几十年，全方位了解日本所遇到的发展问题以及在解决这些问题时积累的经验与遇到的挑战，对于未来中国制定相关政策具有重要的借鉴意义。

一 日本农村人口结构的变化

（一）农业劳动力持续减少

1946年4月，日本进行了二战后第一次正式的农业统计，总农户数为568.79万户，农户人口为3413.73万人，其中农业从业人员达到了1848.62万人，较1940年的1356万人（估算值）增长了36.4%。这些数字均创造了日本有史以来的最高纪录。1950年，农户人口迎来峰值，达到3767万人；农业从业人员在1955年达到了1932.93万人的历史最高点，占当时全体就业人口的46.9%。

朝鲜战争爆发，给日本提供了所谓的“特需”机会。日本被纳入美国的世界战略之中，随着重工业发展，1955年以后，日本进入了经济高速增长期，大量青年农业劳动力转向第二产业和第三产业①。这与日本在战后出台的“新民法”废除长子继承制也有一定的关系。早在镰仓时代，日本贵族社会便一直奉行嫡子继承家业的家族制度，明治31年（1898年），日本政府为实现“富国强兵”的目标出台了“旧民法”，从欧洲引入户籍制度以推进征兵制和进行地租改革，确立了户主为一家之主、长子继承家业的家庭经济制度。1948年出台的“新民法”取消了长子继承制，改为子女均分制，这导致相当一部分家庭的长子不愿留在农村务农。大量农村人口涌入城市，地方圈向三大城市圈的人口流动一直持续到20世纪70年代中期。城市可以提供大量稳定并且高收入、高福利的工作，这是农业社区无法做到的，年轻人纷纷进入城市圈寻求相对高质量的就业机会。农村劳动力大量流向城市解决了日本“农村人口过剩”的问题，但也带来一系列问题，特别是年轻人外流导致农村人口减少，造成劳动力不足和消费市场萎缩，无论是供给还是需求方面都对当地经济造成了消极影响。

1960年，日本农业从业人员骤降至1454万人，1965年又减少到1151万人，农业从业人员占全产业劳动者的比例锐减到25%。2000年，农业从业人

① 〔日〕牛山敬二：《日本农业与农村的现状及危机》，《中国农史》2012年第1期。

员已经减少到 389 万人，到 2020 年只剩 163 万人（见图 1）。从农户数来看，日本经济泡沫破裂后，全国的农户数从 1990 年的 383 万户减少到 2000 年的 312 万户，2010 年又减少到 252 万户，到 2020 年只剩 174 万户，30 年间减少了 55%，农户在册总人数也从 1700 多万人减少至不到 400 万人（见图 2）。

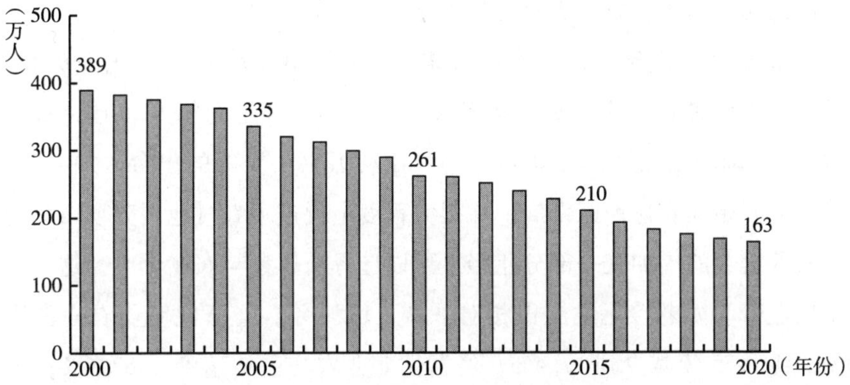

图 1　日本农业从业人员数量的变化趋势

资料来源：農林水産省「農林業センサス」、https：//www. maff. go. jp/j/tokei/census/afc/；農林水産省「農業構造動態調査」、http：//www. maff. go. jp/j/tokei/kouhyou/noukou。

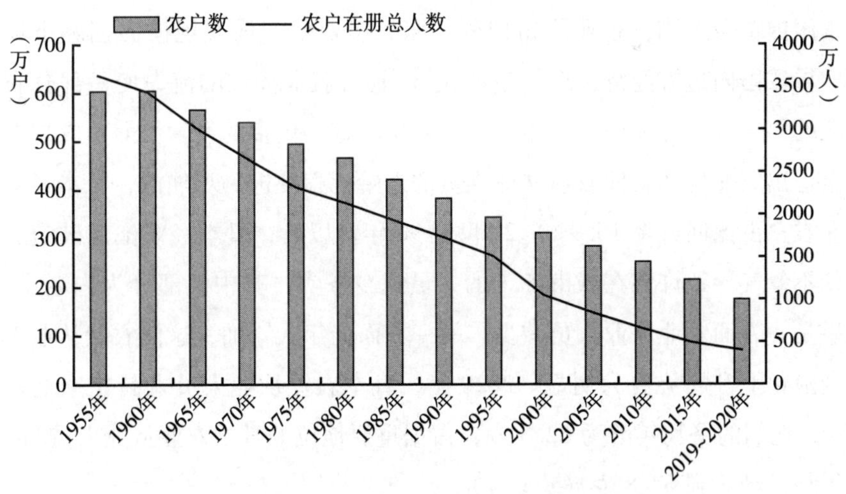

图 2　日本农户数和农户在册总人数的变化趋势

注：农户数统计至 2020 年，农户在册总人数统计至 2019 年。

资料来源：農林水産省「農林業センサス」、https：//www. maff. go. jp/j/tokei/census/afc/；農林水産省「農業構造動態調査」、http：//www. maff. go. jp/j/tokei/kouhyou/noukou。

（二）农业劳动力老龄化程度严重

现今日本是世界上人口少子老龄化最严重的国家之一，2020 年，日本老龄化率已经达到 28.7%，位列世界第一。很多产业和行业都面临老龄化带来的问题。其中，农业更易受到少子老龄化的影响。

20 世纪六七十年代，日本经济快速发展，城市化与工业化齐头并进，青壮年成规模脱农，留下专门从事农业生产的大多是老年人。但《农业基本法》《全国国土综合开发规划》和《山村振兴法》等的出台，加上第二、第三产业开始向农村地区发展，在很大程度上促进了农村地区劳动市场的扩张，就业机会的增加使一部分年轻人可以选择兼职参与农业生产。这一时期日本农业劳动力老龄化发展得相对平缓，1950 年，经营性专业农户占比为 50%，到 1975 年减少到 12.4%，经营性兼业农户占比达到了 87.6%；日本农业从业人员老龄化率（该时期日本老龄化率是以 60 岁为标准统计的）也从 1960 年的 17.4%升至 1975 年的 31.6%。20 世纪 80 年代日美等国签订《广场协定》后，日元汇率一路上扬，三年内日元对美元升值 1 倍，这导致日本国内资金过剩，企业纷纷向外扩张，工业生产线大规模向国际市场转移，导致国内地方经济出现“空心化”。地方就业岗位的流失使一部分农村地区的年轻人放弃兼职农业生产，向城市转移。更多的经营性兼业农户选择完全退出农业生产，使农业从业人员的老龄化程度进一步加深，日本经营性专业农户占比回升至 15.9%。20 世纪 90 年代以后，日本经济泡沫破裂，经济的不景气导致许多在城市务工的人员返乡务农，其中大部分为中老年人，结果是一方面农业从业人员减少，另一方面老年人增加，这使农业从业人员的老龄化上升趋势更为明显。2020 年，日本农业从业人员老龄化率上升到 61%，他们的平均年龄为 62.3 岁，占据重要地位的骨干农业从业人员①的平均年龄已经达到 67.8 岁（见表 1）。

① “骨干农业从业人员”是指在个体经营单位中，15 岁以上、主要工作为自营农业生产且工作内容以农业生产劳动为主的成员。

表1 日本骨干农业从业人员老龄化趋势

单位：万人，岁

	2000 年	2005 年	2010 年	2015 年	2020 年
总人数	240.0	224.1	205.1	175.7	136.3
65 岁以上人数	122.8	128.7	125.3	114.0	94.9
占比(%)	51.2	57.4	61.1	64.9	69.8
75 岁以上人数	30.6	46.2	58.9	54.4	43.2
占比(%)	12.7	20.6	28.7	31.0	31.7
平均年龄	62.2	64.4	65.8	66.8	67.8

资料来源：農林水産省「農林業センサス」、https://www.maff.go.jp/j/tokei/census/afc/；農林水産省「農業構造動態調査」、http://www.maff.go.jp/j/tokei/kouhyou/noukou。

日本农村的农业地区大致分为三个类型，即平原农业地区、山地农业地区和半山区农业地区。不同类型农业地区之间人口减少与老龄化进程的差异很大，山地、半山区农业地区人口减少和老龄化程度相对较高。根据日本农林水产省的预测数据，2010~2050 年，山地、半山区农业地区的人口将减少 1/3，老龄化率为 50%左右；平原农业地区的人口将减少约四成，老龄化率超过 40%。[①] 如果年轻人继续离开农业，今后日本农业劳动力的高龄化就将进一步加剧，农业必将走向衰退。吸引更多的年轻人从事农业生产，可以说是现代日本农业的当务之急。

（三）新增农业劳动力

日本政府为了吸引农业劳动力留下和新人加入农业，出台了一系列农业福利政策来改善农业就业环境，目前来看初有成效。从图 3 可以看到，2010 年新增农业劳动力数量为 54570 人，2015 年达到 65030 人，2020 年为 53740 人，通过近十年的情况可以看出，每年新增农业劳动力较为稳定，但其中超过 50 岁的一直占据大部分，年轻人（49 岁以下）每年仅为 2 万人左右。年轻人

① 農林水産政策研究所「人口減少と高齢化の進行が農村社会にもたらす影響」、https://www.maff.go.jp/j/council/seisaku/kikaku/bukai/H26/pdf/140627_03_02.pdf。

长期以来将农业工作看成“3K”（累、脏、危险，三个词语“Kitsui，kitanai，Kiken”的日语都以K开头，分别为“きつい、汚い、危険”）型工作，这种思想严重影响年轻人从事农业生产的意愿。从农业劳动力的整体情况来看，人数仍在减少，除了老年农业劳动力退休以外，还需要注意的一点是新加入农业者的离职率很高。2014年在农林水产省“农业雇佣事业”支援下新就业的1591人中，到第三年离职的人数达到564人，占35.4%。这是一个令人担忧的数据。

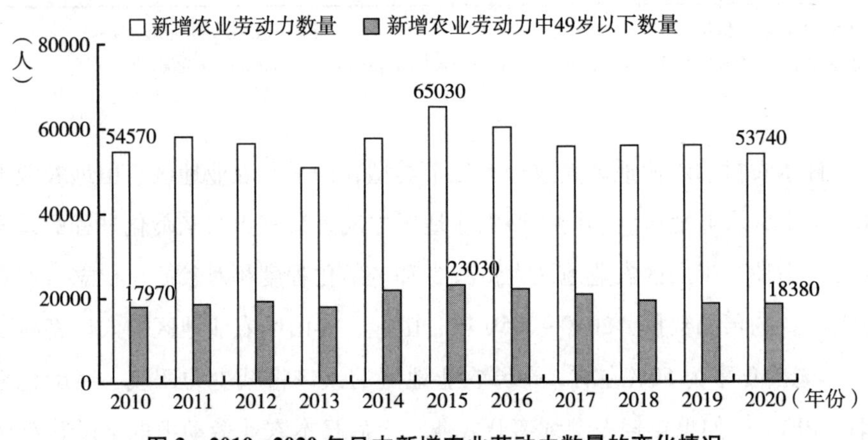

图3　2010~2020年日本新增农业劳动力数量的变化情况

资料来源：農林水産省「新規就農者調査」、https：//www.maff.go.jp/j/tokei/kouhyou/sinki/index.html。

所谓“农业雇佣事业”制度，是指农业法人等在雇用希望从事农业生产的人时，为其提供技术和经营经验等实践性研修费用的补助的制度。通过这项制度，农业法人更容易接收希望从事农业生产的人，而且随着法人规模的扩大和经营的多元化，雇用方的体制也可以得到强化。另外，作为这个制度的附属形式，日本农林水产省提出了从2012年开始在全国每年要有2万名新增青年农业从业人员的目标；以45岁以下的新农业从业人员为对象，针对最长两年的研修期和从事农业生产的五年（共计7年），每年支付150万日元的“青年就农支付金”。据统计，希望从事农业生产的人中有八成是非农户出身，30多岁希望从事农业生产的人也有逐年增加的趋势，这对日本农业来说是非常令人振奋的进展，但确保新农业从业人员可以安稳、高效地工作，降低离职率，还需要农村环境整体提升。

从整体来看，农业经营体在减少，但是法人化农业经营体在稳定增加（见图4）。从前日本农业经营体绝大多数是个体农户，农户分为经营型农户和自给自足型农户，在1990年以前，日本只将前者作为主要的统计对象。现在，农业经营体除了农户以外，还有法人经营体，其中超过一半的法人经营体以公司形态运营。农业经营公司化能够为人员提供与其他类型工作相同的待遇，这也是年轻人愿意从事农业工作的主要原因之一。

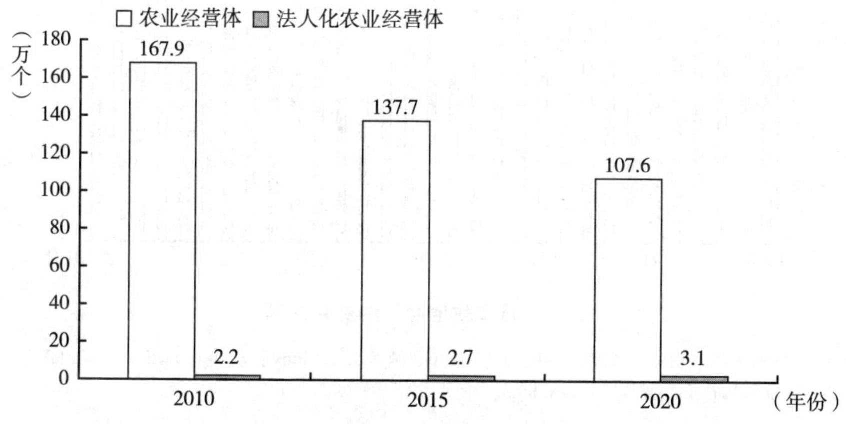

图4　日本农业经营体数量的变化

资料来源：農林水産省「農林業センサス」、https://www.maff.go.jp/j/tokei/census/afc/。

二　农村人口老龄化带来的负面影响

（一）劳动力短缺，弃耕农地面积持续扩大，农业技术传承消失

农村人口老龄化、农业从业人员减少带来的第一个后果就是耕地大面积被弃耕——经年累月成为大面积不再适宜耕种的农地，其被称为“荒废农

地”。20世纪60年代，日本耕地面积便开始减少，如图5所示，1990年，日本耕地面积为524万公顷，2020年减少至437万公顷。2020年，水田的耕地面积为237.9万公顷，比上年减少1.4万公顷，旱田的耕地面积为199.3万公顷，比上年减少1.1万公顷。2000年，日本弃耕农地为34.3万公顷，而2010年增加到40万公顷，增长幅度为17%。其中54%的弃耕农地位于山区，在山区以外且拥有大量优良农田的地区，也有15万公顷农地被弃耕。

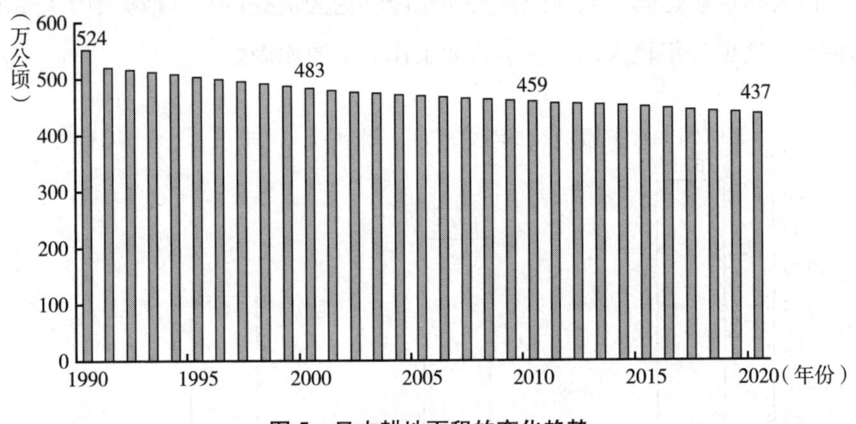

图5　日本耕地面积的变化趋势

资料来源：農林水産省「耕地及び作付面積統計」、https://www.maff.go.jp/j/tokei/kouhyou/sakumotu/menseki/index.html。

日本耕地大量弃耕自然有各种原因，但不能不说，主要是由农业劳动力老龄化与土地持有者离开农业造成的。日本全国农业会议所在2002年的一项调查结果显示，荒废农地产生的最重要原因是农业从业人员老龄化、劳动力不足，88%的荒废农地与其相关，农作物价格低迷与土地无人管理分别位列第二位、第三位。2017年，农林水产省农村振兴局的一项调查结果显示，23%的弃耕农地产生的原因（原因为单选）是农业从业人员老龄化、劳动力不足，占比最高。

老年农业从业人员难以继续从事劳累的农业工作，并且其作业事故发生率随着年纪的提升而增高，由此造成劳动力不足。这是所有原因中占比最高的，排名第二的原因是非农业从业人员中持有土地者增加。为此，日本农林水产省在2014年成立了“农地中间管理机构”，以让这些无法继续从事农业工作的农业从业人员和土地持有者把农地出租、转让出去，让面临弃耕的农地得以有效利用。农地出租面积在 2018 年达到 22.2 万公顷。

农业劳动力老龄化还面临农业技术无法得到传承的难题。农业作业属于传统的经验型作业，往往老年农业从业人员有着丰富的相关经验，并且不同农作物的种植经验完全不同，这使年轻人需要长时间学习才能获取这些知识。农业后继者不足的问题还没有得到解决。2020 年，日本农林水产省调查数据显示，仅有 24.3%的农业经营体在五年之内确保有继任者。年轻农业从业人员的减少在造成劳动力短缺的同时，也使不少老年从业人员宝贵的种植耕作经验无法传承。

（二）地区经济衰退，农业竞争力退化

1949 年，日本农户户均农业收入占其全部收入的 68%，是非农收入的两倍。1960 年，农业收入占全部收入的比重下降到 50%。1980 年，日本农户户均养老金收入甚至超过农业收入。2010 年，日本农户户均农业收入仅占家庭总收入的 11%，非农收入的占比为 43%，而养老金收入的占比则高达 46%，是农业收入的四倍之多。农村人口老龄化程度的快速加深，导致地方政府需要支付越来越多的养老金，并且要提供相应的社会保障、社会福利，养老金支出压力极大，政府无法对农业进行更多的补助。老年农业劳动力对农业生产的升级投资意愿明显不高，这些都造成农业收入增长缓慢，大部分农户被迫依赖非农收入甚至完全“脱农”，这加剧了农业人口减少。年轻人外流又导致养老金基金收入减少。厚生劳动省社会保障厅在 2003 年发表的统计报告表明，2002 年度，在加入“国民养老金”的人中，有 37%没有缴纳保险费，其中 20~29 岁的人中有 50%以上拒绝缴纳保险费。支出增加、收入减少，使地方财政难堪重负，为此，日本政府不得不用增税来解决财政问题。

农业劳动力老龄化导致的另一个严重局面是日本农业竞争力退化。半个世纪以来，农业生产结构调整不够及时，但日本民众的农产品需求发生了巨大的变化。以水稻为例，作为日本最重要的农作物，水稻的人均消费量已经减少至半个世纪前的一半，政府不得不限制水稻耕种面积。这充分说明日本

本土农产品面临的窘境。迄今为止，日本的农业保护政策是维持高关税、保护国内市场，日本农业没有国际竞争力已经成为定论。但是，若只是依靠国内市场，日本农业将进一步衰退。近年来，日本参与了各种自贸协定，更具优势的海外农产品会进一步对日本本土农产品造成冲击。2018 年，用摄入热量计算的粮食自给率已经下跌至 37%，为史上最低位，而以生产额计算的粮食自给率为 67%。农业生产竞争力不足使农业收入停滞不前，与农业从业人员老龄化形成恶性循环。

（三）农业社区功能退化，村落消失

随着农业劳动力老龄化程度加深，众多农业地区呈功能性消失之势，其中半山区与山区农业地区尤为明显。在经济高速发展过程中，半山区与山区农业地区的“过疏化”现象非常明显，表现为“人口、土地、村落”的空心化。“过疏化”一词在 1966 年的日本政府文件中被正式提出，随后日本政府在 1970 年出台了《过疏地区对策紧急措施法》。“过疏化”的主要表现如下。首先是人口的空心化，农业地区的人口转出从经济高速发展时期便已开始，2005 年，日本总人口达到拐点并进入下降时期，社会性人口减少以及自然性人口减少造成出现农业地区人口空心化的状况。其次是土地的空心化。日本农林业土地荒废的现象从 20 世纪 80 年代后期开始尤为显著，由于农业劳动力严重老龄化，在山区、半山区地区土地上的农业生产更为困难，劳动力不足导致出现土地空心化也就不可避免。最后是村落的空心化，村落的空心化是前两个空心化造成的直接后果。20 世纪 90 年代初，日本社会学者大野晃在实地调研后，对老龄化率超过一半的地区中的村落进行了定义，这被称为“临界村落论”①，其中对“临界村落”的定义为 65 岁以上的老年

① 大野晃的“临界村落论”对村落进行如下划分与界定。（1）存续村落：未满 55 岁的人口占村落总人口的 50%以上，确保有继承人，能够将共同体的机能传给下一代的状态。（2）准临界村落：55 岁以上的人口占村落总人口的 50%以上，现在虽然还维持着共同体的功能，但由于很难确保有继承人，只能成为临界村落的预备军。（3）临界村落：65 岁以上的老年人占村落总人口的 50%以上，随着老龄化加剧，共同体机能的维持已经达到极限。（4）消亡村落：完全变成无人居住的地方，村落已经消失。

人超过村落人口的50%，老龄化严重，难以维持社会性共同生活的村落。日本的村落数从1990年的140122个减少到2010年的139176个。2019年4月，日本人口稀少地区的村落数量为63237个，其中，临界村落数量达20372个，占比为32.2%。

在这种情况下，一方面，从日常生活来看，年轻劳动力的减少导致空房增加、工作岗位减少，使农村日常生活所必需的服务越来越难获得，公共基础设施如医院、学校、交通系统、集市等都无法正常运营，高龄社区对社会功能的需求比较大，但这些功能因为人口流失而出现退化甚至消失。另一方面，对于农业来讲，农村社区的衰落使农业生产和生活互助、维护和管理土地资源变得困难，老年农业从业人员不得不退出农业生产经营领域。

三　农村人口老龄化的对策

为了解决农村人口老龄化等问题，日本政府针对地方居民、农地利用、农业从业人员生活工作环境、农业改革等出台了一系列政策并且修订了相关法律。确保地方人口稳定、农地高效利用、都市农村共生、农业产业创新等事业有效进行。

（一）地方可持续发展

日本人口已呈负增长、超高龄化趋势发展，尤其是地方，面临劳动力减少、消费市场紧缩等一系列问题。为了解决这些难题，2014年，安倍内阁出台了“地方创生”综合政策。政策的短期目标涵盖年轻人就业、女性就业、育儿、公共交通等方面，并提出要把日本总和生育率提升至1.8、“纠正”东京一极化、到2050年实际GDP保持1.5%~2%的增速、到2060年全国人口保持在1亿人程度的四个长期发展目标。同时，日本内阁会议决定设立“城市、人口、工作创生本部”，设立地方创生大臣。

地方创生是要打破一极化，创造地方城市圈的多极化。多极化城市

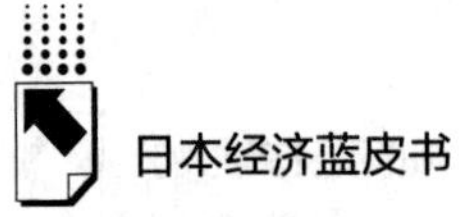

圈形成网络将发挥非常大的社会机能，提供工作机会，吸引资本投资经营，留住人才进学与就业，强化地方经济，促进地方社会良性循环发展。

（二）农地制度改革

日本《农地法》制定于 1952 年，根本目的就是保护农地，以稳定农业。随着近年来农业问题凸显，日本政府多次对其进行修订。2008 年，《农地法》修订了立法目的，旨在促进农地有效利用。此次修订以加强拥有农地义务、促进农地租赁、放宽农业生产经营法人资格这三点内容为核心。修订后，个人参加农业变得更加容易，企业更容易租赁农地，有效促进外部力量参与农业。

2016 年，日本对《农地法》与《农业协同组合法》进行修订。通过这次修订，农业法人在引进六次产业化、经营发展时变得容易，促进了经营规模的扩大。另外，这降低了资金筹措的门槛，促进农业相关人员与一般企业合作。2018 年，《农地法》再次修订，目的是促进农地集中化，扩大农业生产规模，设立农地集中一揽子计划，简化农地集中手续、流程。2021 年，日本对《国家战略特别区域法》进行修订，修正案允许一些根据《农地法》不可拥有农地的企业进行特例申请，以进一步放宽获取农地的限制。

（三）农业从业人员保障制度

为了将农业变为成长型产业，对土地持有者以及农业从业人员的保障及培养是非常重要的，通过他们进行高效且稳定的农业生产经营是农业振兴的基础。农业法人化可以非常好地满足这些需求。所谓“农业法人”是指以种稻等土地利用型农业为首，经营设施园艺、畜牧等农业的法人的总称，组织形式大致分为基于《公司法》的有限公司及合伙公司、基于《农业协同组合法》的农业组织法人。法人化农业经营有着高度经营管理化、稳定就业等优点，可以促进作为经营者的意识改革，有利于实现经营发展，无论在节税还是融资方面，都有着传统家庭式农业经营无可比拟的优势。前文提到的法人化农业经营单位持续增长正体现了先进制度的优越性。因此，日本各都道府县政府都设立了农业经营咨询所，提供专家上门指导等便农服务。

另一个重要的惠农制度便是农业经营改善计划下的“农业从业人员认证制度”，在农业从业人员认证制度下，市町村等根据推进强化农业经营基础设施的基本理念中的农场经营目标，根据农业从业人员自己的独创性，对其经营改善计划进行认证。对获得这些认证的农业从业人员进行重点支持。2020 年 3 月，已有 23.4 万个经营体得到认证，比五年前增长了 37.1%。其中法人经营体的认证数增长到 2.6 万个。从 2017 年开始，日本政府改进了该认证系统，以缩短农业从业人员办理申请手续的时间，促进市政认证程序“可视化”。

除了保障现有农业从业人员外，吸引更多的农业新人才是实现农业可持续发展的关键。为了促进青年人加入农业中，日本农林水产省在 2012 年为就农准备阶段以及经营开始阶段的 44 岁以下的新农业从业人员提供资金补助，2019 年将年龄要求上调至 49 岁以下，共补助就农准备阶段的 1756 人、经营开始阶段的 10753 人。在 2017 年经营开始阶段接受补助的农业从业人员中，坚持经营到下一年末的占比为 94.8%。对于前文提及的“农业雇佣事业”制度，2019 年的利用人数为 5319 人。另外，日本政府还对《农业经营基础强化促进法》进行修订，青年等就农资金的偿还期限从 12 年延长到 17 年，对银行的利息补贴支付从 15 年延长到 20 年。

为了更好地培养专业的农业接班人，日本在全国设立了 370 所农业高中，农业高中的学生除了在校学习农业技术及农业经营等知识外，还会参加农业俱乐部等实践活动。实践活动的一个重要组成部分是考取农业生产工程管理（GAP）资格证。日本还设有 42 个县级农业大学，农业高等教育实力雄厚。2019 年共有 1709 名毕业生，其中 931 人毕业后选择从事农业工作，占比为 54.5%（见图 6），比上一年略有上涨。与此相比，在中国农业最高学府——中国农业大学 2018 年的 5144 名毕业生中，仅有 400 余人在毕业后直接从事农林牧渔业工作，而且结合前三年的毕业生就业去向来看，这一数据逐年显著减少。

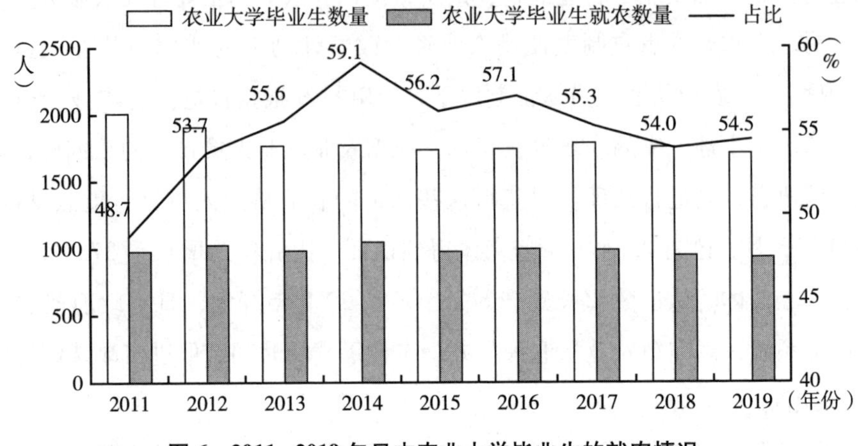

图 6　2011～2019 年日本农业大学毕业生的就农情况

资料来源：全国農業大学校協議会「全国農業大学校協議会資料」、http：//www. noudaikyo. jp/index. html。

（四）农业机械智能化

近年来，日本的耕地面积一直在减少，但耕地面积集中化有所发展。从调查结果来看，10 公顷以上的农业经营体在近十年内从占全体的三成多增加到四成多，100 公顷以上的农业经营体也增加到一成左右。农地的集中有利于农业智能化、机械化种植及管理。日本政府出台了相应的管理政策。2017 年，日本农林水产省针对农业无人机出台了对制造商的指导方针，推进自动行走技术的实践。日本产业技术研究所等设计的无人自动除草机，把农业从业人员从高强度的作业中“解放”出来，并且将成本降到之前传统除草机的一半。

农业缺乏后继者，经验丰富的农业知识技能面临失传的风险，但先进的农业机械及软件可以进行一定程度的弥补。不同于传统的农业机械，加装各种传感设施的新型农机可以帮助年轻农业从业人员更好地完成各种操作，作业精度也比以往有极大的提升。率先利用智能农业技术的农业经营单位在 2019 年设立了智能农业认证项目，2020 年，121 个地区导入此项目，涵盖水稻、蔬菜、花卉、园艺、果树、茶业、畜产品等。

（五）创新农村，推动产业融合发展

20 世纪 90 年代，日本社团法人 JA 综合研究所所长今村奈良臣发现，日本农业生产的农产品与日本国民消费的农产品之间存在巨大的差距，农产品的增值效益未能使农业从业人员获利。因此，他提出农业要与其他产业结合，以创造附加值，增强农业发展活力，即让第一、第二、第三产业结合，这被称为“六次产业化”[①]。但之前的六次产业化仅仅限于将农产品的生产、再加工、销售一体化而已，并没有做到产业完全融合。未来的六次产业化将以农村为起点，农业与社会福祉结合、观光住宿、农业体验、生物发电、儿童农山渔村活动、运输、餐饮等都可以是属于农村农业联结的项目，其对于地方创收、增加工作岗位、增加市民生态体验都有无限的潜力。

在“农泊”（农村住宿）可以体验日本传统的生活，通过住宿和与农业从业人员交流，能够更好地体会到农村地区的美丽。2020 年末，日本共有 554 个地区被农林水产省选为农村住宿推进地区，以开发住宿、餐饮产业等。促进农业单位雇用残障人士，是农业与社会福利相结合的重要内容之一。2018 年，共有 1439 位残障人士入职从事农业方面工作，对这些人的调查显示，超过 80%的人认为入职从事农业方面工作对他们是有积极收益的，78%的雇佣单位的销售额呈正增长。

2019 年，日本可再生能源发电量占总体发电量的 18.1%，太阳能发电量占其中的 1/3 以上。本来引进太阳能发电是与保障耕地互相矛盾的，农林水产省与各市町村、发电厂、农业经营单位等相关部门人士组成了协议会来协调这些矛盾，进行共同开发。2020 年，在决定在弃耕农地设立太阳能农场时，进一步放宽了相关规制。2018 年，太阳能农场的面积增至 560 公顷，农地转用许可资格数累计达到 1992 件。2019 年，导入可再生能源体系的市

---

① 今村奈良臣在 1992 年提出了六次产业化的概念，指致力于推进作为第一产业的农林渔业、第二产业的制造业和第三产业的零售业等行业的综合一体化发展的运动，同时希望能活用农村丰富的地区资源来产生新的附加值，通过上述活动在农村实现提高收入水平和确保就业岗位的目标。

町村达到 68 个。另外，日本政府在 2020 年北海道涌别町等四个地区设立了沼气工厂，以废弃食物、生活排水淤泥为主要生产原料。生物能生产在有序推进中。

这些独特的产业结合展现了农村独特的魅力，居住在城市的年轻人逐渐对农业和农村感兴趣，为了寻求新的生活方式而搬到农村，或产生退休后定居农村的想法。农村的价值正在重新得到人们的认可。

结　语

日本正面临前所未有的超老龄社会问题，农村首当其冲，村落消失已不是新闻。如何保住农村，已成为日本的重要社会课题。日本农村之困，困在农业生产核心竞争力不足，缺乏劳动力，生产规模小，农业收入水平主要依靠提高单价而不是降低成本来维持，导致农业利润远不如其他发达国家。高收入是吸引人才的最好方法。近年来，日本政府进行了助农政策改革，不再盲目地进行全面补贴，而是针对一批有潜力的农业从业人员进行专项扶植，依靠日本农村的社会保障维系现阶段老龄化农业从业人员的生产生活状况，重点放在未来农业规模升级、农业产业创新方面，但弊端同样是过程过于漫长，短时间看不到改善成果。

目前，在中国农村，人口老龄化问题已慢慢显露出来，年轻人大规模涌入城市，造成空巢老人或留守儿童等一系列社会问题。农村老年人养老难，农业劳动力不足，加之许多农村环境污染、田地贫瘠、天灾、治理混乱等，中国农村面临的问题相较于日本更为严峻。中国政府推出“乡村振兴战略”，适应了农村地区改革的需求。中国农业可以趁势完成产业创新，进行多产业结合发展，可以创造大量的工作岗位，让在城市里打工的农民工更加放心地回到家乡发展。而且，“共同富裕”的扎实推进也一定会使中国广大农村地区具有更加美好的前景。

B.12

日本的“田园回归”现象与农村社区振兴

〔日〕南裕子*

摘　要：　本报告介绍了日本“田园回归”现象的基本概念、田园回归论与政策研究界的争论情况，论述了日本人口从城市向农村迁居的历程和“U-turn”“J-turn”“I-turn”的实际状况，利用个案调查方法深入分析日本“田园回归”的认知变化以及与乡村振兴的关系。事实证明，田园回归人口在一定程度上阻止了当地农村人口减少的势头，并为维持当地社区的功能、摸索当地新的发展模式做出了重要的贡献。本报告认为，田园回归人口中“关系人口”所占比重及其发挥的作用可能尤为重要。中国的情况与日本比较接近，如何利用人口流动性的优势并使其在乡村振兴中发挥作用，是今后中日两国共同关注的重点所在。

关键词：　田园回归　U-turn　I-turn　过疏地区　农村社区振兴

近几年来，在日本，被称为“田园回归”（回归田园）的现象受到学界、政府、媒体等各界的关注。虽然城市居民迁居到农村①的现象早在20世纪70年代即已出现，但90年代后期以来流动人口的特征及其政策背景发生了很大的变化，到21世纪头十年中期便出现了“田园回归”这一新词。通过观察流入农村的人口趋势以及流动人口的经济、社会活动的状况，我们

---

* 南裕子，日本一桥大学大学院经济学研究科副教授，主要研究领域为农村社会学、当代中国社会论。

① 本报告中的农村指的是广义的农村，包括农山渔村。

可以看出外来人口对农村社区振兴发挥的作用。我们可以展望今后的城乡关系变化，这个问题关系到整个社会经济发展的方向与理念。

首先，我们了解日本“田园回归”现象的特征，然后概括有关迁居人口与农村社区关系的以往研究的视角和研究成果。我们主要讨论迁居到农村的新居民与农村社区的互动情况，以及外来人口给农村社区振兴带来的影响。最后，探讨其对今后中国乡村振兴的启示。

一　有关日本“田园回归”的讨论

（一）“田园回归”的定义

关于“田园回归”，无论在官方还是在学术界，截至目前都尚未做出一个公认的定义，一般理解为越来越多的人特别是年轻人对乡村生活感兴趣，甚至为实现新的生活而住到乡村的现象。

在官方，“田园回归”一词首次出现是在2015年日本中央政府部门依据法律发布的重要文件［《2014年度食料、农业、农村白皮书》（2015年5月公布）、《国土形成规划（全国规划）》（2015年8月公布）］中。这意味着日本政府发现日本国民对农村的认识和实际行动有了变化，或者说承认田园回归潮流存在。

对田园回归的讨论，存在狭义的田园回归论与广义的田园回归论[①]。所谓狭义的田园回归论，焦点是人口流动本身，所以也可以称其为“人口流动论的田园回归”；所谓广义的田园回归论，还包括两种：（1）“社区建设论的田园回归”，从回归田园的人口与当地社会或者当地社区建设的关系的维度讨论田园回归现象的真正意义；（2）“城乡关系论的田园回归”，田园

① 筒井一伸、佐久間康富「田園回帰における多様な論点」、小田切徳美、筒井一伸編著『シリーズ田園回帰3 田園回帰の過去・現在・未来―移住者と創る新しい農山村―』、農文協、2016、194~202頁。

回归的增加可以促进城市与乡村双向流动，从而改变以往的城乡关系。本报告关注的田园回归现象是后者，即广义的田园回归论。

（二）田园回归论与政策研究界的争论

在2013年和2014年，日本创成会议[①]在人口减少问题研讨分科会上递交了一系列报告（通称《增田报告书》）。这个研讨分科会并不是日本政府组织的官方机构，而是一个具有民间性质的组织。但由于研讨分科会的主任增田宽也先后担任过日本总务大臣以及岩手县知事，因此这个研讨会俨然有着一定的公众影响力。另外，其所报告的内容也涉及很严重的社会现象。据《增田报告书》预测，到2040年，人口减少问题将导致日本全国范围内约一半（896个）的市町村（地方自治体）面临消失的可能。《增田报告书》的结论令世人震惊，并引发热议。有些政策研究学者拿出其他数据来反驳《增田报告书》中的推算结果，主张即使是在《增田报告书》的名单上所列举的有消失可能性的地方自治体，有的还正在发生田园回归现象，不能简单地判定它们将消失。可以说，田园回归论带有批判《增田报告书》的性质。

二 日本的乡村迁居历程

下文参照嵩和雄以及村松研二郎所整理的日本乡村迁居史[②]，把日本从城市到乡村的人口流动的历史分为三个阶段进行概括。

---

① 日本创成会议是公益法人日本生产性本部于2011年5月成立的会议机制。以2011年东日本大地震后复兴的新国土治理为契机，其目的在于从民间角度提出战略构想，编制十年后日本在亚洲地区乃至世界的宏伟规划。其成员为经济界、工会界的代表以及大学教授、前官僚等有识之士。除人口减少问题外，其也对能源问题、全球化都市创造等相关问题提出建议，现在已经停止活动。

② 参见嵩和雄「農山村への移住の歴史」、小田切徳美、筒井一伸編著『シリーズ田園回帰3 田園回帰の過去・現在・未来—移住者と創る新しい農山村—』、農文協、2016、86~96頁；村松研二郎「日本における帰農運動の歴史と現在—系譜論的試論—」、『国際日本学』第14号、2017、167~192頁。

（一）20世纪70年代：U-turn 现象的出现以及社会运动型的农村迁居

这个时期，日本人口流动的方向发生了很大的变化。从非大城市圈向大城市圈的人口移动速度减缓，从大城市圈向非大城市圈的人口移动数量却有所上升。1976 年，流入三大城市圈（东京、大阪、名古屋城市圈）的人口数量少于从三大城市圈流向地方圈的人口。这种情况在第二次世界大战后首次出现。

这种现象引人特别关注，甚至因此产生了“U-turn”一词，但是受到当时统计资料的限制，关于农村出身的人口是否真如字母“U”形那样在退休后回到自己的故乡，并未得到有数据支撑的充分证实。而且，这种人口流动不仅包括从大城市圈回到故乡农村的“U-turn”，也包括回到邻近中小城市的移动，即所谓的“J-turn”①。

“J-turn”是指从大城市返回与故乡邻近的城市，不仅可以追求在大城市难以得到的自然环境和舒适的生活方式，而且比故乡更方便，就业机会更多，这是一种享受更多优惠条件的移居模式。因为不是回到自己出生和成长的故乡，所以其移动轨迹并非 U 字形，而是与字母“J”相近。

尽管还遗留各种需要证实的问题，但这一时期从大城市圈流向地方圈这种与以往不同的新的人口移动倾向的出现确实是不争的事实。② 究其原因，嵩和雄总结为如下三点：第一，伴随产业化的发展，大城市的生活环境有所恶化；第二，石油冲击所引起的经济“滞胀”，大幅降低了城市生活魅力；第三，在日本实施《第三次全国综合开发计划》以后，小城市的就业市场形势有所改善。

另外，需要注意的是，这一时期，有特色的是社会运动型移动。当时出现了生产、生活一体化的自给自足的“创造共同体”（共同体运动），有机

---

① 江崎雄治、荒井良雄、川口太郎「人口還流現象の実態とその要因—長野県出身男性を例に—」、『地理学評論』第 72 卷第 10 号、1999、645~667 頁。

② 进入 20 世纪 80 年代后，人口向大城市圈移动增加的现象再次出现。

农业的实践，与消费者合作以进行农场直销等活动，随之出现了向农村集体移居的现象。社会运动型农村迁居的背后存在受到如 20 世纪 60 ~ 70 年代的学生运动和社会运动等影响，当时针对社会和经济状况的批判意识对移居者有很大的影响。他们认为，伴随着经济高速发展以及近代化而出现的大量生产和大量消费的社会问题十分严重。

不过，移居者虽然有很崇高的理想，但遇到难以应付的经营问题和共同体难以维系等困难就会打退堂鼓、集体解散，撤退的案例也不少。当然也有一些组织通过法人化等措施改变经营形态并一直存续至今，接受新增移居者的载体以及在振兴区域经济中发挥重要作用的生力军。例如，岛根县的弥荣共同农庄①、和歌山县的耕人舍②等案例即被广泛宣传。

（二）20世纪80 ~ 90年代：休闲活动的热潮、对乡村生活的向往与“I-turn”的出现

20 世纪 80 年代和 90 年代，随着日本掀起户外休闲活动热潮，介绍乡村生活和户外活动的杂志不断增加。这些杂志向读者介绍了向往乡村生活、迁居农村的人的生活状况。与第一阶段的社会运动型的农村迁居有所不同的是，在农村过日子本身已然成为迁居的目的。另外，在这一阶段的迁居者中，我们还能看到为了实现自我价值而选择生活在农村的人。

日本政府在 1987 年颁布《综合保养地（休闲地）建设法》，该法的颁

---

① 1972 年，4 名年轻人来到位于岛根县深山中的弥荣村（现为岛根县滨田市弥荣町）开始建设“弥荣之乡共同体”。后来，创始人当中的一个人继续留在当地，强化经营基础，在 1989 年将其生产流通部门改组为有机农业法人“株式会社弥荣共同农场”，实现了法人化。2014 年，共同农场法人代表由创始成员的儿子继承。该农场积极进行与当地农户合作的地产直销活动，与消费者交流，接收新增农民就业人员以及进行研修等活动。

② 和歌山县那智胜浦町色川地区积极接受从城市来的大量农村移居者（占当地人口四成以上），被誉为吸引城市居民定居的先发地区或先进地区。耕人舍成立于 1977 年 4 月，最初有四户人家移居于此，经过艰苦经营，尽管成员有所变化，但一直积极接收有机农业实习生，在 1983 年成立了有限股份公司，主营农产品（梅子、柚子等）、林产品加工及接受交流、实习生等业务。耕人舍的上述经营活动为当地的发展打下了基础，所以，20 世纪 90 年代以后，色川地区在行政部门的支持下，设立了“色川地区振兴推进委员会”，从政府层面巩固与完善了促进移居的基础与机制。

布促进了滑雪场等休闲胜地旅游业的发展。由此，原本在城市工作的一些白领离开公司，迁居到乡下的休闲之地，开始了对精品民宿的经营生活。1989年，日本又出现了“I-turn”的说法。

“I-turn”这个词语，最初是在1989年长野县为开展促进定居事业时使用的。其原意为热爱信州（长野县）并希望将其作为心中的故乡以来此就业、定居的人，就像字母“I”那样希望直接以长野为归宿地。后来，日本甚至还出现了“爱-turn”的说法。此后，“I-turn”一词成为自发性从城市移居到并非出生地的农村的一般性说法，并广为人知。总之，“I-turn”与“U-turn”不同，指城市里的人迁居到原来与自己并没有任何地缘或亲缘关系的农村。

正如土居洋平指出的那样，“I-turn”现象出现的一个重要背景是农村的意义发生变化。[①] 其一，受观光和媒体的影响，出现了“在农村山村生活意味着回归人的本性”（人间性）这样积极的评价。其二，农村的存续确实处于濒临危险的状态，这也是事实。从定位方面看，农村确实成为政策上必须予以积极介入和支持的对象。例如，据土居的调查，20世纪90年代后期，含有“乡下生活”“农村移居”“农村回归”“I-turn”等关键词的图书或杂志刊载的文献剧增，在2000年达到最高值。[②] 另外，这一阶段还设立了全国以及都道府县的“新增就农”指导中心、故乡信息中心［现（一财）都市农山渔村交流活性化机构］等为移居农村提供信息的咨询团体、服务窗口。

另外，在农业支援政策方面，从中央层次看，1998年，日本制定了《21世纪国土宏伟蓝图》，其中战略之一是“要创造多样化自然居住地区”，包含了促进向农村、山村、渔村“U-turn”“J-turn”“I-turn”的意图。再

① 土居洋平「農山村への『Iターン』の現代的課題　移住経路と支援・移住後のライフステージ変化への対応・移住を支える価値—山形県西村山郡西川町大井沢への『Iターン』から考える—」、日本村落研究学会編『年報村落社会研究 56 人の移動からみた農山漁村—村落研究の新たな地平—』、農文協、2020、173~213 頁。

② 国立国会図書館蔵書検索、1980~2018。

者，各个地方自治体更是早于中央政府进行了方方面面的努力，例如设立鼓励定居奖金、提供低息融资、进行耕地和空房的斡旋、建设新住宅等。

（三）20世纪90年代末期至今：退休归农和年轻人的新动向

人口出生率高的一代人（团块世代）在这个时期相继退休，为了步入退休后的第二人生，他们有的选择回到自己的故乡重新开始务农，有的以“I-turn”的形式迁居到农村从事农业活动，享受慢节奏的生活，颐养天年。这个现象被叫作“归农”或是“退休归农”。

除了媒体在关注这一趋势外，经济界也同样鼓励和支持中老年人定居乡村。举个具体的例子来说，1998 年，“日本劳动组合总联合”（简称“联合”）提出了“从农村转入城市的人才退休后还应当回到故乡去”的政策建议。“全国农业协同组合”（农协）中央会、“日本生活协同组合”（生协）联合会与此相呼应，在 2002 年成立 NPO，开展“故乡回归运动”。NPO 的名称为“100 万人故乡回归循环运动推进支援中心”（简称“故乡回归支援中心”），其在 2003 年取得法人资格。正如其名称中的“100 万人”所形容的那样，这一运动的初衷是开展全国性的社会运动，旨在搞活区域经济和创造新的价值观。“故乡回归支援中心”当初创立的想法是进行仅局限于退休退职年龄层的活动，但现在已扩展为以更广泛的年龄层为对象的活动，与地方自治体等合作以为移居农村开展提供信息服务、咨询以及农林渔业研修等支援活动。

2005 年，日本国土交通省开始提倡“两地居住”（两处住）。这是一种每逢周末或者根据季节而居住在农村一段时间的生活方式。国土交通省设定的目标群体仍然是中老年人，特别是退休人群。

同时，这个阶段，年轻人到农村的情况相继出现。政府出台的“农村社区建设带薪实习项目”中也有所体现，目的就是鼓励年轻人到农村体验生产和生活，让他们为当地做出自己的贡献。1996~1998 年，作为国土厅的国家级项目，该项政策实施了两年之久，之后中断了两年左右。2000 年，国土厅开始重新施行该项目计划，并一直延续到 2010 年。目前，地方政府和非营利组织（NPO）仍然在延续此项活动。

2008年发生的“雷曼冲击”对年轻人走向乡村的潮流具有一定程度的影响。作为经济政策之一，日本总务省和农林水产省分别设立国家项目，并分别以“乡村劳动队”和“社区建设协助队”之名义实施。城市居民（主要是年轻人）到农村特别是过疏地区居住一定时间，共同促进社区建设和支援地区农业事业，为将来在农村长期居住甚至定居做准备。这种项目迄今为止仍旧在继续推进。① 作为总务省项目的社区建设协助队队员，大体在一年以上、三年以下时接受地方自治体的委托以在农村社区生活，并进行各种社区建设协助工作。协助工作期满后，还可得到创业资助。根据2020年总务省的资料，总务省的预算中给队员的报酬为每人每年270万日元（考虑到技能高低、地理条件等因素，最高可给予320万日元），社区建设协助队队员的数量为5550余人（其中农林水产省项目队队员为90余人），比2010年的257人又大幅度增加。从年龄段来看，不满40岁的约占68%。据报道，截至2020年3月末，任期结束的队员合计6525名，期满后约有六成队员选择在同一地区定居。在同一市町村定居者当中，约四成在非农业部门就业，约四成创业，约一成在农林业就业。②

另外，2011年的东日本大地震对人们的生活方式有一定的影响。在地震后的一段时间里，日本出现了为安全起见想要举家搬到安全的小城市的人们。他们涌向支援农村迁居的NPO，搜集定居农村的相关信息。当时在“故乡回归支援中心”负责咨询的人表示，虽然这种躲避式的迁居咨询热后来逐渐减退，但是年轻一代以及拥有家庭的人继续关注乡村迁居。③

在探讨这一阶段的田园回归动向时，还要兼顾“慢节奏生活”的概念引入日本后所产生的影响。慢节奏生活受到越来越多人的支持，成为不言而喻的社会潮流。慢节奏生活的理念与有田园回归意向的人的价值观是相符的。

---

① 2013年以后，农林水产省的“乡村劳动队”与“社区建设协助队”名称统一，与总务省在招募以及研修方面进行合作。

② 総務省「令和2年度における地域おこし協力隊の活動状況等について」、https://www.soumu.go.jp/menu_news/s-news/01gyosei08_02000213.html。

③ 嵩和雄「農山村への移住の歴史」、小田切徳美・筒井一伸編著『シリーズ田園回帰3 田園回帰の過去・現在・未来—移住者と創る新しい農山村—』、農文協、2016、95頁。

三　关于日本“田园回归”的认知变化

（一）田园回归的意向

首先，通过全国性的调查结果了解一下人们对于田园回归的意识（见表1、表2）。

表1　日本愿意定居在农山渔村的人

单位：%

	男	女	全体
2005年(调查1)	25.7	16.3	20.6
2014年(调查2)	36.8	26.7	31.6
2017年(调查3)	35.2	24.4	30.6

注：(1) 调查1和调查2中对“你有没有定居在农山渔村地区的愿望?”的提问，选择“有”（调查1为8.9%，调查2为8.8%）或者“相对来说有”（调查1为11.7%，调查2为22.8%）的共计数据（仅限城市居民回答）；(2) 调查3中对“你想不想迁居到农山渔村地区?”的提问，选择“有计划”（0.8%）、“希望将来迁居”（5.4%）、“条件允许时，可以试试”（24.4%）的共计数据。

资料来源：「都市と農山漁村の共生・対流に関する世論調査」、https://survey.gov-online.go.jp/h17/h17-city/index.html；「農山漁村に関する世論調査」、https://survey.gov-online.go.jp/h26/h26-nousan/index.html；総務省地域力創造グループ過疎対策室『「田園回帰」に関する調査研究報告書』、2018年3月、「参考資料2」、https://www.soumu.go.jp/main_content/000538258.pdf。

表2　日本愿意定居在农山渔村的年龄段划分

单位：%

调查年份	20~29岁	30~39岁	40~49岁	50~59岁	60~69岁	70岁及以上
2005	30.3	17	15.9	28.5	20	13.4
2014	38.7	32.7	35	33	33.7	22.5
2017	37.9	36.3	29	24.4	19.4	—

资料来源：「都市と農山漁村の共生・対流に関する世論調査」、https://survey.gov-online.go.jp/h17/h17-city/index.html；「農山漁村に関する世論調査」、https://survey.gov-online.go.jp/h26/h26-nousan/index.html；総務省地域力創造グループ過疎対策室『「田園回帰」に関する調査研究報告書』、2018年3月、「参考資料2」、https://www.soumu.go.jp/main_content/000538258.pdf。

日本政府分别于 2005 年、2014 年和 2017 年针对“田园回归”进行了全国性调查。具体包括：（1）有关城乡共生与对流的民意测验（日本内阁府调查，表 1 中的调查 1）[①]，2005 年 11 月 24 日至 12 月 4 日，调查对象为日本全国 20 岁以上的 3000 人，有效回答问卷为 1746 份（有效回答率为 58.2%）；（2）有关农山渔村的民意测验（日本内阁府调查，表 1 中的调查 2）[②]，2014 年 6 月 12~22 日，调查对象为有日本国籍的全国 20 岁以上的 3000 人，有效回答问卷为 1880 份（有效回答率为 62.7%）；（3）城市居民意识调查（日本总务省过疏对策室“田园回归调查研究会”，表 1 中的调查 3，互联网调查）[③]，2017 年 1 月，调查对象为居住在东京都或者政令市（相当于中国的计划单列市）的 20~64 岁的 3116 人。

从表 1 能够看出，2014 年以来，大概 30%的城市居民愿意定居在农山渔村。引人关注的是，2005~2014 年，希望在农山渔村定居的占比增长了 11 个百分点。其实在这两个年份之间选择“有”的比例几乎相同（2005 年为 8.9%，而 2014 年为 8.8%），选择“相对来说有”的比例出现大幅增加（2005 年为 11.7%，2014 年增至 22.8%）。尽管没有那么强烈，但是可以看出在城市居民当中逐步形成了田园回归的意识。按性别来看，男性一直比女性更愿意定居在农山渔村。按年龄来看，我们发现 2005 年有两个高点，分别是 20~29 岁和 50~59 岁的人群。可是到了 2014 年，除了 70 岁及以上人群以外，年龄层之间的差异变得不太明显（见表 2）。可以说 2005 年 30~39 岁以及 40~49 岁的人在过了十年以后的意识变化是比较大的。至于引起此种变化的原因，今后还需要进一步探讨，也许东日本大地震的发生是有一定影响的。

至于 2017 年的调查，问题的提法以及选项跟前两次调查不同，所以不

---

① 「都市と農山漁村の共生・対流に関する世論調査」、https：//survey.gov-online.go.jp/h17/h17-city/index.html。

② 「農山漁村に関する世論調査」、https：//survey.gov-online.go.jp/h26/h26-nousan/index.html。

③ 総務省地域力創造グループ過疎対策室『「田園回帰」に関する調査研究報告書』、2018 年 3 月、「参考資料 2」、https：//www.soumu.go.jp/main_ content/000538258.pdf。

能简单地进行对比。不过，在21世纪第一个10年的两次调查中，20~29岁和30~39岁的年轻一代的田园回归意识一直呈现较高势头，这是笔者认为值得关注之处。

再者，2005年的调查还问到对“两地居住”（周末在农村度过，平日在城市工作和生活）的愿望。“有愿望”的占比为16.1%，“相对来说有愿望”的占比为21.5%，总共有37.6%的调查对象持肯定态度，其中男女比例分别为40.3%和35.4%。从年龄来分析，50~59岁的人群持肯定态度的最多。

（二）迁居到农山渔村人口的统计数据

由于目前没有关于田园回归人口的官方统计，因此在数据上很难把握田园回归的全国范围的动态变化。有些地方政府为了促进田园回归、进一步出台有关迁居人口的政策措施，自行开展了这方面的调查，以便了解迁居人口的具体情况。一些研究者利用这些地方性数据，再加上自己进行的个案和问卷调查结果，片段式地分析了田园回归的形势。需要提醒的是，研究者之间有关田园回归的定义存在分歧，在利用这些研究进行对比的时候需要有所注意。

下面介绍两个调查项目的结果，二者均为旨在掌握全国性的人口迁居动向的调查。

一个是2014年日本广播协会（NHK）、《每日新闻》（报社）和明治大学三方合作进行的全国性调查。① 此项调查是通过收集全国各市町村（地方自治体）所拥有的数据并进行分析，但由于各市町村所拥有的迁居人口的程度有所不同，因此数据的可靠性有一定的限制。课题组在收集数据时，将“迁居人口”定义为跨县迁居，并且利用了迁居咨询服务或者鼓励政策的人口数据。这项调查显示：2014年有11735人的迁居人口，比2009年增加了3.1倍。课题组还指出迁居者的分布并不均匀，比如，2014年，全部迁居者

① 小田切德美「『田園回帰』の実相」、『KEIO SFC JOURNAL』第16卷第2号、2016、10~22頁。

的47.5%集中在接收迁居者的排名前五位的县（冈山、鸟取、长野、岛根和岐阜）。

另一个是，总务省过疏对策室“田园回归调查研究会”通过“国势调查”中2000年、2010年、2015年的人口数据，分析了从城市到《过疏对策法》的适用对象过疏地区①迁居的人口动态②。因此，下文介绍的数据不一定能够覆盖田园回归人口流动的全部范畴。

课题组所整理的数据显示：2000年，迁居到法定过疏地区的人口大约有111万人，2010年大约有87万人，2015年大约有77万人。其中，从城市迁至法定过疏地区的人口，2000年大约有40万人，2010年大约有28万人，2015年大约有25万人。迁居人口数量一直呈现下降趋势。“田园回归调查研究会”的报告解析指出，部分原因有可能与日本全国人口结构的变化有关，即社会移动主力军——20~29岁、30~39岁的人本身呈现减少趋势。其实，在此期间，从城市迁居到法定过疏地区的人口，在从城市内向城市外迁居的人口总数中所占的比例一直保持在4%左右。

接下来再进一步详细了解从城市迁居到法定过疏地区的人口动态。在法定过疏地区中，2010年的迁居人口比2000年时有所增加的地区共有108个（占全部地区的7.1%）。2015年的调查显示，迁居人口比2010年时有所增加的地区有397个（占全部地区的26.1%），较上一时期（2000~2010年）出现了大幅度的增加。如前所述，迁居人口总数本身没有增加，反而呈现减少的趋势，所以无法断言田园回归已经成为很大的社会潮流，但这些数据可以在一定程度上说明一些过疏农村地区确实在不断出现从城市迁来定居的人流，而且，近十年来，这种田园回归的范围在不断扩大。

以上介绍的是有关迁居人口的典型研究案例。但是，仅仅依靠迁居人口的数量来分析和衡量田园回归的趋势是不够充分的。近年来，在学术界、媒

① 它是以市町村为单位被指定的，一般是农山渔村，下面称“《过疏对策法》的适用对象过疏地区”为“法定过疏地区”。

② 総務省地域力創造グループ過疎対策室『「田園回帰」に関する調査研究報告書』、2018年3月、「第一章」、https://www.soumu.go.jp/main_content/000538258.pdf。

体以及有关政府部门，讨论和提及“关系人口”的话题越来越多。田中辉美就“关系人口”出版了专著。作为过疏地区社区建设的新主体，田中关注了“关系人口”的存在情况。据田中介绍，“关系人口”一词最早出现在2016年。她参照以往的各种说法和用法，从社会学角度出发，对“关系人口”进行了定义：对某个特定的地区一直感兴趣，并且愿意为这个地区做一些力所能及的事情的外地人。[①] “关系人口”不是“迁居人口”，不是“交流人口”（类似于游客或者参观者之类的一次性到访者），也不是企业或者志愿者（志愿者组织）。“关系人口”与农村社区的具体关系为：反复购买当地的商品，或者捐款，或者从事企划和参加当地的活动，或者发挥自己的技能为当地做出一些贡献。有些人尽管没有明确的意识或者使命感，但就是喜欢那个地区并且反复到访，甚至把那个地方当作“另一个居住地”，可以被称为“关系人口”。虽然下文的讨论还是以迁居人口为主，但我们在探讨田园回归现象的时候，需要了解包括这种形式丰富多彩的“关系人口”在内的全部情况。

四　迁居人口与流入地的乡村振兴

（一）迁居人口追求的生活方式

首先，按照迁居的不同理由了解田园回归的人在乡村所追求的生活方式。以往研究中个案研究比较多，为了进一步了解更广泛的情况，本报告继续参照总务省过疏对策室“田园回归调查研究会”的成果报告，分析他们进行的“关于过疏地区迁居的问卷调查”。该调查的时间是从2017年11月7日到12月5日，调查对象为在法定过疏市町村办理迁居手续的人群。问卷共发放了4362份，收回的有效问卷为1000份（有效回答率为22.9%）。

问卷调查中有一个问题是与迁居的理由有关的：“您迁居时的理由是不是因为当地的魅力以及对农山渔村地区生活感兴趣？或者您在选择具体迁居地

① 田中輝美『関係人口の社会学』、大阪大学出版会、2021。

区时，这些因素有没有影响?”对于这个问题做肯定回答的受访者的数量占总数的27.4%。如果回答者仅限于从城市迁居的人口，则此比例上升至37.3%。

针对上述27.4%做肯定回答的受访者追问其迁居的具体理由（可多项选择，共有18个选项），以下是排名前五位的理由：（1）希望生活在气候和自然环境好的地方（47.4%的回答者选择了此选项，下同）；（2）想要改变以往的工作或者生活方式（30.3%）；（3）躲避城市的嘈杂，想要安静的生活环境（27.4%）；（4）希望生活在自己的故乡（25.2%）；（5）想要享受自己爱好（户外运动等）的生活（20.1%）。如果再把回答者限于从城市迁居的人口，那么排名前三位的选项的占比还要增加10个百分点左右。值得注意的是，选择“希望从事农林水产业等在城市里难以从事的工作”的受访者仅占8.8%，并不多，在18个选项中排名倒数第四。

作野广和根据自己在岛根县的个案调查，以及有关官方资料，就田园回归的理由进行了如下分类整理。[①]（1）公益创业及自我价值实现型（带着一种使命感，为了振兴当地产业或者维持社区功能而做出贡献，也有被当地聘请的）。（2）利用农山渔村自然资源型（从事乡村旅游业、农林水产业或者农产品加工业工作等）。（3）发挥技术和技能型（IT行业、设计、艺术、推拿师等随地可以工作的、拥有专业技能的人选择自然环境良好的居住地）。（4）重视育儿环境型。（5）回归家乡型（继承家乡或祖辈家业等）。作野还指出，无论是哪一种类型，作为促进迁居的实际因素——当地政府向迁居人群提供鼓励政策和与当地人的接触及交往的经验，这两点都是至关重要的。

（二）谋生过程与跟流入地社区的联系

迁居者如何谋生计的问题与他们想要实现的生活方式有着密切的关系。有的研究者还指出，迁居者在寻求生计的过程中，会发现迁居过来的外来人和本地人之间的互动。也可以说，他们谋生计的活动会给他们带来融入当地

① 作野広和「地域移住の広まりと地域対応—地方圏からみた『田園回帰』の捉え方—」、『経済地理学年報』第62号、2016、324~345頁。

社区的机会。[①] 接下来进一步讨论这个问题。

由于迁居者不能只依靠农业生活，因此他们在当地农村生活当中要找到或者创造能够维持生活的工作。这些工作一般是零碎的，赚不到很多钱，所以要从事多种工作来维持生计。他们在坚持自己所追求的生活方式的前提下，寻求能够充分发挥自己技能或者专长的工作。

他们谋生的行为不能单单看作一种经济活动，其实也是为了实现自我、追求自我的理想生活方式的一种行为体现。这和盐见直纪所提倡的“半农半X”的理念相符合。[②] 这一理念曾受到日本主流媒体的关注，现在也是一个很有影响力的理念。“半农半X”是以可持续的小农业为基础，再加上在当地或者更广泛的社会领域发挥自己的X（自己的天赋或者自己有干劲、愿意去做的事等）的生活实践和生活方式。由于这些谋生方式往往继承和发展了当地特色产业，并且是通过利用和挖掘当地自然和人文资源而形成的，因此迁居者在维持生计的过程中逐渐构建并扩大自己在当地内外的社会关系网。可以说，“半农半X”型谋生方式起到了促进迁居者与当地人以及当地社区联系和相互沟通的作用。

“半农半X”型谋生方式的这种作用甚至还会打造全新的社区建设模式。在“半农半X”的生活过程中，有的迁居者逐渐开始参与社区的建设活动，为解决当地社区问题做出贡献，激发社区全新的活力。他们并不是被动员起来的，而是在他们追求的生活方式以及谋生的各种活动中派生出来的。同样地，当地人在逐步了解这些迁居者的意愿的基础上，受到他们的影响和鼓舞，通过迁居者的眼界重新发现自己所在社区固有的价值，开始和外来人口一起进一步进行社区建设活动。[③] 小田切德美等研究者把对上述田园

---

① 松永桂子「『ローカル志向』をどう読み解くか」、松永桂子、尾野寛明編著『シリーズ田園回帰5ローカルに生きる　ソーシャルに働く—新しい仕事を創る若者たち—』、農文協、2016、6~22頁。

② 1993~1994年，盐见开始使用“半农半X”的说法，参见塩見直紀「半農半Xの今」、『地域開発』第627号、2018、2~5頁。

③ 有关这方面的案例，《丛书田园回归》（『シリーズ田園回帰』）的第三卷和第五卷介绍了比较丰富的案例。

回归与社区建设的讨论称为“社区建设论的田园回归”①。

当然，并不是所有农村社区都能够与迁居人口形成这种正向的互动关系。作为前提条件，本报告需要指出以下三点。

第一，迁居人口要融入当地社会。如在本报告前面提到的，田中辉美、土居洋平等的既往研究中介绍的很多个案告诉我们，这时候需要当地关键人物或者中介组织的存在。这些人和组织为了促进当地人和迁居者之间的相互沟通发挥着不可忽视的重要桥梁作用。久而久之，迁居者本人也为了后续人充当起桥梁和铺垫的角色。

第二，社区组织的创新。除了本地社区的传统组织以外，还要建立有开放性的、包容性的社区建设组织。这种组织会降低迁居人参与社区组织的门槛，还可以让这些外来人口比较轻松地就能说出自己的想法，也能够比较容易地做自己想做的事情。这是佐藤真弓基于她在长野县的个案研究所提及的内容。有些个案研究还指出社区建设组织同时承担迁居中介组织的功能，这意味着社区建设和接收迁居人口之间有着密切的关系，具有互相推动对方发展、相辅相成的作用。②

第三，迁居人能够灵活运用自己的“两面性”③。佐藤真弓专门分析了迁居人的两面性及其与社区建设和振兴的关系。迁居人作为当地社区的边缘人，有着“两面性”。他们既然迁居到当地过日常生活，就会被看作当地社区组织的一员，需要参加各种各样的社区活动，这是作为当地人的一面；另外，他们毕竟是外来人口，比如，他们没有从祖辈传承下来的家与家之间的来往，在当地也没有坟墓，等等。如果他们能够有意识地把自己的“两面

① 小田切徳美「日本における田園回帰—シリーズ各巻の位置づけ—」、大森彌、小田切徳美、藤山浩編著『シリーズ田園回帰 8 世界の田園回帰—11か国の動向と日本の展望—』、農文協、2017、42~66 頁。

② 比如佐久間康富、筒井一伸「田園回帰のハードルを下げる」、小田切徳美、筒井一伸編著『シリーズ田園回帰 3 田園回帰の過去・現在・未来—移住者と創る新しい農山村—』、農文協、2016、150~165 頁等。

③ 佐藤真弓「農山村における新規居住者の地域人材としての『二面性』」、『農水産政策研究』第 28 号、2018、1~24 頁。

性”用在适当的场合或场所，那么他们和土生土长的当地人不一样的身份可以让他们在一定程度上规避当地社区的一些繁杂的规矩、约束和压力。这样他们就可以在顺利地融入社区的同时，比较自由地发挥自己的优势，并且为社区带来新的想法和活力。

五　结语与启示

在日本，如前所述，随着工业化和城市化发展，不少人对于自己向往的生活方式的意识有了变化，向往乡村生活的趋势自然而然地形成了。不仅如此，政府的鼓励政策也推动出现田园回归现象。作为农村的过疏化问题以及比城市更严重的少子高龄化问题的对策之一，日本中央政府和地方政府积极采取一系列促进田园回归的举措。

不过，从由城市向农村的移居者数量来看，很难说田园回归已经成为很大的社会潮流。但是，已回归田园的人看到农村生活的魅力和价值，并且进行对外宣传或者与当地民众共同开展新农村社区建设的实践活动。这也许是小规模的、分散的、安静的活动，却可能使田园回归成为区域振兴的一股力量，带来城市与农村的新融合，这甚至可能成为让大城市居民反思迄今为止以大城市为中心的发展观以及在城市生活、劳动等生活方式的契机。可以说，这种意义是巨大的。

让我们把眼光转至中国，目前在中国的一些地区也可以看到与日本田园回归类似的情况。① 村庄已经变成不只是本村人生活的地方，外来人口也在村里租房或是买房用于度假或者养老，还有的人前往乡村搞经济建设，比如，做生意（农家乐）或者经营农场，等等。不过在中国，相对来说，国土发展战略的重点是在地方中小城市，要把农村人口转移到这些中小城市。这可能有让从农村到外地大城市打工的人回到离自己故乡较近的中小城市的

① 南裕子、閻美芳『中国の「村」を問い直す—流動化する農村社会に生きる人びとの論理—』、明石書店、2019。

效果，具有促进所谓“J-turn”效果的可能性。

目前，中国政府在大力推进乡村振兴政策，可以看到有一部分人利用鼓励政策回乡创业。但是，还不能断定这些政策到底有多大魅力可以吸引非本地人。通过乡村振兴政策带来的项目，外来资本和企业进驻农村，但这与田园回归是两回事。乡村振兴政策鼓励农村利用当地的生态资源和历史等人文资源发展旅游业，目前，貌似有条件的地区都在搞乡村旅游、红色旅游等旅游业。不过，日本的经验告诉我们，这种农村振兴尽管有增加交流人口的效果，但在促进当地可持续发展方面还存在诸多问题。①

鉴于中国城乡之间目前还存在各种差距，特别是教育、医疗等基础设施方面的差距，以及兼业机会（“半农半X”型生计的空间）等方面的问题，大批二三十岁的年轻人完全离开城市进而陆续迁居到农村估计在现阶段是不太现实的。两地居住可能是更符合中国实际情况的田园回归方式，或者说期待增加以“关系人口”的形式回归田园，对当地振兴发挥作用的城里人是更有现实意义的。

其实，上述这些情况在日本也是同样存在的。在国家的整体人口数量尤其是年轻人口数量出现减少的趋势下，今后田园回归人口中“关系人口”的占比及其发挥的作用可能尤为重要。如何利用在农村社区发生的人口流动所带来的优势振兴农村社区，笔者认为这是今后中日两国乡村振兴应当共同关注的重点之所在。

（南裕子、张季风译校）

① 关于这方面的问题可以参见德野貞雄「農山村振興における都市農村交流、グリーン・ツーリズムの限界と可能性」、日本村落研究学会編『年報村落社会研究 43　グリーン・ツーリズムの新展開—農村再生戦略としての都市・農村交流の課題—』、農文協、2008、44~93 頁。

B.13

日本老龄化、过疏化地区乡村振兴的特征与启示

——以岛根县宇贺庄町和海士町为例

郑　蔚*

摘　要： 战后日本的农村振兴始于20世纪60年代中期。20世纪90年代，在乌拉圭回合谈判达成农业协议之后，日本面临农产品竞争力不足、农村人口老龄化和过疏化、农村凋敝等问题，农村振兴政策更加重视对农业的经济、环境、社会、人文等多功能的开发和农村的可持续发展。本报告通过岛根县的案例，分析其通过农业经营组织创新、产业振兴促进政策激发农村内生动力与活力的举措与特征，同时论述了充分发挥“新农人”在乡村振兴中引领作用的重要性。

关键词： 日本　老龄化　过疏化　乡村振兴

在2020年12月28日召开的中共中央农村工作会议上，习近平总书记指出：“脱贫攻坚取得胜利后，要全面推进乡村振兴，这是我国‘三农’工作重心的历史性转移。”2021年2月21日，中央一号文件发布，针对全面推进乡村振兴、加快农业农村现代化，提出“继续推进贫困地区乡村振兴”“构建现代乡村产业体系”“强化农业农村优先发展投入保障”等重要举措。

* 郑蔚，农学博士，南开大学日本研究院副教授、中日农业发展研究中心主任，全国日本经济学会理事，主要研究领域：农业经济、农村金融、日本金融。

乡村振兴的全面推进的关键在于激发基层的内生活力、增强地区发展的内生动力，从而提升区域的内生发展能力。为此，许多专家学者提出了走内生型乡村振兴之路的观点。日本的农村振兴之路始于20世纪60年代初期，面临土地狭小、资源匮乏等自然环境的制约，“一村一品”等措施对于激发地区发展的内生活力起到了重要作用。进入20世纪90年代，尤其是乌拉圭回合谈判达成农业协议之后，日本面临农产品竞争力低下、农业人口老龄化和农村凋敝等问题，日本新一轮的农村振兴政策以注重开发农业的经济、环境、社会、人文功能为中心，更加重视产业振兴与创新，从而激发乡村的内生动力与活力，实现地区的“共荣共生”。本报告将以日本一个老龄化、过疏化程度很深的地区——岛根县实现乡村振兴的发展道路为例，阐述其特征及带给我们的启示。

一　岛根县老龄化、过疏化局面的形成

通常我们会按照“列岛”的地域概念，将日本划分为北海道、本州、四国、九州四大区域。但对于日本国民来说，他们更习惯从“都、道、府、县”的视角将其划分为八个区域，即北海道地区、东北地区、关东地区、中部地区、近畿地区、中国地区、四国地区和九州地区。其中的中国地区位于日本的西部，由广岛县、冈山县、岛根县、鸟取县、山口县五个县组成。岛根县位于中国地区的北部，东与鸟取县邻接，西部是山口县，南部是广岛县，北临日本海，总面积为6707.32平方公里，山地从东北到西南形成细长地形，西部山峦一直延伸到海岸线。

岛根县是日本独特的经济地理区划——“半山区”的典型代表。所谓“半山区”是指从平原的周边地区开始到山地之间平坦但耕地少的地区，这一概念是1988年在日本农业白皮书中提出的。① 按照这个概念来划分，日本的国土大约70%属于半山区，但人口只占全国总人口的13.7%。岛根县

① 農林水産省ホームページ、http：//www.maff.go.jp/。

内约有80%的地区属于半山区；而且，在全县总面积中，森林占77.9%，位居全国第三，农业用地面积只占7%，其中水田占78%。①

第二次世界大战之后，日本通过1947年进行的农地改革、1952年颁布的《农地法》解决了粮食增收的问题，建立了“耕者有其田”的以自耕农为主的零散经营的农业结构。这一时期，日本经济快速增长，大量农村人口涌向城市，农工之间的劳动生产率和收入差距逐渐拉大。为了解决这一问题，日本政府在1961年颁布了《农业基本法》，采取扩大农业生产规模、提高农业生产专业化和机械化水平等措施来调整农业结构。在这些措施下，日本农业机械化水平提高了，劳动生产率上升了，农民收入水平也得到大幅提高，同时出现了农民兼业化现象。“兼业农民”的主力军是20世纪六七十年代从事农业生产的青壮年，到了90年代，这些主力军开始迈入老年人口行列，农村人口老龄化趋势逐渐显现。乌拉圭回合农业谈判达成协议后，大量海外廉价农产品进入日本，对日本国内农产品市场造成较大冲击，影响到农产品加工及流通行业兼业农民的就业。

具体到岛根县，从20世纪70年代开始，受农村工业化政策指引，岛根县内遍布缝纫、电子产品及其零部件加工工厂，这些工厂受乌拉圭回合谈判的影响开始向海外转移，农民从事副业的机会减少，在工厂“兼业”的农民被迫“另谋出路”。“内外交困”导致岛根县出现劳动力减少、农民收入减少、农业后继无人、土地撂荒等一系列问题。可以说，从20世纪90年代初开始，农村的“过疏化”现象与农村人口老龄化两大问题并存直击岛根县农业农村的发展。

日本政府开始重视半山区的发展，例如出台了“半山区直接补贴”政策等，体现出日本政府支持半山区农业发展与农村振兴的决心。半山区直接补贴用于基础设施建设、教育医疗保健补助、提供就业机会、拓展流通服务等领域，对日本的农业农村发展和振兴起到了十分重要的作用。

---

① 農林水産省ホームページ、http：//www. maff. go. jp/。

二　农业经营组织创新助推乡村振兴

——以安来市宇贺庄农场“连片村落营农”为例

长期以来，日本的农业政策把扩大农业经营规模作为目标与方向，但是对于土地流动的规定较为严格。1961 年颁布的《农业基本法》严格规定了土地使用权，土地的自由流动受到限制。20 世纪 70 年代围绕土地流动的限制开始缓和，允许进行以“耕种”为目的的土地租赁。20 世纪 80 年代，日本颁布了《农用地利用增进法》，规定可以用“担保”的形式进行土地租借，土地的租借由农村的基层行政单位“村落”进行担保，这项政策为农民通过租借土地的方式扩大经营规模提供了可靠的保障。1999 年 7 月，日本政府颁布实施新《农业基本法》，提出减少“弃耕”，促进农业法人经营，支持农地集中连片经营。2003 年 9 月，政府出台《农业经营基础强化促进法》，允许小规模、分散经营的农地以地区为单位进行集中整合，并支持各个地区的“村落营农”。2014 年，日本以都道府县为单位设立了“农地中间管理机构”。2015 年，按照都道府县平均水平计算，除北海道地区的户均经营规模达到 25. 8 公顷之外，日本绝大多数地区的户均农业经营规模只有 1. 8 公顷。

“村落营农”是日本独特的新型农业经营组织，是由同村从事农业生产的农业经营者自发成立的民间团体，主要决定本村辖区内农业经营方向、农地流转等事务，类似于中国的农民互助组。岛根县出云地区安来市宇贺庄农场通过实施“连片村落营农”，实现了 13 个村落、约 200 公顷的农地集中连片经营。

宇贺庄町宇贺庄农场的“连片村落营农”之所以能够实现大规模经营，首先是因为存在地缘优势。宇贺庄町历史悠久，由平安时期掌握政权的贵族家的庄园及其所属领域命名，1951 年由三个地区合并形成，村内居民自觉组织在一起交换生产、生活信息，在历史、文化和习俗等方面具备较强的地缘优势。强烈的地缘归属感为“连片村落营农”的顺利实施提供了保障。其次是因为资源优势。安来市拥有日立金属等大型钢铁制造企业，中小企业、行政机构、农业团体云集，宇贺庄町的村落与规模较大，农民收入水平相对较高，非农就业人口较多。尤其是在2000年以后，战后“婴儿潮”时期出生的人口面临退休，其中有许多议员政治家、农业委员会委员、农协重要官员等，他们为安来市农地大规模整顿提供了信息并制定了切实可行的规划，为“连片村落营农”大规模建立立下了汗马功劳。最后是因为资金优势。安来市高效率使用“半山区直接补贴”，将其用于大规模农田基础设施建设①，改变单一种植结构，发展农产品加工业、第三产业和公益事业，安排农户就业，留住农民，遏制人口流失。

（一）宇贺庄町“连片村落营农”的形成

宇贺庄町“连片村落营农”形成过程如表1所示。二战后，宇贺庄町的土地未曾经过整治，各个村落的农地较为分散、混杂，土地的能动区域偏小，不适合经营规模扩大与大型农业机械使用。这样的土地条件还达不到当时岛根县内的平均经营规模（1公顷），农地整治、整修成为当务之急。②

表1 宇贺庄町“连片村落营农”形成过程

时间	事项
1997年	成立县级“农地整治事业筹备委员会”
1998年	成立宇贺庄町地区农业农村基础设施改进促进会
2001年2月	在营农委员会中设立营农协商委员会
2001年11月	召开村落营农动员会，调查农户的加入意愿
2002年2月	成立村落营农合作社筹备委员会
2002年3月	正式成立村落营农
2003年	“连片村落营农”正式开始实施
2007年	认定“特定农用地”的使用规则
2008年3月	成立法人组织
2008年4月	被认定为农业生产法人

资料来源：参见农事组合法人宇贺庄农场的调查资料（2018年9月实施），笔者依据对农事组合法人宇贺庄农场的岩琦社长的访问资料整理而成。

① 详见羽子田知子・吉田行郷「大区画圃場整備を契機とした担い手」の確保に関する分析結果」；農林水産省、http：//www. maff. go. jp/primaff/kenkyu/hukko/2011/pdf/zirei8. pdf.

② 笔者根据对农事组合法人宇贺庄农场的岩琦社长的访问资料整理得到。

1997年，宇贺庄町成立了专门的“农地整治事业筹备委员会”，由安来市议员、农业委员会委员、农协职员组成。“农地整治事业筹备委员会”组织宇贺庄町的10个村落，联合外部3个村落，成立了由13个村落组成的连片村落营农经营体，重新规划和利用伯太川、吉田川的优等水源，整修灌溉系统。1998年，成立了宇贺庄町地区农业农村基础设施改进促进会。1999年得到岛根县经营体培育促进事业项目的支持，成立了营农委员会，从13个村落中选出农业农村基础设施改进促进会委员、营农委员会委员，负责商议和制定“连片村落营农”的具体执行、对农户的组织方案等。2001年，在营农委员会中设立营农协商委员会，负责解决农户提出的具体问题，提出以最大限度减轻农民负担为宗旨，定期组织村落营农说明会，逐户调查农户对于加入村落营农的意向与困难。2002年2月，成立了村落营农合作社筹备委员会，3月正式成立村落营农。2003年正式开始实施“连片村落营农”，同时实现了水稻41.6公顷、大豆10公顷的种植目标。截至2007年，在以1公顷为标准整治的238.4公顷土地中，实现连片经营的达172.7公顷，占72%，水稻和大豆的种植面积分别提高到74公顷和100公顷。①

（二）农地集中连片经营的效果及成因

1. 合理抵消农地整治费用，提高农户积极性

伴随农民的兼业化和老龄化，作为宇贺庄町支柱产业的水稻种植的收益率下降，从事水稻种植的劳动人口不足。为解决这一问题，宇贺庄农场大力进行农地整治和改良，从2000年到2007年针对261公顷的土地进行了整治和改良。土地整治和改良的费用原则上由政府负担50%，其中岛根县负担27.5%，安来市负担10%，宇贺庄町负担8%。2004年，安来市合并了广濑町和伯太町，由于合并后仍属于过疏地区，其成为政府“半山区”政策的扶持对象，负担费用情况为政府占55%，宇贺庄町占7.5%。各项事业合计需要资金3.55亿日元，按照宇贺庄町的人口计算，每户要

① 笔者根据对农事组合法人宇贺庄农场岩琦社长的访问资料整理得到。

负担 104.9 万日元。[①] 宇贺庄町负担总费用的 53%，合计约 1.8 亿日元，其将用于改造吉田川灌溉系统，修建农协育苗大棚，整修公路、学校用地及其他等，整修好的公共用地的 26.8% 可以出售给县政府，以获得额外的补助金。宇贺庄町所需负担的另外 47%（合计 1.67 亿日元）全部用于农田整治，经整治的 238.4 公顷农田均超出了政府规定的土地集约整治率目标，其中属于第一类地区的土地集约率为 83.7%[②]，第二类地区的土地集约率为 81.5%[③]，宇贺庄町整治后的两类农田集约率分别达到 88.2% 和 83.9%，因此获得了政府的补助金。[④]

由此，宇贺庄町农户应该负担的部分通过两种途径被合理抵消：一是涉及公共用地的部分通过出售给岛根县政府获得补助金；二是高标准达成国家要求的土地集约率进而获得日本政府的补助。换言之，农户不出资便可以改善现有的农地条件，大大提高农民的积极性，这是宇贺庄町“连片村落营农”得以推广的重要原因。

2. 适度调整良劣耕地，提高公平性和效率

耕地的坡度、光照、肥沃程度等自然条件成为农地分配中容易引起纠纷的地方，宇贺庄农场采用“良劣均衡”的方法，在充分尊重农户的基础上进行适度调整，既提高了公平性又提高了土地利用率，起到了良好的作用。

宇贺庄农场专门成立了“耕地调整委员会”，由其负责处理农户的耕地分配问题，对于日照差、坡度大、产量少的耕地，一般由调整委员会成员或营农委员会成员认领，避免了不必要的纠纷。宇贺庄町的平均人均耕地面积为 0.8 公顷，耕地整治是以 1 公顷为单位来规划的，由此产生了一部分共用耕地，对于这部分土地的利用由“耕地调整委员会”负责协调。每个村落都有指定的成员加入“耕地调整委员会”，他们负责汇总本村落耕地面积、

---

① 参见笔者对农事组合法人宇贺庄农场的调查资料（2018 年 9 月）。农地整治费用根据笔者对农事组合法人宇贺庄农场岩琦社长的访问资料整理得到。

② 参见笔者对农事组合法人宇贺庄农场的调查资料（2018 年 9 月）。农地整治费用根据笔者对农事组合法人宇贺庄农场岩琦社长的访问资料整理得到。

③ 農林水産省、http://www.maff.go.jp/primaff/kenkyu/hukko/2011/pdf/zirei8.pdf。

④ 笔者根据对农事组合法人宇贺庄农场岩琦社长的访问资料整理得到。

农户人数和耕地利用情况等信息并制作成名册，负责与农户具体沟通、收集意见、制定规划方案，还要在定期召开的例会上汇报调整方案，方案经各村落委员一致通过后方可实施。

至于实施效果，按照“每 10 亩土地的劳动时间（小时）、产量（千克）、成本（万日元）”计算效率的话，“连片村落营农”实施前后的对比如下：水稻在实施前和实施后分别为“44.3/532/180”[①] 和“7.6/520/46”，大豆在实施前和实施后分别为“10.5/156/42”和“4.2/150/22”。从受益地区农户数量的变化来看，实施前为“专业农户 18 户和兼业农户 320 户”，实施后为“专业农户 4 户和兼业农户 334 户”，兼业农户占主流。

此外，由于灌溉设施得到整修，宇贺庄町的耕种作物种类增加，而且不同种类作物的土地利用面积有所扩大，例如，实施前，水稻为“224.2 公顷（5.8）”[②]，大豆为“11 公顷（0）”，烟叶为“2.5 公顷（0）”，合计为 237.7 公顷（5.8），综合土地利用率为 95%。实施这一政策后，水稻的土地利用面积为“145.4 公顷（94.1）”，大豆为“97.1 公顷（97.1）”，烟叶为“5.2 公顷（0）”，大葱为“0.2 公顷（0）”，牧草为“0.8 公顷（0）”，合计为 248.7 公顷（191.2），综合土地利用率为 102%，提高了 7 个百分点。

3. 导入新技术实现生态宜居，稳定稻作经营

宇贺庄町由于全面整修和整治灌溉排水系统，自动过滤了泥沙，下流河床也能做到防污，实现了环境友好和生态宜居。[③]

宇贺庄农场在整修整治基础设施的同时，非常重视灌溉排水的技术革新，导入了“自然压式管道系统”[④]，其不仅具备排水功能，还可以自动调

---

① 此处数据单位省略，单位分别为小时、千克、万日元，下同。

② 括号内的数字为村落营农负责经营的土地面积，单位为公顷。

③ 参见「土地改良の効果と必要性—平成 20 年度農林水産大臣賞受賞の農業事業—」、http：//blogs.yahoo.co.jp/romantic_ of_ taisho/49854488.htm、http：//www.inakajin.ro.jp/03shinkou/nn-kiban/doc/0903_ 02simane.pdf。

④ “自然压式管道系统”是日本农村工学研究所和株式会社 PADDY 研究所共同开发、获得的专利。参见小野寺恒雄「自然圧パイプライン・地下灌漑システムによる新水管理技術の開発」、http：//www.paddy-co.jp/data/sizenatsu.pdf。

节地下水位。这项技术的导入是在岛根县政府官员和“农地整修事业”促进会会员走访日本土地改良示范区——宫城县和茨城县之后实施的。自然压式管道代替了原来的泵压式管道，既可以增加灌溉面积，又可以防止水资源流失。该项技术最先在日本西部地区试行，它的管道系统实现了灌溉、排水和地下水位调节一体化，尤其是其调节地下水位的功能非常适合水稻种植，极大地缩短了劳动时间，做到了省力，对稳定稻作经营管理起到了重要作用。

三　产业振兴政策与制度创新引领乡村振兴

——以隐岐地区海士町为例

（一）海士町的农业发展与产业特征

海士町位于岛根县隐岐地区的中之岛，面积只有33.4平方公里，属于离岛地区。从奈良时代开始，这一地区就被作为“流放之岛”，岛上居民的生活以自给自足、半农半渔为主。[①]

岛根县是日本知名的稻米和肉用牛产地，这一特点在海士町更为显著，除海士町之外的隐岐地区，还有岛前的西之岛町、知夫町盛产肉用牛，岛后的隐岐之岛町以稻米生产为主。海士町的平原地区自古有种植水稻的传统，稻米产量大约为381吨，消费量为159吨[②]，因此销售至岛外的占多数。水稻的种植得益于海士町具备良好的气候环境和丰富的地下水资源，按照1981~2010年的统计，海士町的年平均气温为14.6℃，平均降水量为1619毫米。在日本经济高速增长期，除水稻之外，海士町一直沿用“小麦—豆类—谷物—放牧”的轮种方式。海士町的坡地是良好的牧场，从中世纪开始就有放牧的传统。[③] 20世纪80~90年代，海士町不断深挖放牧资源，根

① 参见「隠岐の国・海士町」、『離島発！地域再生への挑戦』、2011。

② 按照2006年日本全国稻米交易和价格形成中心的数据——全品种的平均价格为每60千克15731日元、2005年全国人均大米消费量为61.4千克、海士町的人口为2581人计算得出。

③ 三橋時雄『隠岐牧畑の歴史的研究』、ミネルヴァ書房、1969。

据2011年2月版海士町《隐岐前岛公共牧区利用状况》的记录，海士町放牧面积达1433公顷，包括“海士牧区”在内，共有13个牧区。近年来，海士町进一步重视农业的多功能发展，大力开发岛内旅游观光资源。

（二）财政危机与农村产业振兴政策的制定

海士町的人口在1960年为6160人，随着经济增长速度逐年下降，加上从20世纪70年代开始老龄化程度逐渐加深，到2010年，人口数已降到2374人。为应对人口流失，海士町在经济高速增长时期开始持续采取通过扩大公共事业投资创造就业机会的措施，但是随着泡沫经济崩溃，海士町的财政收支恶化愈发表面化，截至1999年末，地方债达101.8亿日元。为了削减公共事业投资，海士町确立了“十年综合振兴计划（1999～2009年）”①，进行财政改革，同时提出激发海士町内部活力，充分开发岛内资源，走创新型农村振兴之路。

2002年5月，海士町新町长上任②，制定了2003年度《中长期海士町自立促进计划》，将“保守型财政重建计划”与“进取型地区产业振兴计划”相结合③。为实现“保守型财政重建计划”目标，自2004年3月31日起，减少包括町长在内的行政管理人员并实行自主减薪。同时，为获得住民的支持，还成立了“町政座谈会”④，讨论提出除行政人员减薪外，住民也自主减少补助金，将两项财源用于支持成立“岛内育儿与教育基金”，以规避未来人口流失。

为实现“进取型地区产业振兴计划”目标，海士町确定了从“海产品、

---

① 『第三次総合振興計画ダイジェスト版』、「隠岐郡海士町オフィシャルサイト」、http：//www. town. ama. shimane. jp/gyosei/soshiin/1010/。

② 拥有在东京大企业任职经历和国际化视野的新町长是典型的“新农人”代表，因具有浓厚的乡土情怀而返乡工作，在该町出现最为艰难的财政困境之时出任町长。其上任后，通过町长工资减半，町议会议员、町管理层人员工资部分削减以及部分调整居民补助金等方式削减开支。

③ 「海士町（島根県）地域資源を活用したまちづくり」、http：//www. soumu. go. jp/content/000063232. pdf。

④ 『日経グローカル』、2004年11月15日。

农产品及肉用牛、海盐”等自然资源出发，大力开发自然资源的经济价值，并制定了《全岛产品品牌化战略》。这一战略提出的具体目标是：激发海士町的内生动力与活力，走“自立”的农业振兴之路，以农业产业振兴为基础实现产业结构调整，瞄准东京市场，开发高附加值的农产品并大力发展农产品加工与物流。这一战略的实施使海士町的海螺咖喱、新鲜鱼贝类、海藻类功能性保健品、CAS① 冷冻食材、富含氢元素的矿泉水、高品质“和牛”——岛生岛育隐岐牛等一系列产品在东京、大阪等大城市的消费市场占有一席之地。《全岛产品品牌化战略》的实施不仅解决了岛内就业问题，还吸引外地人口流入，为此，海士町推出“人才留岛”计划，为全岛的振兴输送了新鲜的血液。

（三）海士町的产业创新制度与农村振兴

1. 利用岛内资源实施品牌化产业振兴战略

海士町第三次综合振兴计划中提出了“人、物、健康”和谐发展的理念，制定品牌化产业振兴战略，并提倡通过组织改革创新配合产业政策实施。组织改革表现在新町长上任后增设了新的部门——“产业创新部”，其由“对外交流促进科”、“地产地商科”② 和“产业创新科”组成，具体目标是充分开发岛内自然资源，激发人才的创新能力，创造岛内新产业，增加岛内就业机会，提高农民收入水平，激发农村活力。

以开发“海螺咖喱”产品为例，1998 年，海士町制定了“农特产品品牌化制度”，具体指定海产品、稻米和肉用牛作为海士町的品牌化开发产品重点。最先开发出来的“海螺咖喱”源自海士町农协的妇女社员和擅长产品开发的“产品开发研修生”的发明，他们在日本大众喜欢的咖喱中加入海士町独特的海螺，产生了意想不到的效果。这一发明得到了町政府的认可和支持，其组织技术及相关人员全面参与海螺咖喱的研发、制造、流通和销

① CAS（Cells Alive System），是细胞存活系统的英文缩写，是由日本发明的一项冷链保鲜技术，即可以保证冷冻食材在细胞存活的状态下的鲜度和口感。

② “地产地商科”主要负责当地创新产品在全国范围的宣传与促销。

售各个环节。为扩大知名度、打开日本市场，海士町还在东京重要地区设立专门的销售点，广泛进行宣传。随着东京消费者认可度的提高，其又在日本其他大城市设立销售点，并充分利用媒体资源扩大影响力。海螺咖喱成为名副其实的“名特产品”并享誉全国。

2. 活用政策及外部资金以加强产业创新

海士町《全岛产品品牌化战略》得以顺利实施离不开当地合理高效地利用资金。除了充分利用政府的“半山区直接补助”，将之高效率地用于稻田等基础设施建设，发展海士町农特产品加工业、第三产业和公益事业外，充分活用岛外资金开展产业创新也是海士町实现农村振兴的一个重要特征。

日本政府为鼓励各地方的农村振兴出台了许多公开申请的项目基金，海士町就积极申请获得这些政策资金的支持以加强本地区的产业创新。比如，2004 年 2 月 27 日开始申请政府“地区再生计划”中的“关于加大地方就业机会的促进支持事业”的项目，2004 年 3 月制定了“海士町促进产业创新计划”并提出申请，在同年 6 月获得了 2320 万日元的资金支持。[①] 该项目的具体内容是支持进行“全岛牡蛎幼贝系列产品”的开发创新。海士町牡蛎幼贝系列产品的开发源自 1992 年，最早由与海士町相邻的西之岛町技术人员研制出牡蛎幼贝的养殖技术，1993 年，海士町年轻渔师利用该技术开始了大规模养殖，1997 年在全岛普及该技术并开展系列产品产业的创新研发。2001 年成立专业养殖合作社，针对牡蛎幼贝从种苗生产到养殖繁殖进行一体化经营，对其系列产品进行品牌化生产、销售与管理。2004 年得到项目支持后，海士町又导入了“CAS 新技术体系”，将其投入技术创新研发环节。

此外，2006 年 11 月，海士町制定了“海士基金”制度，向社会公募海士町发展资金，以用于对优质幼牛的培育。该制度规定，基金以 50 万日元为一个出资单位，以七年为借入期限，期满全额返还；利息以实物形式支付，每年分四次向出资者支付相当于 1.5 万日元的岛内四季最新鲜的优质农

---

① 『広報海士』第 386 号、2004 年 9 月。

产品，并承诺如果因不可抗力造成无法偿还，则由海士町政府出资返还全额。该项基金很好地支持农民用 50 万日元购买一头非常优质的小雌牛以进行畜产经营。①

3. “政府出资、民企管理”的产业制度创新

海士町在 2004 年 6 月获得政府的“地区再生计划”基金以主要用于利用 CAS 新技术进行“CAS 冷冻产品产业创新”。CAS 是一项在不破坏细胞结构条件下的冷冻技术，海士町将其作为产业创新的重要抓手，出资 4450 万日元成立了“CAS 冷冻技术中心”②，中心的设备建设与保护由政府负责，经营和管理由 2005 年 2 月 25 日成立的株式会社 FULUSATO 负责。株式会社 FULUSATO 是一个注册资本金为 1 亿日元（其中海士町政府出资 90%，民间出资 10%）的民间企业。③ 其中，设备资金由政府出，FULUSATO 的事业部门负责经营和管理，即充分利用 CAS 冷冻技术中心的“不破坏细胞结构的瞬间冷冻技术”，通过宣传和企业化经营管理，将海士町的海产品介绍和销售到日本全国。

按照同样模式，海士町还运用政府“新农村振兴——农林渔业特别事业与新渔村基础设施补贴”出资 8982.4 万日元（政府与海士町各占 50%）成立了“海士盐研究中心”，并与海士盐事业发展公司合作，前者负责研发以及产品的产业化运营。除了开发隐岐诸岛的海盐及其产品外，其联合隐岐的梅子产区，共同开发研制“腌制梅”和“腌制鱿鱼”等名特产品，走与海螺咖喱和牡蛎幼贝相同的产业化发展路径，产品销往东京等大城市乃至全国。

受益于一系列由产业振兴主导的农村振兴政策与制度创新，近年来，海士町这样一个只有 2000 多人的离岛地区的人口减少趋势得到了控制，人口下降趋向停滞状态，岛内独特的产品品质和专业化服务得到了日本社会的广泛关注。

---

① 「農林水産省農山漁村活性化推進本部（第 5 回）配分資料」、http://www.maff.go.jp/j/study/kassei/pdf/hearing_190227。

② 海士町『2007 海士町勢要覧資料編』、2007。

③ 『広報海士』第 390 号、2005 年 3 月。

四　结语：日本老龄化、过疏化地区乡村振兴的启示

岛根县是日本自然条件、社会经济条件最为不利的地区之一，也是老龄化和过疏化进程最为显著的地区，其实现乡村振兴的案例给予我们如下启示。首先，政府的乡村振兴促进政策极为关键，各地区要充分结合当地自然禀赋与社会经济条件，立足“因地制宜”的发展观促进乡村全面振兴。其次，农业经营者的经营理念革新、组织与管理制度的创新十分重要。出云地区安来市能够形成日本西部规模最大的农业经营体，与其“连片村落营农”的运营及发展方式创新密不可分。至于岛根县最西部的离岛地区隐岐海士町通过新产业的振兴带动乡村全面振兴，其经营者“主动进取”的精神与坚持走内生型发展道路的理念相结合，创造了“全岛产品品牌化”的奇迹，使拥有 2000 多人的小岛创建了全日本的知名品牌，既守住了人口流失红线，又带动了乡村全面振兴。

熊彼特的发展理论认为，“发展是一种自律性的内在变化”，要重视生产要素及其相互之间发生的内在变化。日本的农业发展面临规模小、以家庭经营为主、从业人口老龄化、农村过疏化等问题，从农业的可持续发展看，不能单纯依靠财政，而要重视内生性的发展规律，以“区域发展”的理念勇于创新、激发乡村的内生动力与活力，实现地区的“共荣共生”。这便是日本一个老龄化、过疏化程度很深的地区通过走“内生型乡村振兴”的发展道路带给我们的启示。

B.14

日本乡村振兴视域下的文化遗产保护利用政策与实践*

胡　亮**

摘　要： 日本文化遗产是重要的文化资源，在乡村振兴中发挥着举足轻重的作用，研究日本乡村振兴中文化遗产的保护利用政策与实践对于中国今后系统化、精细化保护、利用文化遗产以及拓展文化遗产生命力具有参考意义。本报告基于日本文化遗产政策，提炼出其乡村文化遗产保护、利用特点，即遵循整体性原则，将物质文化遗产与非物质文化遗产纳入保护利用范围；讲述文化遗产故事，扩大文化遗产的影响力；促进文化遗产保护与利用，使二者形成良性循环；下放保护利用主体权力，使参与主体多元化。研究结论是：日本文化遗产政策的包容性有利于保护乡村文化遗产；保护利用理念的灵活性有利于差异化开发乡村文化遗产；参与主体的多元性有利于可持续发展乡村文化遗产。

关键词： 日本文化遗产　乡村振兴　整体性原则　日本遗产

2021年2月21日，中共中央、国务院发布《关于全面推进乡村振兴加快农业农村现代化的意见》，新时期如何讲好文化遗产故事，促进文化传

---

* 本报告是天津社会科学院委托课题"人类命运共同体视域中东北亚文化交流合作研究"（课题编号：21YWT-15）的研究成果。

** 胡亮，天津社会科学院日本研究所副编审，中华日本学会理事，主要研究领域：日本文化遗产。

承，提升文化自信，如何保护、传承乡村文化，如何进一步落实中央一号文件中有关乡村文化振兴的工作已成为全面推进乡村振兴的焦点与重点。

在日本，通过文化遗产的保护利用助力乡村振兴一直是政府工作的着力点。由于农村集中了日本大部分文化遗产，因此，无论是政府还是村民都将文化遗产作为乡村振兴的重要抓手，极为重视对乡村文化遗产的保护与利用。中央政府、地方政府制定了详尽的政策，以确保文化遗产保护政策的协调性、延续性、灵活性；村民等主体积极参与文化遗产保护与利用，打造循环型经济，促进文化传承。其经验可资借鉴，因此，本报告拟深度解析日本乡村振兴过程中保护和利用文化遗产的特点，为中国今后系统化、精细化保护、利用文化遗产和拓展文化遗产生命力提供参考。

一　日本文化遗产政策变迁与乡村文化遗产保护

（一）扩充《文化财保护法》内容，将乡村文化遗产纳入保护范围

目前，日本《文化财保护法》规定的保护对象包括有形文化财[①]、无形文化财、民俗文化财、纪念物、文化景观、传统建筑物群、埋藏文化财与保存技术。[②] 实际上，日本在1950年制定《文化财保护法》时仅确立了有形文化财、无形文化财以及埋藏文化财保护体系，之后不断修订法律，增设相关制度，最终形成上述内容丰富的文化遗产保护体系。随之而来的是，被纳入《文化财保护法》保护范围的文化遗产数量、类型不断增加，分布在乡村地区（市町村）的指定（选定）文化遗产数量是都道府县的4倍多，市町村的登录文化遗产数量更是都道府县的20多倍。

① 关于“文化遗产”的表述，中国使用“文化遗产”，日本多使用“文化财”，本报告在叙述日本法律时使用“文化财”，在行文中则依据中国的表述习惯使用“文化遗产”。

② 日本的文化财分为有形文化财、无形文化财、民俗文化财、纪念物、文化景观、传统建筑物群，而《文化财保护法》中的保护对象除了上述六种文化财之外，还包含埋藏文化财与保存技术。

内容逐渐充实的《文化财保护法》有效保护了尚未得到充分重视的乡村文化遗产，特别是随着人口老龄化程度的加深，濒临消失的乡村文化遗产增加，日本政府还可以将濒危的乡村文化遗产纳入公共领域，加大保护力度。

（二）丰富保护手段，乡村文化遗产得以充分利用

在《文化财保护法》中文化遗产的保护利用手段分为指定（选定）、登录两种形式。1950 年，日本政府制定《文化财保护法》之际即设立了指定（选定）制度。所谓“指定（选定）制度”指的是指定（选定）文化财中重要的文化财，并对所指定（选定）的文化财的所有者施以制约，以保护珍贵的国民财产的制度。概言之，指定（选定）制度就是选定重点文化财，通过严格的制约和精心的保护，永久保存对于日本来说价值极高的文化财。[①] 但由于指定（选定）的文化财数量有限，而且具有较高价值的文化财数量众多，提出保护要求的也不在少数，特别是随着地区开发的推进、生活方式的转变，部分文化财处于濒临消失的危机中。为了应对社会的发展变化，文化厅于 1996 年设立有形文化财登录制度，即大范围登录有必要采取保护措施的建筑物，采取宽松的保护措施，根据情况持续提出指导建议以及进行劝告等。[②] 2021 年，日本政府再次对《文化财保护法》进行修订，创设了无形文化财、无名民俗文化财的登录制度。

登录制度有利于保护利用乡村文化遗产。首先，由于指定（选定）制度面向具有较高艺术价值的文化财，而登录制度面向处于危机或具有一定文化价值的文化财，因此，登录制度有利于使文化价值稍低的乡村文化遗产获得保护。其次，文化厅规定市町村要有效利用登录文化财。所谓的“有效利用”即“广泛传播文化财的价值、魅力，在社会上产生影响”，主要包括塑造本地区景观的重要元素，在保持建筑物原有功能的前提下向大众公开，

① 国家文物局第一次全国可移动文物普查工作办公室编译《日本文化财保护制度简编》，文物出版社，2016，第 20 页。

② 国家文物局第一次全国可移动文物普查工作办公室编译《日本文化财保护制度简编》，文物出版社，2016，第 46 页。

以使其体验建筑物空间的魅力，进行街区规划，用作观光景点，用作文化设施，实现复合型利用等。[①] 就乡村振兴角度而言，登录制度更便于村民有效活用乡村文化遗产，通过文化遗产旅游等促进经济发展。特别是2021年设置的无形文化财、无名民俗文化财的登录制度，与之前提出的文化财登录制度相互补充，旨在加大对乡村文化遗产的活用力度。

《文化财保护法》的修订历程如图1所示。

二　日本乡村振兴中保护、利用文化遗产的特点

（一）遵循整体性原则，将物质文化遗产与非物质文化遗产纳入保护利用范围

日本文化厅于2007年出台“历史文化基本构想”[②]（以下简称“基本构想”），要求自治体打破之前按照不同类型开发文化遗产的思路，将有形、无形等文化遗产整合为“文化遗产集群”，并相应地确定历史文化保存活用区域，由点及面、综合性地开发包含文化遗产周边环境在内的文化资源，加大文化遗产的开发力度，为地方发展注入活力。概言之，“基本构想”是在整体性原则的理念下，以区域为单位将文化遗产整合为“文化遗产集群”，再根据集群的特色制定活用方针的政策。

（二）讲述文化遗产故事，扩大文化遗产的影响力

文化厅于2008年出台“日本遗产”[③]，要求地方自治体深入挖掘地域历史魅力与特色，通过讲述历史文化故事，将有形、无形等各类文化遗产纳入叙事话语，并围绕叙事主题打造文化遗产集群。故事以讲述历史发展及地方

---

① 国家文物局第一次全国可移动文物普查工作办公室编译《日本文化财保护制度简编》，文物出版社，2016，第57页。

② 「『歴史文化基本構想』策定技術指針」、https://www.bunka.go.jp/seisaku/bunkazai/rekishibunka/index.html。

③ 「日本遺产について」、https://www.bunka.go.jp/seisaku/bunkazai/nihon_isan/index.html。

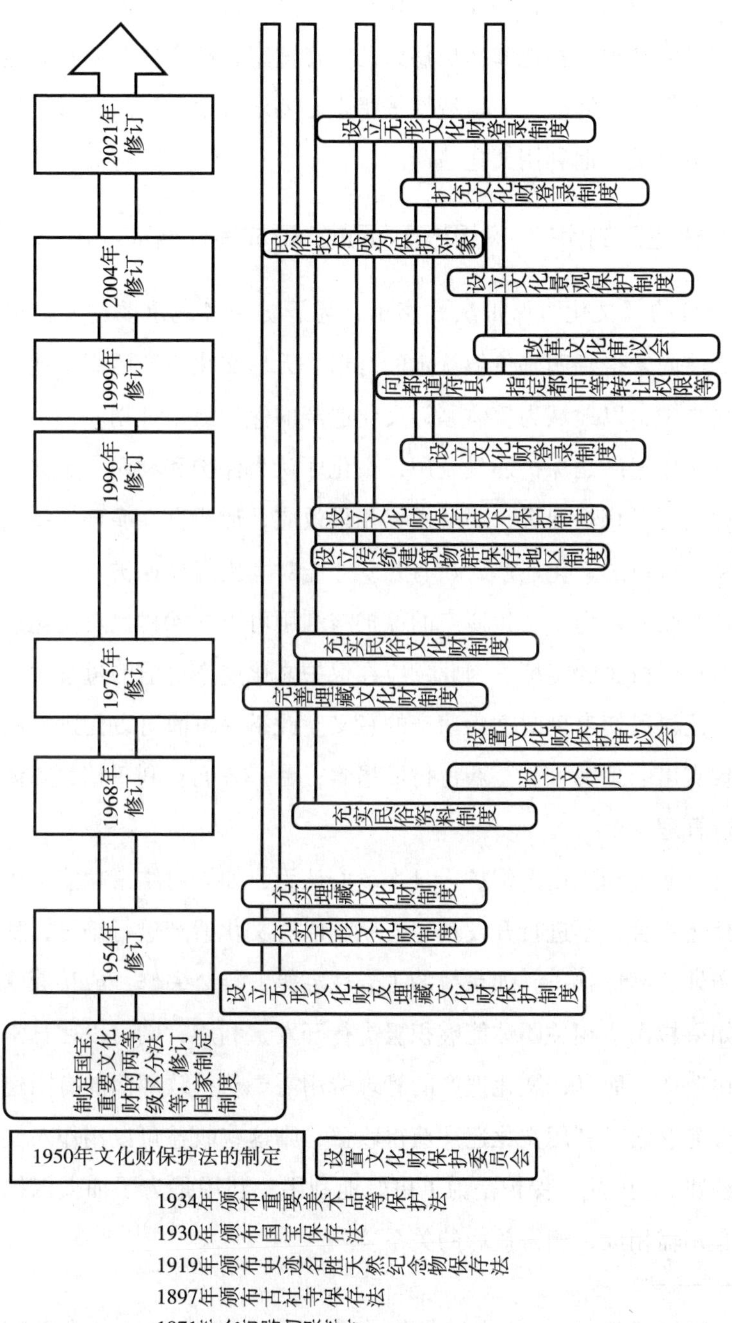

图 1 《文化财保护法》的修订历程

资料来源：文化厅「文化財に関する基本資料」、2017 年 11 月。

风土为主；在设定主题方面，涵盖传统建筑、名胜古迹、自然风光、传统节日、传统工艺等体现地域特色和历史悠久的文化遗产；故事内容要具有趣味性、新颖性、通俗性、稀缺性、地域性等特点。要求各地方政府通过讲述文化遗产故事，由点及面地利用文化遗产。

（三）文化遗产的保护、利用相互促进，形成良性循环

2018 年修订的《文化财保护法》指出，为了防止各地重要的文化遗产消失，应将之前尚未得到明确价值认定的有形、无形文化遗产活用于地方建设、乡村振兴之中，以地域为整体制订文化遗产的保护活用计划。

对于乡村文化遗产是保护还是利用，文化厅认为保护和利用二者并不矛盾，保护与利用可以相互促进，通过发挥相乘效应，形成良性循环。特别是对于体现本乡村特色的文化遗产，只有开发才能对其更好地保护。

首先，日本政府认为，文化遗产的保护与利用可以加深村民对文化遗产的理解，从而获得村民的支持。因此，应在保护文化遗产价值的过程中，积极加以活用，让村民切身理解文化遗产的意义。此举一方面可以促进村民对文化遗产财政支出的理解，甚至获得村民捐赠；另一方面有利于相关团体对文化遗产进行管理。

其次，可以通过利用促进保护。日本政府认为，如果对结束功能、用途的文化遗产弃之不管，不进行开发利用，就难以对文化遗产进行修复，从而导致文化遗产处于濒危状态。如乡村的古老民宅等，年久失修，或将面临倒塌的风险，如果村民或相关团体能够积极进行开发、利用，则可以在日常管理中保护文化遗产。而且，文化遗产的管理费用需要从行政部门的有限经费中支出，如果能够通过利用文化遗产获得收益，则这些收益可以用作对文化遗产的保护经费。① 因此，保护是为了更好地利用，利用是为了加大保护力度，二者具有相辅相成、相得益彰的关系。

---

① ランドブレイン株式会社「文化財の効果的な発信・活用ガイドブック」、『文化財の効果的な発信・活用方策に関する調査研究事業報告書』、2014。

（四）权力主体逐渐下移，参与保护利用的主体多元化

在1975年《文化财保护法》增设传统建筑物群保护制度之际，日本文化厅将制订传统建筑物群的保护计划等权力下放到市町村层面。文化厅规定由市町村的教育委员会制订保存计划、修理计划、资金支持计划等。换言之，从保护对象的指定到保护措施的制定都以市町村为主体，自下而上的保护体制成为传统建筑物群保护制度与其他制度最大的不同。

2018年，《文化财保护法》进行部分修订，强调从都道府县到市町村制订文化遗产的活用计划。而且，在制订计划时，除了当地居民外，市町村、都道府县、文化遗产所有者、文化财保存活用支援团体，以及有识之士、商工会、观光关系团体等也要参与。[①] 这一修订意味着在法律层面明确了文化遗产保护与利用的参与主体多元化。

三　日本乡村振兴中保护、利用文化遗产的实践路径

（一）长崎市“基本构想”：梳理历史文化的关键词，划定文化遗产集群，确定活用方针

长崎市于2015年制定“基本构想”，在整体性保护原则的指导下，基于历史特色，选取体现历史发展脉络的关键词，以关键词为中心打造文化遗产集群，围绕文化遗产集群确定活用区域和活用方针。

长崎市由于地理位置邻近大陆，自古以来与外国交流频繁，积极吸收海外文化，同时孕育了独特的文化。长崎市内保留了与海外交流的历史遗迹，以及体现历史特色的各类文化遗产。长崎市保护利用文化遗产的实施路径如下：从孕育历史文化的自然环境、展现长崎市历史文化的历史事件、世代继承的文化等三个维度确定体现长崎特色的九个关键词，分别是与自然环境共

---

① 「文化財保護法及び地方教育行政の組織及び運営に関する法律の一部を改正する法律等について」、https://www.bunka.go.jp/seisaku/bunkazai/1402097.html。

生，各藩领地及地域文化，长崎的都市构造与町人文化，港口长崎与海外的窗口，通往全国的街道，基督教文化中心，近现代的先进地区，和平都市长崎，在交流中诞生的长崎艺术、工艺、生活文化。围绕这九个关键词，长崎市确定了九个相应的文化遗产集群，例如，有关各藩领地及地域文化的文化遗产包括矢上神社、矢上城迹、川烧窑迹、古贺庭院、唐子舞等。在确定历史文化保存活用区域之际，其方针是在每一个区域都划定相应的重点区域，以重要的历史文化遗产所在区为中心，进行街区建设，发展旅游业等。

简言之，长崎市的“基本构想”是通过梳理关键词→确定文化遗产集群→划分活用区域→制定活用方针的形式完成整体性的保护与利用。①

（二）津和野町的“日本遗产”：讲述文化遗产故事

津和野町位于岛根县最西端，其文化遗产构成要素为津和野城迹、弥荣神社的鹿舞神事、藩校养老馆等国家级与县级机构指定的有形和无形文化财，共计 34 项，其中还包含未得到指定的文化财。在文化厅于 2008 年出台“日本遗产”后，岛根县津和野町于 2015 年被认定为“日本遗产”。按照文化厅的要求，津和野町以讲述故事的形式将这些文化遗产串联起来。津和野町把江户时期的名画《津和野百景图》中描绘的名胜古迹、自然风貌、传统艺能、风俗人情等 100 个场景作为历史背景，从当地明治启蒙思想家西周及明治的大文豪森欧外的视角推进故事发展。具体包括：西周、森欧外的宅邸位于御殿郭南侧，从宅邸西侧高耸的津和野城可以眺望城对面的青野山；西周、森欧外沿着津和野川而下，在御殿街的藩校养老馆上课，途中路过御殿建筑群、弥荣神社，然后沿津和野大桥而下；对于刻苦钻研学问的西周、森欧外而言，参与节庆活动是他们最大的乐趣，春天，在鹭原八幡宫举行流镝马神事，夏天，在弥荣神社举行祇园祭，节庆活动使他们流连忘返。

津和野町从当地名人西周、森欧外的视角描述津和野町的名胜古迹、四

① 「長崎市歴史文化基本構想」、2015、https：//www. city. nagasaki. lg. jp/syokai/730000/731000/p027055_ d/fil/kousou_ honpen. pdf。

季变迁，在历史画卷《津和野百景图》中徐徐展现文化遗产、人文风貌。游客一边沿着西周、森欧外曾经生活、学习过的场所欣赏遗址，一边感受江户时代的气息。这种融文化遗产于无形的故事当中的叙事手法增加了游客的体验乐趣。

（三）鸟取县八头郡：利用与保护发挥相乘效应

鸟取县八头郡人口有 24644 人，面积为 630.63 平方公里。鸟取县八头郡若樱町沿线保留了大量珍贵的铁道遗产，是日本第一个将 23 个铁道遗址一同登录为有形文化财的镇。

铁道于 1930 年开通，由于山区的过疏化问题严重，作为地方产业的林业衰退，发挥运输功能的铁道经营状况恶化，濒临倒闭，蒸汽车时代的设备，如转车台、供水塔、炭台、排炭坑等已被废置 50 余年。为了通过铁道观光吸引游客，村民提议修复铁道，但最初仅有一人参与，之后在商工会青年部等的支持下，有识之士逐渐加入，历时四年半左右时间，铁道修复完成。目前，车站内部仍然保留木制房屋以及用石头铺砌的站台、蒸汽机转车台和供水塔、手动操作信号的灯室以及存车库。① 由于站台及乘务人员休息室都保留了浓郁的昭和特色，在日本比较罕见，因此受到怀念家乡的人的喜爱。

八头郡废弃的铁道作为新的观光点逐渐得到关注，并受到全国铁道迷的青睐，村民逐渐认识到其文化遗产价值，因此修复铁道的举措得到了村民的理解与支持，铁道工作人员在募捐时，不仅从村内部，还从其他地区募集到大量资金。八头郡开发铁道遗产是为了获得观光收益，而观光收益又进一步用于修复铁道遗产。与此同时，遗产开发不仅带动了乡村旅游，还加深了村民的文化认同，可谓一石二鸟。

（四）千叶县馆山市盐见地区：大学参与文化遗产的保护、利用

千叶县馆山市盐见地区是一个保留大量老朽化古老民宅、历史已逾千年

① 『若桜鉄道施設 23 件』、http://www.town.wakasa.tottori.jp/?page_id=60。

的传统村落。该地曾经茅草民宅林立，但是由于人口减少，目前只剩 200 人，且 65 岁以上老人占半数，维修茅草民宅越发困难，茅草民宅破败不堪。一次偶然的机会，千叶大学教授冈部明子及其学生发现了这些民宅，开始进行茅草民宅再生项目，不仅开发民宅本身，还关注对乡村景观及社区等的整体性开发。学生一边开发村落，一边整修民宅，与村民共同完成乡村再生。由于修葺茅草屋顶需要特别的技术，学生在工匠的指导下自行完成，并定期召开工作坊等交流活动，2014 年有 50 人参加。目前，这些民宅已成为学生召开学术研讨会的据点，也成为村民的活动中心，村民在此举行茶话会，展示当地陶艺家作品等。

学生在过疏化、老龄化的地区居住的同时，也将其作为实地考察的场所进行田野调查、民宅维修等研修活动。不仅是日本学生，也有留学生居住在此感受传统日本文化的魅力。甚至有一些学生由于在此生活时间较长，毕业后就留在当地并成为当地的建设者。

这些过疏化、老龄化地域的民宅对于大城市的学生而言是验证地域建设的试验场所，对于留学生而言则是体验传统村落生活的适宜的研修场地。另外，古老民宅由于大学生、留学生的入住而再现生机和活力。由学生参与文化遗产的保护与开发不失为一举两得的举措。

四　研究结论与经验启示

（一）研究结论

1. 政策的包容性有利于保护乡村文化遗产

对于以保护为主旨的《文化财保护法》，随着社会发展与理念的更新，保护范围不断扩大：从最初的有形文化财、无形文化财到无形文化财指定制度、传统建筑物群和文化财保存技术制度，再到登录文化财制度、文化景观保护制度。覆盖面扩大的政策逐渐将触角伸向乡村，有利于保护乡村文化遗产。同时，保护方式分为指定与登录两种形式，这一灵活的政策设计便于乡村通过登录的形式将本村的文化遗产纳入保护体系，从而获得资金支持，扩大知名度。如传统建筑物群因历史悠久、文化价值较高，可以被指定为传统建筑物群保存地区，而鸟取县八头郡的若樱铁路与其相比历史较短，文化遗产价值相对较低，从全国的文化遗产角度来看显得微不足道，无法成为指定文化财，但若樱铁路对于该地的居民而言是当地为数不多的可资利用的文化资源，这类文化遗产如何利用考验政策的灵活性。日本文化厅通过登录制度将这类文化遗产纳入保护体系，使村民可以通过利用文化遗产开发获得经济收益。因此，《文化财保护法》体现出灵活性，有利于各乡村因地制宜地活用文化遗产资源，打造乡村特色产品。

2. 理念的灵活性有利于乡村差异化发展

在文化遗产利用中，日本出台的"基本构想"遵循文化遗产保护利用的"整体性"原则。其特色是要求地方自治体确定主题词，根据主题词划分文化遗产集群，围绕文化遗产集群制定活用方针。这一设计思路将乡村所有文化遗产纳入保护利用范围，并通过关键词将文化遗产串联成一个有机整体。

"日本遗产"的制度重点在于通过讲述文化遗产故事，传播文化遗产。由于"基本构想"是地方政府制订的保护利用计划，在民众间的认知度不高，为了提高地方文化遗产的知名度，需要出台提高宣传力、号召力的政策，因此"日本遗产"的制度应运而生。文化厅要求乡村通过讲述新颖的、体现地方特色的文化遗产故事，传播乡村文化遗产，一旦乡村文化遗产被冠以"日本遗产"之名，则可以得到广泛宣传，声名远扬。因此，"基本构想"与"日本遗产"二者互为补充，使乡村可以更为灵活地利用政策。

另外，村民在保护文化遗产的过程中逐渐认识到，仅依靠国家有限的补助无法达到保护文化遗产的目的，特别是年久失修、处于偏僻村落的文化遗产，更是会由于人口减少、资金紧张等而逐渐被废弃甚至消失。村民认识到文化遗产的价值不能仅记录在档案里，也不能停留在口号上，只有让文化遗产"活"起来，才能充分体现其价值。因此，在成为指定或登录文化财后，乡村从各个角度挖掘文化遗产资源的价值，有的乡村利用文化遗产旅游获得

经济收益，有的乡村通过接收留学生提高知名度，物尽其用，各显神通，其目的都是以保护促进利用，以利用加大保护力度。

3. 参与主体的多元化有利于乡村文化遗产可持续发展

在获得《文化财保护法》的认定后，文化遗产活用能否促进乡村振兴，项目是否具有可持续性取决于各乡村的居民能否充分参与。由于日本文化厅的政策、资金支持是暂时的，而村民的参与才是持久的，因此乡村文化遗产活用的成功取决于参与主体充分发挥能动性。在文化厅统一的政策框架下，各乡村为了实现文化遗产可持续发展，可谓“仁者见仁，智者见智”。有的乡村文化遗产的保护与利用由村民进行，有的则由大学生、留学生参与，无论参与群体的构成情况如何，都必须是深度、广泛的参与，这样才能确保文化遗产的可持续发展。

（二）经验启示

1. 充实政策体系，将乡村文化遗产纳入保护范围

中国地大物博，文化遗产资源丰富，种类繁多，纳入《中华人民共和国文物保护法》《中华人民共和国非物质文化遗产保护法》的文化遗产的数量有限，因此很多乡村的文化遗产没有得到官方认证，也未得到充分的保护与利用。为了解决这一不足，建议设计与《中华人民共和国文物保护法》《中华人民共和国非物质文化遗产保护法》等现行法律不相抵牾的认证体系，如类似于日本《文化财保护法》中的登录制度或“日本遗产”政策，尽可能将地方没有得到权威认证的文化资源纳入保护范围。而获得官方认证的乡村文化遗产对于乡村而言是荣誉、认可，更有利于村民通过遗产旅游、遗产开发等途径获得经济收益，通过社会传播等激发认同感与自豪感。

2. 利用整体性原则，打包开发物质文化遗产与非物质文化遗产

近年来，中国开始对文化遗产进行整体性保护与利用，但整体性原则在中国主要应用于非物质文化遗产领域。2011 年施行的《中华人民共和国非物质文化遗产保护法》第四条确立了“保护非物质文化遗产，应当注重其真实性、整体性、传承性”的基本原则。第二十六条提出“对非物质文化

遗产实行区域性整体保护”，即“对非物质文化遗产代表性项目中特色鲜明、形式和内涵保持完整的特定区域，当地文化主管部门可以制定专项保护规划，报经本级人民政府批准后，实行区域性整体保护”。[①] 今后中国在整体性利用文化遗产资源时，可以不拘泥于非遗，可以利用集群效应跨区域综合开发物质文化遗产与非物质文化遗产；同时不拘泥于文化遗产类型，只要与主题相关，都可以将其纳入话语体系，通过对文化遗产的整合，达到整体性保护利用的目的。

3. 建构叙事话语体系，讲好文化遗产故事

习近平总书记于2018年8月在全国宣传思想工作会议上发表重要讲话，提出“要推进国际传播能力建设，讲好中国故事、传播好中国声音，向世界展现真实、立体、全面的中国，提高国家文化软实力和中华文化影响力”。讲好中国故事也包含讲好体现历史传统、文化积淀的文化遗产故事，讲好文化遗产故事不仅有利于文化遗产的传承与活化，还可以提高文化自觉、增强文化自信、推动文化传播，其重要意义不言而喻。

各地的文化遗产具有明显的地域特征，是特定人群在特定生产环境中的生活经验与集体记忆，是对适应地方生活的意义的表达。因此，需要深度分析区域文化资源的核心，充分挖掘体现地域特色的主题，围绕主题建构叙事话语，并将相关文化遗产纳入话语体系，赋予文化遗产故事性，但是，需要注意的是，并不是介绍某个文化遗产故事，而是在文化遗产故事间找到内在联系，使故事中的文化遗产作为有机整体以凸显地域特色。

4. 处理好保护与利用的关系，使二者良性循环

对于文化遗产是保护还是利用一直是学界争论的话题，争论的焦点是：一种观点认为开发或利用会对文化遗产造成破坏，故民间有“大开发大破坏，小开发小破坏，不开发不破坏”的说法[②]；另一种观点则认为保护资金短缺一直是文化遗产难以摆脱的困境，所以需要以开发促进保护，通过积极

① 《中华人民共和国非物质文化遗产法》，中华人民共和国中央人民政府网，http：//www.gov.cn/flfg/2011-02/25/content_ 1857449.htm。

② 苑利、顾军：《非物质文化遗产保护前沿话题》，文化艺术出版社，2017，第49页。

发展文化遗产来突破有限保护。日本的经验说明，保护和利用可以有效结合，相互促进。尽管日本也面临过度开发对文化遗产造成破坏以及地方财政紧缺的问题，但是在日本的案例中可以发现，保护与利用可以取得平衡，并能够解决资金捉襟见肘的问题，成功与否主要由两个因素决定。首先，取决于村民的理解。村民需要真正理解文化遗产为何被纳入保护范围，其价值何在。村民只有认识到文化遗产的可贵性，才会欣然接受政府的建议，才能积极保护文化遗产。因此，转变农民理念是关键。其次，对“度”的把握，如何把握“度”，避免破坏性开发，是文化遗产保护与利用能否良性循环的关键。日本的做法是，如果是文化价值较高的指定文化遗产，则要对其进行原貌保护，如果是登录文化遗产或体现地方特色的一般性文化遗产，则进行一定程度的开发，以用于文化遗产旅游。保护与利用取得平衡后，可以持续获得经济收益，进而将这部分收益用于保护。

5. 赋予农民权利，农民充分发挥主动性

日本农民在文化遗产利用中掌握充分的乡村治理权、经济自主权，因此能够在文化遗产的利用中发挥主导作用，而且，最为重要的是，他们是主要的利益获得者，因此，参与积极性高、主动性强。建议中国在乡村文化遗产利用中，充分赋予农民权利，多支持、少干预，让农民掌握更多的主动权、话语权，积极参与文化遗产保护、利用。农民在享受文化遗产利用带来的经济红利的过程中，完成从被动参加到主动参与的转变，最终达到文化认同、文化自信的目的。

B.15

“农协”对解决日本“三农”问题发挥的作用分析

何为民*

摘　要：“农协”是战后由美国占领军与日本政府共同建立的一个以农民为基础成员的组织，建立之初的目的是实现所谓农业民主化、现代化。经过70多年的发展，“农协”已经从成立时兼具政治、经济双重角色的组织发展成为服务农户生产、销售、金融等方面的一体化的强大的经济组织。尤其在对20世纪60年代日本政府提出“提高农业生产效率、增加农民收入以及缩小城乡收入差距”的“三农”问题，以及在即将进入21世纪时面临的“粮食、农业、农村”的“新三农”问题的解决方面，“农协”都起到了非常大的作用。安倍晋三第二次执政期间，在日本政府强烈要求对“农协”进行改革的背景下，其政治机能被弱化，经济机能则有所加强，其依然对解决日本农村空心化问题以及推动农产品品牌化和农业现代化等发挥重要作用。

关键词：日本农协　“三农”问题　“农协”改革

引　言

日本“农业协同组合”（以下简称“农协”）作为一种现代运营模式，

---

* 何为民，文学博士，湛江科技学院经济与金融学院副教授、北部湾发展研究中心主任，全国日本经济学会理事，主要研究领域：日本经济、农业经济、区域经济。

是日本战败后由美国占领军建立起来的一个由农民构成的基层组织。经过70多年的发展，目前“农协”已成为为农户生产、供销、金融等方面提供一体化服务的强大组织体系。农户对“农协”高度信任，“农协”带动农户发展，不但在农业生产方面形成了规模化经营，也极大限度地缩小了日本的城乡收入差距。

战后，经过美国占领军对日本农业进行的民主化改造，多数农业生产资料由地主占有的状况得到了彻底改变，自耕农阶层成为日本农业生产者的主流。随着农民流入城市，农业已经不能解决剩余劳动力问题。相反，从事农业生产的人口急剧减少导致的农村空心化成为影响农业发展的根本性问题。1961年，日本政府为保障农业健康发展颁布了《农业基本法》，提出要提高农业生产效率、增加农民收入以及缩小城乡收入差距，我们将其定义为日本的“三农”问题。其间，“农协”通过组织机能发挥作用，在一定程度上部分解决了上述问题。

随着后期日本粮食自给率不断下降、农业人口急剧减少带来的农业生产劳动要素极度缺乏以及农村空心化引发废弃农村增加，1999年7月，日本政府颁布了《食料、农业、农村基本法》（以下简称“新基本法”），将“粮食、农业、农村”问题作为日本政府今后必须解决的重要问题，我们在此将其界定为“新三农”问题。“新基本法”基于“新三农”问题制定，主要解决的问题还包括“山村振兴”。所谓“山村振兴”，可以理解为中国所提出的“乡村振兴战略”的一项内容，但其战略意义和内容的广义性与中国的“乡村振兴战略”有所不同，而且，日本的“山村振兴”更趋向于产业融合发展以及吸引新农户参与农业发展。

本报告首先回顾日本“农协”发展历程及面临的问题，梳理其在外来力量的驱使下进行的改革，其次深入了解日本“农协”的功能及特点，最后对日本“农协”解决日本“三农”问题发挥的作用进行分析。

一 日本"农协"的发展历程

（一）农协制度的形成阶段（1945~1964年）

日本"农协"是第二次世界大战后驻日盟军总司令部（GHQ）为了重新构筑日本统治社会的一项重要措施。1945~1951年，GHQ实施了一系列改革措施，包括为了清除滋生军国主义的土壤，对诸如三菱、住友等一些垄断企业以及大量掌握土地资源的地主阶层进行分割等。成立"农协"的主要目的是在日本进行"农业民主化"改革[①]，GHQ责成日本政府颁布《关于农民解放备忘录》，以农民解放为名消灭地主阶级，借此打压地主对日本统治阶层的影响力。

农业民主化是要强化自耕农队伍，政府在各市町村进行调查，将全国平均每户有五町步[②]以上土地的地主的多余土地近乎强制性出售，价格由GHQ统一制定。农田出售价格大约是租金的40倍，蔬菜地则为48倍。这种近乎强制性的将土地转移到一般农户手上的行为，被称为"农地改革"。[③] 正因为这次改革，自耕农数量激增，日本在短时间内完成了土地从少数人手上转到农户手中，从根本上颠覆了以地主为土地所有者的社会结构，更多农民享有发展权利。这一举措，首先在政治上彻底消除了地主对政府的影响；其次将农户的佃租变为税金，刚获得土地的农户没有资金也可以用大米等产品缴纳，这起到了减轻负担的重要作用；最后是在市町村重新组建农地委员会，以选举方式把能够代表农民利益的人员选出来。截至1950年，日本政府从地主手中收回了90.12%的土地，大地主阶层消失，形成了以自耕农为主、根据农业收入来源划分为"专业农户"和"兼业农户"的农民阶层。

---

① 西山久德『日本農協の論理と課題と展望』、文化書房博文社、1996、159頁。

② "町步"系日本土地面积单位，1町步约为9917.4平方米，大约为1公顷。之后的改革将5町步的面积进一步缩小到1町步。

③ 有沢広巳・稲葉秀三『資料—戦後二十年史(経済）—』、日本評論社、1966、120頁。

1947年，GHQ与日本政府开始成立“农协”，颁布《农业协同组合法》，对战前“农协”的组织形式进行改革，建立了全新的“农业协同组合”。其目的是消除战前日本政府、地主对农民的掠夺，建立起全新的以农民为主的组织。在这一原则下，全新的“农协”不仅具有较强的政治权利，在经济方面如农村金融、物价、流通以及农业技术推广等也发挥作用。

1945~1964年是日本经济从战败后恢复转向高速发展的最重要的时期。战败后，日本粮食等物资短缺造成日本对农业生产高度依赖，这一时期是历史上农业人口所占比重最高的时期。虽然日本近代化开始时间较早，但农业生产在20世纪中期仍采用半封建性质的模式，农户通过低效率生产方式获得收益。

“农协”通过组织体系发挥引领作用，带领日本农业经济朝着市场化方向迈进。农户、农产品与市场结合，解决了过去日本小农经济模式的发展瓶颈，在“农协”的组织和应对下，农户根据市场变动状况选择农产品进行种植。虽然日本未出现像美国那样的大规模农业模式转变，但从经营方面实现了对日本农业的现代化改造，基于组织规模形成了规模化经营的农业发展模式。

（二）农协制度的完善阶段（1965~1979年）

1964年日本成功举办东京奥林匹克运动会后，经济进入了新发展阶段，对农业产生了较大影响。首先，农业人口向工业部门流入。与此同时，农业自身生产力水平尚未达到较高水平，生产效率仍然较低，因而农业生产总值增长缓慢。加之经济国际化流动性不断提高，海外农产品进口激增引发日本粮食自给率不断下降，农产品价格上涨，农产品种植领域出现增长乏力的状况。

日本经济高速增长使资本向农业、农地方面转移，大量资金流入造成对农村土地无序开发，农业生产的稳定性遭到一定程度的破坏，再加上农业劳动力不断减少，农村空心化问题不断加剧，为了改善上述状况，“农协”利用自身组织体系，增强农户所在各个村落的相互关联性，将农户与“农协”

紧密联系在一起。当农户的农耕土地、宅基地进行流转时，“农协”积极参与其中，在保障农户的土地所有权不被侵害的同时使土地按照市场规律周转，这对保障农民利益起到了重要作用。1973 年，《农协法》经过第 14 次修订，扩大了“农协”金融机构和对外机构的服务作用，不仅向“农协”成员提供金融服务，而且通过“农协”金融机构向“农协”成员以外的人员提供存贷款等金融业务。“农协”在金融领域的作用得到进一步加强，基本解决了农户小额农业资金贷款难的问题。农户农业生产得到了有效保障。农协在农业生产、销售、金融领域形成了一整套较为完整的运营体系，自身制度体系更加完善。

（三）农协制度的调整阶段（1980~1998年）

在 20 世纪 70 年代的两次石油危机和 1985 年《广场协议》的冲击下，已经深度融入世界经济中的日本的经济结构发生了较大改变，由原有的以实体经济为主并不断扩大海外市场的模式，向既重视进出口企业发展又迅速扩大资本市场的发展模式转变。

在这一经济大背景下，日本农业实现了一定程度的发展，在农产品价格上涨、兼业农户不断增加、农业机械化水平不断提高的前提下，农户收入（包括非农收入）水平有了较大的提高。但是，由于农业人口依然不断流向工业部门，农业劳动力和粮食供给能力下降，山村缺乏经济活力，使日本政府开始调整农业发展战略，提出振兴区域农业、激发地域活力的方针，扩充“农协”经营事业，使其发挥更大的作用。

第一，扩大了“农协”的经营范围。在畜牧业方面，为了扩大生产经营规模，“农协”可以通过技术、经营指导，培养高水平的农业、畜牧业生产人员，并通过所辖各个地方组织扩大经营规模，提高经济效率，完善经营体制。

第二，过去，日本一直限制其他部门利用“农协”设施开展经营活动，在 1992 年对《农协法》再次进行修订后，允许其他部门合理使用“农协”设施开展物流、加工以及贮藏等业务。这对“农协”增加收入有一定的帮助，但仍然限定其他部门的使用量（不能超过总量的1/5）。①

第三，从事农业生产者数量不断减少，新加入农户增长缓慢，同时，农业生产者老龄化现象极为严重。在原有法律规范下，“农协”是不能直接参与农业生产的，但经过法律修订，针对那些放弃农耕土地或者由于年龄原因无法耕作的农户，“农协”可经过其委托直接参与到农业生产中。

第四，“农协”为了解决老龄化问题，把业务扩充到社会福利建设中，同时扩充了金融领域相关事业，如可以进行外汇兑换、销售国债、私募基金等业务。这对于“农协”自身建设起到了非常重要的资金保障作用。

（四）农协制度的改革（1999年至今）

1999年，日本政府制定了《食料、农业、农村基本法》（简称“新基本法”），这是在1961年颁布《农业基本法》以后第一次做出的方向性改变。“新基本法”的制定，首先是为了确保粮食稳定供给，提高粮食自给率，对国家发展不构成威胁。其次是发挥农业的多方面功能，使农耕用地不仅发挥生产功能，也具备防止洪涝灾害、开创生物多样性生存空间、向人们提供良好的自然景观以及进行粮食生产等功能。再次是实现农业可持续发展，积极创造条件让更多人参加到农业生产中，通过农业生产，在创造出具有更高附加值的农产品的同时，确保具有良好的农耕土地。最后是实现日本的“乡村振兴”，让农村、渔村更有活力，确保新农民在农村的居住条件，以及对农村土地有效利用、确保农业用水、城市与农村相互扶助、渔村共生等。

此时的“农协”还未从发展规划上积极配合“新基本法”，也未依据“新基本法”制定相应的对策，仍然利用政府对农民提供补贴式的“食管制度”② 获取利益。虽然这一制度早在1995年就已宣告废止，但日本“农协”

---

① 参见西山久德『日本農協の論理と課題と展望』、文化書房博文社、1996、206頁。

② 日本政府在1942年制定的《粮食管理制度》的主要内容是国家干预粮食的生产、销售、需求和供给价格等，目的是保障粮食供给。

仍然依凭政府对农产品价格补助获取利益，未正视自身结构性问题，进行自我革新。

2009 年，日本民主党一度战胜自民党掌握国家权力，其农业政策是更注重提高农民的农业收入水平，并通过财政对农产品进行补贴。这在一定程度上增加了农民对当时政权的信任。“农协”依然按照自身发展的惯性运营。民主党政府希望通过扩大对外贸易规模，推动当时已处在通货紧缩状况的日本经济尽快复苏，因而准备积极加入《跨太平洋伙伴关系协定》（Trans-Pacific Partnership Agreement，TPP），这却受到“农协”的强烈反对。

2012 年 12 月，自民党重新掌权，毅然做出对“农协”进行全面改革的重要决定，2013 年，农林水产省设立“地区活力创造本部”，主要目的是利用“农协”的协作使农业生产得到较好的发展。在这一背景下，“农协”不得不开始进行改革。首先，地方“农协”根据地区特点可以自由开展经营项目，不再受全国农业协同组合中央会（JA 全中）的监督管理。其次，全国农业协同组合联合会（JA 全农）与相关企业进行横向联合，快速向企业转变。最后，允许“农协”为了获得更大利益充分利用自身相关产业提供营利性服务。

“安倍经济学”的“成长战略”指出，对“农协”改革就是要将“农协”企业化，其不仅仅是一个由农户组成的政治、经济团体。通过改革，提高农业生产水平，充分利用市场经济原理，发挥企业优势和激发企业活力，实现乡村振兴；要大力发展农林水产业，提高农业生产率和粮食自给率，增加农民收入。为了保障“农协”能够实现改革目标，日本政府要求“农协”在五年内完成改革，并向股份制公司转变。同时，增强地方“农协”的自由经营权。“农协”内部金融机构的审查从原有的“农协”内部监察转向引进外部诸如注册会计师事务所进行第三方审查。

通过一系列改革，“农协”的政治功能在一定程度上被削弱，但其经济运营机能得到强化；同时将“农协”投入市场中运作，针对农业面临的种种危机，特别是在“乡村振兴”方面，其助力政府解决相关难题。

二 “农协”的功能与特点

（一）“农协”的功能

“农协”成立后，不断发展，进行改革以逐步完善，形成了完备的组织架构，根据服务领域的不同设置不同的机构。主要有JA全中、JA全农、农林中央金库、全国共济农业协同组合联合会（JA共济联）以及全国厚生农业协同组合联合会（JA全厚联）。

JA全中主要对“农协”下设各个组织进行综合指导，同时根据政府发布的与农业相关政策制定相应的发展规划，在各都道府县下设农业协同组合中央会，负责各地区农业政策相关业务。JA全中与JA全农在“农协”中承担不同的机能，也就是所谓的政治和经济功能。

JA全农下设经济农业协同组合联合会（JA经济联），主要承担“农协”经济运营的所有业务。如图1所示，JA全农除现有监事会监事六人外，下设一个监事监察事务局承担主要审计任务，其余机构都以农业、畜牧业经营为主。为了更好地满足不同分工需求，JA全农对农牧业生产、加工、销售、产品开发部门做了有序分工，涉及农产品耕种、食品开发以及电商等方面。它们不仅承担着对农户进行技术辅导的职责，而且从农户生产规模、准备、种植、灌溉等方面给予帮助，在化肥、种子以及农业机械方面，作为主要的经营主体为农户提供优质的服务，同时针对农产品销售等制定详细的规划。农民按照规划执行，在收获季节将产品通过“农协”销售到日本及世界其他国家和地区。JA全农在日本32个县设立了县本部，在各种业务上建立紧密联系，将全日本农牧业生产、销售联系在一起。

“农协”在生产功能方面，利用组织优势化解农户小规模的经营劣势。组织技术人员对农户开展农业技术培训，指导其经营生产；在农业、畜牧业生产中提供市场信息，以便农户准确把握市场脉搏，预判来年市场的农产品需求量以确定生产品种。比如，日本政府对大米生产非常重视，制定了相应的保护政策。具体到农户种植面积，由“农协”统一制订计划，并由各地方“农协”与农户协商。“农协”利用组织体系内的技术优势，积极指导农户种植新品种，帮助农户学习与掌握相关技术，为新产品开拓市场。

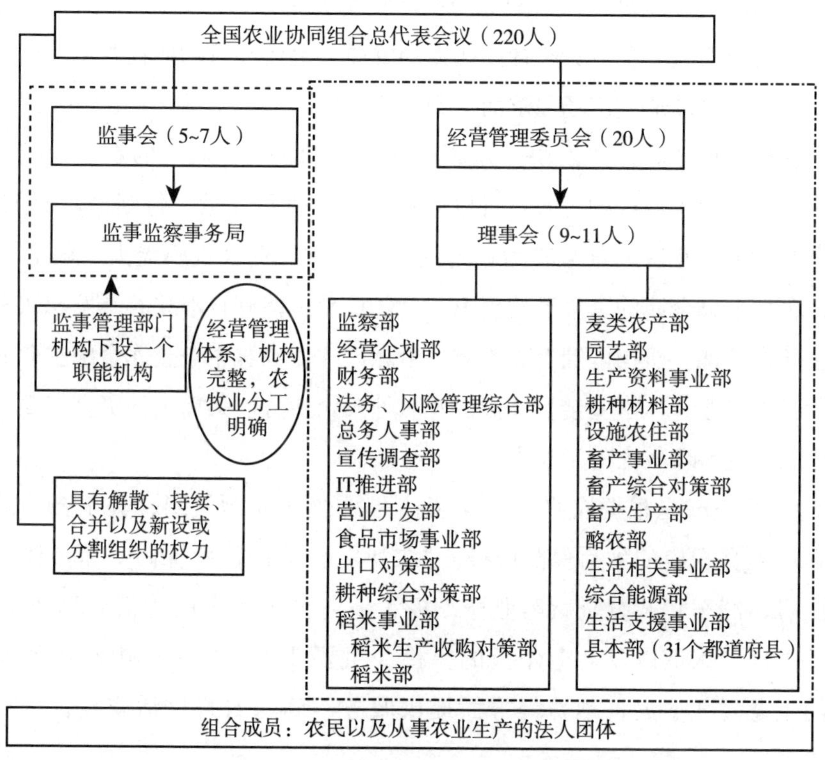

图1　日本JA全农组织体系结构

资料来源：笔者根据日本“农协”官网数据制作而成，参见農業協同組合ホームページ、http：//www. zennoh. or. jp。

“农协”主要采取的是集中采购与统一销售模式。生产资料方面，“农协”几乎承担所有农户所需物品的购买业务，因具有规模效应而具有议价权。如化肥等产品，由“农协”和其他商社从国内、国外采购原材料，在日本化肥工厂和“农协”所属制造企业生产，通过基层“农协”销售给农户。这些产品不会因为垄断经销而提高价格，而是通过“农协”的规模化经营降低生产资料价格，不仅质量得到保障，也使个体农户具备议价能力。包括园艺、畜产材料等在内的几乎所有农资材料的采购与销售都由 JA 全农完成。由于组织体系庞大，与各个行业进行交涉时都能够以相对合理价格获得产品，因此 JA 全农与一些厂家形成了长期合作关系，产品供应质量和稳定性得到保证。“农协”改革后，JA 全农变更为公司法人，下设的 JA 经济联则为公司法人，不再具有社团法人的资质。上述经济功能在改革后没有被削弱，为了更加适应市场需求而得到强化。

农林中央金库是“农协”从事金融业务的机构，农户的农业生产、工资收入一般存入该机构，农户可以通过该机构进行贷款，特别是农业机械、住房等。由于有着大量且较为稳定的客户群体，资金规模庞大，截至 2019 年，农林中央金库的资金已达到 100 万亿日元，持有日本政府颁发的从事金融业务许可证，机构内拥有高素质的金融人才。农林中央金库金融主营业务渐渐脱离农业，从事基金、证券以及对外投资业务。其庞大的资金规模对日本金融行业有着较大的影响力。

JA 共济联是根据农协“相互帮扶”理念成立的组织，其主要功能是向农户提供相应的生活保障服务。“农协”建立的医疗保障、年金体系以及住房、汽车、教育贷款等业务，极大地方便了农户的生活。JA 全厚联则以医疗、保健以及对老年人的福祉为主要业务。这两个组织主要向农户的生老病死、灾害预防等方面提供服务，确保农户生活安定，无后顾之忧。

（二）“农协”的特点

“农协”成立后，首先解决了日本农业社会由地主、中农以上富有阶层决定农业社会的现象。自耕农等作为农业生产的主要成员，成为农业社会的主流阶层。在这种状况下，农民看到形成组织后收获的不仅是经济利益，而且政治权利得到较大尊重，参加“农协”的意愿不断高涨。根据农林水产省统计，近 99%的农户参加了“农协”，作为农民的组织，“农协”的普遍性毋庸置疑。再者，“农协”作为“纯粹”的农民组织，只有从事农业生产的农户才能成为正式会员。"农协"积极吸纳准会员①加入，这便于增加"农协"资金流入渠道，扩大资本规模，以更有效地服务于农业生产。如图2所示，20世纪80年代以后，日本农业人口数量急剧减少，目前仍没有改观。但"农协"会员总数不断增加，准会员数量在2010年首次超过正式会员数量，达到558.4万人，而正式会员数量则由1960年的578万人下降到456.2万人。② 虽然农业人口在不断减少，但随着会员数量的增加，"农协"依然对日本农业发展有着非常深远的影响。

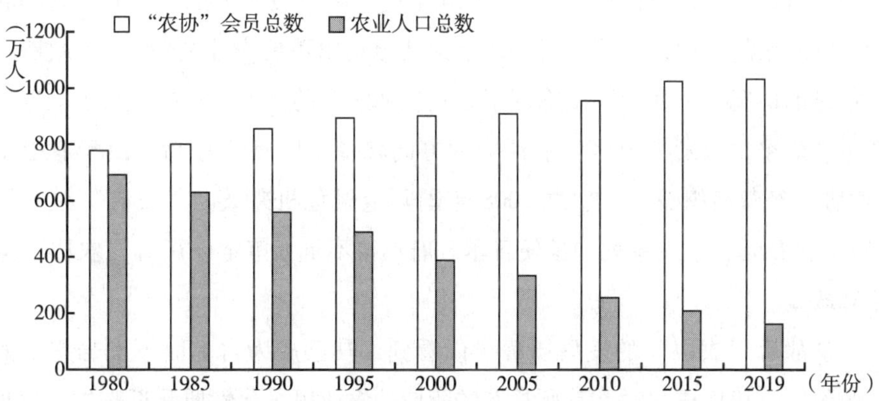

图2　1980~2019年日本"农协"会员总数与农业人口总数

资料来源：笔者根据日本农林水产省统计数据整理而成，参见農業水産省ホームページ、https：//www.maff.go.jp/。

"农协"是建立在《农业协同组合法》基础之上的，其机能、性质决定了其组织的严密性。从"农协"所具备的功能可以了解到，"农协"以农民为基础，大力增强农业生产力，以提高农民生活水平以及社会地位为目标，具备全面服务的特点。其所属各个部门无论是在对政府农政理解方面还是与政府共同为农户提供政策服务方面，都已经具备较为成熟的组织体系。在经

① 所谓"准会员"，是指即使不从事农业生产，所在地也必须有"农协"且有对"农协"投资的个人。其不能参加"农协"全会，无投票权。

② 農林水産省「農業協同組合及び同連合会一斉調査」、2016、https：//www.maff.go.jp/j/tokei/kouhyou/noukyo_ rengokai/。

营方面，利用其在全国各地区的“农协”组织，从生产、销售、金融、养老以及社会福祉等方面为农民提供服务，这些服务几乎遍及所有农业地区。

“农协”发展与政府的扶持是不能分开的。对于日本人钟情于把大米作为主食的现象（在此不再赘述），政府农业政策中最重要的内容就是对水稻生产进行补贴。为了维护农户利益，针对进口大米的关税税率非常高，达778%。同时，每年的水稻收购价格并非随市场价格变化，而是由每年的生产费用和政府补贴方式制定。① 由于常年补贴，日本国内对政府实施的农业政策的批评一直都未停息，20世纪80年代一度出现严厉批评政府实施的农业补贴政策的动向，一些学者和政治家甚至提出不要农业的论调。② 政府在不得已的情况下，在预算中降低了涉及农林水产的额度，补贴项目也朝着提高生产效率、激发半山区农业活力的方向转变。1995年以后，由于有七个“农协”经营组织破产，加之2008年国际金融危机来袭，“农协”损失了16000亿日元，这一系列现象使日本政府不得不重新审定以往对“农协”的温和政策。

从战后“农协”的发展历程可以看到，其已成为自上而下发号施令的行政组织，战后成立时，其所具有的所谓的农业民主化性质几近丧失，对政府而言已经成为一个政治压力集团。最初通过降低农业生产成本增加农民收入，但日本政府通过粮食管制将大米价格提高，农户的大米收入水平一直较高。农民将现金存入“农协”所属金融机构，保障“农协”金融机构的资金稳定及就业稳定。当日本政府准备加入TPP时，为了不失去既得利益，“农协”成为最大的反抗力量。③ 安倍政府深感TPP对日本经济发展的重要性，因此一改自民党对“农协”的柔性政策，严厉提出“‘农协’必须改革”的指令。为了促进“农协”改革，政府停止对农户生产稻米进行补贴，

---

① 有沢広巳、稲葉秀三『資料—戦後二十年史（経済）—』、日本評論社（东京）、1966年9月、313頁。

② 参见马田启一、莆田秀次郎、木村福成编著『日本のTPP戦略「課題と展望」』、文真堂、2012年5月、285頁。

③ 参见马田启一、莆田秀次郎、木村福成编著『日本のTPP戦略「課題と展望」』、文真堂、2012年5月、191~192頁。

并停止实施能够提高大米价格的“减反制度”。“农协”最终妥协，日本政府为TPP签署扫清了障碍。

尽管“农协”存在各种各样的问题，但其组织体系非常健全，且对农业生产起到非常重要的作用。可以说，没有“农协”，日本很难确保现有的农业发展优势，其庞大的生产、销售、金融一体化组织对日本农业生产发挥着无可替代的作用。

三 “农协”对解决日本“三农”问题发挥的作用

（一）推动农业机械化、现代化

农业生产现代化以农业机械化的普及率为主要衡量指标。战后日本农业机械化普及率较低，“农协”通过与农机企业合作将农业机械提供给农户。1955年，日本农户拥有的收割机、脱谷机等已经达到8820台，仅仅在五年后的1960年，农户的农机拥有台数已经是五年前的8倍。1963年，种植农田面积在2公顷以上的农户的农机普及率达到100%。[①]

农田面积小的农户，特别是半山区的农户，由于土地面积较小而无法进行机械化作业，这限制了机械普及。为了在农户中普及推广农业机械，“农协”与日本农业机械工厂联合研制小型、多功能且价格相对低廉的农业机械，特别是30马力（1马力相当于735.5瓦）以下的小型水稻插秧机、小型拖拉机、蔬菜种植机械以及一些干燥机等，提高了农业生产效率。如图3所示，农业机械销售状况稳定，且一直处于较高水平。这说明虽然日本农业人口急剧减少，但对农业机械的需求并未衰减。

至于那些有更大型机械需求的农户，鉴于其存在购买资金的困难，JA全农通过“共享”方式，将农业机械从单独农户所有转变为共同所有，一般一台大型农机由三家农户共同使用并共同负担费用，从而大大降低了使用

① 有沢広巳・稲葉秀三『資料—戦後二十年史（経済）—』、日本評論社、1966、494頁。

大型农业机械的高成本。农机购买通常由 JA 全农担保，农户购买后不直接支付购买费用，而是等到收获后根据销售情况抵扣部分款项，农户也可用分期付款方式完成农机购买。长期来看，农业机械化程度越高，生产成本就越低。在这种良性循环下，农户对机械化的追求就不会停止。

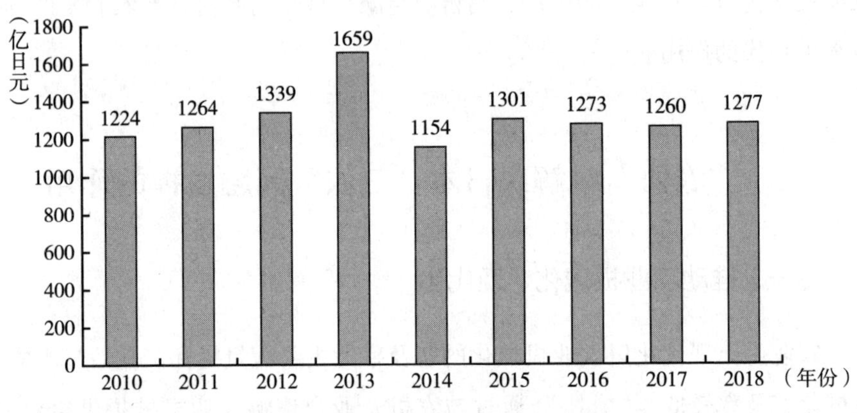

图 3　2010~2018 年日本农业机械的销售总额变化

资料来源：笔者根据 JA 全农统计数据整理制作而成，参见全农（ZEN-NOH Group）ホームページ、http：//www. zennoh. or. jp。

（二）促进农民脱贫致富

日本战败后，由于物资短缺，农地改革开展得较为彻底，城市人口大量向农村流动。农业人口不断增加，截至 1950 年底，农业人口达到最高峰的 3767. 32 万人，占总人口的 45. 5%。1955 年，虽然从事农业生产的人口数量为 1900 多万人，却占日本就业人口的 46. 9%，换言之，近一半的就业人口从事农业生产。随着农业人口不断增加，农民问题开始出现，如何解决农民问题成为日本政府重要的课题之一。之后，随着日本经济高速发展，城市人口收入增长迅速，农民向城市流入剧增。特别是 20 世纪 60 年代，大量农民开始向工业部门转移。1961 年，日本政府为了解决农业问题制定了《农业基本法》，提出要解决日本面临的提高农业生产效率、增加农民收入以及缩小城乡收入差距的“三农”问题。其中，增加农民收入和缩小城乡收入差距成为日本政府亟待解决的中心问题。

在日本农业人口急剧减少的背景下，日本农业生产总值依然实现较大增长，在很大程度上解决了政府最担心的农业问题。这主要是因为农机普及使农业生产率提高，进而推动农业生产总值增加。1985 年，日本的农业产值达到了战后最高水平，为 116296 亿日元。之后，农业人口下降幅度为 9%~10%，结果是农业生产受到较大影响。1988 年，日本与美国签订部分农产品低关税协定，农产品进口量不断增加，日本的粮食自给率跌破 50%。这些都是引发 1999 年“新基本法”颁布的要因。

如上所述，日本的农业生产总值发生较大变化，但从事农业生产的农户的生活水平在这一期间得到了较大提高，困扰农户的收入问题得到解决。如图 4 所示，1950 年，日本农户平均总收入仅为 21. 5 万日元，1955 年，短短五年时间已经增长到 37. 91 万日元，1964 年增至 73. 21 万日元。农民收入的增加，不仅由农业收入增加所致，而且更主要的是日本政府为了实现所谓“国民收入倍增计划”目标，前后七次实施国土改造计划，将一些重化工业企业等转移至相对落后地区，通过政府干预缩小区域非均衡发展带来的差距。这给许多农户不用外出打工，一边在家务农，一边工作创造了机会。随之而来的是，日本出现了“第一类兼业农户、第二类兼业农户”。[①] 1970 年，农户的经济收入对非农收入的依存度达到 64%。[②] 1965~1970 年，一般农户的恩格尔系数低于城市一般工薪家庭[③]，说明农民生活水平已经得到较大提高。当然，从农户整体生活状况看，这一时期，农民家庭与城市一般工薪家庭的收入差距不断缩小，城乡居民收入差距问题得到有效改善。

1989~1999 年，日本城市人口的年均工资收入基本没有变化，农户的年均收入总额远远高于城市平均水平。由于日本的收入统计方法并未对农村与

---

① 所谓第一类兼业农户是指以农业收入为主且农业收入多于其他打工收入的农户；第二类兼业农户则是指打工收入等非农收入多于农业收入的农户。

② 西山久德『日本農協の論理と課題と展望』、文化書房博文社、1996、185 頁。

③ 橋本寿朗『現代日本経済史』、岩波書店、2005、232 頁。

城市进行分门别类的统计，而是更加细化地对不同地区收入状况以及不同收入阶层进行较为详细的统计，如将年收入额分为五个档次进行统计[①]，因而较难利用官方数据直接对农村与城市收入水平进行比较分析。

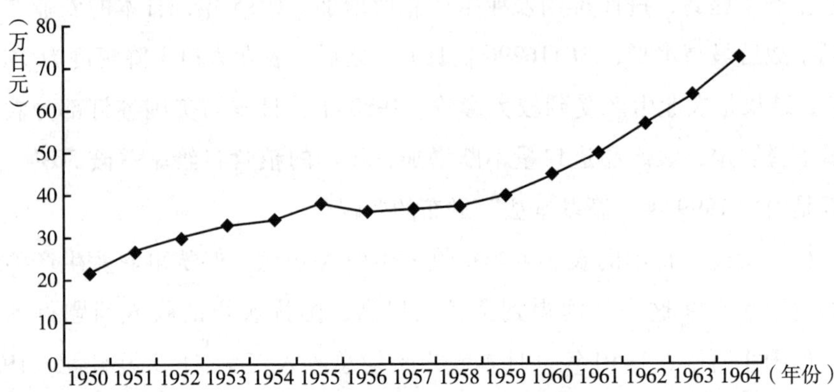

图4　1950~1964 年日本农户平均年总收入的变化

资料来源：厚生労働省ホームページ、https：//www. maff. go. jp。

（三）促进“新三农”问题解决

随着日本经济从战后恢复到高速发展，农村剩余劳动力不断涌向城市，农业在劳动力不断减少的状况下，迎来战后最大的危机。20 世纪 60 年代，大量农村人口流入城市，极大地推动了城市化进程，为日本经济高速发展提供了人才支撑。与此同时，由于农业人口不断流失，农业、农村发展出现了劳动力极度缺乏的状况。

由于人口不断流向城市，农业人口不断减少。1965 年，日本的农业人口为 1151 万人，占总人口的比重为 11.7%。随着年代推移，农业人口急剧减少。1999 年“新基本法”颁布后，日本政府重点解决粮食、农业、农村

① 《日本统计年鉴》对于“人民生活”这一项目的统计，现多采用五个档次的划分方法，即分别对 329 万日元以下、329 万~459 万日元、459 万~624 万日元、624 万~860 万日元以及 860 万日元以上的家庭进行统计。

问题，但仍然没有阻止农业人口流失。2000 年，农业人口已减少到 389 万人，占总人口的 3.06%。截至 2019 年，农业人口已经下降到 168 万人，占总人口的 1.33%。这种状况不仅引发社会对农业政策的反思，而且已经严重影响到农业发展的根基。农业生产要维持农产品产量稳定或增长的最基本要素是确保从事农业生产的农户数量。

粮食生产方面，“农协”为了提高农业生产率，积极研发多功能农业机械，打通生产、加工、流通、销售环节，即通过所谓的“六次产业化”[①] 解决“新三农”问题。粮食问题，首先解决的是农产品生产、加工安全问题。“农协”为了提高日本农产品质量，取得了“FSSC22000”等国际认证，在大米精加工、肉食品加工等方面进行全面细致的管理，保障日本农产品让国民能够安全、安心食用。利用“大豆—洋葱—大豆—洋葱—水稻—水稻”的地养地的复种组合方式，将一年一熟的种植方式转变为四年六熟的复种轮作方式，不仅土地得到了休养，也提高了农产品的产量。

从 2017 年开始，“农协”下属 JA 全农对日本农产品进行产地标识管理。不仅加工产品标示原材料产地，而且加工等环节都自主制定了“农协”特有的“安心体系”标准，只要是从“农协”进入市场的产品，都要遵循这个标准，从农产品生产地、加工以及运送状况等都有较为详细的信息并通过二维码形式提供给消费者，以积极协助政府解决粮食安全问题。

农业生产方面，“农协”遵从六次产业化理念，依靠组织体系庞大的特点，从生产到销售各个环节，发挥主要承担者或协调人的机能，为了实现农户收益最大化，从生产阶段开始积极建议农户引入新品种或新生产技术。在“农协”克服自身组织体系庞大所引发的运营成本高等问题的同时，技术部门利用自身人力、技术优势进行横向联合，开发新产品，通过提高产品质量展现日本农产品的品牌化效应。

农村建设方面，针对人口减少、老龄化以及村落空心化现象，“农协”

① 所谓“六次产业化”，是由日本农业经济学者今村奈良臣提出的，其将第一（1）、第二（2）、第三（3）产业的几个数字相加后得到 6（1+2+3=6）而造出了“六次产业”这个词。“六次产业化”与中国的“第一、二、三产业融合发展”意义相近。

利用自身组织体系优势，向有意愿加入农业生产的人员进行宣传，并通过各地方“农协”组织采用多种方法普及农业生产及农业技术知识，经常在相关区域召开宣讲会、利用公共设施张贴海报以让人们了解农业和农村。特别是半山区农业振兴对于日本农业发展起着非常重要的作用。这类地区的人口约占总人口的11%，却占有全国耕地面积的73%，农业产值占总产值的41%。[①] 如果半山区能得到有效开发利用，就将促进半山区农业人口增加，日本农村所面临的难题就会得到一定程度的缓解。总之，日本“农协”在日本政府提出“新三农”问题后，特别是在2013年安倍政府对“农协”进行改革后，在很大程度上促进了“新三农”问题的解决，且取得了一定的成效。

结　语

从日本战败后成立“农协”至今已70多年。“农协”作为以单个农户为基础、以组织体系为主体的全国性组织，应对农产品市场中个体农民相对弱势的状况，不但维护了农民的利益，也对日本农业发展起到较大的作用。当然，“农协”也存在各种各样的问题，在一定程度上甚至阻碍了日本农业产业融合、产业结构升级。通过对战后日本“农协”发展历程的深入分析不难发现，“农协”在成立当初是具有强烈的政治色彩、农业民主化的农民组织，在历史变迁中，其机能和性质不断发生变化。在“农协”协同政府解决“三农”“新三农”问题的同时，由于外部环境的变化，自身的组织性质也在发生变化，组织的政治机能不断弱化，经济机能不断增强。“农协”将零散农户、小规模经营的农业生产模式进行有效整合，特别是使生产资料、销售等方面的个体农户弱势地位得以纠正，向农户提供生产、加工、销售以及金融和社会福利等方面的服务。日本“农协”的丰富经验以及近年来取得的改革成果，对于中国解决“三农”问题具有一定的借鉴意义。

① 農林水産省ホームページ、http：//www. maff. go. jp。

B.16

日本农村政策金融制度框架与优化：经验与问题

李晓乐*

摘　要： 二战后日本构建起政策金融、合作金融、民间商业金融三位一体的农村政策金融制度框架，为日本乡村振兴提供了有力支持。近年来，日本农村人口老龄化问题加剧，长期以来的传统家族经营模式的可持续性受到严重挑战，当下日本农村政策金融施策重点围绕农业生产规模化、企业经营化两大核心目标展开。本报告拟考察日本农村政策金融发展演变与现行制度框架，着重基于农业制度化资金的发展现状与动向，对日本农村政策金融的实施效果进行客观评价。

关键词： 乡村振兴　政策金融　制度化资金　日本“农协”　金融公库

基于农业生产投资回收期长、收入不稳定等特殊性，一般民间金融机构的农业融资活动难以满足农业生产经营的资金所需，国家政策金融层面应做出必要补充。日本农村政策金融施策以二战后农地民主化改革下的小规模自耕农为支持对象，确保了战后初期日本粮食的稳定供给，但形成了日本以小规模农户经营为主的农业发展形态，这成为日本通往农业集约化、产业化发展道路的主要障碍。尤其在日本农村人口老龄化加剧的背景下，培育农村规

* 李晓乐，经济学博士，大连外国语大学国际关系学院讲师，全国日本经济学会理事，主要研究领域：日本经济、中日经济政策比较。

模经营主体成为日本农村政策金融施策的重点。当下，日本建立起覆盖面较广且较为完备的政策金融、合作金融、民间商业金融占主导地位的农村政策金融制度框架。本报告重点从统筹主体和运行主体两个角度分析日本农村政策金融框架，聚焦农林水产省对农业制度化资金的统筹安排、国家层面（合作金融与政策金融）各项制度化资金的利用与效果以及地方区域性农业发展基金与民间银行的融资支持作用，并分析日本有关政策金融的经验与存在的问题，提出对中国农业政策金融改革的有益启示。

一　日本农村政策金融体系基本框架

自战后农地改革至今，日本已基本形成了以农林水产省（下设农村振兴局）为统筹主体，以政策金融（政策金融公库）、合作金融（农协银行系统）、民间商业金融（民间商业银行）为三大运行主体，辅以包括以农业信用保证保险制度为代表的农村信贷担保体系在内的较为完备的农村政策金融体系框架。

（一）统筹主体——农林水产省

日本农林水产省在推动农村振兴的政策金融体系规划方面发挥着“自上而下”统筹全局的作用。其下设的农村振兴局从农业发展路径设计、优化农村发展环境两大方面统筹农村地区振兴的具体施策。其中具有代表性的有设立以农协银行系统和政策金融公库为实施主体的多样化的“农业制度化资金”、推动农地集中规模化经营的“农地银行制度”，以及推动农业企业化经营的“农业法人投资培育制度”。

1. 农业制度化资金

根据 1999 年《食料、农业、农村基本法》确立的构建稳定高效农业生产经营结构的目标，农林水产省为农户与农业法人设立了多样化的制度化资金，以满足其因改善农业生产经营活动而产生的长期资金需求，并由农协银行系统（基层农协、JA 信农联、农林中金，简称“JA 银行”）和政策金融公库（作为政府金融机构最主要的一部分）两大机构负责具体实施运行，与民间金融机构的融资贷款互为补充。一般而言，资金回收周期长、融资风险较大的农业生产设备资金主要由政策金融公库承担，而资金回收周期短且风险相对较小的农业运营资金主要由民间金融机构与政策金融公库共同承担；至于农协银行系统的制度化资金，由于覆盖面与适用性较广，农业生产经营所需的长短期资金大部分可通过农协银行系统的制度化资金获得。

从农林水产省统筹的各类农业制度化资金的规模来看，以政策金融公库为主要代表的政府金融机构的融资规模占据绝对主导地位，其次是农协银行系统，民间金融机构的融资占比较小［见图 1(1)］。受政策金融公库的融资规模大幅提升的影响，2016~2020 年，农业制度化资金的总体规模逐步走高，但农协银行系统的融资规模总体走低，民间金融机构的贷款规模虽缓慢增加，但基本维持在低位［见图 1(2)］。

2. 农地银行制度

基于日本农村人口老龄化问题加重、农地经营后继无人的现实困境，日本近 20 年来的弃耕农地面积增加了 40 万公顷（接近日本石川县面积），农地实际利用率仅为 50%。日本政府制定了到 2023 年度末农地利用率达到 80%的目标，为此，高龄农户的农地撂荒问题成为首要亟待解决的课题。从 2014 年度开始，为满足无法继续维持家族农业经营的零散农户的农地租贷需求以及基于日本政府推动全国范围内农地规模化经营发展需要，农林水产省出资支持在各都道府县设立“农地中间管理机构”（也称“农地银行”）以作为待弃耕农地租借交易的中介部门。运行模式上，农地中间管理机构通过搭建待弃耕农地租借信息共享平台，一方面将零散的高龄农户的待弃耕农地集中保管（取得待租农地租借权），使零碎小块农地化零为整；另一方面在对集中农地进行投资修整①后，寻找可进行规模化农地经营的农地租借方，搭配财政金融优惠政策鼓励借贷双方达成农地租借协议。优惠政策方面，尤其将开展大规模集中农地经营的企业或大型农户作为中央和地方政府

① 具体包括排水系统整治、各农户间农地隔断清除等。

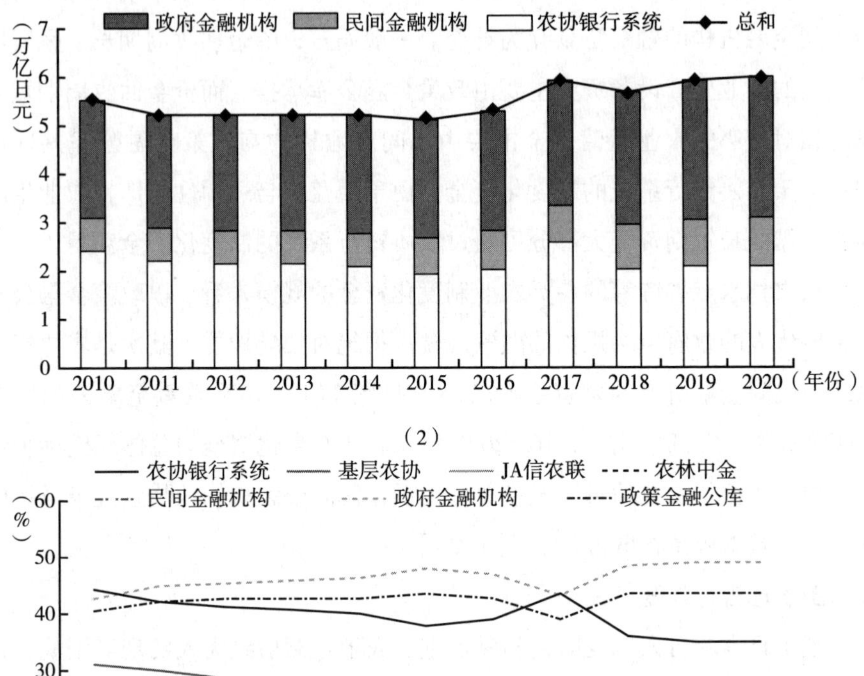

图1　2010～2020年不同金融机构的农业融资贷款余额及其结构

注：民间金融机构、政府金融机构、政策金融公库的统计范围包括农业和林业。

资料来源：笔者依据相关资料整理制成，参见農林中金総合研究所「年別の農林漁業金融統計データ」、https：//www. nochuri. co. jp/tokei/yearly/。

财政补贴的分配重点，以扩大农地规模化经营范围，推动农业生产效率提高（见图2）。

农地中间管理机构由各地方知事指定的公益财团法人担任，让政府公立机构作为农地租借中介以确保农地借贷程序顺利进行。此外，国家针对农地银行制度运行出台财政补贴与金融优惠政策也起到了重要的支持作用，如对实施农地银行制度的市町村设置“地区补助金”，对相邻两块及以上农地的租借权集中交付中介机构的农户设置“推动农地集中补助金”，对将农地租借权让渡给中介机构十年以上的出借农户设置“经营转换补助金”。优惠政策具体运行上（2020 年度），给予将农地租借权让渡给中介机构十年以上的农地出借方前三年固定资产税、都市计划税缴纳标准降低一半的优惠，给予农地租借方投资农业生产设备融资支持，不满 45 岁的新就农者首年可获得最高 150 万日元的财政补贴等。

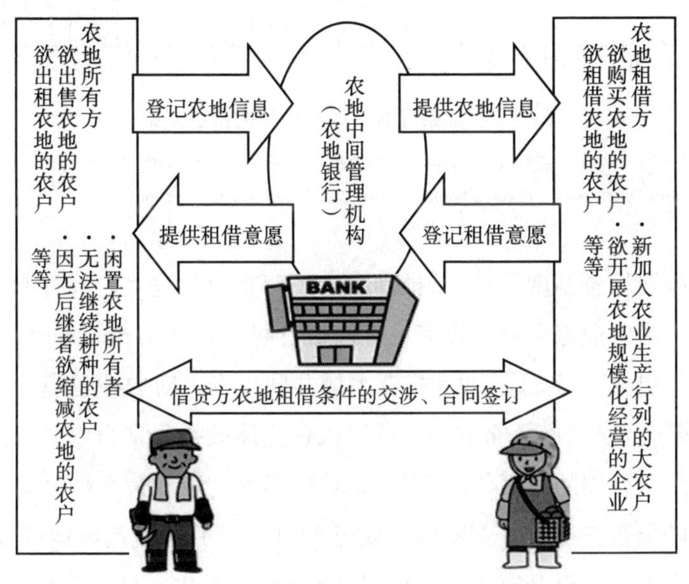

图 2　农地银行制度运行情况

资料来源：マイタビ「農地バンクとは？利用のメリットは？地域農業の活性化になる？」、https：//agri. mynavi. jp/2018_ 06_ 04_ 27949/。

农地银行制度实施以来，对推进日本集约化、规模化农业经营的效果显著，农地转租累计面积由 2014 年度的 2.4 万公顷增长到 2020 年度的 29.5 万公顷，集中连片农地扩大 11 倍多，农地集中率提高了 7.7 个百分点（见图 3），但和 2023 年度末农地利用率达 80%的目标还相差甚远。

3. 农业法人投资培育制度

2002 年，日本农林水产省基于《农林渔业法人等投资法》设立“农业

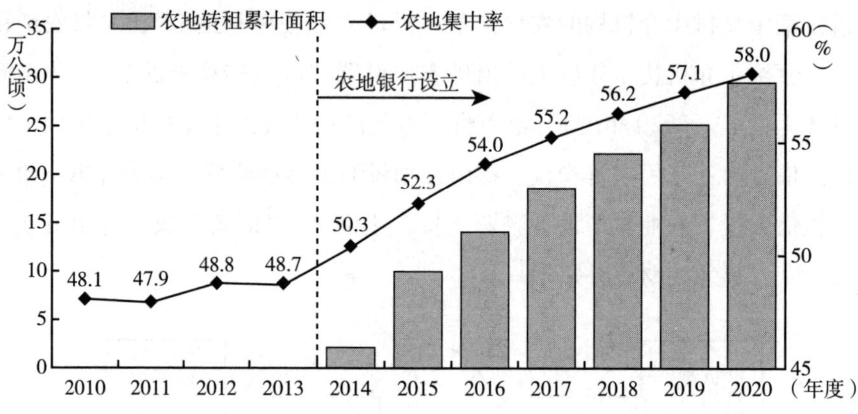

图 3　农地银行对农地规模化的推进效果

资料来源：農林水産省「農地中間管理機構の実績等に関する資料(令和 2 年度版）」、https：//www. maff. go. jp/j/keiei/koukai/kikou/attach/pdf/index-138. pdf。

企业法人投资培育制度"，支持推动农业经营企业化进程。现行制度运行体制表现为，由农业综合业务投资培育股份有限公司（Agribusiness)、投资事业有限责任组合（LPS)① 两大投资主体共同出资，对农业经营企业、农产品生产经营企业②进行资金支援，同时投资主体既接受来自农林水产省与金融厅对其出资计划的认可与监督③，也接受国家（以政策金融公库为主）与民间层面的出资支持④（见图 4)。截至 2021 年 9 月，就制度运行效果而言，投资事业有限责任组合累计出资 66. 19 亿日元（其中，日本政策金融公库出资 31. 48 亿日元)，农业综合业务投资培育股份有限公司累计出资 40. 7 亿日元（其中，日本政策金融公库出资 20. 3 亿日元)。⑤

① 2013 年根据相关修改法案追加。

② 农业经营企业和农产品生产经营企业的具体条件是：企业成立 3 年以上，3 年内经常收支有盈余，未曾有过还贷迟延历史等。

③ 農林水産省「投資円滑化法による農林漁業法人等への投資(出資）の仕組み」、https：//www. maff. go. jp/j/keiei/kinyu/toushiikusei/attach/pdf/gaiyouhourei-33. pdf。

④ 出资方由全国农业协同组合中央会、全国农业协同组合联合会、全国共济农业协同组合联合会、农林中金组成。

⑤ 政策金融公庫「農林漁業法人等投資育成制度のご案内」、2021 年 9 月 29 日、https：//www. jfc. go. jp/n/info/pdf/topics_ 210929a. pdf。

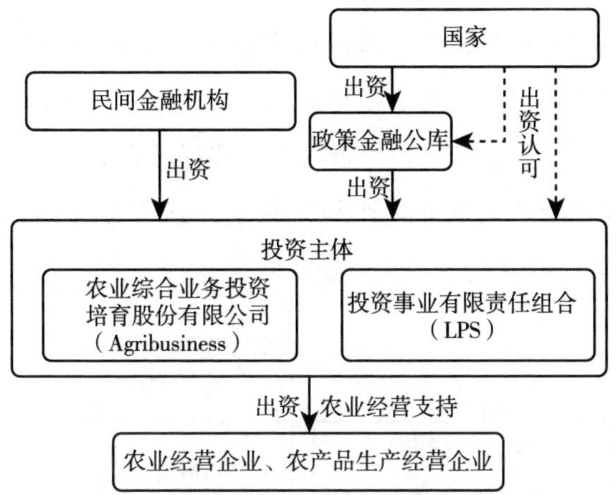

图 4　农业企业法人投资培育制度框架

资料来源：日本政策金融公庫「農林漁業法人等投資育成制度のご案内」、2021 年 9 月 29 日、https：//www. jfc. go. jp/n/info/pdf/topics_ 210929a. pdf。

农业企业法人投资培育制度的主要优势突出。① 首先，对农业经营企业等的出资支持无须偿还及支付利息，可以有效提高出资接收农业经营企业的自有资本率。其次，采用无信用担保出资形式，保证整个出资过程顺利进行。最后，作为投资主体之一的 Agribusiness 可通过收购即将退休的农业经营法人所持股份、让渡给其他法人的方式，持续推动农业经营企业化进程。

（二）运行主体——农协银行系统、政策金融公库、民间商业银行

日本农村政策金融的运行主体由农协银行系统、政策金融公库、民间商业银行三部分构成。从三大农村政策金融主体的运营特征来看，其一，大规模农户、农业法人组织是政策性融资贷款（农业制度资金）的主要申请利用对象，一般经营规模农户多以自有资本、制度化资金以外的融资方式安排

① 農林中金総合研究所・長谷川晃生「農業金融の現状と農協の役割」、2015 年 12 月 14 日、https：//ocw. kyoto - u. ac. jp/wp - content/uploads/2021/04/2015 _ nougyoukeieinomiraisenryaku _ 08. pdf。

农业生产。其二，不同运行主体的融资风格的差异性较大。农协银行系统和民间商业银行主要向农业短期生产经营资金（原材料费、劳动力雇佣费）、中期设备资金提供无担保信用贷款及优惠利率支持，特别是在农协银行系统支持下农畜产品的销售通过向农协贷款融资确保资金充足。政策金融公库主要依靠国家财政投融资向农业生产经营长期设备资金（如农地、农业机械设备购买等）提供长期融资支持（见图5）。

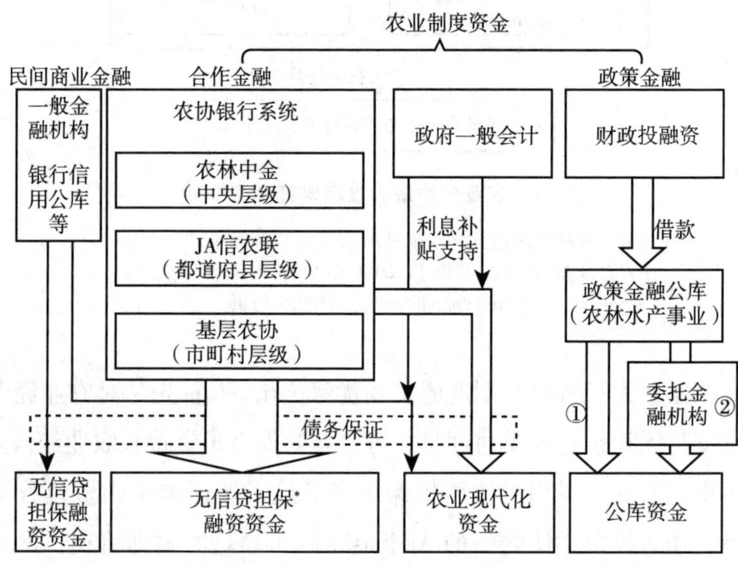

图5 日本农村政策金融运行框架

注：＊通过金融系统的融资方式有信贷担保（保証付きの融資）、无信贷担保（プロパー融資）两种，前者以获得日本信用担保协会的信用保证为前提向银行申请融资，贷款无法偿还时由担保机构代为执行；后者则无须担保便可直接向银行申请贷款融资，但资格审查严格，贷款风险由银行自行承担；对于两种融资方式，2014年度以前，以政策金融公库直接贷款为主，2014年度以后，以委托金融机构间接贷款为主。

资料来源：長谷川晃生「農業金融の現状と農協の役割」、農林中金総合研究所、2015年12月14日。

1. 合作金融——农协银行系统

农协作为推动日本乡村振兴的“国民生命库”，在农业信贷、农业经营指导、农畜产品销售、农业救济等诸多领域开展乡村振兴支持事业，且各类支持事业由全国（中央）、都道府县、市町村层面各级相应负责机构组成较为完备的一体化运营体制予以实施（见表1）。其中农业信贷支持事业作为农协最基本的一项核心支农业务，通过由基层农协、JA信农联、农林中金组成的“农协银行系统”为农户和农业法人提供多样化的政策金融服务。

表1　日本农业协同组合基本组织架构

职能范围	全国(中央)层面	都道府县层面	市町村层面
农业信贷支持事业	•农林中央金库(农林中金)	•信用农业协同组合联合会(JA信农联)	•基层农协 (截至2020年底，日本国内共有415万个农协成员、620万个农协准成员)
农业经营指导事业	•全国农业协同组合中央会(JA全中)	•农业协同组合中央会(JA中央会)	
农畜产品销售事业	•全国农业协同组合联合会(JA全农)	•经济农业协同组合联合会(JA经济联)	
农业救济事业	•全国共济农业协同组合联合会(JA共济联)	—	
农业生产生活支持事业(老龄人口福祉事业)	•全国厚生农业协同组合联合会(JA全厚联)	•厚生农业协同组合联合会(JA厚生联)	
农业新闻、农协观光事业	•全国报纸情报农业协同组合联合会(JA报纸联)	—	

资料来源：JAグループ「JAグループの組織事業」、https：//org. ja-group. jp/about/group/。

从农业信贷支持事业的资金运行情况①来看，首先，农协以高于民间银行存款利率的水平吸收基层农协成员的闲置存款以作为开展对外信贷业务的原始资金，再以优惠贷款利率向有融资需求的基层农协成员发放贷款②，为农业基本生产、生活提供良性资金保障。其次，农协存款账户超出信贷账户的剩余资金多数转入JA信农联的存款账户，以作为其开展农业信贷业务的原始资金。同样，JA信农联存款账户超出信贷账户的剩余资金多数转入农林中金（部分资金用于投资有价证券）。此外，JA信农联也作为政策金融公

① 参见JAバンク「信用事業」、https：//org. ja-group. jp/about/group/bank。

② 为强化对基层农业运营风险的防范，农业信用保证保险体系对农协通过吸收基层农协会员存款转贷的资金进行强制保险。

库等开展农业信贷融资业务的委托机构，代为运行信贷职能。最后，农林中金将从JA信农联转入的资金集中调配，作为农协、渔协（JF）、森林组合等机构运行所需的必要融资，以及日本海内外金融市场、资本市场的资金予以运用。

农协的政策金融措施主要包括无担保贷款与利息补贴，为农业生产经营个体与法人提供资金支持，与政策金融公库的农业制度资金互为补充。农协银行系统设立的具有代表性的制度化资金主要包括“农业现代化资金”“农业振兴资金”“农机塑料棚贷款”三类，基本覆盖农业发展环境改善、农业生产经营所需的各个方面（见表2），并通过基层农协、JA信农联、农林中金三个层级将各项制度化资金与农业政策金融申请者对接（见图6）。除制度化资金以外，农协银行系统还发挥农业生产经营咨询职能，对农协成员的农业生产经营活动进行技术指导，以及在农业六次产业化背景下积极为农业生产、加工、销售各环节间的业务合作搭建桥梁。同时，农林中金与JA全中等其他乡村振兴事业支持机构合作，例如，在农业生产、生活支持方面与JA全厚联合作，协助农协成员统一购入农业生产所需的农药肥料，所产农作物或农副产品由农协统一收购并销售，用农产品市场统一经营模式消除中间商以保障农产品价格的竞争力，提升农业发展质量和效率。此外，在农业救济方面，农协与JA共济联合作，每年将吸收的存款总额的1/10作为专项储备金（由农林中央金库统一运营管理）以用于基层农协之间的相互援助，同时注重农村生活物资的供给保障、农村老人福祉设施的建设与维护、医疗事业的发展等。

表2　农协银行系统的农业融资资金

制度化资金名称	资金用途
• 农业现代化资金	(1)农作物生产、加工所需的基础设施建设与完善资金 (2)果树栽培资金 (3)家畜购买与养殖资金 (4)小规模农地改良资金 (5)长期运营资金：经营规模扩大、经营管理合理化、生产经营形态改善等与农业经营改善相关的资金 (6)农业经营改善资金（Super-S资金）：为农业经营所需的运营资金提供短期低利息贷款的制度化资金

续表

制度化资金名称	资金用途
• 农业振兴资金	(1)农业发展首要资金:发展农业所需的直接间接资金 (2)农业网络资金:农产品生产、加工、销售网络建设资金 (3)农业地区资金:增强农业区域发展活力与振兴资金 (4)农业发展实力增强资金:推广可再生能源在农业生产经营领域的应用资金
• 农机塑料棚贷款	(1)农业生产器具(含二手器具)的购买、检验、修理等相关资金 (2)塑料温室大棚等建设费用 (3)农业生产经营所需的发电蓄电设备的购买资金

资料来源：JAバンク「JAの農業融資」、https：//www. jabank. org/sp/loan/nougyo/ichiran/。

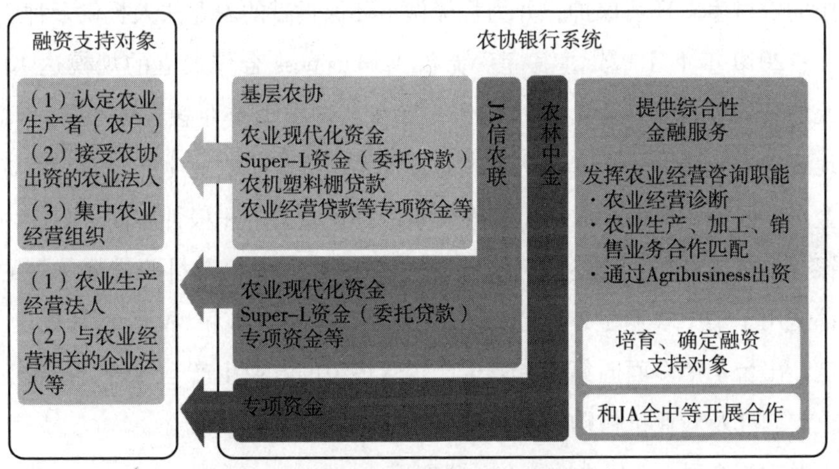

图 6　农协银行系统的制度化资金运作

注：委托贷款是农协银行系统承接的来自政策金融公库等机构为农户提供融资贷款的委托代理业务。

资料来源：JAバンク「JAの農業融資」、https：//www. jabank. org/sp/loan/nougyo/ninaite/。

由此，农协的信贷支持事业主要体现如下特征。其一，在基层农协、JA 信农联、农林中金之间形成了相互的连环金融信贷形态，保障农协银行系统内运行资金良性循环。其二，呈现指导性金融特征，即对农协成员进行的农业经营指导有助于促进农业经营技术、经营管理技术水平提高。其三，形成农业信贷事业与农业经营指导、农畜产品销售、农业救济事业等其他事业多领域交叉互补的合作形态。

相比民间金融机构，农协银行系统对农业法人的政策金融支持相对较晚，但近年来强化对农业法人金融支持力度的意识愈发强烈，通过创新与扩充相关金融产品，形成区别于民间金融的独特的政策金融体系，尤其体现在农协银行系统具备多个向农业法人出资的方案。首先，2002 年 10 月由农协银行系统和政策金融公库共同出资成立的“农业综合业务投资培育股份有限公司”，是农协银行系统向农业法人进行政策金融倾斜的资本基础；2007 年 10 月，农协银行系统成立“农业生态支持基金”，旨在推动乡村振兴过程中的农村生态环境保护，并为积极做出环保贡献的农业法人提供多种资金支持；2010 年 4 月，农协银行系统和 Agribusiness 合作成立的规模达 10 亿日元的“农业种子基金”正式运作，旨在通过减少企业融资壁垒推动培育各地区的农业法人骨干。其次，农协银行系统为集中农业生产经营组织提供资金。民间银行向集中农业生产经营组织提供贷款的积极性不高，只能由农协银行系统来补充。前述的对“农业振兴资金”“农机塑料棚贷款”等的申请都适用于集中农业生产经营组织，同时，基层农协和 JA 信农联也设立、制定、出台了诸多面向集中农业生产经营组织的农业生产运营资金、农业经营透支制度及农业机械购买资金等支持性融资方案。

2. 政策金融——日本政策金融公库

为推进日本农业产业化规模化发展，政策金融公库①基于不同农业推进目标创设了多样化农业制度化资金，给予相比于民间商业银行更优惠的融资条件、利率，对有关农户或企业开展各项农业规模化生产活动进行长期融资支持（贷款优惠利率见表 3）。从政策金融公库的运作模式来看，主要先通

① 日本政策金融公库的前身是于 1953 年成立的“农林渔业金融公库”，2008 年，其与多个政策金融机构整合为“政策金融公库”。

过借入国家财政资金扩充农业制度化资金总额，再向农业生产经营主体发放优惠贷款。在融资方式的选择上，2014 年度以前，政策金融公库以直接贷款（即直接向农户或企业发放优惠贷款）为主，2014 年度以后转向委托基层农协、商工组合中央金库、日本政策投资银行等金融机构，间接贷款占主导地位。截至目前，政策金融公库共与 402 家民间金融机构签署业务合作协议，针对包括农业部门在内的农林水产业共同融资达 1108 件。①

表 3　政策金融公库设立的代表性农业制度化资金

制度化资金名称	优惠利率	融资限额	适用对象
SUPER-L 资金（农业经营基础强化资金）	0.16%～0.30%	个人:3 亿日元 企业:10 亿日元	有改善农业经营计划的农户或企业
SUPER-W 资金（农业经营基础强化资金，农业综合企业强化计划）	0.30%	负担费用的 80%	农产品加工、销售企业
农地改良资金	0	个人:0.5 亿日元 企业:1.5 亿日元	设立农业生产、加工、销售新部门的企业
青年等就农资金	0（无信贷担保）	3700 万日元	开始进行农业生产经营的农户或企业
农业经营主体培育资金	0.30%	负担费用的 80%	购买农地的开始进行农业经营的农户或企业
农林渔业安全网资金（SN 资金）	0.16%～0.30%	600 万日元	农业综合企业（六次产业化企业）

资料来源：政策金融公庫「農林水産事業(主要利率一覧表)」、https://www.jfc.go.jp/n/rate/rate.html；政策金融公庫「ご利用いただける融資制度」、https://www.jfc.go.jp/n/finance/syunou/lp_01_shinkisyunou2.html。

政策金融公库差别化农业制度化资金以农业生产设施、农业机械及农地租金等经营费用为支持对象，具体围绕农业经营产业化规模化、促进农村就

① 政策金融公庫「農林漁業分野における民間金融機関連携の推進」、https://www.jfc.go.jp/n/company/af/pdf/jfc21j-08.pdf。

业两大目标进行，同时针对大米生产政策调整设置相应的配套融资制度予以引导。其一，政策金融公库为推进农业六次产业化创设“农业经营基础强化资金”（SUPER-L 资金）、“农地改良资金”、“农产品流通支持资金”、“农业经营基础强化资金”（仅限农林渔业共同利用设施，SUPER-W 资金）、“农业竞争力强化资金”、“特定农产品加工资金”、“中间山地农业生产经营支持资金”等制度化资金。[①] 其二，政策金融公库为新开启农业生产经营的农户或企业设立“青年等就农资金”“农业经营主体培育资金”等，向其提供融资支持，尤其对“青年等就农资金”实施零利率、无信贷担保的特别优惠措施，以缓解老龄化背景下农村劳动力不足的困境。其三，2018 年日本加入 TPP 后废除了主粮大米生产直接补贴政策，鼓励进行米粉、饲料米、加工用大米等的生产，以改变以主粮大米为中心的农业生产经营结构，对此，政策金融公库特别设立“饲料米、米粉及其加工品稳定供给设备整治资金”，向推进大米新用途开发的加工米制造商和销售商提供设备投资融资优惠。其四，针对日本台风、地震等灾害频发的自然地理条件以及当下新冠肺炎疫情、遭遇农业歉收年份等社会经济条件变化造成农业生产经营环境恶化等情况，政策金融公库创设“农林渔业安全网资金”（Safety-Net，简称“SN 资金”），为在紧急灾害情况下稳定农户和企业的生产经营提供资金支持。[②] 2020 年初新冠肺炎疫情暴发至今，日本“SN 资金”通过无担保贷款条件及贷款利率优惠政策累计为农业生产经营者提供了 1747 亿日元的融资支持，占新冠肺炎疫情防控农业融资总额的 56%。[③]

从 2020 年政策金融公库的融资结构分布来看，“SN 资金”与“农业经营基础强化资金”（SUPER-L 资金）占绝对主导地位（占比将近 90%）（见图 7）。这也反映出当下日本政策金融公库采取的金融措施顺应了日本农业

① 参见政策金融公庫「農業融資制度」、https://www.jfc.go.jp/n/finance/search/index.html#af。

② 参见農林水産省「農林漁業セーフティネット資金の概要」、https://www.maff.go.jp/j/keiei/kinyu/attach/pdf/index-32.pdf。

③ 政策金融公庫「新型コロナウイルス感染症への取組み」、https://www.jfc.go.jp/n/company/af/pdf/jfc21j-04.pdf。

发展的现实需要，重点围绕应对新冠肺炎疫情冲击与加快农业生产经营企业化进程开展。

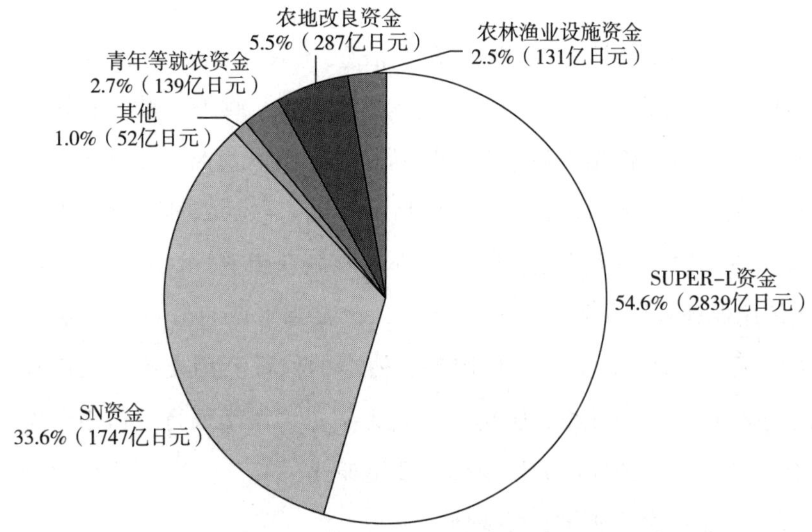

图 7　2020 年日本政策金融公库融资结构分布

资料来源：政策金融公庫「農業の担い手を長期資金の融資により支援しています」、https：//www.jfc.go.jp/n/company/af/agriculture.html。

3. 民间商业金融

民间金融机构参与农业生产经营融资的规模呈缓慢增加态势。① 其一，农业法人作为日本农业生产经营的骨干力量崛起，一般都有扩大规模、经营多样化的意向，对资金的需求量大。民间银行基于农业法人的财务报表、损益表对其进行审查，可以参考对其他行业企业法人的审查方法。其二，中小企业金融领域的竞争激化。国内民间银行作为新的市场力量着眼于农业领域，但不仅限于农业生产领域，还以农畜产品的流通、加工、销售等上中下游农产品相关产业全领域为目标。其三，政策金融公库的支持。农林公库从 2004 年开始和民间金融机构积极开展业务合作，在 2008

① 長谷川晃生「地銀等の農業融資への取組みとその特徴」、『農林金融』2009 年第 6 号、https：//www.nochuri.co.jp/kanko/pdf/nrk0906.pdf。

年10月被统合为日本政策金融公库的农林水产事业部，之后，政策金融公库的农业融资的基本方针是“和民间金融机构合作伙伴关系的构筑”。对此，为了支持民间金融机构向农林渔业领域融资，政策金融公库为其提供业界动向、风险评估等相关情报信息（农业信用风险情报服务，ACRIS），并支持人才交流。从2006年1月开始，政策金融公库和民间金融机构缔结业务合作相关备忘录，开展深入合作。其四，在金融厅的指导下推进相关银行业务运作，以便有以租借土地来扩大农地经营规模需求的农业法人在不过度依赖土地担保的条件下顺利获得农地。其五，灵活运用“农业信用保证保险制度”。2007年9月，农林水产省修订“农业信用保证保险制度”，为了扩大农业信用基金协会的保证利用规模，规定农协以外的金融机构也能指导相关机构，以此为契机，民间银行、信用金库、信用组合的基金协会的保证利用规模持续增加。

（1）农业六次产业化发展基金

为延长农业产业链、提高农产品附加值，日本政府积极调动民间力量为推进农产品生产、加工、流通、销售一体化的“六次产业化”① 提供金融支持。实现六次产业化的核心是确保农产品生产供给环节与加工流通环节之间的合作畅通，即创建连接农业生产者与农产品加工流通企业的农产品制造企业。对此，除农业生产者与农产品加工流通企业共同出资参与农产品制造企业的建设外，2013年，由国家和多个民间企业共同出资成立的股份公司“农林渔业产业化发展支援机构”（A-FIVE）② 也发挥着关键的金融支持作用。一方面，A-FIVE通过对农产品制造企业直接出资、提供无担保贷款以

① 生产（第一产业）×加工（第二产业）×流通与销售（第三产业）=六次产业化。六次产业化对增加农业就业岗位、激发农村地方经济活力发挥关键作用。参见農林漁業成長産業化支援機構（A-FIVE）「6次産業化に対する支援」、http://www.a-five-j.co.jp/business/6jika.html。

② 国家出资部分来自“财政投融资特别会计投资账户（用于产业投资支出）”。截至2016年7月，A-FIVE的股份构成为政府出资300亿日元，民间企业出资19.02亿日元。参见農林漁業成長産業化支援機構（A-FIVE）「機構概要」、http://www.a-five-j.co.jp/corporate/outline.html。

及在农业生产者和农产品加工流通企业之间搭建农产品销售合作平台三种方式，为六次产业化提供金融和中介支持；另一方面，A-FIVE 通过向农业六次产业化发展基金的各地区子基金出资，间接支持农产品制造企业的农产品经营活动。此外，作为 A-FIVE 金融支持的补充，地方政府、民间金融机构、当地企业等也通过直接向农产品制造企业出资，或向农业六次产业化发展基金的各地区子基金间接出资的方式支持农业六次产业化进程（见图 8）。

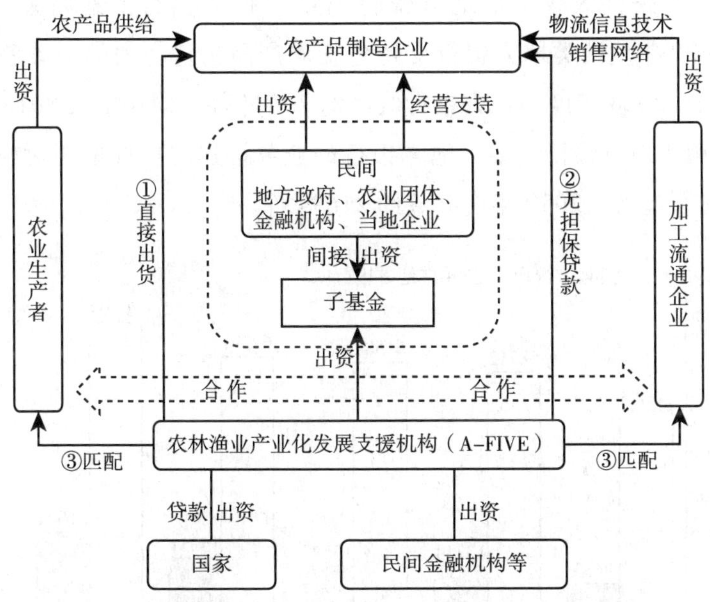

图 8　农林渔业产业化发展支援机构（A-FIVE）运行架构

资料来源：長谷川晃生「農業金融の現状と農協の役割」、農林中金総合研究所、2015 年 12 月 14 日。

从农业六次产业化发展基金的运行效果来看，截至 2021 年 3 月，基金为支持六次产业化向农产品制造企业累计出资 176.4 亿日元，其中，直接出资为 86.5 亿日元，间接向各地区子基金出资 90 亿日元（其中，A-FIVE 出资为 45 亿日元）。①

① 農林水産省「農林漁業成長産業化ファンド出資決定の状況」、2021 年 3 月 26 日、6 頁、https：//www. maff. go. jp/j/shokusan/fund/attach/pdf/fund-187. pdf。

（2）民间地方银行

日本民间地方银行作为重要金融中介之一，长期通过直接出资、融资贷款等渠道为日本各产业发展提供资金支持。在农业生产经营领域，一是以召集农业经营企业法人定期召开商谈会等方式，推动农产品交易平台搭建，支持农产品销路开拓，推进农产品交易规模扩大。二是为农业经营企业并购、推动农业规模化生产经营提供业务咨询服务，支持农业生产经营条件改善。从地方银行与第二地方银行的运行业绩来看，2018~2020 年度两类地方银行支持包括农产品销售在内的业务签约数量逐年增长，2020 年度，地方银行共签约 70604 件，同比增长 8013 件（见图 9）。相比地方银行，第二地方银行的业务搭建支持规模相对较小，但也呈现增长趋势，2020 年度共签约 21694 件。

图 9　地方银行的商务匹配签约业绩

注：图中数据包括农业以外的其他产业领域。

资料来源：全国地方銀行協会「地方銀行における『地域密着型金融』に関する取り組み状況」、2021 年 9 月 15 日、https://www.chiginkyo.or.jp/app/entry_file/2021_torikumijyokyo_all.pdf；第二地方銀行協会「地域密着型金融に関する取組状況」、https://www.dainichiginkyo.or.jp/membership/region_activate.html。

（三）农业信用保证保险制度

为了有效防范农村金融信贷体系中的潜在风险、保证农业生产经营者的资金借贷信用度进而稳定农业生产经营的资金供给，日本政府相应地建立起“农业信用保证保险制度”。该制度要求 47 个都道府县“农业信用基金协会”（简称“基金协会”）① 对农业生产经营者从农协、银行等融资机构取得的贷款向融资机构做出债务保证，同时由“农林渔业信用基金”（简称“信用基金”）对融资机构的大额贷款直接进行融资保险。债务保证对象的资金主要是因农业经营规模扩大而利用的“农业现代化资金”、研发引进新品种农作物的“农地改良资金”等制度化资金及与其他农业生产经营相关的事业资金。债务保证提供的对象主体是农业（包含畜产业、养蚕业）生产经营者以及由农业生产经营者组成的企业法人。②

具体来看，该制度主要包括信用保证制度和信用保险制度两个部分。信用保证制度体现为农业生产经营者从融资机构贷入农业经营所需资金时，基金协会扮演债务担保人的角色，在农业生产经营者申请债务担保时对其经济偿还能力进行审查，并与融资机构签订“债务保证契约”，当农业生产经营者不能按约履行还贷义务时，可以向基金协会请求由其代为偿还，而且基金协会必须无条件及时偿还相应债务（见图 10）。

信用保险制度体现为为了降低基金协会代替不能按约还贷的农业生产经营者偿还债务的风险，基金协会可通过向信用基金缴纳保险费③，与信用基金缔结保证保险契约，进而由信用基金对基金协会所承担的债务担保责任进行再保险。当农业生产经营者不能按约履行还贷义务、需要基金协会代为偿还时，基金协会可向信用基金申请保险金，信用基金将无条件支付基金协会需要代为偿还的农业生产经营者借贷的本金利息总额的 70%。

① “农业信用基金协会”（日语为“農業信用基金協会”）由农业生产经营者与地方公共团体出资设立，在日本 47 个都道府县均设有分协会，同时设有“全国农业信用基金协会协议会”以进行全国范围内的统筹，参见 https：//www. jaffic. go. jp/guide/nou/kyoukai_list. html。

② 独立行政法人農林漁業信用基金「農業信用保証保険制度について」、https：//www. maff. go. jp/j/keiei/kinyu/hosyo/hosyou. html。

③ 基金协会同时向农业生产经营者收取保险费，参见「農業信用保証保険制度のご案内」、2021 年 3 月、https：//www. jaffic. go. jp/guide/target/nouringyogyou. files/nougyou-pamphlet. pdf。

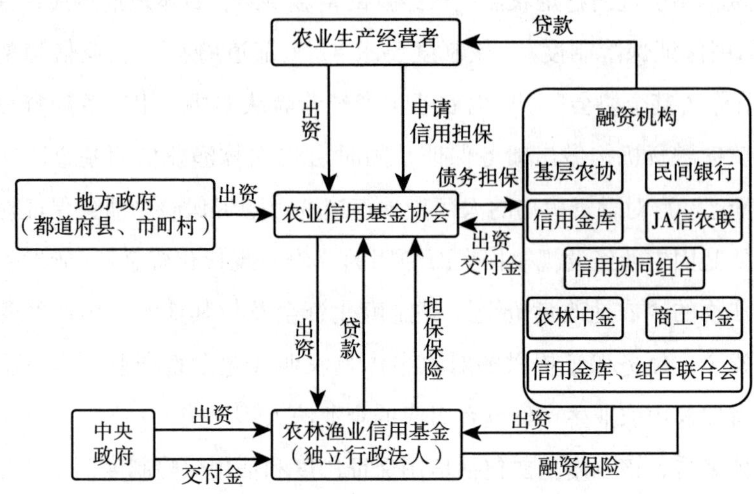

图 10　农业信用保证保险制度的运行架构

注："商工中金"为"商工组合中央金库"。

资料来源：独立行政法人農林漁業信用基金「農業信用保証保険制度の仕組み」、https：//www. jaffic. go. jp/guide/nou/index. html。

二　日本农村政策金融发展经验与启示

（一）经验与借鉴

第一，战后日本农村政策金融改革一直遵循"立法优先"的原则，先后出台了《农业基本法》《农地法》《农业经营基础强化促进法》《食料、农业、农村基本法》等诸多法律，以立法形式明确不同时期农村政策金融发展的方向与重点，指明各类政策金融机构以及制度化资金的适用范围、支持力度与重点，使各项政策金融举措的实施有法可依。中国农业发展银行作为中国唯一一家农业政策性银行，发展至今始终缺少与之配套的政策金融立法，这不仅导致其融资业务在职责定位、政策融资目标与侧重等方面缺乏规范准则，也限制了其信贷资金的利用效率。因此，完善与农业政策金融配套的法律制度是非常必要的。

第二，日本政策金融公库的政策性贷款规模长期占据主导地位，在贷款业务运作上，除通过自己的网点机构办理外，也委托基层农协、商工组合中央金库、日本政策投资银行等金融机构代办，形成国家政策性金融机构与民间商业性金融机构业务合作与往来的有利态势。相比之下，中国农业发展银行自身的政策融资贷款网点数量较少，与之合作的金融机构更是少之又少，未来可借鉴日本经验逐步探索与农村信用合作社、地方农村商业银行等机构进行合作，扩展政策金融机构的业务规模，在更大范围内发挥政策金融的作用。

第三，日本政策金融改革无论在融资支持对象选择还是各类政策金融产品开发上，都根据农业发展目标的变化适时调整政策金融倾向，确保政策金融贷款的高效性与精准性。具体来看，日本政府一方面逐步扩大农村政策金融的支持对象覆盖范围；另一方面适时根据农业发展目标变化更新政策金融产品，确保融资资金投向最有待扶持的农业部门与发展环节。近年来，中国农业发展银行虽然一直在扩大业务范围，但是与国家农业发展目标的匹配度仍有待提高。例如，中国农业发展银行虽对农业法人骨干开放政策性融资贷款，但将农户排除在外。对此，中国农业发展银行可先行选择一些领域寻求尝试和突破，比如，向发展程度较高的家庭农场开放类似 SUPER-L 资金的低息贷款，培养一批家庭农户骨干，从而减轻务农人数萎缩和老龄化问题可能带来的压力。

（二）问题与启示

第一，日本农村人口少子老龄化问题严重制约政策金融效果的发挥。人口老龄化加剧背景下，乡村振兴之路未能阻挡乡村人口外流的趋势，农业劳动力过疏化与老龄化加剧导致农户兼业化与耕地撂荒现象日益严重，阻滞了农业规模经营效率的提升，也使政策金融作用的发挥力不从心。日本农协外驻机构和农业经营指导人员数量都呈减少趋势，农协外驻机构在 1998～2017 年度减少了 6454 个，农业经营指导人员数量同期减少 2774 人（见图 11）。此外，农业制度化资金的实施虽然有助于提高农民的收入水平，吸引农村青年劳动力回流，但也加重了财政负担，甚至致使农业法人对提升自有资本比例的认识不充分，过分依赖制度化资金。中国人口老龄化程度虽不及日本，但也急需在乡村振兴道路规划中重点予以防范，着重发挥政策金融设计在推进青年务农劳动力回流中的引导作用。同时，需注意融资贷款力度适度，找到刺激农业生产经营投资与农业生产经营者强化自身发展能力之间的平衡点。

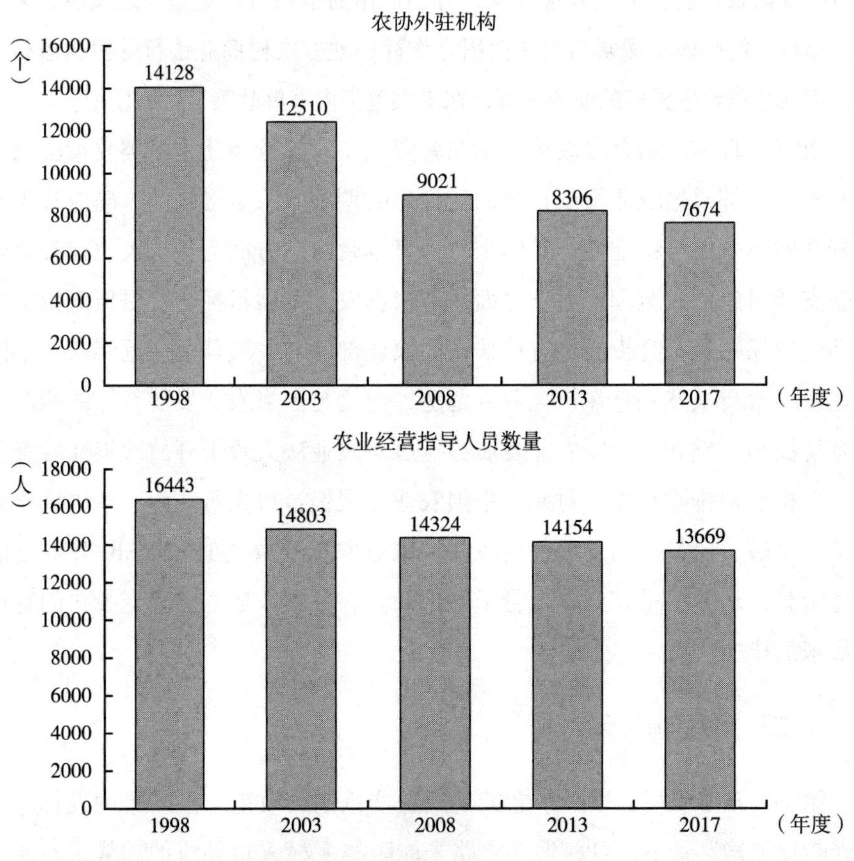

图 11　1998~2017 年度日本农协外驻机构和农业经营指导人员数量情况

资料来源：農林水産省「農村を取り巻く現状について」、14 頁、https：//www. maff. go. jp/j/study/nouson_ kentokai/attach/pdf/farm-village_ meetting-5. pdf。

第二，农协改革进展缓慢，与农民期望的差距较大。近年来，日本农协成员数量呈逐年减少趋势，截至 2020 年底，减少为 415 万个，主要原因在于农协成员对农协业务水平的期望值逐步走低。2019年，农林水产省进行了一项关于地方基层农协农业支持业务满意度的调查，根据调查结果，在农协的农产品销售支持业务、农业生产资料购买业务以及相关业务与农协成员的有效沟通力度等方面，农协成员的评价值低于农协官方约两倍①，农协的政策金融服务水平需要通过深层次改革以进一步提高。中国基层农村信用合作社改革应以人民利益为导向，使政策金融措施能够有效满足农户生产经营的实际需求。

第三，伴随农业法人经营多样化发展态势，对经营资金的需求也开始高涨，对制度化资金设计提出挑战。在推动农业法人化经营的过程中，农业经营内容已经由单纯的农业生产过程转向综合性农业生产经营过程，这就要求农业金融从单纯的农业生产金融转向综合性农业经营金融，即政策金融需能够满足多样化的农业生产经营需求（如商谈会、农产品销售业务匹配），构建农业全产业链的农业金融体制是农业金融今后的课题。中国农业发展银行近年来实施的政策逐渐向农业企业骨干倾斜，今后随着农业朝着企业化规模化方向发展，要注意构建支持农业全产业链发展的系统化农业金融体制。

① 農林水産省『令和2年度食料・農業・農村白書』、2022年5月27日、225頁、https://www.maff.go.jp/j/wpaper/w_maff/r2/pdf/zentaiban_02.pdf。

B.17
日本“地方创生”政策探析*

张　建**

摘　要： 日本于2014年9月推出新的乡村振兴政策——“地方创生政策体系”，以“村镇”“人”“工作”为三大对象，以两期《村镇、人、工作创生综合战略》为主要内容，构建了法制、组织机制、责任分工、数据支持、实施效果与评估机制以及与政策内容相关的愿景、对象、目标、理念、原则、实施方针、财政支持等全链条的制度与体系，力图在人口减少、东京一极集中和地方经济衰退等经济与社会发展的核心问题上取得突破，并在信息、人力资源和财政税收以及其他政策领域对地方创生改革进行大力支持。鉴于日本地方创生政策侧重于服务国家层面经济增长战略的特性及其政治属性，第一期《村镇、人、工作创生综合战略》建设成效尚未显现。日本需对现有实质性成果与案例进行总结分析，抓住东亚地区发展与经济一体化的机遇，真正创造出地方发挥自身特色与优势的行政与经济环境，实现日本地方的可持续创生。

关键词： 日本　乡村振兴　地方创生　综合战略

2014年9月，日本安倍晋三内阁提出了被称为“地方安倍经济学”的

* 本报告为亚洲区域合作思想库网络科研项目“中日韩合作与中国老龄化产业发展研究”（项目编号：YZYJ09007）的成果。

** 张建，经济学博士，上海外国语大学教授，主要研究领域：日本对外贸易、日本农业。

“地方创生”（Regional Revitalization）政策，并通过一系列法律法规以及国家、地方层面综合战略的制定加以引领和推动，日本围绕乡村振兴的政策体系出现了许多新的动向。2020 年 8 月，安倍晋三辞职，继任的菅义伟和岸田文雄内阁延续了“地方创生”的政策思路，日本“地方创生”政策的基本思路和框架得到延续。本报告拟对日本自 2014 年以来的“地方创生”政策的主要内容、具体措施与政策效果进行考察与分析，思考今后日本地方振兴政策改革的基本方向。

一　日本“地方创生战略”出台背景与政策体系

（一）“地方创生战略”出台的背景

在江户时代，“地方”一般指同“都市”相对的农村地区。此后，在日本社会和经济发展进程中，逐步形成了根据自然、历史、产业、经济发展水平、人口规模等指标进行综合区分的“大城市圈”和“地方”的社会认知体系，这就是对东京（首都圈）、名古屋（中部经济圈）、大阪（阪神经济圈）三大城市圈和被称为“地方”的三大城市圈之外地区的概念区分。因此，狭义上的“地方”经常被用于指称日本三大经济圈之外的人口相对较少、经济和产业发展水平相对较低的地区及其市町村行政区域。战后经济高速增长时期，日本人口从地方向三大城市圈迅速移动，此后出现了“东京一极集中”的局面；与此同时，地方圈的经济逐渐衰退，区域经济不平衡问题日益显现。

根据日本总务省“财政力指数”[①] 分类，“财政力指数”小于 1.0 的地方公共团体均被视为日本中央财政转移支付——“地方交付税”的对象，可见，在法律意义上，日本的“地方”并无确定的范围界定和区分。根据日本总务省发布的 2014 年度全国各都道府县财政力指数数据，只有东京都为 1.0，

① “财政力指数”为过去三年基准财政收入与基准财政需求额之比的平均值。

其他46个道府县的财政力指数均在1.0以下，财政力指数平均约为0.485。也就是说，除东京都之外的所有道府县都是因自身财政收入不足而需要中央财政进行“地方交付税”拨付，其不平衡程度可见一斑。

另外，人口向东京圈加速流动。从2000~2014年日本各都道府县之间人口移动的数据看，2000~2004年、2005~2009年、2010~2014年这三个五年区间，人口净增的都道府县数量分别为19个、10个、7个，反之，人口净流出的都道府县数量从28个增至37个和42个，人口流入和流出的不均衡性急剧提升。从三个五年区间人口增长率排名看，人口流向的主要目的地是东京都、神奈川县、千叶县、埼玉县、爱知县、滋贺县、福冈县、冲绳县，其中尤以向东京都及其周边县流入为甚。

以上财政和人口相关数据的变化表明，东京都及首都经济圈吸引了日本其他道府县地方的人口与资源流入的“东京一极集中”现象，反过来导致日本“地方”与东京地区之间的经济、产业结构的不平衡加剧，“地方”劳动力等生产要素不足、就业机会减少以及规模效应消失进一步导致经济增长乏力，产业和消费不振，并由此带来财政恶化，医疗、养老、教育等地方基础公共服务保障等层面的问题凸显。

（二）“地方创生战略”的提出

2013年，安倍晋三政府实施遵循新自由主义路线的“安倍经济学”政策，宽松货币政策与企业减税等措施刺激日本股市行情走高，日元贬值和企业法人税减税也使部分日本出口相关大企业的业绩数据改善，日本进入了新一轮经济增长周期。长期以来，重视大城市圈、经济增长与结构改革的经济路线导致日本经济内在循环不畅，国内收入分配差距进一步扩大，“东京一极集中”现象进一步加剧，日本地方与农村地区的经济状况并未得到有效改善。① 这些问题都对安倍晋三赢得2015年的统

① 木村俊文、多田忠义、寺林晓良「地方創生の検討課題」、『金融市場』2015年7月号、26頁。

一地方选举以及之后的长期执政、修宪等政治、经济目标的实现产生了现实压力。

在这种背景下，2014 年 9 月，安倍晋三在内阁改组后的记者会上正式宣布“地方创生”政策，并确立了“改变人口和资源向东京一极集中的局面，阻止地方的人口减少，提振日本总体活力”的政策目标。安倍首相在内阁中新设“地方创生担当大臣”岗位，任命拥有较大影响力的自民党众议院议员石破茂担任“地方创生担当大臣”，并于 2014 年 11 月制定了“地方创生”专项法案——《村镇、人、工作创生法》①（简称“创生法”），设置“村镇、人、工作创生本部”，确定了由首相担任本部长、地方创生担当大臣担任副本部长、其他内阁成员全部加入的顶级行政配置，在法制和组织两个层面为“地方创生”事业保驾护航，2015 年也被称为日本“地方创生元年”。在此制度框架下，日本政府于 2014 年底和 2019 年底相继制定并发布了两期《村镇、人、工作创生综合战略》，以“五年规划”的方式推进地方创生国家战略。

（三）地方创生政策体系

“地方创生”是日本政府于 2014 年提出的新概念与政策体系，同时，它是日本原有地方（地域）政策（Regional Policies）的延续、改革与发展。20 世纪 90 年代泡沫经济崩溃后，为应对人口减少、地方分权、都州制改革、地方经济再生等一系列经济与社会问题，日本政府在地方政策层面进行了各种改革，出台了许多重要法律和政策，如 1995 年实施的《地方分权推进法》、2005 年出台的《地域再生法》等。2005 年出台的《地域再生法》就是为了应对少子老龄化急剧发展、产业结构和社会经济形势的变化，政府需要采取措施支援地方通过自主创新来促进本地经济发展、创造就业机会、实现地区经济发展与激发经济增长活力而制定的。《地域再生法》规定了日本在国家层面支持地方政府（都道府县和市町村）立足本地域的情况制订

① 日文为“まち、ひと、しごと創生法”。

“地域再生计划”，并明确了地域再生政策的三大领域——就业机会、经济基础、生活环境。2006 年安倍晋三首次出任首相并组阁时，便根据此法设置了“地域活性化”内阁府特命担当大臣，可以说这是“安倍经济学”的“地方政策”的起点。2014 年以后，日本政府通过对《地域再生法》的五次修订将其纳入新的地方创生政策体系中。

2014 年，日本出台地方创生专项法案——《村镇、人、工作创生法》（简称“创生法”），此时所面临的形势比 2005 年更为严峻。问题意识也从“少子老龄化”“产业结构和经济形势”“地方就业机会”扩大为“阻止人口减少”“纠正东京圈的人口过度集中”“确保各地区的宜居环境”“着眼于将来维持有活力的日本社会”四大方面，并明确划定了三大创生对象领域，即村镇、人、工作，规定了日本关于地方创生的基本理念与围绕三大对象领域的国家责任及任务、政策与实施计划等。“创生法”对三大创生领域的具体目标分别界定为：（1）村镇，实现每个国民都拥有梦想与希望，过上放心、滋润而富裕生活的地区（地方）社会；（2）人，确保能承担本地区社会发展的、个性丰富的、多种多样的人才；（3）工作，创造本地区有魅力且多元多样的就业机会。

根据“创生法”，日本政府分别于 2014 年底和 2019 年底制定了两期《村镇、人、工作创生长期愿景》和《村镇、人、工作创生综合战略》，提出围绕长期愿景设定人口和经济增长率目标。两期《村镇、人、工作创生综合战略》是日本自 2015 年起创建地方创生事业的两个“五年计划”，详细阐述了日本政府关于地方创生的基本思路和具体政策措施。其中，第一期《村镇、人、工作创生综合战略》是日本首次在国家层面制定的综合战略，其主要内容构成了日本地方创生政策体系的基本框架。至此，日本政府完成了地方创生事业的法制、国家与地方组织机制、国家与地方责任分工、数据支持、实施效果与评估机制，以及与政策内容相关的愿景、对象、目标、理念、原则、实施方针、财政支持等全链条的制度与体系设计，其是名副其实的国家层面的“综合战略”。

二　第一期《村镇、人、工作创生综合战略》的主要目标与实施效果分析

（一）“四个基本目标”与政策改革的五大原则

第一期《村镇、人、工作创生综合战略》确立了地方创生的四个基本目标，分别为：（1）为地方年轻人创造稳定的就业机会；（2）实现“人”从东京朝着地方流出的新流向；（3）让年轻世代实现结婚、生育、育儿的愿望；（4）建设适应时代、生活安心的地方，加强地区间合作联动。从基本目标内容看：目标（1）的核心是“工作”的创生，着眼于创业、就业机会的增加；目标（2）和目标（3）的核心是“人”的创生，其中，目标（2）着眼于“人”在东京圈与其他地区的居住分布平衡，而目标（3）则着眼于生育意愿、出生率等与扭转“人口减少”、实现“人”的增加相关的目标；目标（4）的核心是“村镇”的创生。《村镇、人、工作创生综合战略》提出实现这四个基本目标的基本思路是：（1）解决“人口减少”和“地区经济衰退”问题；（2）实现“村镇”“人”“工作”创生，实现三者之间的良性循环。

《村镇、人、工作创生综合战略》指出，原有国家层面的地区经济就业对策与少子化对策，对解决地方人口流出和少子化问题没有实质性效果①，因此需要对现有政策体系进行验证、评估和改革。原有地方相关政策的主要问题在于：第一，行政部门与制度之间的条块分割构造；第二，“全国一律性”政策较多，未考虑地方特色和地方实际情况；第三，“撒胡椒面”式的政策目的不够明确，未结合客观数据进行效果检验；第四，政策多为浮于表面的措施，深度不够，各领域政策未能有机组合；第五，政策多追求短期成果，缺少中长期规划与展望和政策的连续性，地方政府未能有效培养地方创生领域的专业性人才。

① 内閣府『まち、ひと、しごと創生総合戦略』、2014 年 12 月 27 日。

针对这些问题，首先，《村镇、人、工作创生综合战略》提出了政策改革的五大原则：第一，自立性（有利于地方自立）；第二，将来性（有发展前景、地方自主推进）；第三，区域性（都道府县及市町村制定地方版综合战略）；第四，直接性（与三大对象领域——村镇、人、工作直接相关）；第五，重视成果评价（评估及完善机制）。

其次，《村镇、人、工作创生综合战略》确定了国家和地方层面各自的责任和任务体制。在明确了国家层面的长期愿景和制定五年综合战略后，各地方政府应在首个年度内根据国家层面的长期愿景和综合战略，制定本地区的“地方人口愿景”和五年“地方版综合战略”，并成立由官方、产业界、研究机构、金融机构、工会组织及居民代表等组成的本地区综合战略推进组织，且在第二个年度开始运用相关数据进行效果验证，推进 PDCA 评估及完善相关机制。《村镇、人、工作创生综合战略》还确定了在国家层面建立“地域经济分析系统”（RESAS），为各地方的创生实际业务开展提供数据支持、数据分析咨询及财政税收、人员派出、培训、咨询等方面的支援，强调推进地区合作联动，推动形成“合作中枢城市圈”。

（二）兼顾与其他政策的联动与衔接

日本《村镇、人、工作创生综合战略》还明确了与其他重要制度之间的联动与衔接，重点确定了与国家战略特区制度、社会保障制度以及财政税收制度的联动。

1. 与国家战略特区制度的联动

依托国家经济与其他领域的“放松管制”等进行去行政化改革[①]，构建地方创生示范案例，促进社会创业，利用地方以第一产业为首的既有资源，推动产业振兴，并开始实施“地方创生特区”认定制度。

2. 与社会保障制度的联动

《村镇、人、工作创生综合战略》明确按照《经济财政运营与改革的基

① 竹中平臧「国家戦略特区を改革の起爆剤に!」、『徹底分析：アベノミクスの成果と課題』、中央经济社、2014、171 頁。

本方针 2014年》的要求，在国家层面通过预算支持，与地方政府一起综合推进幼儿教育与保育以及地区的儿童、育儿的支援，构建“儿童、育儿支援新制度”。另外，通过法制化手段确保以国民健康保险为首的医疗保险制度财政基础的稳定与负担的公平性。另外，其还提出了2025年构建符合地区实际情况的，覆盖医疗、护理、疾病预防、居住、生活支援的地区综合服务保障体系的目标。

3. 与地方分权改革相衔接

《村镇、人、工作创生综合战略》综合考虑了日本的地方分权改革①。地方分权改革是日本各地区自主思考、创造和解决本地问题的基础，被认定为地方创生的重要内容之一。因此，《村镇、人、工作创生综合战略》强调地方向国家提出权限下放和放松管制的要求，日本将积极推进制度改革尽早完成，并将改革成果、优良案例加以宣传、推广。此外，《村镇、人、工作创生综合战略》还对各类管制的放松与取消提出了改革阻碍地方、民间创造性思路的政策，特别是在人口减少区域，与规制改革会议联动，改革阻碍性措施，推出高效利用地区资源的举措等。如对于空置房屋、商店、学校、农地、公共设施等空置闲置空间的再生与利用，提出探索所有权与使用权分离措施，对公物管理法规与建筑物等限制政策进行研究，推进对其再利用；设置地方版规制改革会议，鼓励地方政府设置规制改革机构，发挥地方政府推进本地区规制改革的主观能动性。

4. 与财政税收制度的联动

在财政和税收支持方面，对地方特色创生项目的经费，从地方交付税层面予以支援，对于制定和推进“地方版综合战略”的地方政府，依据明确的政策目标和客观的评价指标发放新型交付金，进行第三路径的财政支援。税收方面，扩充“故乡纳税”事业；强化地方税的“受益者纳税”原则，推进地方法人税改革，缩小地区间的税源差距。毫无疑问，财政支援是实现综合战略“不间断施策”的关键。

---

① 高桥滋「地方創生と地方分権—背景と課題—」、日本地方分权改革有识者会议、2016。

从地方创生预算安排的情况可以看出，其重点主要落在“工作”和“村镇”部分，与“人”相关的政策预算则相对较少。这一方面反映出日本政府希望避免“撒胡椒面”式的支持，鼓励地方发挥自主性和创造性的地方振兴新思路，另一方面可以看出与“人”相关的政策支持体系尚未在地方创生政策体系中得到有效确立。2015~2021 年度日本地方创生政策体系的预算安排见表 1。

表 1　2015~2021 年度日本地方创生政策体系的预算安排

单位：亿日元

政策类别	2015 年度	2016 年度	2017 年度	2018 年度	2019 年度	2020 年度	2021 年度
地方创生加速化交付金	1000						
地方创生推进交付金		1000	1000	1000	1000	1000	1000
地方大学和地域产业创生事业				100	101. 3		
地方创生据点整备交付金		900	600	600	600	500	
两期《村镇、人、工作创生综合战略》基本方针 1	2153	2434	2868	2244	6312	23264	1655
两期《村镇、人、工作创生综合战略》基本方针 2	674. 9	707. 9	654	640	635	539	414
两期《村镇、人、工作创生综合战略》基本方针 3	2204	1711	1438	1895	2449	3762	3714
两期《村镇、人、工作创生综合战略》基本方针 4	4382	3472	2907	2783	2475	6531	133
关联制度联动政策	6766	7924	10224	10067	10994		
地方财政计划预算支出			10000	10000	10000	10000	10000
第二期《村镇、人、工作创生综合战略》综合性目标 1					3	110	197
第二期《村镇、人、工作创生综合战略》综合性目标 2					2876	7355	1244
新冠病毒感染症应对地方创生临时交付金						45000	
各年度地方创生总预算额	17179. 9	18148. 9	29691	29329	37445. 3	98061	18357

资料来源：笔者依据日本内阁府官网、内阁府地方创生推进事务局官网各年度预算数据制成，参见内閣府、https：//www. cao. go. jp；内閣府地方創生推進事務局、https：//www. chisou. go. jp/tiiki/tiikisaisei/index. html。

从日本第一期《村镇、人、工作创生综合战略》的目标与施策可以看出，日本地方创生政策体系庞大，涉及的政府部门、领域、层级多而交错，事业主体也从日本中央政府延伸到了全国的都道府县及市町村。另外，政策既涉及政府，也涉及产业、企业与个人，还包括大学等学研机构等，既有国家层面的统一政策，也有力图发挥各地自主性与地区特色、特性的个性化政策。

（三）对第一期《村镇、人、工作创生综合战略》实施效果的评估

2017 年 12 月，日本政府开展了对《村镇、人、工作创生综合战略》实施情况的中间评估①，肯定了目标（1）、目标（3）、目标（4）的政策效果，但认为目标（2）的政策效果未显现。根据日本文部科学省的调查信息，与政策目标相反，从地方向东京圈流入的青年人不减反增，其中高中毕业就业、大学升学、大学毕业就业三种情况的 15~24 岁青年群体流入东京圈的数量约为 10 万人，占流入总人数的八成以上。② 日本政府根据评估结果做出了维持政策目标不变、进一步强化相关政策的决定，制定了《村镇、人、工作创生综合战略（2018 年修订版）》。

2019 年，日本政府对第一期《村镇、人、工作创生综合战略》的政策效果进行了验证和评估。主要是按照第一期《村镇、人、工作创生综合战略》设定的四个基本目标及对应的 15 项关键成果指标（见表 2），以及四个基本目标对应的具体定向政策措施的 116 项的KPI③，对其完成情况进行逐项评估，然后根据验证和评估结果进行 PDCA 循环方式改进。

① 地方创生综合战略 KPI 验证小组『まち・ひと・しごと創生総合戦略のKPI 検証に関する報告書』、2017。

② 日本文部科学省「出身高校の所在地別大学入学者数における東京圏への転入調査の状況」、『学校基本統計』、2016。

③ 含部分『まち・ひと・しごと創生総合戦略』(2018 改订版) 中的新增指标。

表 2　第一期《村镇、人、工作创生综合战略》关键成果指标完成情况

目标类别	第一期《村镇、人、工作创生综合战略》设定的成果指标	目标值	2014～2015 年值	现在值（评估年值）
目标(1)	新增年轻人就业机会数量	五年 30 万人就业	5.9 万人就业	27.1 万人就业（2017 年度预测值）
	年轻世代(15～34 岁)正规雇用等比例	达到全世代水平	92.7%（全世代:93.7%）	95.0%(2017 年)（全世代:95.0%）
	女性(25～44 岁)就业率	77%	70.80%	74.30%
目标(2)	地方向东京圈转入人数减少 6 万人	减少 6 万人	增加 1732 人	增加 14445 人（2017 年）
	东京圈向地方转出人数	增加 4 万人	减少 11152 人	减少 8810 人（2017 年）
	人数在东京圈同地方间实现转入转出平衡	实现平衡	东京圈转入超过 109408 人	东京圈转入超过 119779 人(2017 年)
目标(3)	认同安心婚育、育儿社会环境人员比例	40%以上	19.40%	40.5%（2018 年）
	首次生育前后女性继续就业比例	55%	38%(2010 年)	53.1%(2015 年)
	有结婚意愿人员比例	80%	68%	68%(2015 年)
	有生育 2.12* 个孩子意愿的家庭比例	95%	93%	93%(2015 年)
目标(4)	制订土地规划合理化计划的市町村数量	300 个	0	177 个（2018 年 8 月）
	规划在都市功能诱导区域内的设施比例提高或维持原有水平的市町村数量	评价对象都市的 2/3	未设定	100 个都市中的 63 个(2018 年)
	居住在诱导区域内的人口比例提高的市町村数量	评价对象都市的 2/3	未设定	65 个都市中的 44 个（2018 年）

续表

目标类别	第一期《村镇、人、工作创生综合战略》设定的成果指标	目标值	2014~2015 年值	现在值（评估年值）
目标(4)	居住在公共交通便利性高的区域的人口比例	三大城市圈（A类）占 90.8%；地方中枢城市圈（B 类）占 81.7%；地方城市圈（C 类）占 41.6%	A 类占 90.5%；B 类占 78.7%；C 类占 38.6%	A 类占 91.1%；B 类占 79.3%；C 类占 38.9%
	地区公共交通重组实施计划认定总数	100 件	13 件（2016 年 9 月）	24 件（2018 年 8 月）

注：＊2.12 是日本政府按希望达到的总人口目标计算出来的目标总和生育率。

资料来源：笔者根据日本内阁府地方创生综合官网资料制成，参见『まち・ひと・しごと創生総合戦略のKPIの検証について』、2019 年 1 月。

从评估结果可以看出，在“村镇”、“人”以及“工作”三大创生对象领域，与“工作”直接相关的目标（1）的完成情况相对较好，“村镇”地区新增就业及年轻人就业相关指标有较好的改善；“村镇”生活与适应经济、社会发展环境建设方面的目标（4）的成果指标也有实质性改善。但与“人”相关的目标（2）和目标（3）都未显现出效果。更为严重的是，在东京圈与其他地区之间人口流动平衡指标的目标（2）方面，东京圈人口净流入的趋势不仅没有得到遏制，而且在 2017 年、2018 年分别创造了日本地方创生政策实施以来首都圈人口流入超出 11.98 万人、13.6 万人的新高，东京圈和地方人口移动的不平衡问题进一步加剧。

从具体的定向政策、措施的 KPI 来看，其中不乏显现出较好政策效果的领域与案例，日本在地方创生领域的部分新举措值得关注。其中具有代表性的增长产业是旅游业，具体表现为访日游客数量的迅猛增加及其在日本旅游消费额的快速增长以及农林水产品和食品出口额的持续增加。①

① 石川智久「農業輸出拡大へ取るべき施策 地方創生・港湾活性化に生かせ」、『日本海事新聞』、2021 年 11 月 12 日。

三 第二期《村镇、人、工作创生综合战略》的主要内容与政策调整

（一）对第一期《村镇、人、工作创生综合战略》四大目标的补充完善

根据对第一期《村镇、人、工作创生综合战略》的实施效果进行的评估结果，2019 年底，日本政府通过了《村镇、人、工作综合创生战略（2020 年修订版）》，在基本维持原有政策框架体系的同时，将四个基本目标微调为：(1) 实现地方创收、增收及构建安心“工作”的环境；(2) 构筑与地方的紧密联系，实现“人”从东京朝着地方流动的新流向；(3) 实现所有“人”的结婚、生育、育儿愿望；(4) 建设“人”聚集、生活安心、有魅力的地方社会。

目标 (1) 在第一期《村镇、人、工作创生综合战略》完成情况较好的基础上，提出了地方经济产业层面的“创收增收”目标，具体要求地方行政与经济主体进一步发挥自身特色和优势，通过 ICT 等多种方式提高劳动生产率，增强产业与企业竞争力，提升地区企业与劳动者的创收能力，增加地区财富积累，促进地区经济良性循环。

鉴于第一期《村镇、人、工作创生综合战略》未产生实际效果，目标 (2) 追加了“构筑与地方的紧密联系”的内容。在维持第一期《村镇、人、工作创生综合战略》“促进向地方的迁居、定居”的同时，在原有的促进地方迁居政策中新增了针对第一期《村镇、人、工作创生综合战略》中三类青年群体因毕业或升学而大量向东京圈流入问题的举措，其中重点支持地方大学建设、地方产业振兴以及强化地方高中功能。此外，目标 (2) 中追加的“构筑与地方的紧密联系”在政策上支持引导资本、资金向地方转移的同时，提出了创造、扩大地方“相关人口”的政策方向。[①] 对“相关人口”

① 岛田胜则『地方創生の現状と今後の展開』、2019、日本总务省官网资料、14~15 頁。

这一具有广泛含义的词语的设定，为政策产生实效提供了支撑。在政策引导资金向地方转移方面，第二期《村镇、人、工作创生综合战略》提出强化向地方捐赠资助等税收优惠措施。在原有“故乡纳税”的基础上，新设企业版“故乡纳税”制度，企业除可通过向地方捐赠等提供资金支持外，还可向地方派出人才进行人力资源支持。

目标（3）属于日本地方创生事业的主体性目标，是日本长期坚持的政策，第二期《村镇、人、工作创生综合战略》将原先重点限定的“年轻世代”范围调整为所有人群，并强调“婚育与育儿”的环境创造和改善的新政策重点。

目标（4）鉴于第一期《村镇、人、工作创生综合战略》中的问题，在地方生活环境建设中，加入了对“人”的聚集以及生活条件的高质量等要求，为此提出建设魅力地方城市生活圈。对于人口规模小的市町村，继续推进第一期《村镇、人、工作创生综合战略》的生活服务多功能化“小据点”建设，形成以点带面的乡村地区魅力村落生活圈。

（二）新增目标：突出“村镇5.0社会”

第二期《村镇、人、工作创生综合战略》最大的变化是在原有四个基本目标的基础上，新增了两个横跨四个基本目标的综合性目标，分别为：(1) 推进多样化人才的活跃；(2) 把新时代的潮流变成（地方创新的）力量。综合性目标（1）还是着眼于对地方创生中“人”的资源的最大化利用，用政策的方式，推动企业、个人、NPO、金融机构、教育研究机构、女性、高龄人群、残障人士、外国人等地区内与地区外的所有“相关人口”都能够参与到地方创生事业中来，最大限度发挥“人”的力量和激发地方的活力，实现地方再生的自主性和多样性。综合性目标（2）将《村镇、人、工作创生综合战略（2018 年修订版）》中东京圈与地方人口流入与流出不平衡对策的“村镇 5.0 社会（Society 5.0）建设”与“可持续发展目标（SDGs）村镇政策”等两项政策的功能进行大幅提升，并将其定位为实现地方创生的“新时代潮流之力”。这清晰显示出日本政府在今后的地方创生事业中，将运用未来技术，抓住数字化转型的时代机遇，创建信息化的高效地方创生模式的意愿和决心。日本政府在“村镇 5.0 社会建设”与“可持续发展目标村镇政策”两项政策的实施上，都重视发挥地方的主观能动性，对符合要求的优秀创意与计划等进行重点支持。

此外，第二期《村镇、人、工作创生综合战略》还将第一期《村镇、人、工作创生综合战略》实施的五大原则中的“直接性”原则调整为“综合性”原则，强调通过参与主体的综合性（多样化）、地区的综合性（地区间合作）、政策的综合性（多领域政策联动）等，进行综合施策，力争实现政策的高效和成果的最大化。

从日本第一期《村镇、人、工作创生综合战略》的政策效果以及第二期《村镇、人、工作创生综合战略》的政策调整内容来看，日本第一期《村镇、人、工作创生综合战略》将支点放在了“工作”上，意图以“工作”带动“人”的流入和“村镇”的发展①，但最终未能产生有效的“人”流带动效应。另外，第一期《村镇、人、工作创生综合战略》中“人”的流出反向证明了“村镇”施策效果不佳，甚至连地方中型骨干城市的青壮年劳动力也加速流向东京圈。为此，第二期《村镇、人、工作创生综合战略》的调整与变化主要落在了“人”上，无论是“综合性”原则的确立，还是基本目标中“相关人口”概念的提出，抑或是两个横跨性综合性目标的提出，都充分体现了新一期政策对于“人”的重视。当然，这也是第一期《村镇、人、工作创生综合战略》评估结果所显示出的日本地方创生政策的难点所在。

另外，日本第二期《村镇、人、工作创生综合战略》的另一个新的重点也跃然而出，那就是未来技术与数字化转型在地方创生事业中的重要功能与定位。“社会 5.0”在《村镇、人、工作创生综合战略（2018 年修订版）》中就已经被提出，依据的是安倍晋三政府的年度性重要经济政策文

① 铃木雄大郎「第 2 期まち・ひと・しごと創生総合戦略を読み解く」、大和综研『地方創生・地方経済』、2020 年 3 月、6 頁。

件《未来投资战略 2018》。《未来投资战略 2018》将“社会5.0”提升到国家战略高度，主张通过“社会5.0”建设，将日本的交通、医疗康养、能源与环境、行政与基础设施、地方与社会、中小企业、农林水产业、村镇建设、观光和体育与文化艺术等与生活、产业相关的几乎全部领域都进行升级改造，这些也都与日本地方创生各项事业密切相关。所以，第二期《村镇、人、工作创生综合战略》将其提升到了综合性和全局性的高度，这也是对“安倍经济学”的体现与延续，顺理成章。

四　对日本地方创生政策的思考与展望

日本地方创生政策在“安倍经济学”的剧场效应中诞生，最初就带有强烈的政治动机和政治意义。[①] 2015年4月的统一地方选举对策、“经济增长论”下的大城市圈重视路线的负面效果等都为安倍政府提出“地方安倍经济学”——地方创生政策，再次制造政策改革热点，继续保持“安倍经济学”的热度提供了政治“机遇”。从日本地方创生政策体系产生的背景来看，其天然就具有“安倍经济学”新自由主义经济政策的基因。

安倍政府的地方创生政策本质上是“经济增长战略”的一部分，并不会因为地方创生政策提出了解决“人口减少”问题和“东京一极集中”问题就变成了欧盟式的消除地区间差距、带有社会政策性质的“地区政策”。[②] 也正因如此，日本地方创生政策实施的原则才会被确定为“自主性、将来性、区域性、直接性、重视成果评价”。

另外，日本《村镇、人、工作创生长期愿景》和《村镇、人、工作创生综合战略》提出的关于出生率和人口移动等的人口相关指标并无改善迹象，原有“恶化”趋势仍在继续。日本东京圈资源一极集中的局面客观上是日本政府自20世纪80年代以来追求金融自由化、国际化以及打造东京国

① 井堀利宏「地方創生を考える」、『土地総合研究』2015年夏季号、4頁。
② 辻悟一『EUの地域政策』、世界思想社、2003、14~15頁。

际金融中心等政策的结果，相关政策在“安倍经济学”实施时期并未削弱，反而还出现强化的趋势。人口方面，日本国立社会保障和人口问题研究所对人口的预测表明，中长期内日本人口减少趋势难以得到改变，为此，日本地方创生政策有必要对第一期《村镇、人、工作创生综合战略》与第二期《村镇、人、工作创生综合战略》执行期内的实质性有效成果与案例进行有效总结与推广。例如，第一期《村镇、人、工作创生综合战略》的代表性成果——观光旅游业、农产品出口等，均是通过与东亚地区的开放与合作实现快速增长。再如第二期《村镇、人、工作创生综合战略》新增的两个综合性指标也都可以通过加强与增长潜力巨大的东亚地区的合作实现增长，增强地区活力。利用好东亚地区经济发展与东亚经济一体化带来的机遇是中长期内日本地方发挥特色与优势、实现创生的机遇所在。

B.18
土地细碎化条件下日本推动农业规模经营的探索

胡 霞　周旭海　刘晓君*

摘　要： 在人多地少的东亚国家，农业生产长期以分散的小农经营为基础，土地细碎化程度较高，经营规模极为狭小。为缩小农业与非农行业之间的收入差距，20世纪60年代，日本提出了扩大农业经营规模的目标，迄今已进行了半个多世纪的艰难探索。综合来看，可以将日本实现农业规模经营的途径归纳为土地改良、土地流转和农业社会化服务等三个方面。就总体进程而言，日本的土地规模经营进展比较缓慢，服务规模经营难以长久维系。展望未来，日本仍需努力实现土地规模经营与服务规模经营齐头并进。

关键词： 土地细碎化　农业规模经营　土地流转　农业社会化服务

对于人地关系紧张的东亚国家而言，长期以来，农业生产的主要特征是在细碎化的土地上开展小规模家庭经营。随着工业化和城市化发展，农业与非农行业之间的发展差距不断拉大，扩大农业经营规模、降低农业生产成本成为这些国家的现实需要。作为率先开启现代化进程的东亚国家，日本早在

* 胡霞，农学博士，中国人民大学经济学院教授，博士研究生导师，全国日本经济学会常务理事，主要研究领域：中日农业经济。周旭海，中国人民大学经济学院博士研究生，主要研究领域：农业经济、世界经济。刘晓君，中国人民大学经济学院博士研究生，主要研究领域：农业经济、世界经济。

20 世纪 60 年代就开始探索如何推动农业向规模化转型。回顾半个多世纪以来的农业规模经营进程，虽然未能彻底改变传统的小农生产格局，但还是取得了一定的成效。本报告将在剖析日本农业规模经营总体进程的基础上，归纳阻碍日本农业规模经营进程的主要因素，最后重点阐释土地细碎化条件下日本实现农业规模经营的途径。

一　土地细碎化条件下日本扩大农业经营规模的总体进程

土地规模经营和服务规模经营是土地细碎化条件下进行农业规模经营的两种主要形式。从日本的情况来看，土地规模经营进展较为缓慢，服务规模经营难以长久维系。

（一）土地规模经营进展较为缓慢

二战结束后，日本于 1946 年进行了农地改革，主要措施是由国家强制购买不在村地主全部的出租地和在村地主超出持有额度（都府县地区平均为 1 公顷，北海道地区平均为 4 公顷）的出租地，再以较低的价格出售给佃农耕种。自此，日本在清除封建土地所有制残余的基础上，建立起旨在保护耕种权的“自耕农制度”。为全力巩固农地改革的成果，日本于 1952 年出台《农地法》，以法律的形式严格约束土地产权变更，并设定地租上限和占地面积上限。就占地面积上限而言，都府县地区不能超过 3 公顷，北海道地区不能超过 12 公顷，小农经营模式得到进一步确立。然而，由于农户家中细碎化的土地难以实现农业规模效益，农业与非农行业之间的收入差距不断拉大。为有效扭转这一局面，日本在 1961 年颁布的《农业基本法》中首次提出扩大农业经营规模的目标，随后逐步放宽针对土地流转的诸多限制，由此开始了改变小农生产格局的艰难探索。

从半个多世纪以来农户户均经营耕地面积的变化来看，日本土地规模经营进展较为缓慢。2020 年，日本农户户均经营耕地面积只有 1.57 公顷，较 60 年前仅增长了 78%，如果排除地广人稀的北海道地区，增幅仅达到 44%（见表 1）。与以山地丘陵为主的都府县地区相比，以平原为主的北海道地区本身土地细碎化程度较低，其扩大土地经营规模的进程相对更加顺利，农户户均经营耕地面积在 60 年间增长了 5.4 倍。进一步计算不同时段农户土地经营规模的增速可以发现，扩大土地经营规模较具成效的是 1980～1990 年和 2010～2020 年这两个时段。究其原因，主要是日本在 1980 年颁布的《农地利用促进法》和在 2013 年颁布的《关于推进农地中间管理事业的法律》对土地经营权流转起到了有效的刺激作用。

表 1　1960～2020 年日本农户户均经营耕地面积的变化

单位：公顷

	1960 年	1970 年	1980 年	1990 年	2000 年	2010 年	2020 年
全国	0.88	0.95	1.01	1.14	1.25	1.33	1.57
北海道	3.54	5.36	8.10	10.81	14.33	18.52	22.67
都府县	0.77	0.81	0.82	0.89	0.95	0.98	1.11

资料来源：農林水産省「農林業センサス」、2021 年 4 月、https://www.maff.go.jp/j/tokei/kouhyou/noucen/index.html。

土地集中的速度不及预期也反映出日本土地规模经营进展缓慢的事实。20 世纪 90 年代以后，日本将政策扶持重心逐步转向有更高务农热情和更强务农实力的农业骨干，并引导小规模兼业农户将家中土地流转给农业骨干。具体而言，农业骨干主要包括认定农业者、村落营农、农业法人和认定新务农者。考虑到农业骨干具备较高的发展潜力，2013 年发布的《日本再兴战略》提出，要在十年时间里将向农业骨干集中的土地面积比例提高到 80%，即年均提高约 3 个百分点。然而，截至 2021 年，日本农业骨干集中的土地面积比例只有 58%，年均仅提高约 1 个百分点，这与日本政府当时设定的目标仍然有很大的差距。

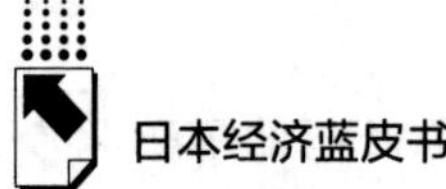

不过，随着农户分化程度不断加深，日本土地规模经营进程出现一些积极变化，主要体现在主业农户的经营规模和收入都出现了明显的增长。[①] 2008~2018 年，日本主业农户的户均经营耕地面积由 5.1 公顷上升到 7.0 公顷，增幅达 37%，主业农户的农业年收入由 420 万日元上升到 662 万日元，增幅达 58%。与此同时，2018 年，主业农户的家庭总收入达到 801 万日元，显著高于准主业农户的 558 万日元和副业农户的 426 万日元。[②] 这表明，尽管土地规模经营的总体进程较为缓慢，但是日本政府近年来扶持规模经营者的施政策略还是取得了一定成效，进而为日本未来持续扩大土地经营规模创造了有利条件。

（二）服务规模经营难以维系

在日本土地规模经营进展相对缓慢时，基于农业社会化服务的规模经营形式开始兴起。由于家中所有的地块过于细碎，单个农户自主购买农业机械、改进种植技术和引入新品种在经济上并不合算，更大规模的农业生产合作成了现实需要。随着农户之间的代耕代种行为越发普遍，20 世纪 70 年代以后，以村落为单位的农业生产合作成为日本扩大农业经营规模的重要途径。村落营农不只经营耕作农户向其转出的地块，还会承接兼业农户的部分或全部作业委托，通过土地托管统筹安排村落内各类农户的生产活动，进而开辟服务规模经营的新道路。与主要依靠土地流转实现土地规模经营不同，服务规模经营通常并不会转移土地的经营权或所有权。

那么，服务规模经营的重要性能否取代土地规模经营的重要性呢？从日本近年来村落营农接受托管的土地面积数据来看，对这一问题的回答是否定

① 根据日本农林水产省的划分标准，“主业农户”指的是农业收入占家庭收入的 50%以上，且家中有未满 65 岁的自营农业从事者的农户；“准主业农户”指的是非农业收入占家庭收入的 50%以上，且家中有未满 65 岁的自营农业从事者的农户；“副业农户”指的是家中没有未满 65 岁的自营农业从事者的农户。

② 財務省「農林水産（参考資料）」、2020 年 10 月、https：//www. mof. go. jp/about_ mof/councils/fiscal_ system_ council/sub - of_ fiscal_ system/proceedings_ sk/material/zaiseier20201019/04. pdf。

的。自2011年开始，村落营农接受托管的土地面积逐渐减少，但与此同时其自身经营的土地面积并没有出现大幅增加，进而导致其集中的土地总面积也出现明显的下降。2011～2021年，村落营农接受托管的土地面积由12.7万公顷下降到8.4万公顷，降幅达34%（见图1）。由此来看，日本的服务规模经营能否长久维系还有较大的不确定性。这也意味着，日本扩大农业经营规模不能忽视土地规模经营和服务规模经营中的任何一个方面，而应努力实现二者齐头并进。

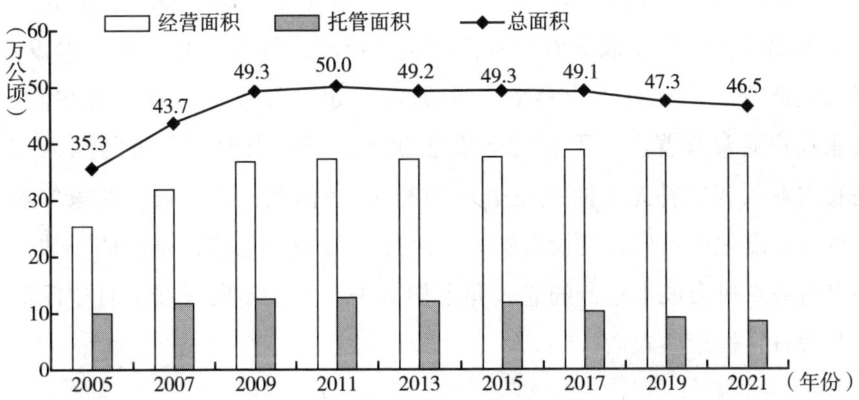

图1　2005～2021年日本村落营农经营和托管的土地面积及总面积

资料来源：農林水産省「集落営農実態調査」、2021年10月、https：//www.maff.go.jp/j/tokei/kouhyou/einou/。

二　阻碍日本农业规模经营进程的主要因素

阻碍日本农业规模经营进程的因素主要有四点：一是小规模农户以兼业的形式滞留在农业部门；二是资产保有意识致使农户不愿流转家中土地；三是大米支持政策下农产品种植结构较为单一；四是村落共同体功能衰减局面下土地管理困难。其中前三点因素主要阻碍日本的土地规模经营进程，第四点因素主要阻碍日本的服务规模经营进程。

（一）小规模农户以兼业的形式滞留在农业部门

与日本政府当初在《农业基本法》中的设想不同，大量的小规模农户并没有放弃农业经营，而是普遍进行兼业化发展。随着工业和服务业逐步向农村扩散，农村周边的劳动力市场开始活跃起来，这为小规模农户通过兼业提高家庭收入提供了便利。1960~2000 年，日本全体农户中专业农户所占的比重由 34.3%下降到 18.2%，以非农业收入为主的第二类兼业农户的占比则由 32.1%上升到 66.8%（见表 2）。在日本经济增长速度大幅放缓之后，兼业农户所占比重才出现比较明显的下降。2019 年，第二类兼业农户在日本全体农户中的占比超过五成。与专业农户相比，兼业农户通常有着更加可观的非农业收入，经营农业所获得的收入仅仅是非农业收入的补充，而且是很小的补充。[①] 因此，兼业农户对家中农业的重视程度往往较低，且没有扩大土地经营规模的想法，家中的小块土地多交由务农机会成本较低的老人和主妇耕种，青壮年则只在平日空闲时间和节假日帮忙干些农活。

表 2　1960~2019 年日本专业农户和兼业农户所占比重的变化

单位：%

	1960 年	1970 年	1980 年	1990 年	2000 年	2010 年	2019 年
专业农户占比	34.3	15.6	13.4	15.9	18.2	27.7	32.6
第一类兼业农户占比	33.6	33.7	21.5	17.5	15.0	13.8	15.7
第二类兼业农户占比	32.1	50.7	65.1	66.5	66.8	58.6	51.7

注：家庭成员中没有兼业从事者的农户被称为“专业农户”，农业收入高于非农业收入的兼业农户被称为“第一类兼业农户”，农业收入低于非农业收入的兼业农户被称为“第二类兼业农户”；由于统计口径的变化，1990 年以后的数据仅反映销售农户的情况，不再涵盖自给农户。

资料来源：農林水産省「農林業センサス」、2021 年 4 月、https://www.maff.go.jp/j/tokei/kouhyou/noucen/index.html；農林水産省「農業構造動態調査結果」、2020 年 3 月、https://www.maff.go.jp/j/tokei/kouhyou/noukou/。

① 1980 年，农业收入占日本农户家庭全部收入的比重只有 17.0%。参见農林水産省「農業経営統計調査」、2021 年 2 月、https://www.maff.go.jp/j/tokei/kouhyou/noukei/。

与此同时，随着中小型农机的逐渐普及和农业社会化服务体系的初步确立，小规模兼业经营的便利性大幅上升。20 世纪 80 年代末，日本已经建立起较为成熟的农业全程机械化体系。品类繁多、功能齐全的中小型自用农机不仅缩短了农业劳动时间，还降低了农业劳动强度，对人力起到了有效的替代作用，老年人在经过简单培训后也能够自如操作。再者，农协在产前、产中、产后各个环节为农户提供了全方位的农业社会化服务，村落内农业生产者之间的代耕代种行为越来越普遍。由此，仅依靠老人和主妇也可以顺利进行农业生产，兼业农户完全没有必要舍弃仍然具备生活保障功能的小块土地。[①]

（二）资产保有意识致使农户不愿流转家中土地

土地的资产属性也使兼业农户不愿将土地流转给想扩大生产规模的专业农户。由于土地私有制和民法关于农地均分继承的规定，日本农民对自家土地向来有着较强的依恋情结。此外，较高水平的土地转让税也增加了土地流转成本。更为关键的是，继续拥有土地还是通货膨胀来临时农户实现资产保值增值的理性选择。日本全国农业会议所的数据显示，1961~1985 年，日本纯农业地区（城市规划区域之外的市町村）普通水田的地价由每公顷 237 万日元升至每公顷 1658 万日元。[②] 考虑到农业经营利润难以随土地价格同步增长，专业农户通过购买土地扩大经营规模并不合算。经济高速增长时期土地价格大幅上涨，并不是由农业内部生产条件变化引起的，而是由工业用地扩张、城市房地产开发和土地投机等因素的共同作用导致的。这让兼业农户看到了自家土地巨大的增值空间，尤其是一些距离城市较近的农户迫切期待获得土地转用的机会。在农业经营比较收益不高的情形下，兼业农户宁可让土地闲置也要继续持有。

① 胡霞编著《中国农业成长阶段论——成长过程、前沿问题及国际比较》，中国人民大学出版社，2011，第 229~230 页。

② 全国農業会議所「田畑売買価格等に関する調査結果」、2021 年 3 月、https：//www. nca. or. jp/publication/statistics/。

农户对土地资产升值的过高预期，不仅制约了土地所有权的流转，还间接影响了土地经营权的流转。这主要是由于农户总是担心土地一旦租出去，就不能按需要及时收回，进而错失其他获利更大的流转机会。如果无法从政策法规上给予土地出租方足够的保障，尽可能打消农户的顾虑，那么通过鼓励土地经营权流转来扩大农业经营规模就很难实现，这也是经济高速增长时期日本扩大土地经营规模的进度远远落后于欧美发达国家的一个重要原因。泡沫经济崩溃后，日本的地价涨幅出现回落，转用期待对土地经营权流转的阻碍作用不再显著，但较强的资产保有意识使转用期待对土地所有权流转的阻碍作用未能完全消失。①

（三）大米支持政策下农产品种植结构较为单一

水稻是日本最为主要的粮食作物，二战后经济高速增长时期，日本的水稻种植面积占耕地面积的一半左右，因此其能够常年维持接近100%的粮食自给率。从1960年开始，日本政府采取“生产成本+收入补偿”的方式制定大米收购价格，以借此提高农户的收入水平，这直接导致大米价格不断攀升。为了维持高米价，日本政府对外设置各种阻拦外国廉价农产品进入的贸易壁垒，对内则使用行政手段限制大米种植面积。干预大米价格的诸多措施不仅扭曲了供需关系，还让那些习惯水稻种植的小规模兼业农户获得了喘息的机会，进而对政府日后调整农产品种植结构造成了很大的困难。与此同时，平均分摊水稻限产面积的做法更是损害了大规模农户的利益，不利于水稻规模经营。

20世纪90年代以后，日本政府开始逐步推行大米流通和价格的市场化改革，但遭到了农协的强烈反对。农协作为半官方半民间的农业合作组织，不仅能够帮助农户统一申请和分配农业补助，还会集中向政府反映农户的诉求，其凭借庞大的会员数量在农村地区拥有广泛的影响力。由于在属地管辖

---

① 川喜田太郎、草処基、千年篤「農地流動化に対する転用期待の影響に関する定量分析」、『農業経営研究』2017年第173号、56頁。

原则和一人一票制的背景下，小规模兼业农户在数量上占优，日本政府采取的各项降低米价保护水平的结构性改革措施屡屡受阻。最终，针对水稻生产者的米价变动补偿补助金和大米直接支付补助金分别在 2014 年和 2018 年才被全面取消。近年来，日本已经形成了较为系统的农业直接补贴政策体系。但需要指出的是，专门针对山区、半山区农村实施的直接补贴政策还未在培育农业继承人方面发挥较为明显的作用，反而变相鼓励当地继续维持单一的种植结构，由此延缓了小规模兼业农户和老龄农户的离农进程。

（四）村落共同体功能衰减局面下土地管理困难

在日本，农业村落是以农业生产为基础，以家与家之间的地缘和血缘关系为纽带，由各种集团和社会关系组成的社会生活的基本单位。[①] 然而，随着劳动力数量的大幅减少和老龄化趋势的不断加深，村落共同体的各项功能不可避免地走向衰减，这对土地资源的有效管理和集约利用造成较大的负面影响。总务省和国土交通省进行的“过疏地区村落现状调查”显示，2014~2019 年，过疏地区各村落的平均人口数量由 177 人下降到 164 人，65 岁以上人口在全体人口中超过半数的村落的占比则由 22.1%上升到 32.2%。与此同时，村落共同体功能维持良好的村落所占比例由 82.1%下降到 78.4%，还有约 5%的村庄今后有消失的可能。[②]

农林水产省进行的“村落营农活动实态调查”显示，相较于自身成为当地的农业经营骨干，对土地进行管理和保护才是大多数村落营农的活动目的。[③] 近年来，尽管村落营农的法人化率不断提升，其数量却出现小幅回落。2017~2021 年，村落营农的数量由 15136 个减少到 14490 个，遭遇“四

---

① 総務省「集落関係資料」、2020 年 5 月、https：//www. soumu. go. jp/main_ sosiki/jichi_ gyousei/c-gyousei/2001/kaso/pdf/kasokon19_ 05_ 02_ s3. pdf。

② 総務省自治行政局過疎対策室「過疎地域等における集落の状況に関する現況把握調査（最終報告）」、2020 年 3 月、https：//www. soumu. go. jp/menu_ news/s-news/01gyosei10_ 02000066. html。

③ 農林水産省「平成 27 年集落営農実態調査報告書」、2015 年 10 月、https：//www. maff. go. jp/j/tokei/kouhyou/einou/kakuhou_ 15. html。

连降”，2017年以前则呈现逐年上升态势。[①] 究其原因，主要还是劳动力不足。2020年度的农业普查数据显示，五年之内能够确保继承者的农业经营体只占24.4%，[②] 这是一个极低的数字。即便是法人化的村落营农也需要建立在家庭经营的基础上，因此不难理解为何日本的农业服务规模经营正面临巨大的考验。在土地托管出现倒退的同时，土地流转的速度仍然相对滞后，进而使耕地撂荒问题愈发严重。农林水产省数据显示，2013年以后，撂荒成为日本耕地面积下降的首要原因。[③] 2020年，日本荒废耕地面积达到28.2万公顷，其中再生利用困难的耕地的占比由十年前的五成升至七成，如此看来，日本实现农业规模经营还有很长的路要走。[④]

三　土地细碎化条件下日本实现农业规模经营的途径

日本实现农业规模经营的途径可以归纳为三个方面：一是土地改良，其直接目的在于降低土地细碎化程度；二是土地流转，日本土地制度改革的重心经历了由鼓励土地所有权流转到鼓励土地经营权流转再到重视土地集中的变化；三是农业社会化服务，村落营农是日本服务规模经营的核心载体，此外，农协和农地中间管理机构也发挥了一定的作用。

（一）土地改良

东亚小农经营模式的一个重要特征在于，交错分布的劣等地块会明显阻碍化肥与农机等生产资料的投入，因此，日本在二战后通过实施土地改良事

---

① 農林水産省「令和3年集落営農実態調査報告書」、2021年10月、https://www.maff.go.jp/j/tokei/kouhyou/einou/kakuhou_21.html。

② 農林水産省「2020年農林業センサス報告書」、2021年6月、https://www.maff.go.jp/j/tokei/census/afc/2020/030628.html。

③ 農林水産省「耕地及び作付面積統計」、2021年10月、https://www.maff.go.jp/j/tokei/kouhyou/sakumotu/menseki/。

④ 農林水産省「荒廃農地の発生・解消状況に関する調査結果等」、2021年11月、https://www.maff.go.jp/j/nousin/tikei/houkiti。

业，为农业生产率的大幅提高奠定了坚实的基础。具体而言，土地改良事业的实施主体包括国家、都道府县、市町村和土地改良区，主要内容是在农田整治和水利设施建设的过程中使土地尽可能规整化和均质化，并在引导土地互换归并的过程中扩大地块规模。早年土地改良的标准地块面积被设定为0.3公顷，20世纪90年代以后，随着大型农机的逐步应用，1公顷的大区划地块成为改造目标。根据《土地改良法》的规定，无论事业实施主体是谁，改良都需征得区域内2/3以上的受益农民的许可，可见事业具有较强的公共属性。有所不同的是，国家和都道府县能在勘察区域是否适宜改良的基础上自行制订改良计划，市町村和土地改良区进行土地改良则应由15名以上受益农民联合制订改良计划。① 原则上，事业实施费用的50.0%~66.6%由国家补助，其余部分由地方公共团体和农户共同负担。相较而言，农户的负担比例并不高，特别是一些公益性强的防灾减灾项目和突发事件处置项目，农户基本无须承担建设成本（见表3）。

表3 日本土地改良事业部分项目的经费负担情况

单位：%

实施主体	项目名	国家	都府县	市町村	农户
国家	灌溉排水项目	66.6	17.0	6.0	10.4
	紧急农地整治项目	66.6	25.2	5.0	3.2
	综合农地防灾项目	66.6	30.0	3.4	0.0
	土地改良设施突发事件处置项目	66.6	30.0	3.4	0.0
都府县	农地中间管理机构管理农地整备项目	50.0	27.5	10.0	12.5
	农业竞争力强化农地整备项目	50.0	27.5	10.0	12.5
	农村防灾减灾项目(大型蓄水池)	50.0	28.0	11.0	11.0
	土地改良设施突发事件处置项目	50.0	32.0	18.0	0.0
市町村	农业竞争力强化农地整备项目	50.0	14.0	21.0	15.0
	农村防灾减灾项目(大型蓄水池)	55.0	19.0	26.0	0.0
	土地改良设施突发事件处置项目	50.0	21.0	29.0	0.0

① 農林水産省「土地改良法等の一部を改正する法律案の概要」、2017年3月、https://www.maff.go.jp/j/council/seisaku/nousin/bukai/h28_5/attach/pdf/index-11.pdf。

续表

实施主体	项目名	国家	都府县	市町村	农户
土地改良区	农业竞争力强化农地整备项目	50.0	14.0	13.0	23.0
	农村防灾减灾项目(小型蓄水池)	50.0	18.0	25.0	7.0
	土地改良设施突发事件处置项目	50.0	21.0	29.0	0.0

资料来源：農林水産省「土地改良事業における地方公共団体の負担割合の指針(ガイドライン) について」、2021 年 8 月、https：//www. maff. go. jp/j/nousin/tizai/gaidorain. html。

在当前日本推进农村振兴的时代背景下，土地改良事业在提升农业农村可持续发展能力方面被寄予更高的期望。现阶段，日本土地改良事业的重心主要包括三个方面：一是通过推动土地资源集中降低农业生产成本；二是通过开展水田调整工作引进种植高附加值的作物；三是通过支持土地互换归并实现土地利用的大区划化。从实施成效来看，土地改良事业确实在一定程度上改变了部分地区地块零碎分散、基础设施落后的局面，促进了生产要素组合方式的优化升级。据农林水产省估算，土地改良事业实施以后，水稻生产的劳动时间会缩短大约五成，水稻生产成本也能够降低约1/3。与此同时，改良后的土地被用于种植相对稀缺的麦类和大豆的比例平均增加 9 个百分点，改良后农业骨干的平均经营规模为改良前的 2.1 倍。① 此外，土地改良事业对耕地撂荒现象也起了显著的抑制作用。农林水产省调查显示，已经实施了土地改良事业的区域的耕地荒废比例仅为 0.2%，远远低于日本全国 6.0%的耕地荒废比例。②

（二）土地流转

尽管日本实行的是土地私有制，但以所有权流转为导向的土地制度改革并没有对土地规模经营起到显著的推动作用。日本在 1962 年修订后的《农

① 農村振興局農地整備課「ほ場整備の効果と農家の負担について」、2008 年 4 月、https：//www. maff. go. jp/j/study/kome_ sys/11/pdf/data2. pdf。

② 農林水産省「荒廃農地の現状と対策」、2021 年 11 月、https：//www. maff. go. jp/j/nousin/tikei/houkiti/attach/pdf/index-19. pdf。

地法》中放宽了占地面积上限，允许农户进行更加自由的土地买卖，并从法律上承认了农业生产法人参与土地流转的权利。与此同时，日本依托1962年修订的《农业协同组合法》创立了"农地信托制度"，农协在取得土地所有者的委托书后，可以从事土地流转信托业务。这些改革措施反映出日本政府力求以土地流转推动农业规模经营的积极态度，但总体而言还是较为保守。加之农户兼业化程度明显加深和土地转用收益预期持续飙升，这一时期，日本土地买卖面积甚至出现下降趋势。

日本在1970年修订后的《农地法》中彻底废除了占地面积上限和地租上限，对土地租赁合同解除的规定也有所松动，自此日本土地制度改革的方向由以鼓励所有权流转为主转变为以鼓励经营权流转为主。20世纪80年代以后，日本的土地流转面积明显增加（见表4），这主要得益于土地所有权与经营权的进一步分离。1980年日本颁布《农地利用促进法》，将其作为《农地法》的特别法。农户在市町村制定和公示的"农地利用促进计划"的基础上，能够自由缔结和解除土地租赁合同，合同到期即表示土地租赁关系终结，土地自动回归出租方。这有助于打消出租方对无法及时收回土地的疑虑，进而调动农户参与土地流转的积极性。1975~1995年，日本土地流转总面积由5.3万公顷提升至9.5万公顷，其中土地租赁面积占比由11.3%大幅上升到71.6%。

表4　1965~1995年日本基于耕作目的的土地流转面积

单位：万公顷

	1965年	1970年	1975年	1980年	1985年	1990年	1995年
土地租赁面积	0.2	0.2	0.6	3.7	4.7	5.7	6.8
基于《农地法》的土地流转面积	0.2	0.2	0.6	1.0	0.6	0.5	0.4
基于《农地利用促进法》的土地流转面积	—	—	—	2.7	4.1	5.2	6.4
土地买卖面积	7.4	7.1	4.8	4.0	3.8	3.4	2.7
基于《农地法》的土地流转面积	7.4	7.1	4.8	4.0	2.4	1.9	1.2

续表

	1965 年	1970 年	1975 年	1980 年	1985 年	1990 年	1995 年
基于《农地利用促进法》的土地流转面积	—	—	—	—	1.4	1.5	1.5
土地流转总面积	7.6	7.3	5.3	7.8	8.5	9.2	9.5

资料来源：農林水産省「農地政策をめぐる事情」、2007 年 1 月、https://www.maff.go.jp/j/study/nouti_seisaku/01/pdf/data3-1.pdf。

20 世纪 90 年代以后，农业劳动力数量不足和老龄化成了严重阻碍日本农业可持续发展的重要问题，由此日本更加重视推动土地向农业骨干集中。1993 年日本颁布《农业经营基础强化促进法》，同时设立认定农业者制度，其主要意图在于重点培育有效率和稳定开展生产活动的农业经营者，他们在确保农业可持续发展方面发挥着不可或缺的基础性作用。作为家庭经营的补充，日本开始放宽公司法人租赁土地的限制。2003 年日本颁布《结构改革特别区域法》，并通过修订《农业经营基础强化促进法》，准予农业生产法人以外的一般法人租赁撂荒地或潜在的撂荒地。更为关键的是，2009 年修订后的《农地法》允许一般法人在全国各个地区以租赁土地的形式进入农业领域，土地租赁期限由 20 年延长至 50 年。截至 2019 年 12 月，日本共有 3669 个一般法人通过租赁土地进入农业领域，相较十年前增长了 7.6 倍。与此同时，一般法人土地租赁总面积达到 1.1 万公顷，平均租赁面积为 2.9 公顷，这对日本的土地规模经营起到了一定的推动作用。①

在建立更加完备的土地流转中介方面，日本近年来取得较大突破。2013 年 12 月，日本颁布《关于推进农地中间管理事业的法律》，基本内容是由各都道府县政府主导设立名为“农地中间管理机构”的土地流转中介。知事作为都道府县的首长，负责制定推进农地中间管理事业的基本方针，并指定一个一般社团法人或者一般财团法人作为农地中间管理机构。农地中间管

① 農林水産省「リース法人の農業への参入状況」、2021 年 9 月、https://www.maff.go.jp/j/keiei/koukai/sannyu/attach/pdf/kigyou_sannyu-27.pdf。

理事业与日本过去的土地流转中介措施存在本质的区别，其确立了分工明确的组织架构，将地方政府、非营利法人、小农户和农业骨干有机结合起来，并不是被动地等待土地供求双方的委托，而是更有计划地提升土地资源的配置效率。

具体而言，农地中间管理事业的运作流程包括三个阶段。第一个阶段由市町村政府的工作人员对农业生产进行实地考察，召集农户代表协商讨论，制订当地的“人与农地计划”并绘制“土地利用地图”。上述材料不仅清楚展示了本地区农业生产的状况，还列举出“近期可能提供土地的农户”“未来本地区主要农业经营者”名单，由此成为未来推进农业规模经营的纲领性文件。第二个阶段主要是由农地中间管理机构和市町村政府对土地供求信息进行募集。市町村政府负责接受小农户的土地委托，农地中间管理机构则在全都道府县范围内公开搜寻有意向扩大土地经营规模的生产者。在经过公示以后，农地中间管理机构可以不受土地所有者的干涉，自由选择土地转入方和协商流转合同内容。在第三个阶段，市町村政府会根据土地供求信息制订土地利用计划，并将其提交给农地中间管理机构，由农地中间管理机构将各市町村的计划整合为都道府县层面的整体规划，该规划经知事审核签字后生效。随后，农地中间管理机构会对细碎化的土地进行平整改良，尽可能将土地成片流转给农业骨干。农户则定期获得机构代收的土地租金，且无须承担无法及时收回土地的风险。①

与此同时，农地中间管理事业尝试通过采取多样化的补贴措施加快土地集中进程。农地中间管理事业向家族经营体提供的补助不仅包括针对缩减经营农户、退休农户和土地继承人的“经营转换协助金”，还包括针对协助土地集中的农户的“耕作者集中协助金”，这两项补助的金额都与土地转出面积有关。市町村如果将土地整合成片并统一出租给农地中间管理机构，能依照集中土地占当地土地总面积的比例获取地区集中协助金。为避免土地在机

① 胡霞、刘晓君：《东亚小农现代化的土地难题——以日本为例》，《中国农业大学学报》（社会科学版）2021 年第 3 期，第 25 页。

构滞留的时间过长，政府向农地中间管理机构发放的业务补助中还包含根据机构贷出与借入面积的比率阶梯式拨付的“土地集中奖励金”。① 截至 2021 年 3 月，农地中间管理机构累计转入土地 30.0 万公顷，累计转出土地 29.5 万公顷，其中，土地集中面积达到 12.0 万公顷（见表 5），可见该事业对于日本农业规模经营进程起到了加速作用。此外，土地细碎化问题也得到了一定的缓解。以岛根县为例，2020 年 4 月至 2021 年 3 月，不仅从农地中间管理机构转入土地的经营体的平均经营规模由 9.6 公顷提升到 11.4 公顷，“1 团地”的平均面积也由 3.9 公顷提升到 4.8 公顷。②

表 5　2015~2021 年日本农地中间管理机构累计流转土地面积

单位：万公顷

	2015 年	2016 年	2017 年	2018 年	2019 年	2020 年	2021 年
累计转入面积	2.9	10.5	14.7	18.9	22.8	26.0	30.0
累计转出面积	2.4	10.0	14.2	18.5	22.2	25.4	29.5
土地集中面积	0.7	3.4	5.2	7.1	8.7	10.3	12.0

注：数值为截至各年 3 月底的统计结果；土地集中面积专指向农业骨干集中的土地面积。

资料来源：農林水産省「農地中間管理機構の制度や実績等」、2021 年 5 月、https://www.maff.go.jp/j/keiei/koukai/kikou/index.html。

（三）农业社会化服务

农协是日本农业社会化服务体系中最早形成的重要一环。1947 年，日本颁布《农业协同组合法》，在全国范围内建立不以营利为出发点的市町村级基层农协和都道府县级农协联合会，并在顶端组建由它们入股的全国农协联合会。作为日本农村覆盖面最广的农业合作组织，农协不仅在协助政府实

① 胡霞、周旭海：《日本农业劳动力老龄化困境的形成机理与治理策略》，《日本学刊》2021 年第 2 期，第 119 页。

② 这里的“团地”指的是能够在农机作业阶段开展连续作业的地块集合。参见農林水産省「農地中間管理機構の制度や実績等」、2021 年 5 月、https://www.maff.go.jp/j/keiei/koukai/kikou/index.html。

施惠农政策方面发挥重要作用，在产前、产中、产后各环节所提供的服务更是为日本农业走向专业化、社会化奠定了坚实的基础。农协设置的营农指导员会根据各个农户的实际情况给予具体指导，如帮助农户引入新的作物栽培技术、推广高收益作物品种和制定合理的耕作制度，进而依托农户家中细碎化的土地进行有组织的成片种植。

20 世纪 70 年代，在因自购农机而负债经营的“机械化贫困”现象日益增加的背景下，农户之间的委托代耕行为越发普遍，以村落共同体为合作基础、以产中环节为合作重心的农业生产合作组织应运而生。不过直到 1999 年出台《食料、农业、农村基本法》，日本才首次从法律上提出支持以村落为单位的农业生产合作组织发展。2002 年，日本颁布《大米政策改革大纲》，明确将村落营农与认定农业者并列为日本的农业骨干，此后，村落营农的数量快速增长。由于村落营农能够承接兼业农户的部分或全部作业委托，其相对于农协而言在提升农业分工水平和生产效率方面有了更深层次的拓展。为明确各方所要承担的责任与面临的风险，村落内的利益相关者首先会对托管合同进行讨论；随后，托管地块的主要作业任务将分配给专业农户和骨干劳动力，兼业农户和弱质劳动力也可以完成一部分力所能及的“轻活儿”；最终，收益在扣除作业者的劳动报酬及其他费用以后，按照农户提供的土地面积适当分配。[①] 村落营农提供的土地托管服务并未触动土地产权，迎合了农户希望能够及时处置家中土地的心理。

如今，村落营农已成为日本实现服务规模经营的核心载体，进行法人化改造的村落营农的占比更是由 2005 年的 6.4% 大幅上升至 2021 年的 38.4%。[②] 村落营农的法人化趋势离不开日本政府的积极引导，同时也是劳动力不足背景下实现自身可持续发展的需要。值得注意的是，法人化虽然在理论上使永续经营变得可能，却无法从根本上解决山区、半山区人手不足和

① 胡霞、周旭海：《要素组合方式升级与农业发展方式转型：日本农业工业化的经验与启示》，《宁夏社会科学》2021 年第 3 期，第 113 页。

② 農林水産省「集落営農実態調査」、2021 年 10 月、https://www.maff.go.jp/j/tokei/kouhyou/einou/。

土地质量下降的问题。为确保村落共同体机能不会大幅下降和实现土地长期利用，日本在从2020年开始实施的第5期山区、半山区直接补贴政策中提出了“村落战略规划”的附加要求。具体而言，村落内的利益相关者需对当地务农劳动力和潜在继承者的情况达成共识，还要对农业基础设施改造、荒废耕地复耕复种、共同作业及委托作业等事项进行讨论。[①] 这一举措是否能够挽回日本服务规模经营的颓势，目前还有待观察。

另外，农地中间管理机构也承担一部分土地托管功能。对于暂时无处流转的土地，农地中间管理机构会自行或采取与当地农业骨干合作的方式提供农业生产服务，进而对避免土地资源浪费起到一定的帮助作用。农地中间管理事业运作以来，日本每年有4000~6000公顷的土地处于机构托管状态，面积总体保持稳定。[②] 但与村落营农托管的土地面积相比，这还未到其1/10。由于当前农地中间管理事业的开展主要依赖国家财政，从农地中间管理机构寻求服务规模经营突破口短期而言并不具备可操作性。

四　结语

自《农业基本法》提出扩大农业经营规模的目标以来，日本为改造传统小规模农业进行了半个多世纪的努力。其经验表明，土地细碎化条件下既可以开展基于土地流转的土地规模经营，也可以开展基于农业社会化服务的服务规模经营，二者都是推动农业规模经营的有效形式。就土地规模经营而言，日本有两次土地制度改革取得了相对明显的成效，其一是20世纪70年代以后将鼓励土地所有权流转的施政重心调整为鼓励土地经营权流转；其二是近年来注重发挥土地流转中介的作用以使土地向农业骨干集中。就服务规

① 未能商讨出村落战略规划则只能获得80%的补贴。参见農林水産省「中山間地域等直接支払制度パンフレット（第5期対策）」、2021年4月、https://www.maff.go.jp/j/nousin/tyusan/siharai_seido/attach/pdf/index-58.pdf。

② 農林水産省「農地中間管理機構の制度や実績等」、2021年5月、https://www.maff.go.jp/j/keiei/koukai/kikou/index.html。

模经营而言，依托村落营农所提供的较为成熟的土地托管服务，日本在一定程度上打破了农户土地流转意愿不高的困局，开辟了实现农业规模经营的新路径。当然，日本也一直尝试通过土地改良使土地尽可能平整化和实现集中连片，进而减小农业规模经营的阻力。

中国的农业资源禀赋与日本相似，但整体来看农业经营规模比日本更小，今后需要通过完善立法和提供有效的制度供给来实现土地规模经营和服务规模经营齐头并进。从土地规模经营来看，近年来，中国土地经营权流转面积实现了较为快速的增长，农户土地经营规模也得到了一定的扩大。但出于对社会保障等因素的考虑，仍然不能将土地流转的“量”作为地方政府的工作指标来强行推动规模经营，应当持续为提高土地流转的“质”创造条件。为此，一方面要加快高标准农田建设进程，尤其是要重点支持山地丘陵地区降低土地细碎化程度和提高土地质量；另一方面要培育一批规范化的土地流转中介，在尊重承包农户意愿的基础上引导土地有序流转。至于服务规模经营，在中国还属于新生事物，近年来，国家加大了扶持力度，其有良好的发展前景。在部分地区农业合作组织发展滞后和村级集体经济薄弱的现状下，为加快推进服务规模经营进程，还需努力扩大小农户与新型农业经营主体之间的合作规模和合作范围，有效发挥村级组织在构建为农服务体系中的沟通协调作用。

日本的土地规模经营进程虽然总体上比较缓慢，但近年来还是取得了积极成效。与此相对的是，由于农业劳动力不足背景下村落共同体功能不断衰减，日本的服务规模经营正面临巨大的考验。为此，日本政府需要在确保农业继承人方面做出比以往更大的努力。这意味着其一方面要继续改善务农人员的生产生活条件，另一方面要有效提升农业经营的综合效益和收入水平。考虑到日本农产品种植结构未能跟随消费需求变化及时调整，未来还应当根据不同地区的资源禀赋优势，适度推广种植市场空间更大的作物品类。

B.19

日本对农产品市场保护政策的既往、现状与问题

王厚双　刘文娜*

摘　要： 对农产品市场进行保护不是土地面积小的日本所特有的现象，而是广大发达国家都存在的政策导向。了解日本农产品市场保护政策的历程，研究实施保护政策的原因，对实施特点和效果进行分析，可以给后发国家带来一些启示。尤其中国将日本视为出口农产品最重要的市场，日本将中国视为农产品进口的第二大来源国，对日本农产品市场保护政策及其运用进行研究的意义深远，或可为我们提供借鉴和经验。

关键词： 日本农业　农产品保护　农产品市场保护政策

农业是与一个国家生活息息相关的产业，关系着国计民生、社会安定，各个国家在遵守 GATT/WTO 的相关规定的前提下，均制定了很多措施来对本国农产品市场进行保护。同时，进入 21 世纪，全球双边和多边自由贸易协定盛行，日本为了争取国际经贸规则制定和区域经济合作的主导权，开始从保守走向贸易自由化。通过研究日本农产品市场保护历程，对日本采取的农产品保护措施进行总结，评估其特点及效果，重点讨论在全球经济一体化和贸易自由化背景下日本如何采取措施保护不具备比较优势的农产品，或可为我们提供一些借鉴和参考。

* 王厚双，经济学博士，辽宁大学经济学院教授、博士生导师，全国日本经济学会常务理事，主要研究领域：国际经济与贸易。刘文娜，辽宁大学经济学院国际贸易专业硕士研究生，主要研究领域：国际经济与贸易。

一　日本农产品市场保护的政策演变历程

（一）关贸总协定（GATT）体系下日本的农产品市场保护政策（1955~1994年）

1955 年 9 月，日本加入 GATT 正式生效。但是，源于农产品的特殊性因素，加之国际上缺乏对其管控的专门制度，即使在 GATT 体系下，日本虽然逐步减小对农产品保护的力度，开放农产品市场，但是在国际上依然属于对农产品贸易保护度高的国家。

在这一时期，日本不断完善保护农产品市场的法律法规。1961 年，日本颁布《农业基本法》，为进行农业保护提供法律依据。20 世纪六七十年代，日本陆续实施生产补贴以及增加农业预算等政策，对大米的补贴使大米价格翻了两番。1986 年，日本在乌拉圭回合谈判中签订农业协议，此协议自 1995 年 1 月 1 日生效。据此，日本逐渐开放国内市场，将对除大米外的其他农产品进口由国家垄断机构管控变成实施关税制度，同时下调向日葵、大豆、焦糖等部分农产品的关税税率，减少农业补贴支出。即使在履行该协议后，日本的农产品保护程度依然居高不下，但这是日本开始接受农产品贸易自由化、开放国内市场的一大转变。

（二）世界贸易组织（WTO）体系下日本的农产品市场保护政策（1995~2001年)

1995 年，日本开始履行乌拉圭回合谈判中签订的农业协议，导致农产品自给率下降，涉及大米、小麦、蔬菜、肉类等产品领域，使日本面临比较严峻的形势。因此，日本不得不通过在国内制定法律法规来缓解食品供不应求、农民收入水平低的现象。1999 年，日本政府颁布了《食料、农业、农村基本法》，以粮食安全、环境友好为指标，限制农产品进口。

进入 21 世纪，日本开始了新一轮关于农业的谈判——WTO 下的多哈回合谈判。此谈判致力于实施削减或取消农产品补贴等导致市场扭曲的国内支持等政策。日本为了应对挑战，采取能适应国际规则的农产品保护措施，开始将政策重点转向高筑技术性贸易壁垒和注重“农业的多功能性”措施等。在技术性贸易壁垒上，日本对农产品制定了严格的进口技术法规和技术标准，完善检验检疫制度，以及对农产品规格和包装进行严格规定，把“不合格”产品拒之门外。在“农业的多功能性”上，追求粮食安全、环境保护、农村发展。除此之外，日本还从以下几个方面对农业政策进行大规模调整，包括在一定程度上开放农产品市场；对除特定农产品之外的农产品削减农业支持性政府补贴；采取关税和关税配额措施；采取保障措施和特别保障措施等。

（三）双边自由贸易协定体系下日本的农产品市场保护政策（2002~2012年）

进入21世纪，日本的农业保护政策以及限制开放农产品市场政策使双边FTA谈判进程艰难，屡次破裂。日本首次成功达成FTA是其与新加坡在2002年缔结的FTA，最主要的原因是两国缔结协定时不必担心农产品市场开放问题。日本高度重视农产品问题导致其与马来西亚、泰国、菲律宾等国家的谈判备受阻碍。并且，2004年6月，日本明确指出，在进行FTA谈判时，要注重“农业的多功能性”，对敏感产品的态度要强硬，并提出例外条款。其中在日本—东盟EPA谈判中，日本提出了656个敏感产品，农产品所占比例高达87%；而在226个高度敏感产品中，农产品占97.3%，尤其大米、小麦、大麦、牛肉、糖类等高度敏感产品被作为“例外”处理。[①]

2010~2011年，日本在1999年颁布的《食料、农业、农村基本法》基础上，制定了新的《食料、农业、农村基本计划》和《食料、农业、农村基本政策和实行方针》，企图通过实施高度保护的农业政策实现粮食自给率

① 王厚双、黄金宇：《贸易自由化进程中的日本农业保护政策研究》，《世界农业》2017年第10期，第10~14、32、36页。

提高。并且，在这一时期，日本仍然主要采取高关税、关税配额和生产补贴等方式保护农产品市场。据 2012 年日本农林水产省的统计数据，2011 年，日本的农产品最惠国简单关税平均税率为 23.3%，远高于欧盟的 13.9% 和美国的 5.0%，并且，欧美没有任何农产品的税率超过 200%，日本却多达 101 种，其中豌豆、大米、芋类等农产品的关税税率甚至超过 500%。具体到各个种类的农产品可以发现，日本的谷物关税分别是以色列和瑞士的 3 倍、欧盟的 5 倍、美国的 15 倍；乳制品税率分别高出欧盟和美国 3 倍和 7 倍；油籽及食用油、蔬菜水果和其他农产品税率也都是欧盟和美国的 3~7 倍。

（四）TPP/CPTPP、RCEP 等国际经贸新规则体系下日本的农产品市场保护政策（2013年至今）

2013 年之后，日本开始注重多边自由贸易协定的谈判，包括 TPP/CPTPP、RCEP 的谈判。2013 年 7 月，日本第一次参加了号称“商品贸易 100%自由化”的 TPP 谈判。2014 年 2 月，12 个成员国在新加坡举行了为期 4 天的谈判，然而，美日双方在农产品关税问题上的分歧仍未解决。从美国的视角来看，日本在签订自由贸易协定时，将部分产品排除在外，导致农产品开放度不够，这不符合达成高标准自贸协定（TPP）的谈判的要求。直到 2015 年 4 月，日本基于政治、外交、军事等方面的考量，在增加零关税进口配额数量、分阶段削减关税、采取从量税等方面做出让步，使 TPP 谈判达成了一致意见。

在美国退出 TPP 后，日本大力推动并主导了其他 11 国参加的《全面与进步跨太平洋伙伴关系协定》（CPTPP）谈判，并且维持了 TPP 中已达成的成果，这有利于其掌握对全球新一轮贸易规则的主导权、促进国内经济改革以高效、全面融入全球市场。日本在主导 CPTPP 谈判中并未“趁火打劫”保护其脆弱的农业领域，而是完整保留了 TPP 中有关农业的高标准规则内容，这使日本农业不再有后盾的扶持。在没有保护政策的情况下，日本必须进行改革，加快农业自由化进程。这标志着日本的农业保护政策将以 CPTPP 的签订为重要节点而发生重要转变。

2020年11月15日，《区域全面经济伙伴关系协定》（RCEP）签订，标志着世界上最大的自由贸易协定签订。RCEP的成员国大多为农产品生产国，农业问题成为谈判的焦点问题和敏感领域。RCEP框架下的农业规则体现了兼容与创新，对各方利益尽可能包容和平衡，并进行了部分创新，因此日本作为耕地面积少、农产品供不应求的国家，主张合理地进行农业补贴和农产品市场保护。除此之外，日本采取逐步撤销关税、减少非关税壁垒、简化通关程序等措施，促进农产品贸易公平。这是CPTPP签订之后，农业经贸规则在RCEP框架下的延伸和发展，代表着各国农业保护政策的发展趋势。

二　日本农产品市场保护的政策措施

根据日本农产品市场保护政策的发展历程，本报告主要研究日本加入GATT后所采取的一系列措施，可分为国内支持政策和国境保护措施。

（一）国内支持政策

1. 价格支持

日本接近70%的农产品接受政府补贴，包括差价补贴、价格安全带、商品价格上下限以及价格稳定基金等措施，而各种保护措施的基本原理都是确定农作物的市场最低售价，当市场售价降到最低价位时，就由政府按市场最低售价购买，然后再按市场价位售卖，以保护农民收入，减缓农产品价格波动，保护本国农产品自给率稳定。

2. 生产补贴

二战后，日本提供庞大的财政补贴支持农产品市场发展。据WTO统计，日本在农产品补贴上的支出已经远远超过农业收入，自20世纪80年代以来，每年日本对农业的补贴在4万亿日元以上，农民超过60%的收入来自政府补贴。[①] 图1列出了2000~2020年日本农业生产补贴占农场总收入的比

① 刘苗苗：《贸易自由化下的日本农业保护政策》，《商场现代化》2007年第18期，第15页。

例，从 55.75%降至 40.93%，虽然呈递减趋势，但是依然高于世界平均水平。

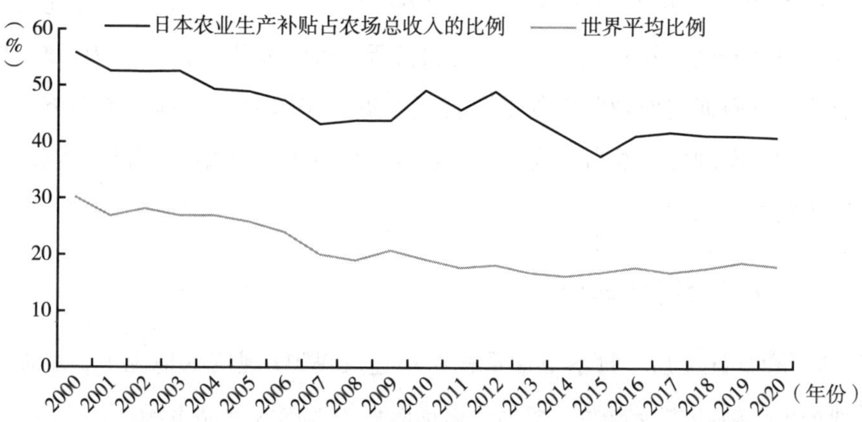

图 1　2000~2020 年日本农业生产补贴占农场总收入的比例

资料来源：OECD，"Data-Agricultural Support，" https：//data. oecd. org/agrpolicy/agricultural-support. htm。

3. 国营贸易政策

国营贸易政策是日本保护本国农业生产的主要手段，政府通过指定组织垄断部分农作物的进口。1995 年之前，如大米、大麦和小麦的进口，由农林水产省的食品局进行管控；牛肉、奶粉和黄油的进口，由畜产振兴事业公团负责和垄断；烟叶进口由日本烟草产业有限公司控制和管理；生丝则通过蚕丝砂糖价格安定事业公团控制和经营。①

4. 保护农产品的法律法规

日本为了保护农产品市场，在农产品价格、农民生产补贴、农产品质量安全、环境保护、进口农产品等方面制定了很多法律法规。例如，1942 年制定《粮食管理法》，由日本政府确定大米的收购价格、批发价格和销售价格等，对粮食价格稳定提供法律保障；1961 年颁布《农业基本法》，日本第

① 齐洪华：《日本农产品贸易保护的政治经济学研究》，辽宁大学博士学位论文，2013。

一次系统提出了对农产品价格的保护政策，对粮食作物（主要是大米）的生产进行价格补贴，并使大米价格在20世纪60年代和70年代分别翻了一番。1999年7月16日，日本实施《食料、农业、农村基本法》，以充分保证国家粮食安全，并充分发挥农业与农村所具备的多种功能，保护环境，振兴农业，进而促进农业和农村的可持续发展。2010年，日本为了实施对户别收入的补偿制度，发布了《食料、农业、农村基本计划》，直接对农户进行生产费用补贴。

（二）国境保护措施

在WTO建立后，日本更加重视在不违反WTO规定的情况下，采取一系列关税措施和“合规性”贸易壁垒措施保护本国农产品市场。

1. 关税高峰

日本总体关税水平较低，却对农产品设定大量关税高峰，阻碍其他国家的农产品出口。1999年，日本对178种农产品采取高关税措施；2003年，约有18.9%的农产品所缴纳的关税税率超过20%，并且加工食品在农产品关税高峰中占40%。① 2004年，日本工业产品平均关税税率为3.8%，而农产品的平均关税税率高达16.1%，并且小麦、花生米的关税税率曾经分别高达200%和500%。2010年，日本最惠国简单平均关税税率为4.4%，其中农产品最惠国简单平均关税税率高达17.2%，是非农产品最惠国平均关税税率（2.5%）的6.88倍。

2. 关税升级

农产品加工程度不同，征收的关税亦不同。这是为了限制对加工产品的进口，削弱其他国家产品的竞争力。日本关税升级更多体现在农产品及食品领域，例如，天然奶酪进口税率是29.8%，但经过加工后，其税率变为40%；对咖啡、针叶木等进口免税，但加工后的产品关税税率分别达到25%

---

① 李燕妮、王东杰、李哲敏：《日本农业保护政策及其实施效果分析》，《农业展望》2015年第10期，第29~32页。

和5%。除此之外，各种水果的关税税率集中在10%~50%，但经过加工后的果酱、果冻等的关税税率最高达40%；茶叶的关税税率一般集中在3%~20%，但经过加工后的茶和由咖啡制成的饮料的关税税率最高达29.8%。①

3. 关税配额

从1995年，日本开始履行乌拉圭回合谈判中签订的农业协议，取消了所有农产品的进口数量限制，但对需要本国保护的主要农产品实施进口配额制，对超出配额的部分依然实施高关税。总体来说，日本的关税配额比例不如韩国等国家，仅对不到20种农产品实施此措施，并且主要对乳制品、淀粉、魔芋等具有比较劣势且与日本农业安全息息相关的产品实行关税配额。② 日本主管关税配额的机构是农林水产省和经济产业省，农林水产省负责对乳制品、奶酪、魔芋等农产品实行关税配额，并且每一年或每半年公布关税配额及配额外关税。根据对世界贸易组织数据的整理，1956~2020年，其采取了18次关税配额措施，并且全部用来限制农产品（见表1）。

表1　1956~2020年日本对农产品采取“合规性贸易壁垒”措施的次数及占比

单位：次，%

	卫生和植物检疫	技术性贸易壁垒	反倾销	反补贴	保障措施	特别保障措施	数量限制	关税配额	出口补贴
对所有产品	874	944	15	1	1	173	85	18	0
对农产品	536	94	0	0	1	173	32	18	0
农产品的占比	61.33	9.96	0.00	0.00	100.00	100.00	37.65	100.00	—

资料来源：http://i-tip.wto.org/goods/Forms/TableView.aspx? mode=search。

4. 通关壁垒

日本在农产品通关环节设置了大量壁垒，以增加外国出口商的成本、拖

① 谭如冰、尹峰：《日韩农产品保护政策比较研究》，《南华大学学报》（社会科学版）2007年第6期，第35~39页。

② 尹峰、廖进中、周凌：《日韩农产品保护政策的异同》，《世界农业》2007年第8期，第3~6页。

延通关时间、减少外国产品对日本的出口。例如，日本对鲜活产品的进口，采取繁杂的通关程序和严苛的审批程序，延长货物到港至通关完毕所需的时间，从而阻止外国农产品快速侵占本国市场。

5. 技术性贸易壁垒与卫生和植物检疫措施

在1994年的乌拉圭回合谈判中，日本承诺对主要农产品逐步放开市场，对除大米外的其他农产品均采取非关税措施。如表1所示，日本针对所有产品共发起944次技术性贸易壁垒措施，其中有94次用来保护农产品，占比为9.96%；日本发起的卫生和植物检疫措施共874次，其中对农产品发起536次，占比达61.33%。在日美贸易摩擦中，美国经常使用“两反措施”对日本产品施压，1956~2020年，日本采取的反倾销和反补贴措施分别为15次和1次，而且没有针对农产品发起过。这是因为日本考虑最多的是使用“两反措施”会给本国带来贸易报复，而贸易报复可能会对本国造成更大的损失。因此，日本更倾向于使用技术性贸易壁垒、卫生和植物检疫等更加隐蔽的措施来保护本国农产品，这样既能躲开别国的报复，又可以降低外国农产品在本国市场上的竞争力。

为此，日本制定了一系列与卫生和植物检疫相关的法律法规，包括《食品卫生法》《饲料安全保证和改进质量法》《植物防疫法试行规则》等，以保护农产品市场。除此之外，日本对农产品的检验十分严格。首先，日本农林水产省下属机构——动物检疫所和植物防疫所，会从动植物病虫害角度对农产品进行检疫；其次，日本厚生劳动省下属检疫所从食品角度对具有食品性质的农产品进行卫生检疫。[①] 因此，日本繁杂的检测程序以及低下的效率增加了通关时间和通关成本，给外国出口商带来一定的损失。

此外，日本还实行肯定列表制度。2006年5月29日，日本表示将实施新食品残留农业化学品肯定列表制度，此项措施使农产品进口受到巨大限制。肯定列表制度设定了“一律标准”原则，即对那些没有规定具体药物

① 《国别贸易投资环境报告2014》，中华人民共和国商务部，上海人民出版社，2014。

残留标准的产品，一律实行 0.01PPM 标准，并且日本每年都会对其进行修订，修订之后的标准要比 0.01PPM 标准更为严格。[①]

6. 数量限制

日本所采取的数量限制主要有进口配额制和进口许可证制。进口配额制通过对农产品进口数量实施限制，彻底切断额外数量的进口。其与关税配额措施相比更为严苛，因为关税配额是提高出口成本来增加对出口商的出口阻力，使出口减少。至于进口许可证，其决定权在于本国政府，不仅可以通过是否允许出口商出口产品到本国市场来掌握主导权，还可以利用出口商申请出口许可证的时间来拖延出口行为。如表 1 所示，日本共采取了 85 次数量限制措施，其中 32 次是对农产品的数量限制，占比为 37.65%。

7. 保障措施

保障措施是世界贸易组织允许采取的、用来保护本国产品的一项行政措施，成为各国政府保护本国产业的一项重要措施。保障措施的特点是不仅可以针对所有产品，而且所有公平贸易的行为亦会受到限制，不论受影响国有无对错。其特点也是缺点，会造成更大范围的摩擦，因此日本在 1956~2020 年发起保障措施仅 1 次。

2001 年中国加入 WTO，在签订的议定书中规定，如果中国对 WTO 成员出口产品数量过多，造成成员相关产业面临“严重损害”，则成员可以单独采取保障措施，即特别保障措施，因此日本热衷于采取特别保障措施限制中国出口农产品到日本。[②] 正如表 1 所示，日本发起特别保障措施高达 173 次，并且实施对象全部为农产品。

三　日本农产品市场保护政策的特点

一方面，日本在保护农产品上，不分时期、不分对象地实施高关税措施；另一方面，随着国际经贸规则的变化，日本采取更具隐蔽性的措施，在

① 《国别贸易投资环境报告 2013》，中华人民共和国商务部，上海人民出版社，2013。

② 尹峰、廖进中、周凌：《日韩农产品保护政策的异同》，《世界农业》2007 年第 8 期，第 3~6 页。

国内制定了许多保护农产品的法律法规，而且更充分地利用国际规则来保护农产品。除此之外，日本更加注重农产品的安全质量、环境保护等因素。

（一）“偏爱”关税高峰

日本农产品平均关税税率不仅处于自己国家所有产品的较高水平，而且在发达国家中也处于较高水平，尤其是猪牛肉类、小麦、大米、乳制品、糖类“五大圣域”的关税税率。经过乌拉圭回合谈判，日本、欧盟、美国的农产品平均关税税率已经分别下降到64.9%、15.7%和10.9%，日本、欧盟和美国的农产品中关税税率在30%~99%的产品分别有111类、313类和99类，关税税率在100%以上的分别有146类、33类和26类。[①] 此对比表明，日本是农产品关税高峰最热衷的国家，在关税税率100%以上的农产品数量上，日本分别是欧盟和美国的4.4倍和5.6倍。除此之外，日本采取的关税形式复杂多样，包括从价税、从量税、选择税、复合税等，据WTO统计，日本针对农产品的关税种类高达352种，其中日本最常用的关税形式是从价税。[②]

（二）采取更加隐蔽的措施

一是对保护手段的选择。通过选择更加隐蔽、容易占据主导地位的措施来规避贸易摩擦风险。比如，日本在农产品保护上并没有采取反倾销、反补贴措施，而是尽可能遵守WTO的一般规定，采取技术性贸易壁垒、卫生和植物检疫、肯定列表制度等措施，严格控制农产品进口。二是保护手段的转变。日本由之前比较热衷关税高峰、进口配额等措施逐渐向不违背WTO一般规定的非关税贸易壁垒转变，比如，日本利用WTO对特别保障措施没有明确的规范要求，为保护自己的农产品市场而不断向其他国家发起特别保障措施，并占据了先导地位。

① 刘昌黎：《论WTO农业谈判的破裂及其影响与展望》，《世界经济与政治》2003年第11期，第52~56页。

② 韩汝佳：《全面与进步跨太平洋伙伴关系协定（CPTPP）对我国农产品出口日本的影响研究》，商务部国际贸易经济合作研究院，2020。

（三）国内支持与国境保护相结合

在充分利用国际经贸规则所允许的国境保护措施的同时，日本加大对国内农业的保护力度，包括对金融和财政政策进行调整、增加农业预算支出、加大农业基础设施建设力度，由价格支持向收入支持转化，给予农户生产补贴，以及强调“农业的多功能性”。将国内支持和国境保护结合起来，一方面，从国际上阻止外来农产品的进入；另一方面，从本质上增加国内农产品的供给，改善国内农业市场供不应求的现象。

（四）更加注重农产品安全与环境保护

首先，进入 21 世纪，日本开始重视修订本国有关农产品的法律法规。例如，日本在 2003 年修订《食品卫生法》，在 2006 年实施新食品残留农业化学品肯定列表制度，以对农产品质量安全进行管控，限制农产品进口。其次，日本政府不仅给予生产“环境友好型”农产品的农户直接补贴，还规定在化学农药、肥料用量等指标上追求对环境安全；再次，受资源环境条件限制，日本推进农村循环型社会发展，建设“环境保全型农业”，从单纯地追求农业规模扩大到重视农业的多功能性，促进农村资源循环利用；最后，在进口农产品时，日本规定了更加严苛的卫生检测标准，将“农产品绿色”与“环境友好”因素引进进口参考指标之中，提高其他国家对于“绿色”产品的重视度。

四　日本对农产品市场实施保护政策的原因

（一）日本农业的特点

1. 耕地面积缩小与耕地利用率下降

日本的耕地面积小，利用率低下。耕地面积自 1960 年起呈不断缩减的趋势，已由 1960 年的 568. 3 万公顷缩减至 2020 年的 437. 2 万公顷，缩减了

23.1%。而且，随着工业化的推进以及劳动人口老龄化程度的加剧，日本农业用地和从事农业的劳动力减少，耕地利用率不断下降，2021 年，日本的耕地利用率维持在 11.7%左右。①

2. 农产品自给率下降

农产品自给率下降，带来的是更多农产品的进口，这会提高对外国农产品的依赖性，导致农产品外贸依存度指数不断提高。由图 2 可以明显看出，综合粮食自给率在 1960 年高达 93%，而在 2020 年已经下降到 66%，下降了 27 个百分点，而谷物自给率的下降幅度更大，从 1960 年的 82%下降到 2020 年的 28%，下降了 54 个百分点。并且，综合粮食自给率和谷物自给率还是基于日本实施农产品保护贸易政策之后的数据测算出来的，如果没有这些保护措施，日本的农产品自给率低下的情况可想而知。

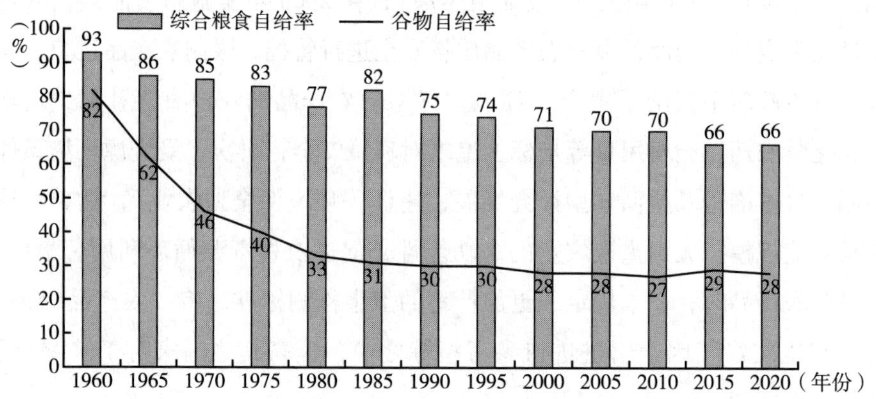

图 2　1960~2020 年日本综合粮食自给率和谷物自给率

资料来源：《日本粮食自给率》，农林水产省网站，http://www.maff.go.jp/j/zyukyu/zikyu_ ritu/012.html。

3. 农业就业人数递减与劳动人口老龄化现象严重

由图 3 可知，日本农业从业人数呈现明显的下降趋势，从 1995 年的

① 農林水産省「分野別分類/農家数、担い手、農地など」、https://www.maff.go.jp/j/tokei/kouhyou/kensaku/bunya1.html。

344.3550 万人降到 2020 年的 174.7079 万人，下降 49.27%，农业从业人数在 25 年间约减少了一半。随着日本农民收入水平越来越低，越来越多的农民开始从主业农户向兼业农户转变，并最终向持地非农户转变。如图 3 所示，农业从业者平均年龄从 1995 年的 53 岁增长到 2020 年的 65.4 岁，农业人口呈现明显的老龄化现象。1960 年，日本 60 岁以上的农业从业者数量占农业从业者总数的比例为 17.46%，1980 年已经达 74.16%，2015 年和 2021 年分别高达 76.84%、73.69%。①

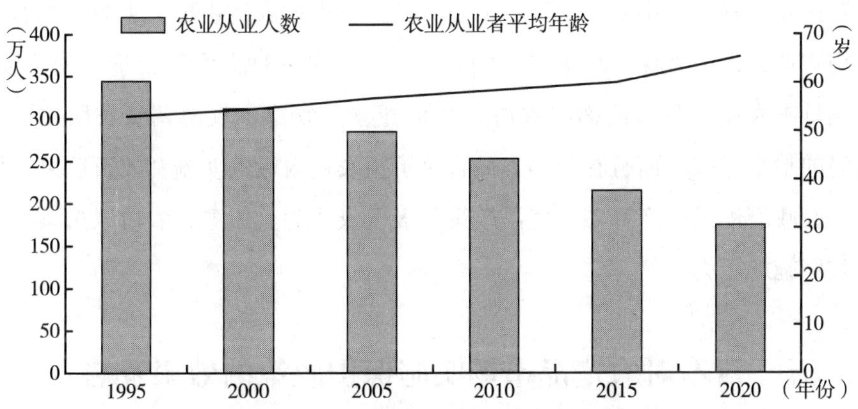

图 3　1995~2020 年日本农业从业人数和农业从业者平均年龄

资料来源：《2020 年农林普查报告》，农林水产省网站，http：//www.maff.go.jp/j/tokei/kouhyou/noucen/index.html。

（二）经济因素

二战后，日本的农业发展速度不如制造业，农产品的生产率低，其在国际上不具备比较优势。在技术快速发展的背景下，日本工业生产率急速上升，在 20 世纪 60~80 年代，日本制造业的劳动生产率年均增长 6.7%，远高于同期法国的 4.2%、联邦德国的 4.1%、美国的 3.2%、英国的 2.6%。

① 農林水産省『2020 年農林業センサス報告書』、https：//www.maff.go.jp/j/tokei/census/afc/2020/030628.html。

相比之下，同期，日本的农业劳动生产率年均仅增长 5.3%，和其他工业国家的增长速度大体相当。[①] 因此，日本农业比较优势缺失，在国际上不具备竞争力。

（三）政治因素

农业是国家健康发展最重要的物质保障，在日本，农民在政治论坛中有着举足轻重的地位，原因有二。一是日本农民在选举中发挥的重要作用。日本自民党在各党派中处于统治地位，而其成员中的农民占据大多数，其通过实施农业保护措施保障日本农民的收入，这也是一种向农民拉选票的手段。二是日本农业协会（简称“农协”）的建立。农协不仅协调从农用物资到销售的整个过程，而且在很多方面直接承担农业政策的实施和执行后果。简言之，政府通过生产补贴、优惠政策等吸引农协为其服务，农协以选票方式向政府施加压力。

五　日本对农产品市场实施保护政策的效果及启示

日本基于自身农业所具有的特点，对本国农产品市场进行保护，正面效果体现在如下几个方面。第一，保证粮食安全，降低农产品外贸依存度，提高粮食自给率，维护社会稳定。第二，增加农民收入。据日本农林水产省统计，日本农民收入从 1960 年的 12387 日元增长到 2019 年的 33215 日元，增长率达 168.14%，1978 年，农民收入一度高达 54206 日元。政府通过给予农民生产补贴，实施优惠政策等，调动农民的生产积极性，引进先进生产工具和技术，推动农业现代化进程。农产品市场保护政策的负面效果体现在如下几个方面。第一，政府给予生产补贴，增加财政负担，导致农户安于现状，劳动生产率下降，日本农业结构调整速度缓慢。第二，日本采取高关

---

① 孙柏：《农业保护——日本实现贸易自由化的“绊脚石”》，《日本问题研究》2006 年第 2 期，第 1~7 页。

税、进口配额等措施，严重阻碍外国农产品对日本的出口，导致国际贸易失衡，贸易摩擦加剧。

作为世界上最大的农产品进口国，日本进口农产品份额占全球的1/10，对中国来说，日本是中国最大的农产品出口对象国，加之两国地理位置邻近、贸易优势互补、共同参与国际经贸规则的制定等原因，日本所采取的农产品市场保护政策、手段与措施的转变，或可为中国提供更多借鉴经验，中国在保护某些劣势产业发展的同时亦可加快贸易自由化进程。

（一）采取合理的农业保护措施，避免贸易摩擦加剧

严格的农业保护政策成为影响国家发展的“双刃剑”，因此要在不同时期因地制宜地选择正确的保护政策。对农产品过度保护或者选择不合理的保护政策，将阻碍农业结构调整，使农产品自给率和农业技术水平停滞，在国际上更不具备比较优势。此外，如果不加限制地采取高关税、关税配额等措施，则会引起其他国家的不满，导致产生贸易摩擦，这有可能会因小失大。因此，中国在关于农业保护政策的制定上要选择多种方式、多种策略，避免与其他国家的关系恶化而阻碍贸易自由化。

（二）遵循国际贸易规则，制定合时宜的农业政策

日本在加入 WTO、签订双边和多边自由贸易协定的条件下，基于不同背景对农业保护政策和措施重新进行制定，使其采取的措施不违反国际规则，最大限度避免其他国家发起的贸易报复行为。中国在 WTO、RCEP 区域内发挥负责任大国的作用，要不以邻为壑，自觉遵守相关规则，将规则研究透彻，采取“合规性”贸易壁垒等措施对农业实施保护，充分利用好规则所允许的例外情况，也要防止其他国家对例外情况的使用。

（三）注重农产品质量，推动农业现代化改革

基于日本重视农产品质量、环境友好等因素，中国应不断提高对农产品的质量安全要求，提高生产技术水平，减少对污染原料的使用，促进农村环

境改善，发展“环境友好型”产品，从产品质量上增强国际竞争力。除此之外，中国可以向日本学习对绿色壁垒措施的运用，注重技术性贸易壁垒、卫生和植物检疫等措施，保护本国农产品市场，促进本国农产品结构调整，加快农业现代化进程。

（四）积极推动自由贸易协定谈判，减轻农产品市场保护对贸易自由化的阻碍作用

积极签订 FTA，以贸易自由化为“外力”，进行农业改革，增强产品的国际竞争力。在美国宣布不再加入 CPTPP 的背景下，中国应该积极争取加入 CPTPP，防止日本为了压制中国而联合 CPTPP 其他成员国对中国产品进行制裁。除此之外，RCEP 于 2020 年 11 月 15 日签订，从 2022 年 1 月 1 日开始生效，对此，中国更应该发挥负责任大国的作用，积极参与 RCEP 国际经贸规则的制定，做好应对未来产业政策不确定性的准备，促进与日本等国家合作，实现东亚区域经济发展。在自由贸易协定盛行的浪潮下，中国要学习日本兼顾农产品市场保护与双边、多边自由贸易协定谈判的做法。

B.20

日本农业战略转型：从保护防守转向开放进攻*

张玉来**

摘　要： 近年来，日本农业战略转型取得了令人瞩目的显著成效，农产品出口额在不足十年间实现翻番，2021 年已确定超过 1 万亿日元，日本政府计划到 2030 年将其进一步提升至 5 万亿日元。然而，日本农业资源贫瘠，一直面临劳动力和耕地“双减少”等严峻考验，农业劳动人口呈现严重老龄化趋势。关于日本是如何克服要素禀赋条件的“先天不足”，本报告认为，农业发展战略成功转型是日本农业焕发生机的关键所在，近年来，其政策方针已经从传统的保护防守型转向开放进攻型；在此背景下，日本的农业结构正在经历大变革，农业竞争力大幅增强。

关键词： 日本农业　食育教育　战略转型　进攻型农业　工业反哺

一　传统模式：基于危机意识的“安全网”建设

二战之后，日本农业一直面临劳动力和耕地“双减少”等严峻考验，工业化迅速发展既造成大量劳动力放弃农业而形成所谓“离农”问题，也

* 本报告为清华大学（经济管理学院）基金项目“国有企业的文化建构及其作用机制研究——以日本企业文化为例”的阶段性研究成果。

** 张玉来，历史学博士，南开大学日本研究院副院长、教授，全国日本经济学会副秘书长、常务理事，主要研究领域：日本经济、中日经济关系。

占用大量耕地；来自海外的廉价农产品开始大量涌入国门，对日本农业形成巨大冲击。之后，人口老龄化问题率先体现在农业领域，形成所谓的“三老农业”。①

（一）农业基础：“先天不足”与工业化冲击

二战之前，日本农业就业人口一直稳定在1400万人左右。战争结束后，由于战败，大量人员从中国以及东南亚等国家归国，加之经济萧条，人员大量失业，农业劳动人口迅速攀升，1947年为1662万人。② 然而，在日本经济进入高速增长时期之后，农业人口出现迅速减少趋势。以1960年为例，除了出生和死亡等变动因素之外，农村人口流出数量达到54万人，而当时的日本农业经济发展向好，不仅农业生产规模不断扩大，而且农户收入也因农产品价格坚挺以及兼业收入增加而不断增加。③ 此后，日本农业就业人口持续减少，从日本产业就业人口统计数据来看，1960年，第一产业就业人数为1417万人（占32.4%），第二产业就业人数为1015万人（占23.2%），第三产业就业人数为1939万人（占44.3%）；20年之后的1980年，上述三个数据分别变成599.6万人（10.8%）、1418.9万人（25.5%）和3536万人（63.5%）。④

步入平成时代（1989~2019年），日本农业劳动力呈现继续减少之势。1990年，所谓“基干农业从业者”⑤ 数量已经减少至313万人，其中65岁以上的老龄人口增至90万人，占比达29%。⑥ 进入21世纪，这种减少趋势仍在继续。

① “三老农业”是20世纪60年代初期日本的流行语，主要指农户中的年轻男人都出去打工，农业由年龄较大的爷爷、奶奶和妈妈支撑的现象。

② 経済企画庁『年次経済報告・昭和30年』、https://www5.cao.go.jp/keizai3/keizaiwp/wp-je55/wp-je55-020902.html。

③ 経済企画庁『年次経済報告・昭和36年』、https://www5.cao.go.jp/keizai3/keizaiwp/wp-je61/wp-je61-020701.html。

④ 経済企画庁『年次経済報告・昭和58年』、https://www5.cao.go.jp/keizai3/keizaiwp/wp-je83/wp-je83bun-2-26h.html。

⑤ 日本统计的农业从业人口包括两大类：一是“农业从业者”，一年内只要从事一天以上自营农业工作的家庭人口就可以纳入统计范围；二是“基干农业从业者”，指平时主要从事自营农业工作的家庭人口。日本没有农业或非农业户口划分制度，只进行从业者数量统计。

⑥ 農林水産省『農業の動向に関する年次報告　平成2年度農業白書』、1991、182頁。

2000 年，日本的农业人口为 389 万人，到 2020 年已经降至 249 万人，其中所谓“基干农业从业者”为 136 万人。[①] 另外，日本总务省统计局的“劳动力调查”数据显示，日本农业就业者数量从 1955 年的 1436 万人一路下滑，到 2020 年降至 222 万人，在就业总人口中的占比从 36.3%下降至 3.3%。

耕地面积也是农业发展的重要自然禀赋。二战之后，受工业化发展的影响，日本耕地面积不断减少。1960 年，日本耕地面积为 607 万公顷，之后由于工业用地以及住宅用地等土地流转等原因，1990 年已经减至 524.3 万公顷，2000 年进一步减至 483 万公顷，[②] 到 2006 年减至 467 万公顷。根据农林水产省的“土地管理信息收集分析调查”，日本农地流转主要包括八个类别，分别是“住宅用地”“工矿业用地”“学校用地”“公园运动场用地”“水道以及铁道用地”“商业服务用地”“其他业务用地”“植树造林等其他用地”。住宅用地流转的高峰时期在 1970 年前后，一度每年超过 2 万公顷，1975 年之后下降至每年 1 万公顷以下，2018 年前后为每年 4000 公顷左右。对于工业流转用地，1973 年达到 9254 公顷，之后不断下降，2000 年上扬至 6000 公顷以上，2010 年之后则降至 1000 公顷左右，这与日本“产业空洞化”密切相关。[③]

总之，二战之后的工业化发展不仅大量吸引农业领域的劳动力，农业人口出现迅速下降趋势，而且工业用地以及经济发展水平的提高也造成了农业耕地面积的减少，这两大因素都直接冲击了日本农业根基，使本就“先天不足”的日本农业遭受了工业化的猛烈冲击。日本政府基于这一现实，从危机意识出发，不仅创造出独具日本特色的“食育”体系，还逐步构建起保护色彩浓厚的“安全网”型发展模式。

① 農林水産省『令和 2 年度　食料・農業・農村白書』、2021 年 5 月 25 日、307 頁。

② 政府統計の総合窓口「作物統計調査　面積調査　確報　平成 23 年耕地及び作付面積統計」、https：//www.e-stat.go.jp/dbview？sid=0003071592。

③ 農林水産省「土地管理情報収集分析調査」、https：//www.maff.go.jp/j/nousin/noukei/totiriyo/attach/pdf/nouchi_ tenyo-54.pdf。

（二）独特“食育”体系的根基是危机意识

为了培养国民形成强烈的粮食危机意识，日本政府推出一个别具一格的教育体系——“食育”，这与我国古代的“民以食为天”的说法非常类似，日本很早就有所谓德、智、体全面发展的说法，但在德、智、体之上还有所谓“食”，即“体育、智育、才育皆为食育”的传统说法。二战后，日本逐步形成了“智育、德育和体育都是以食育为基础”的教育理念。

1954 年（昭和 29 年），日本政府颁布《学校给食法》，将供餐规定纳入法律体系，规定学校在义务教育阶段必须为学生提供餐食服务。2005 年（平成 17 年），日本政府颁布《食育基本法》，强调食物教育应该与知识教育、道德教育和体质教育等具有同等重要的地位。自 2018 年（平成 30 年）起，日本农林水产省负责编制并向社会公布《食育白皮书》。

事实上，上述食育体系的根基是形成粮食危机意识，其中逻辑可以从日本的两种粮食自给率计算方式中窥见一斑。一种是基于热量值计算的粮食自给率，另一种是基于产值计算的粮食自给率。2018 年，基于热量值计算的日本粮食自给率史无前例地跌至 37%，虽然 2019 年一度回调至 38%，但 2020 年又回到了历史最低纪录 37%。从数据来看，日本的粮食自给率确实显得有些“糟糕”。整体来看，自 20 世纪 60 年代中期以来，日本基于热量值计算的粮食自给率一路下跌，到 2020 年，该数字已经从原来的 70%以上跌破到 40%以下。不过，日本政府“偏爱”的基于热量值计算的粮食自给率与基于产值计算的粮食自给率具有较大差距，显然，这符合日本政府一贯重视的旨在增强国民危机意识的目标。除日本、韩国和中国台湾基于热量值计算粮食自给率之外，大多数国家基于产值计算粮食自给率，即国内食品产值除以国内食品消费总额再乘以 100%。在这种计算方式下，日本的粮食自给率是 67%，与一些西方发达国家相比，例如，粮食自给率最高的澳大利亚（128%），以及加拿大（123%）、美国（93%）、意大利（87%）、法国（83%）、英国（64%）、德国（62%）、瑞士（50%）等国家，日本的粮食自给率水平并不算低。①

那么，为何两种计算方式会产生如此巨大的差距？在日本，蔬菜品类的附加值非常高，但蔬菜的热量非常低，这是造成两种计算粮食自给率方式存在差距的根源。举例来看，2019 年，日本农业总产值为 8.89 万亿日元（不包括食品加工产值），其中蔬菜产值为 2.15 万亿日元，蔬菜产值占农业总产值的比重为 24%。需要注意的是，蔬菜当然是日本的国产化蔬菜，而日本蔬菜国产化率实际很高，占比为 79%，产量是 1159 万吨。然而，蔬菜的热量占比显然非常低，这样计算下来，国产化蔬菜在国产农产品中的热量贡献率仅仅为 6%，相反，若用产值计算，其贡献率则是前者的 4 倍。②

为增强国民的食物危机意识，主管农业政策的日本农林水产省提出“食物安全保障”概念，把食物安全提升至国家战略层面，并持续在官方网站以专栏形式进行统计数据披露、相关数据解读以及政策宣传与讲解等。另外，其也会重点分析全球趋势及进行动态跟踪，在此基础上探讨政府食品供应体系建设方针与今后的政策要点等。值得关注的是，最近，日本政府把重点转向所谓“双下降”曲线现象——1965 年以来，日本基于热量值计算的粮食自给率和基于产值计算的粮食自给率都呈现下降趋势。

事实上，“双下降”现象的一个重要背景是日本人长期以来的饮食习惯已经悄然发生巨变。第二次世界大战之后，日本广泛接受欧美饮食文化，甚至逐渐远离日本以大米为主食的传统饮食习惯。在政策层面，日本政府却一直把维护大米自给率作为粮食战略的核心，长期以高关税保护国内大米市场。事实上，国民生活、饮食习惯欧美化造成大米消费量不断减少，于是，日本不得不大量进口小麦、牛肉以及养殖业、畜牧业所需的饲料，以应对畜产品与油脂类产品消费量连年增长的情况，但农产品大量进口显然会拉低日

① 農林水産省『世界の食料自給率・諸外国・地域の食料自給率』、https://www.maff.go.jp/j/zyukyu/zikyu_ritu/013.html。

② 農林水産省『野菜をめぐる情勢』、https://www.maff.go.jp/j/seisan/ryutu/yasai/attach/pdf/index-81.pdf。

本的粮食自给率，这样就出现了“双下降”现象。当然，这也从侧面印证日本传统农业政策出现错位的问题。

（三）日本传统农业模式是构建“安全网”

战后以来，日本传统农业发展模式以构建以粮食为主的食品“安全网”为目标，在此目标之下，主要路径包括三个：一是保护和促进国内农业发展；二是稳定进口，以确保安全供给；三是完善储备体系，以稳固和强化以粮食为主的食品“安全网”。

1999 年 7 月 12 日，《食料、农业、农村基本法》（简称“新基本法”）经日本参议院审议通过，并于 7 月 16 日公布实施。该法明确宣布，“确保国民粮食稳定供给是国家的基本责任和义务”。“新基本法”［相对于 1961 年颁布的《农业基本法》（简称“旧基本法”）而言］提出，21 世纪，日本政策基础仍是继续扩大国内农业生产规模，与此同时会因地制宜地扩大进口规模并重视储备体系，以国内生产、进口和完善储备等相互补充的方式，多措并举构建食品稳定供应体系。概言之，日本粮食安全网包括三大支柱：强健的国内农业体系、稳定安全的粮食进口体系、完善发达的粮食储备体系。

首先，以构建强健的国内农业体系为粮食“安全网”的坚实根基。“新基本法”制定了提高粮食自给率的明确目标，“旧基本法”（即《农业基本法》）的根本目标是消除农业与非农业之间的收入差距。“新基本法”把针对的对象从过去的农业生产者扩大到全体国民，特别强化了农政功能，要求日本政府必须依据“新基本法”每隔五年制订一个“农业施政基本计划”（简称“基本计划”）。2000 年，日本政府出台第一个“农业施政基本计划”，提出支持农业经营朝着专业化方向发展、提高土地使用效率、推动土壤改善、培养农业人才、鼓励女性参与农业活动、支持农村老年人再就业、推动农业生产组织提高经营效率、开发和普及新技术、推动建立农产品价格机制、不断完善灾害救助体系、提升农产品流通效率等具体措施。之后，日本政府每隔五年都会制订一个“食料、农业、农村基本计划”（见表 1）。

表 1 “食料、农业、农村基本计划”（2000~2020 年）

单位：万公顷，%

年份	粮食自给率目标		重要农产品自给率目标			农地耕种规划目标		
	基于热量值计算	基于产值计算	饲料	主要谷物	整体谷物	农地	耕种	利用率
2000	45	74	35	62	30	470	495	105
2005	45	76	35	63	30	450	471	105
2010	50	70	38	—	—	461	495	108
2015	45	73	40	—	—	440	443	101
2020	45	75	34	—	—	442	407	92

从经济合作与发展组织（OECD）调查的各国农业保护指数来看，日本农业保护（主要是向农业提供资金进行补助）水平是 OECD 全体成员国平均水平的 3 倍，呈现农业发展严重依赖国家补贴的显著特征。

其次，在重视国内发展的同时，日本政府积极打造一个稳定安全的粮食进口体系。显然，日本农业发展面临严重的结构性问题，这既包括耕地不足等自然资源禀赋约束的因素，也有人口老龄化带来的劳动力严重不足的威胁。为此，仅靠发展国内农业显然难以确保粮食供应稳定，所以，日本政府积极打造稳定且安全的粮食进口体系。重要措施包括如下几点：一是与粮食出口大国建立友好关系，日本政府在这方面一直积极努力；二是建设高度发达的全球粮食信息系统，以实时准确掌握全世界粮食供需状况；三是推进国内外相联系的物流体系建设，包括实现船舶大型化等硬件改善和提升通关效率等软件改善；四是重视分散依赖某国或某个市场的风险，采取进口多元化措施（这也成为日本有效平抑进口国提升议价能力的手段）。除了上述相关措施之外，日本政府高度重视民间力量，特别是独具特色的日本大型商社的组织力量，积极打造“官民一体”的进口机制，形成政府与商社企业之间紧密合作的关系。

“若能利用遍布全球各地的商社网点及其功能，日本显然就可以先于各国获得相关农产品。”在 2009 年由日本贸易会（JFTC）主办的“日本食品战略与商社”研讨会上，丰田通商株式会社主管古米润信心满满地如此表示。[①] 这证明独具日本特色的综合商社对于日本粮食供给发挥重要作用，它们之间还在竞争中逐步形成了各自的优势，如最大的三菱商事公司与三井物产公司在全球资源能源领域具有强大的影响力；而住友商事则长期主攻金属和机械等领域，取得了竞争优势；在粮食及食品方面，主要是丸红积蓄了强大的竞争优势。据统计，日本各商社专门负责粮食交易的员工就超过 2300 多人，他们当中还有一部分被派往海外常驻，成为日本与世界粮食采购交易网络的重要桥梁。因此，日本在世界粮食交易领域形成了对“数量、质量以及价格”的控制能力。

日本的外交系统及外交资源在粮食进口体系中发挥重要作用。众所周知，日本一直强调以世界贸易组织（WTO）为核心的多边自由贸易框架体系，与此同时，它也在积极拓展 WTO 框架之外的相关领域。例如，日本不仅成功接替美国主导《全面与进步跨太平洋伙伴关系协定》（CPTPP），也积极与欧盟签署《日欧经济伙伴关系协定》（日欧 EPA）等自贸协定。这种多重贸易体系架构为日本粮食进口多元化提供了重要支持。当然，日本积极进行对外农业援助，以联合国粮农组织为中心，在南美地区和非洲等粮食生产国落实诸多合作项目。

最后，日本粮食“安全网”的重要支柱之一是构建起完善发达的粮食储备体系。日本自古就有通过储备粮食应对各种灾害的传统。例如，天平宝字三年（759 年），日本仿照唐朝制度在平安京设立常平仓；大同三年（808 年），日本设立了谷仓院。二战之后，日本本着现代理念开始构建粮食储备体系，该体系覆盖了从中央政府到地方各级政府，甚至企业乃至家庭都要进行相应的应急储备。日本政府还把这种经验积极推向国外，如它利用 2008 年七国集团（G7）峰会在日本召开之便，呼吁由 G7 主导构建“国际谷物储备机制”。2012 年，它又提议与中国、韩国以及东盟构建东亚地区的大米

① JFTC（日本貿易会）『出版記念シンポジウム　日本の食糧戦略と商社』、2009 年 10 月 6 日、http：//www.jftc.jp/monthly/archives/001/201711/6bede96e0870b2f2413089053fda9103.pdf。

储备体系，签署了“东盟+3”大米储备协定（即 APTERR 协定）。新冠肺炎疫情暴发之后，东京大学教授铃木宣弘更是发出呼吁，希望建立一个地区性的“全亚洲的粮食安全保障框架”体系。①

除了上述宏观层面的努力之外，日本政府非常重视“子安全网”的建设，也就是针对不同领域的农产品构建相应的安全体系，比如蔬菜、饲料等，从而形成大大小小的各种“子安全网”体系。以蔬菜为例，日本政府创立了蔬菜“生产者补助制度”，该制度确保在市场价格剧烈下跌时，蔬菜生产者可以获得弥补损失的补贴，相关资金来自中央政府、地方政府，从而确保国内蔬菜生产及出货稳定。补助资金来源于中央政府、地方政府和加盟者本人，其按照“3：1：1”的份额出资。

二　农业战略转型：从保护防守型转向开放进攻型

日本农业战略转型主要发生在安倍晋三第二次执政之后，为了应对美国奥巴马政府主导的《跨太平洋伙伴关系协定》（TPP），安倍领导的日本政治精英决定放弃传统的农业保护政策，转向积极迎接新的挑战。

（一）一场“进攻型农业”的意识革命

2013 年 5 月，日本政府公布了新农业发展战略，其中提出了一个关键概念——“进攻型农业”。而且，农业发展模式转型甚至被纳入“安倍经济学”改革框架，成为所谓“第三支箭增长战略”的重要支柱之一。为了体现“进攻型”特征，日本政府为农业出口制定了明确的目标：“到 2020 年，日本农产品出口额要突破 1 万亿日元。”

2011 年，由于日本农产品出口额仅为 4500 亿日元，很多人认为不到十年实现农产品出口额倍增简直就是天方夜谭，况且，日本农业当时正陷入前

① 鈴木宣弘「アジア全体での食料安全保障という考え方」、『農業協同組合新聞』2020 年 7 月 23 日、https：//www. jacom. or. jp/column/2020/07/200723-45476. php。

所未有的多重困境之中。首先，日本农业总产值连年下降，2012 年仅为 8.4 万亿日元；其次，农业从业人口数量减少的趋势更是难以止步，当时即将跌破 200 万人大关，而且，农业人口老龄化问题严重，农业从业人员平均年龄已经超过 66 岁；再次，很多国家要求日本打开国门，降低农产品关税，尤其是美国主导的 TPP 谈判本身就要求大幅降低农业关税，这些都形成了巨大“外压”；最后，当时日本农产品正处于福岛核事故的负面冲击旋涡之中。总之，日本农业几乎处于崩溃的边缘。

安倍晋三本人很早就试图着手解决日本农业发展问题。在 2006 年 9 月竞选自民党总裁之际，他提出“要把农业变成日本的战略产业”的构想，希望能彻底转换发展思路，来一场意识革命，转换想法。2012 年再次当选之后，安倍便决定顺水推舟，正面呼应美国奥巴马政府主导 TPP 贸易谈判。当时，传统的农业保守派认为，加入 TPP 将置日本农业发展于死地，其依据是依照农林水产省当时的测算，日本加入 TPP 后取消关税将使日本农业产值减少 4.1 万亿日元，日本的粮食自给率会跌至 14%。但是，农业改革派认为，日本农业衰落的真正原因是传统的保护主义政策，今后，日本农业发展不是继续依靠加强保护，而是相反，也就是打开长期封闭的国门，只有“外压”才能倒逼国内进行相关改革，从而实现农业发展战略转型。

安倍内阁采纳农业改革派的意见，对日本农业进行一系列重大改革。首先，在国内农业政策方面：一是放开政府的大米生产规划，不再坚持僵化保守的保护大米措施；二是大力推进规模化经营，在全国各地设立农地中间管理机构，意在让分散零碎化的耕地能够集中经营；三是重点改革农协组织，调整和完善牛奶等农产品流通体系；四是积极推动日本农产品向海外出口，从而实现以出口拉动国内生产。安倍政府宣布每年投入 3000 亿日元，作为农业经营规模化以及扩大出口的专项支持措施。[①] 为了彻底推动日本农业发展模式转型，日本专门成立了“农林水产业及地方活力创造本部”，由首相

① 首相官邸「攻めの農林水産業—成長戦略第 2 弾スピーチ—」、2013 年 5 月 17 日、https://www.kantei.go.jp/jp/headline/nourin_ suisan2013.html。

亲自担任本部长。该组织以构建“进攻型农业”为目标，提出了三个基本方针：第一，增强日本农产品的国际竞争力，实现“出口倍增”计划的目标；第二，对农业进行产业化改造，方向是走“六次产业化”（相当于中国的“三次产业融合”政策）道路；第三，进行新的农地改革，改变耕地的分散零碎化特征，实现农业的现代企业规模化经营。

在积极推动下，日本政府组织召开了官民各界参与的政策协同研讨会，最终议定了一个“农业及地方活力创造计划”，确立了解决农业问题的三大核心手段：一是开拓国内外“两个市场”，积极扩大日本农产品的市场；二是要增强日本农业竞争力，手段就是对农业进行产业化改造；三是重点解决农业供给侧问题，如劳动力不足以及就业人员老龄化与资源配置不够优化等长期问题。

（二）从传统产业走向现代化产业

此次日本农业改革的本质是以现代工业化标准改造传统农业，让农业真正实现蜕变式升级，农业生产组织方式从以个体经营为主转向现代化企业模式。农业改造的主要手段就是“六次产业化”，同时，积极打造“品牌农业”，通过导入 AI、IoT、无人机等先进技术提高生产效率，彻底实现从传统落后农业变成现代先进农业。

其实，在安倍内阁之前，日本进行了多种农业改造实践。比如，2010 年，日本民主党政府颁布实施了《六次产业化、地产地销法》，尝试让日本农业走上产业化道路，当时，日本政府主要采纳东京大学教授今村奈良臣所提出的“六次产业化”倡议，主要是农业与制造业、服务业充分融合，通过品牌化让农业变身为高附加值现代化产业。安倍内阁时期则进一步对农业进行改造。日本“六次产业化”的一个典型案例是茨城县筑波市的“World Farm”公司，该公司的主要业务是承包荒废田地，对其整理之后建成蔬菜生产基地，在对蔬菜进行初级加工之后，将其销往各地的饭店等。2019 年，World Farm 公司已经拥有 80 名员工，销售额达到 16.5 亿日元。[①] 据日本政

① 有限会社ワールドファーム、https：//www.world-farm.co.jp/company/。

府统计数据，类似“六次产业化”所创造的市场需求已突破 2 万亿日元。

如今，这种经验也被应用到开拓国际市场上，特别是面向中国、印度等新兴市场国家。“日本料理”品牌在海外市场正在逐渐被认可，2013 年 12 月，“和食”被正式列入世界非物质文化遗产名录，这进一步提升了日本料理的市场认可度。日本政府认为这是非常好的契机，于是提出农产品“出口倍增”计划，推出“Made From Japan、Made By Japan、Made In Japan”计划（所谓 FBI），旨在打造通行全世界的日本食文化与食产品供应链体系，同时，还特别导入日本式经营最擅长的“Plan-Do-Check-Action”（PDCA）管理模式，它还强调这是一条“官民合作”型改革路径。为了打造良好的品牌形象，日本政府通过强化质量标准实现品牌效应，建立了安全生产与食品安全监管体系，并努力获得了盖普（GLOBALG. A. P）国际认证，积极加入 HACCP 体系等。

日本通过引进先进技术改造农业，走上产业化道路。近年来，日本积极关注把人工智能、物联网技术等导入现代农业体系，掀起所谓“农业科技”（Agritech）热潮。在政策激励之下，一批农业机械厂商、食品相关企业、IT 科创企业以及机器人风投企业等加入农业改造的大潮之中，相关创新活动不断付诸实践。例如，最具代表性的日本农机企业久保田公司就将物联网技术导入农业机械领域，久保田公司生产的联合收割机都装备了 IoT 传感器，它能一边工作，一边实时测定水稻的蛋白质和水分含量。久保田公司将收集到的这些数据汇聚到大数据中心，开发出一种称作“KSAS”的信息服务系统。截至 2020 年 2 月，KSAS 信息服务系统的签约量已经超过 2000 件，由该系统管理的农场总面积达到 8. 2 万公顷，占日本全国水稻播种面积（150 万公顷）的 5%左右。[①] 值得关注的是，这种在收割时收集的蛋白质含量数据可用于后续稻米干燥程序控制之中，让干燥机根据这些数据进行作业，以生产出口感更佳的大米，同时，这也能大大提高生产效率。分类精准干燥作业不仅能够缩短作业时间，还能有效降低作业成本。

---

① クボタ、https：//ksas. kubota. co. jp/。

（三）推动技术进步的多样化创新

以工业反哺农业已经是很多国家发展农业的普遍做法，由于日本工业发达，运作空间变得更为广阔。日本政府重视依靠市场机制不断激发市场活力，通过鼓励和推动日本企业参与农业改造，将各种先进技术相继导入农业领域，最终实现农业技术进步。

首先，最近非常引人关注的是日本“植物工厂”技术，其实这是日本很早导入农业领域的技术创新实践。早在1974年，日本就有企业开始尝试营养液栽培技术，并以此为基础设立了早期的植物工厂。制造业巨头日立制作所最先进行了生菜的工厂化生产实验。如今，“植物工厂”已经被广泛应用在叶菜栽培上，此外，有些企业建立了草莓、山葵等植物的“种植工厂”，生产效率得到极大提升。在神奈川县的相模原市，如今已经建立起一批规模化的“植物工厂”。

其次，对相关工业技术进行创新之后再将其转用于农业领域，这种跨产业技术转移正在成为日本农业的技术特色。一家名叫“BLANCTEC”的农业企业（2018年成立）就将滑雪场人工降雪技术应用到食品保鲜领域。[①] 该公司创始人广兼美雄曾是一家制造和销售造雪设备企业的员工，然而，日本滑雪的人数由于经济衰退而迅速减少，该企业最终破产。凭借造雪的丰富经验，广兼美雄开发出一种“一分钟速冻技术”——通过向零下60℃金属桶内注入浓度为23.5%的盐水，其瞬间便可形成混合冰，可将活鱼在一分钟内冻结。这种在极短时间内速冻的技术可使鱼的血液骤然集中到内脏，烹饪时只要清除内脏，就能实现给鱼“放血”的效果，这种技术极大地改善了鱼的烹饪味道。后来，该技术被应用到牡蛎加工业，还被摩洛哥和韩国等国企业引进。

最近，技术进步的主流趋势是导入人工智能等新技术。例如，一家名为

① ブランテックインターナショナル株式会社、https://www.blanctec.co.jp/templates/pc/japanese/company/index.php。

"UMITRON"的初创企业成功运用AI技术发展水产养殖业。[①] 传统水产养殖业的饲料投喂主要靠人工作业完成，也就是养殖人员通过目测判断进行投喂，完全凭经验操作。但这事实上会造成极大的浪费，由于饲料费用恰恰是养殖业成本占比最高的部分，往往高达6~7成，因此，精准投喂变得非常关键，也就是在鱼的最佳食欲时间进行投喂既不会浪费饲料，又能保证养殖水质，如果盲目投喂的话，鱼吃不掉的饲料就会大量漂浮到水面上，严重时还可能引发赤潮。UMITRON导入AI养殖技术，它包括用摄像头采集鱼吃饲料的信息状况，再用人工智能技术进行图像解析，分析投放饲料的最佳时间，并计算精准的投放量。这家公司原本的主营业务与人造卫星相关，与水产养殖业毫不沾边，而公司联合创始人藤原谦却突然意识到，"太空与海洋的共同特点是环境不稳定和难以探查"，于是他便想到发展AI水产养殖。如今，该技术已经在爱媛县和大分县等地的水产养殖业被广泛应用，甚至其还通过与美洲开发银行（IDB）合作，被推广到了南美的秘鲁养殖场。

三　学习、反哺、创新与农业发展

纵观日本农业转型历程，我们可以看到，向先进农业国家学习、工业反哺以及生产方式及技术领域创新等都是其突出特征。在这些特征之上，我们能够领会到文明互鉴对于农业发展的重要性。

（一）学习外国先进经验

技术发达的日本一直在学习其他国家的先进经验，如以色列、荷兰甚至美国等，其中，荷兰堪称日本发展设施农业的模范"老师"。日本对荷兰"情有独钟"，除了两国具有诸多相似性——领土面积小（荷兰仅相当于日本的九州地区）、人力成本高昂等之外，荷兰农业超高的生产效率及高附加值化更为日本所向往，荷兰农产品出口额仅次于美国，位居世界第二。

① ウミトロン株式会社、https：//umitron. com/ja/company. html。

日本农林水产省是积极宣介“荷兰经验”的主力，在其网站主页能检索到与“荷兰”相关的信息有8700多条。从学习内容来看，日本学习的目标是荷兰的设施农业。在农林水产省的推动下，从南（宫崎县）到北（北海道），日本相继建立了十个“样板设施园艺示范园区”（截至2015年），这些都是学习荷兰模式并向全国推广的设施农业样板。这些现代化设施农业样板有着诸多高科技“标配”元素，包括先进的温湿度及光照等环境控制技术（ICT技术温控设备、二氧化碳浓度和日照量自动调整设备）、新能源动力支持系统（例如，工厂废热发电、木材生物量等）、全作业式大型温室等设施。据说，依靠这种设施农业的建设，日本西红柿产量提升了3倍左右。日本还把这种“荷兰经验”与美国和以色列经验融合到一起，日本政府鼓励相关农业组织到美国和以色列等国参观学习。

（二）用先进产业技术反哺农业

先进产业的先进技术对农业进行反哺，这也堪称日本农业创新的重要经验。冷冻技术在农业领域的应用就是典型案例，如今，它被广泛应用在农产品加工及流通和餐饮环节，日本冷冻技术早已迈出国门走向新兴市场国家，形成横跨各国的冷链物流体系。在千叶县的流山市有一家名叫“ABI”的冷冻技术专门企业，创始社长大和田哲男发明了一项被称作“细胞存活系统”（Cells Alive System，CAS）的冷冻技术。它能在细胞存活的状态下冷冻食材，可保持食材的原有新鲜度和香味。1973年，这家公司与不二制油公司合作，首次成功实现鲜奶油蛋糕的冷冻和解冻。2004年，该公司又与细胞医学专家合作，开发了世界上的第一个CAS冷冻装置。另外一家名为前川制作所的工业冷冻机企业也非常成功。该企业将冷冻技术应用于金枪鱼等水产品的加工、保存以及运输中，凭借这项独特技术，该企业迅速壮大，如今已经成长为掌握八成以上世界冷冻船份额的知名企业。该企业董事长高桥繁表示，“消费者对新鲜度的追求，让我们磨炼了技术”。

统计显示，全球食品速冻业处于快速增长时期。英国调查公司欧睿国际指出，2018年，全世界食品冷冻市场规模达到1193亿美元，而五年之后，将再增长12%。因为冷冻技术不仅可以大大减少食物浪费，还可以实现厨房及加工线的省力化，压缩流通成本。在中等收入阶层快速壮大的新兴市场国家，冷链物流规模呈现迅速扩大之势。在全球冷链领域，日本凭借先进的温度管理控制技术，拥有了强大的竞争力。

（三）用创新推动农业发展

创新是产业发展的最终动力，也是根本动力，对传统的农业而言也是如此。二战结束以来，日本以“安全网”型发展模式为目标，进行了大量实践，积累了丰富的经验。在农业结构发生根本性变化的今天，创新再次为日本农业发展注入活力。

首先是农业经营组织的创新，通过改革创新提升效率。为了解决农业就业人口不断减少的严峻问题，同时把现代企业组织制度引入农业生产领域，以激发农业发展活力，大幅提升农业生产效率，日本政府一直在试图推进农业经营的“法人化改革”。“新基本法”第22条规定，“国家应不断完善经营合理化及其发展的条件，颁布相关措施，在实现家族农业经营活性化的同时推进农业经营法人化”。2013年6月，以内阁决议方式通过的《日本再兴战略》提出，要用十年时间将农业经营法人较2010年（1.25万家）增加3倍，达到5万家的目标。[①] 截至2020年，日本农业法人经营体数量为3.1万家，与实现上述目标显然还有很大的差距，但集约化经营和提高生产效率的效果已经显现。

借助法人化，日本已经开始试验大规模水田作业，2019年，富山县射水市农事组合法人布目泽营农开始进行智能农业实验项目。该项目引进了自动驾驶拖拉机，每10公顷水稻的耕耘作业时间比传统模式缩短了36%；自动化水管理系统使“干田直播栽培”的水管理作业时间缩短了80%；此外，可变施肥植机技术也使收获量有所增加，每10公顷增加60公斤，且使大米

① 農林水産省『農業経営法人化ガイドブック』、日本農業法人協会、2017年2月。

口味大为改善。[①] 通过实现法人化而转向智能化农业，不仅可以提高大米品质，还实现了省力化和削减生产成本，可谓一举多得。

其次是通过引进各种新技术，改善农业生产基础条件。为了创造促进农业发展的优良环境，日本政府一边不断推进农地的“大区划化”，一边引进各种先进科技，以大幅优化农业发展的基础条件。2019 年，日本水田面积（239 万公顷）的 66%（159 万公顷）实现了区划整备，其中，26 万公顷水田实现了单块地超过 5000 平方米以上，大区划集约化率达到 11%，其他单块地都实现了 3000 平方米以上的目标。而且，实现了“暗渠排水”的水田的面积达到 110 万公顷。在旱田方面，128 万公顷实现了区划改造，占比为 64%。更重要的是，日本政府已经开始针对实现区划改造的耕地，引进自动驾驶农机和 ICT 水管理等智能农业装备。2020 年，由总务省主导的“智能农业实验项目”（包含机器人拖拉机和机器人采摘机等 5G 设备）已经在北海道岩见沢市、山梨县山梨市、鹿儿岛县志布志市进行试点，静冈县袋井市、兵库县神户市则在进行 ICT 排水及远程作业实验项目。

最后是农业生产管理方法与管理模式的创新，代表性案例是积极引进农业生产工程管理系统。2005 年，日本农林水产省正式引进 Good Agricultural Practices（GAP）政策，目标是确保食品安全、保护环境以及确保劳动安全等，实现农业可持续发展。迄今为止，日本已经采用 GAP 认证系统，并确立了 GLOBALG. A. P、ASIAGAP、JGAP 等三类体系。截至 2019 年底，日本获得农产品 GAP 认证的经营体数量已经达到 7171 家，比 2018 年大增 1830 家。另据日本农林水产省调查，45. 5%的农业从业者知晓 GAP 认证系统，从推进效果来看，受调查的农业经营者表示，其对“食品安全”、“劳动安全”、“环境保护”、“农场经营管理”以及“人权保护”等产生了效果。新潟县上越市的穗海农耕有限公司成立于 2005 年，拥有 20 名员工，经营 170 公顷的水稻。2006 年，该公司代表董事丸田洋获得 GAP 指导员资格，同年，该公司获得 JGAP 法人认证。之后，2007 年、2017 年，该公司所生产

---

① 農林水産省『令和 2 年度　食料・農業・農村の動向』、2021 年 5 月 25 日、194 頁。

的谷物相继获得 JGAP 团体认证和 ASIAGAP Ver. 2 认证。由此，该公司重新制订栽培计划，导入 ICT 管理工具。采用 GAP 认证系统，提升了水稻生产管理水平，不仅减少了农药费和育苗费，还削减了人工成本，经营效率提升得非常显著。

四　结语

日本财务省统计数据（2021 年 12 月 16 日）显示，2021 年 1～11 月，日本农产品出口额已经突破 1 万亿日元（10633 亿日元），相比十年之前实现了倍增。这也从侧面印证了日本农业战略转型所取得的成绩。在英国《经济学人》公布的 2021 年“全球粮食安全指数”排行榜中，日本的排名比 2020 年再进一步，跻身全球第八位，相比十年前跃进了八个名次。这些都表明，尽管日本农业仍然面临诸多困难和挑战，但其从保护防守转向开放进攻的战略转型已经取得了显著的成效。

OECD 在 2019 年日本农业报告中指出，“创新、生产效率提升以及可持续发展”是近年来日本农业发展的显著特征。一是战略转型激励创新与创业，政策与市场环境得以重构。在此背景下，劳动力减少且老龄化的小农经营模式已经开始向现代化的大规模经营方式转变。二是政策激励不断引进农业自身以及农业之外的先进技术，带动以 5G、AI 以及智慧农业为代表的一系列创新活动，大大提升要素配置效率以及生产效率。三是信息化以及全球化等新观念、新体系的导入使传统特征显著的农业被赋予具有时代特色的可持续发展理念，从而生机勃勃，一些新概念不断出笼，比如，岸田文雄内阁提出的“数字田园城市国家构想”等。

显然，以开放进攻为特色的日本农业新发展战略还“在路上”，其仍将面对诸多复杂课题和严峻考验，其今后的发展值得我们持续关注和重视。

热点追踪

Hot Topic

B.21

论日本从经济安全政策向“经济安保”战略的转变*

崔 健**

摘 要： 从20世纪50年代起，日本就开始探索运用经济手段应对经济威胁的经济安全政策，经过不断的演进，进入21世纪后，日本的经济安全发生了变化。尤其是从2019年开始，日本的经济安全明显呈现战略化和法制化动向，经济安全与军事、政治、外交安全之间的融合互动倾向愈发明显，经济安全政策转向“经济安保”战略。日本实施“经济安保”战略面临一系列问题，即“战略的自主性”可能会承担更大成本和更多财政负担，“战略的不可或缺性”可能会阻碍技术发展，“经济安保”战略与以规则为基础的国际秩序存在矛盾。

* 本报告为国家社会科学基金项目“RCEP协议下中日在东南亚第三方市场合作及风险化解机制研究”（项目编号：21BGJ064）的阶段性成果。

** 崔健，经济学博士，吉林大学东北亚研究中心、东北亚学院副院长、教授，博士研究生导师，全国日本经济学会副秘书长，主要研究领域：日本经济安全政策。

关键词： 经济安全政策 “经济安保”战略 国际规则 日本

从历史的演进来看，尽管日本的经济安全政策有一定的特殊性，但主要内容和做法仍遵循“运用经济手段来应对经济威胁”的传统或者常规的经济安全思想，本报告将之称为“经济安全政策”。但是，近些年尤其从2019年开始，日本的经济安全呈现战略化和法制化动向，经济安全与军事、政治、外交安全之间的融合互动的倾向愈发明显。为了有所区别，本报告将之称为“经济安保”战略。中日两国互为近邻并保持着密切的关系，日本经济安全政策向“经济安保”战略转变一定会对中日关系造成影响。为了正确认识日本“经济安保”战略的新动向，有必要对日本经济安全政策的历史演进情况进行梳理，“以史鉴今”，深刻把握当前日本相关政策的变化。

一　日本经济安全政策的演进

纵观战后发展历程，由于军事力受限，日本是最早关注经济安全的国家之一。日本的经济安全政策在很长一段时间体现出主要运用经济手段维护以经济方面的安全为中心的特征。但是，到21世纪初期，这一政策出现了一些重大的甚至可以说本质的变化。

（一）对使用经济手段的国家安全战略的探索（20世纪50~60年代）

20世纪50年代，受到美国对亚洲安全政策变化的影响，在日美同盟背景下，日本并不是因为意识到存在外部威胁而独自制定国家安全战略，而是面对美国重整军备的要求，考虑军事层面作用分担即防卫努力的问题。其中，日本在重整军备和恢复经济二者中优先考虑恢复经济，从而，日本以经济上的限制为理由消极抵抗美国重整军备的要求，选择了吉田路线，即“重经济，轻武装”。在当时的国际环境中，美国政府能够接受这种做法。

20 世纪 60 年代，虽然日本的国家安全战略仍然延续 50 年代的思想和做法，但这时美国的经济实力开始相对下降，而日本已经出现了经济持续高速增长的势头。这使日本有能力和机会重新考虑安全和经济的关系。根据《日美安保条约》第 2 条的经济合作条款，1961 年设立“日美经济贸易合作委员会”，从而体现出日美同盟开始重视经济方面，即军事安全和经济方面之间有了更密切的联系。

20 世纪 60 年代后期，由于日本经济经过了 10 余年的高速增长，面对美国政府在安全责任分担上日益强烈的要求，失去经济制约理由的日本不得不有所表示。即便如此，日本还是极力避免在军事和政治上直接参与东南亚事务，而是采取通过经济援助等方式间接为地区安全做贡献的政策，即通过经济援助等经济手段提高受援国的经济水平和维护政治稳定，从而实现东南亚地区安全。

这样，日本政府对经济与安全的关系的看法慢慢发生变化。在 20 世纪 60 年代前期，日本采取政经分离的政策，贯彻把国家安全限定在军事中心的方针；进入 60 年代后期，在本国经济实力增强和美国的安全责任分担要求日益强烈的背景下，日本增加了“运用经济手段为安全做贡献”的新视角，即从与美国共同分担安全成本的观点出发，开始表现出在政策上把经济力看作维护安全的手段。

（二）对经济安全的认知形成，经济安全成为综合安全政策的核心（20世纪70~80年代）

20 世纪 70 年代后，日本的防卫费和对外经济援助费都有很大的增长。这是因为，一方面，受到深陷越南战争“泥沼”、石油危机以及布雷顿森林体系瓦解等因素的影响，美国的经济实力进一步相对下降，其对西方盟国在安全成本分担上有了更多的要求；另一方面，在和平宪法、和平主义舆论等制约下，在分担安全作用方面，日本政府的政策选择是以增加经济援助这样的经济手段为主，以增加防卫费这样的军事手段为辅。

而且，变化的国际环境使日本认识到对安全的威胁不只来源于军事方面。受国情的限制，日本在主要资源、能源以及部分粮食上不得不依赖国际市场。20 世纪 70 年代发生的两次石油危机使日本更加认识到其经济的脆弱性。在日美军事同盟背景下，日本面临的最直接威胁是以能源、资源供给不稳定为代表的经济威胁。于是，日本产生了最早的对经济安全的认识。20 世纪 70 年代以后，经济力在对外政策或者国际关系上的重要性在日本取得了广泛的共识。

20 世纪 80 年代，日本提出综合安全的理论和战略。所谓综合安全战略是指国家安全涉及军事、经济、政治等多个领域，维护国家安全的手段和政策应该根据各个领域的不同特点综合地加以使用。与此同时，当时，日本通商产业省进一步明确了经济安全的定义，认为经济安全应“从日本经济受到由国际因素引起的重大威胁出发，主要通过灵活有效地利用经济手段来加以保护”，并提出在综合安全当中经济安全尤其重要。这样，“把经济手段作为重点的国家安全战略”和“把应对经济威胁作为重点的国家安全战略”就成为日本经济安全的主要内容了。

（三）寻求在国际安全中发挥作用的经济安全政策（20世纪90年代）

冷战结束后，各国开始重新认识自己的安全政策。日本也在以往分担美国安全成本的防卫政策基础上，逐渐考虑主要运用经济手段为国际安全做贡献。

20 世纪 90 年代，尽管日本在维持日美同盟的前提下增强了在个别问题上对自己国家利益的诉求，但是，日本为了在一定程度上减弱美国对其在军事上单方面依赖的不平等的不满，不得不在购买美国武器、反恐合作、分担驻日美军经费、日美防务合作等方面有所举措。

另外，日本也在寻求在国际安全领域发挥更大的作用。对日本的安全作用来说，处于核心地位的是保护自己国家的安全，同时，在日美同盟下，日本要在战争时期协助美国对后方地区进行支援。冷战结束后，日本发挥上述两方面的安全作用已经变得不那么迫切了，于是，日本开始寻求在国际安全领域发挥更大的作用。例如，日本发起设立了“人类安全保障委员会”，并多次参与联合国维和行动。

（四）发生重大或本质变化的经济安全政策（21世纪初至2019年）

进入21世纪，日本实现“国家正常化”的战略日益清晰，其以往更多使用非军事手段尤其是经济手段的经济安全政策开始发生变化。这种变化首先表现在对“吉田路线”和综合安全路线的改进上，这可以称为重大变化。与此同时，日本也出现了另外一种苗头，即抛弃“吉田路线”和综合安全观，选择军事安全路线，这可以称为本质变化。

20世纪80年代以来，日本的综合安全路线不断扩展，陆续把环境安全、人类安全以及海洋、太空和网络空间安全增加到综合安全范畴当中。同时，日本也出现偏离综合安全观或抛弃“吉田路线”，从而选择传统军事安全路线的迹象。例如，由“基础防卫力量”构想转向“动态防卫力量”构想；将“武器出口三原则”修改为“防卫装备转移三原则”，大幅放宽武器装备和军事技术出口的条件；第一次公布“国家安全保障战略”并提出新“防卫计划大纲”，企图在一定时期内把日本转变成一个真正的军事大国；① 强行通过“新安保法”，实质上解禁集体自卫权，使日本战后“专守防卫”的安全政策发生重大转变。为此，克里斯托弗·修斯（Christopher Hughes）认为日本政府正在“失去其在综合安全路线上的信念，取而代之，集中于军事安全维度”；林纳斯·哈格斯特朗（Linus Hagstrom）指出，当符合日本利益时，日本并不回避采取强硬路线的安全政策。肯尼斯·派尔（Kenneth Pyle）认为日本的对外政策与20世纪50年代吉田茂首相倡导的“大战略”可能有很大的不同。②

日本在经济安全政策上的重大变化和根本变化看似存在矛盾，但本质上

---

① Joshy M. Paul，“Japan's National Security Stretagy：A Military Power in the Making？” January 28，2014，http：//www. maritimeindia. org/commentryview. aspx？NMFCID＝3353.

② 转引自 Maaike Okano-Heijmans，“Japan's Security Posture in Asia：Changing Tactics or Strategy?” *ISPI*（*Istituto Per GliStudi Di PoliticaInternazional*）—*Analysis*，No. 125，July 2012，p. 3。

具有内在同一性。这两种变化都是符合通过军事力量和经济力量相结合成为“正常化国家”的日本国家战略的主流方向。

二 日本向“经济安保”战略的转变

从2019年开始，面对中美战略竞争加剧和新冠肺炎疫情的冲击，日本的经济安全政策正在发生本质性变化，“经济安保”战略正在形成。

（一）强化组织机构建设和制度保障

为了更好地制定和执行“经济安保”战略，日本正在有目的地进行政府机构、部门调整。2019年，经济产业省分别设置“经济安保室”、“技术调查室”和探讨出口管理等新制度的“制度审查室”。2020年4月，防卫装备厅新设“装备保全管理官”一职，强化保护与国防有关的情报和防止重要技术外泄。此外，2020年7月，外务省设置“经济安保政策室”；2021年4月，公安调查厅设置关于经济安保的信息提供窗口；2021年9月，金融厅确定于2022年设置“经济安保室”。

除了各省厅内部机构设置以外，日本的“经济安保”组织调整也在逐渐体现政策综合实施的特点，“经济安保”战略的制定和实施正在打破部门的条块分割。国家安全保障局于2020年4月设立专门的“经济安保”部门（“经济班”），其被认为是主导日本制定“经济安保”战略的部门。2021年10月，岸田文雄在新内阁中设置了经济安保担当大臣，由其统一协调推进“经济安保”战略。

同时，日本在不断完善与“经济安保”相关的法律、法规等。2013年12月日本首次制定国家安全保障战略时，岸田作为外交大臣与这个战略的制定工作有着很深的关系。此后，自民党在2020年6月组建了“新国际秩序创造战略本部”，岸田担任本部长，主导自民党关于制定“经济安保”战略的讨论。“新国际秩序创造战略本部”提出的报告强调在国家战略中“经济安保”的重要性，提议制定“经济安保一揽子推进法”。因此可以预想，岸田政府所实施的新国家安全战略中“经济安保”会被置于重要的位置。岸田在就职演说中表明将制定推进日本“经济安保”的法案。2021 年 10 月 13 日，岸田政府成立后的第一次国家安全保障会议召开，讨论了修改国家安全保障战略的议题。11 月，岸田在就任后的第一次经济安全推进会议上提出，为了推进制定法案的准备工作，在设置“经济安保”法制准备室的同时，成立“有识者会议”，听取专家对“经济安保”法案的建言。2022 年 4 月和 5 月，日本众议院和参议院已分别通过了《经济安全保障推进法案》，该法案正式成为法律。

（二）通过提高自主性和优越性促进经济安全和军事安全相融合

在上述组织机构和制度保障下，2019 年以来，日本的经济安全政策呈现除了运用经济手段应对经济威胁以外，更加重视运用经济手段应对军事威胁的趋势。换句话说，日本的经济安全与军事安全愈加融合，“经济安保”的色彩越来越浓。

首先，应对“对本国经济社会活动产生影响以及从对外经济关系中产生的威胁”仍然是日本“经济安保”战略的重点。这种观点普遍认为经济安全的目标是维护国家的独立和繁荣，主要通过产业基础强韧化来降低与供应链相关的风险。

自民党“新国际秩序创造战略本部”提出的报告把“战略的自主性”和“战略的不可或缺性”作为确保经济安全的标准。所谓“战略的自主性”是指“通过使日本在维持国民生活以及社会经济活动上不可或缺的基础强韧化，无论在什么状况下都不能过度依赖其他国家，实现国民生活和正常经济运营的国家安全”；所谓“战略的不可或缺性”是指“通过战略性地扩大日本在国际社会全体产业结构中作为不可或缺的存在的领域，确保日本的长期、持续的繁荣以及国家安全”。2021 年 6 月，《经济财政运营和改革基本方针》作为“经济安保”的方向，提到了“实现确保日本的自主性和获得优越性”。具体来看，着眼于“在特定重要技术并强化保护、培育对策的同时，使基础产业强韧化”。2021 年 6 月公布的《增长战略实行计划》中的

"经济安保"的观点着眼于日本自身重要生产基础的政策，重点探讨"确保技术优越性""减少与重要基础设施、供应链有关的威胁，提高自主性""确保中长期资金来源和投入等制度框架"。具体来看，主要关注与半导体、数据中心、电池、稀土等有关的生产地点多元化，并且吸引其进入日本。[①] 2021 年 11 月 19 日，岸田就任后的第一次经济安全推进会议确定了日本"经济安保"战略的三个目标，其中两个是：(1) 通过供应链的强韧化和主要基础设施的可靠性保证，使日本经济结构的自主性得以提高；(2) 在培育人工智能、量子技术等重要技术上采取对策，确保日本的技术优越性以及不可或缺性。

其次，在日本"经济安保"战略中，应对"其他国家强化包含军事安全在内的技术、经济能力并对国际和平和稳定产生的威胁"越来越重要。2021 年 12 月 3 日，岸田在就任后的第一次防卫、经济安全研讨会上提到，"当前变得重要的是在维护国家安全与经济活动之间出现了越来越密不可分的关系"。因此，要形成从国家安全的角度重新思考经济活动的经济安保思想，树立将之重点考虑的问题意识，在对国家安全战略、防卫大纲、中期防卫力量整备计划等文件修订时，把经济安保思想切实放在一定位置。

日本政府的文件充斥着关于调整出口管理、加强对内直接投资审查、强化对技术信息的出入境管理、明确"视同出口"管理对象、确保研究的健全性和公正性、重视对专利的保密等内容，这些防止日本已有技术向其他国家外泄的内容都是"经济安保"战略的重要组成部分。《增长战略实行计划》围绕"经济安保"问题提到，受高端技术竞争激烈等影响，各国对在经济增长和国家安全两个方面都具有重大意义的诸如半导体、人工智能、量子技术、5G 等军民两用技术的关注度在提高。"经济财政运营和改革基本方针"提出，通过强化研究开发等提高技术和产业竞争力，防止技术外泄，

① 内閣官房「成長戦略実行計画」、2021 年 6 月 18 日、https://www.cas.go.jp/jp/seisaku/seocho/pdf/ap2021.pdf。

促进基础产业强韧化。

日本政府的相关机构也以军民两用技术为重点，制定和实施“经济安保”战略。从2015年开始，日本防卫省不断扩大军民两用技术开发规模并完善相关制度，例如，实施“安全保障技术研究推进制度”[①]，采取“快速发展的民用尖端技术短期实用化相关措施”等。

经济产业省通过出口管理政策和外资规制政策深入参与到“经济安保”战略的制定和实施当中。从出口管理政策来看，经济产业省通过把限制范围从与大规模杀伤性武器相关的领域扩展到与普通武器相关的领域，从武器扩大到敏感技术等做法，不断修改和强化出口管理政策。从外资规制政策来看，虽然与出口管理政策相比，对其的修改相对迟缓，但从2007年开始日本不断对外资规制政策进行大幅修改，经过2007年、2017年和2019年对《外汇法》及其相关法规的调整和修改，从国家安全视角审视外国直接投资，将此前没有限制的多数军民两用技术纳入管制对象范围，并大幅降低与国家安全有关的事前审查的外资持股比例，不断扩展、增加受限制行业的范围和种类。2019年，经济产业省“产业结构审议会”的“安全保障贸易管理小委员会”中间报告明确提出“与安全融为一体的经济政策”的想法。[②]

文部科学省、综合科学技术会议和内阁府等从建设“安全、安心”社会入手推进军民两用技术研发。文部科学省通过“有助于构建安全、安心社会的科学技术政策恳谈会”，提出“不仅以开发尖端科学技术为目标，还要把现有技术转用到安全、安心领域”的观点，这涉及军民两用技术的转化。[③] 综合科学技术会议通过“有助于安全的科学技术推进项目小

---

① 防衛装備庁「安全保障技術研究推進制度成果の概要(平成30年度版）」、2019年3月1日、https：//www. mod. go. jp/atla/funding/seika/H30kiyo_ b. pdf。

② 経済産業省「産業構造審議会通商・貿易分科会安全保障貿易管理小委員会中間報告」、2019年10月8日、https：//www. meti. go. jp/shingikai/sankoshin/tsusho _ boeki/anzen _ hosho/pdf/20191008001_ 01. pdf。

③ 文部科学省「安全・安心な社会の構築に資する科学技術政策に関する懇談会報告書」、2004年4月1日、https：//www. mext. go. jp/a_ menu/kagaku/anzen/houkoku/04042302. htm。

组”，提出有效利用有助于安全的科学技术、强化国家安全的思想。[①] 内阁府通过“强化创新政策有识者会议的‘安全、安心’会议”，提出必须保护的对象包括“国家、国土、国民及其生命和财产以及各种活动、社会体系等”。这样，相关政策涉及的范围不仅局限于通常的“安全、安心”社会领域，也包括恐怖袭击和网络攻击等安全领域。[②] 2021 年 3 月，日本内阁会议确定了未来五年的《第六期科学技术创新基本计划》，强调从国家安全视角确保军民两用技术的“技术优势”的重要性。

（三）通过争夺制定国际规则的主导权来实现经济安全与政治、外交安全的互动

国际规则不仅与一个国家的经济利益密切相关，而且制定国际规则的话语权是一个国家政治、外交安全的重要体现，因此日本把争夺制定国际规制的主导权作为“经济安保”战略目标之一。在自民党“新国际秩序创造战略本部”提出的报告中，作为“经济安保”战略的基本思想，其除了提到要具备“战略的自主性”和“战略的不可或缺性”外，还强调通过与同盟国、志同道合国的合作主导国际秩序形成的必要性。《经济财政运营和改革基本方针》中对于“经济安保”问题也制定了“维持、强化以基本价值和规则为基础的国际秩序”的方针。具体措施包括：（1）通过形成对经济安全问题的共识，加强与国际社会合作；（2）通过增加在国际机构工作的日本人的数量来增强在国际机构中的力量；（3）维持、强化、构筑贸易、投资、数字、技术标准等方面的国际规则。在就任后的第一次经济安全推进会议上，岸田再次强调把“维持和强化以基本价值和规则为基础的国际秩序”作为日本“经济安保”战略的目标之一。

① 総合科学技術会議安全に資する科学技術推進プロジェクトチーム「安全に資する科学技術推進戦略」、https：//www8. cao. go. jp/cstp/project/anzen/honbun. pdf。

② 統合イノベーション戦略推進会議「『安全・安心』の実現に向けた科学技術・イノベーションの方向性」、2020 年 1 月 21 日、https：//www. kantei. go. jp/jp/singi/anshin_anzen/pdf/anzen_ 2. pdf。

当前，日本在国际规则制定上呈现经济力与国家安全密切结合，把国际规则作为维护本国安全、经济繁荣重要手段并优先考虑本国利益的倾向。因此，为使规则不损害日本的国家利益且成为在国际社会中的现实解决方案，日本正在根据实际形势积极主动地参与策划国际规则的制定。日本主导具有高度自由化且高质量规则的 CPTPP，日本认为诸如此类掌握制定国际规则权力的做法，是实现“经济安保”的最有效手段。对日本来说，重要的不仅是提高自主性和优越性，还要使国际社会稳定，使以国际规则为基础的贸易和投资得以继续。日本并不满足于把其掌握的自主性和优越性仅仅用来抑制他国，还寻求将其转化成制定国际规则的权力，试图发挥日本在稳定国际秩序上的领导作用。

日本为了维护自身的“经济安保”积极主动策划或参与已经展开激烈竞争的数字、环保等领域的规则制定。在当今世界大国战略竞争日趋激烈的背景下，日本在努力寻找自己的战略定位。一方面，积极参与构建大国都能参与策划的类似《巴黎协定》的可能协调领域和课题的规则制定框架；另一方面，以日本提出的“可信赖的数据自由流通”为代表，构建日本主导的世界主要国家对话平台和相应规则框架。另外，作为解决世界问题的典型而被经常提起的关于气候变化的规则的制定也呈现成为增强本国国际竞争力手段的倾向。在欧盟所主导的《欧盟可持续金融分类方案》和边境调整措施、碳定价以及美国与之类似的做法上，都可以看出这种动向。为此，日本正在对气候变化领域投入战略资源，积极参与到关于核能和化石燃料处理和使用的规则制定当中。

三　日本“经济安保”战略面临的问题

实施经济安全与军事安全愈发融合的“经济安保”战略，使日本又回到了曾经面对的经济增长和军事安全哪个优先的问题上，同时，日本面临如何解决其与国际秩序之间矛盾的问题。

（一）“战略的自主性”可能会承担更大成本和更多财政负担

就战略性基础产业具有的脆弱性来说，其不仅成为他国有意的攻击对象，也由于自然灾害和在全球市场上供需平衡变化等而受到巨大影响。为此，降低脆弱性并尽可能不依赖他国、提高自主性是有效的解决手段。但是，在所有产业领域都这样做是不可能的，必须弄清楚在什么领域能够承受多大程度的风险、要降低什么领域的脆弱性并付出多大成本等问题。确保“战略的自主性”主要是通过补助金或规制来努力维持和强化战略性基础产业，反过来看，这意味着在政府的规制和权限下倡导用国内的采购代替以往进行的廉价的国际采购。如果在产品和服务上急速地推进国产化、内部生产化，那么廉价的进口产品、服务被高价格的国内产品、服务所替代，可能会产生高成本的问题。这会对经济活动产生负面影响，与日本推行自由贸易的宗旨背道而驰。

另外，自民党“新国际秩序创造战略本部”的报告提出，能源、信息通信、交通和运输、医疗、金融等五个领域是战略性基础产业。在资源和财力有限的情况下，日本一方面面临在这五个领域进行选择和集中的问题；另一方面，每个领域的内部存在如何排序的问题，例如，对能源领域来说，存在从核能到可再生能源等多种能源的重要性如何排序的问题。

“经济安保”战略中强化抵抗自然灾害基础设施建设的思想虽然与国土强韧化政策相吻合，但是如果出现了由于推进“经济安保”战略而造成由政府进行巨额基础设施投资的情况，那么可能会使日本的财政状况进一步恶化。

（二）“战略的不可或缺性”可能会阻碍技术发展

日本也存在一些敏感技术落后于其他国家的情况，在国民生活和正常经济运行中不可或缺的技术领域依赖其他国家的事例也在增加。例如，在包含数据流通的通信领域，日本的全球竞争力较弱，即使在家电和半导体席卷世界的20世纪80年代，日本产通信机器在世界市场上的份额也处于较低水平。这种状况持续至今，例如手机基站的日本制造商在世界市场上的份额还不到2%。[①] 加强这些领域的对内和对外直接投资无疑是日本获得技术的最有效办法，而这些领域恰恰是当前各国对外国直接投资进行管控的重要对象。外国直接投资管理与出口管理不同，因为缺少国际框架，虽然各国对其所拥有的敏感技术的关注度越来越高，但具体管理引进外国直接投资的范围和程度等还是取决于各国的各自判断。日本是为了引进更多的外国直接投资和获取相关技术而在一些领域的外资管理政策上有所松动，还是为了防止敏感技术外泄而不断强化对外国直接投资的管控，如何实现二者在政策上的平衡是日本政府亟须解决的问题。

（三）“经济安保”战略与以规则为基础的国际秩序存在矛盾

以往以自由贸易原则为基础，在全世界广泛存在不断扩大的生产网络和供应链，结果导致一些国家在战略上受到威胁，因此，“经济安保”战略要以减少对这样的供应链的依赖为目标。换言之，为了确保战略的自主性，日本可能会采取违反自由贸易原则的措施。这样，以规则为基础的国际秩序与“经济安保”战略可能存在很多矛盾的地方。

实施“经济安保”战略意味着以往通过全球化而得到好处的产业和业务要发生变化，根据自由贸易原则和资本自由移动而被最优化的生产体制和供应链要从安全的角度进行修正和限制，这是不得不进行的与经济合理性相违背的选择。“经济安保”战略一方面要警戒他国的单方面贸易限制措施和制裁，另一方面要利用与同盟国、友好国的关系形成确保经济稳定的基础。但是，日本的“经济安保”战略强烈地体现出针对以中国为代表的一些国家（地区）的意识，如果在这点上日本与美国的步调完全一致，那么一方面会导致霸权主义规则与公平、公正国际规则之间的矛盾进一步激化，另一方面会导致与包括中国在内的一些国家（地区）的政治关系更加恶化。这必然会影响到日本的双边和多边经贸关系，从而给日本经济带来沉重打击。

---

① 村山裕三「日本の技術経済安全保障政策」、『PHP 総研特別レポート』2020 年 10 月号、14 頁。

附　录

Appendix

B.22

日本经济与中日经贸关系主要数据变化

表 1　中日贸易额变化（中方统计）

单位：亿美元，%

年份	中国对日本出口		中国自日本进口		贸易总额		贸易差额
	金额	增长率	金额	增长率	金额	增长率	金额
1950	0.2	—	0.3	—	0.5	—	-0.1
1955	0.6	—	0.3	—	0.8	—	0.3
1965	1.9	—	2.6	—	4.5	—	-0.7
1970	2.2	—	5.8	—	8.1	—	-3.6
1975	14.0	—	24.0	—	38.1	—	-10.0
1980	39.9	—	49.2	—	89.1	—	-9.2
1985	57.0	—	142.4	—	199.3	—	-85.4
1986	47.5	-16.6	124.9	-12.2	172.4	-13.5	-77.5
1987	63.9	34.7	100.7	-19.4	164.7	-4.5	-36.8
1988	79.0	23.6	110.3	9.5	189.4	15.0	-31.3
1989	83.9	6.2	105.3	-4.6	189.3	-0.1	-21.4

续表

年份	中国对日本出口		中国自日本进口		贸易总额		贸易差额
	金额	增长率	金额	增长率	金额	增长率	金额
1990	90.1	7.3	75.9	-28.0	166.0	-12.3	14.2
1991	102.2	13.4	100.3	32.2	202.5	22.0	1.9
1992	116.8	14.3	136.8	36.4	253.6	25.2	-20.0
1993	157.8	35.1	232.9	70.2	390.7	54.0	-75.1
1994	215.8	36.8	263.3	13.0	479.1	22.6	-47.5
1995	284.7	31.9	290.0	10.2	574.7	20.0	-5.4
1996	308.9	8.5	291.8	0.6	600.7	4.5	17.1
1997	318.4	3.1	289.9	-0.6	608.3	1.3	28.4
1998	296.6	-6.8	282.8	-2.5	579.4	-4.8	13.9
1999	324.1	9.3	337.6	19.4	661.7	14.2	-13.5
2000	416.5	28.5	415.1	22.9	831.6	25.7	1.4
2001	449.4	7.9	427.9	3.1	877.3	5.5	21.5
2002	484.3	7.8	534.7	25.0	1019.0	16.2	-50.3
2003	594.1	22.7	741.5	38.7	1335.6	31.1	-147.4
2004	735.1	23.7	943.3	27.2	1678.4	25.7	-208.2
2005	839.9	14.3	1004.1	6.4	1843.9	9.9	-164.2
2006	916.2	9.1	1156.7	15.2	2073.0	12.4	-240.5
2007	1020.6	11.4	1339.5	15.8	2360.1	13.9	-318.9
2008	1161.3	13.8	1506.0	12.4	2667.3	13.0	-344.7
2009	979.1	-15.7	1309.4	-13.1	2288.5	-14.2	-330.3
2010	1210.4	23.6	1767.4	35.0	2977.8	30.1	-556.9
2011	1482.7	22.5	1945.7	10.1	3428.4	15.1	-463.0
2012	1516.3	2.3	1778.3	-8.6	3294.6	-3.9	-262.1
2013	1501.3	-1.0	1622.5	-8.8	3123.8	-5.2	-121.1
2014	1493.9	-0.5	1629.2	0.4	3123.1	0.0	-135.3
2015	1356.2	-9.2	1429.0	-12.3	2785.2	-10.8	-72.9
2016	1292.7	-4.7	1456.7	1.9	2749.4	-1.3	-164.0

续表

年份	中国对日本出口		中国自日本进口		贸易总额		贸易差额
	金额	增长率	金额	增长率	金额	增长率	金额
2017	1372.6	6.2	1657.9	13.8	3030.5	10.2	-285.4
2018	1472.4	7.3	1804.0	8.8	3276.4	8.1	-331.7
2019	1432.2	-2.7	1715.2	-4.9	3147.5	-3.9	-283.0
2020	1426.4	-0.4	1748.7	1.9	3175.1	0.9	-322.3
2021	1658.5	16.3	2055.5	17.7	3714.0	17.1	-397.0

资料来源：1980 年及以前年份数据来自中国对外贸易部业务统计数据，转引自马成三《日本对外贸易概论》，中国对外经济贸易出版社，1991，第 268 页；1985~2020 年数据来自联合国商品贸易统计数据库（UN Comtrade）；2021 年数据来自中国《海关统计》2021 年第 12 期统计月报（各数据库和网站登录时间：2022 年 3 月 11 日）。

表 2　日中贸易额变化（日方统计）

单位：亿美元，%

年份	日本对中国出口		日本自中国进口		贸易总额		贸易差额
	金额	增长率	金额	增长率	金额	增长率	金额
1950	0.2	—	0.4	—	0.6	—	-0.2
1951	0.1	-70.3	0.2	-45.1	0.3	-53.5	-0.2
1952	0.0	-89.7	0.1	-31.0	0.2	-43.5	-0.1
1953	0.0	657.8	0.3	99.3	0.3	120.9	-0.3
1954	0.2	320.7	0.4	37.3	0.6	74.9	-0.2
1955	0.3	49.7	0.8	98.1	1.1	82.6	-0.5
1956	0.7	135.9	0.8	3.6	1.5	38.1	-0.2
1957	0.6	-10.2	0.8	-3.8	1.4	-6.6	-0.2
1958	0.5	-16.3	0.5	-32.4	1.1	-25.5	0.0
1959	0.0	-92.8	0.2	-65.2	0.2	-78.5	-0.2
1960	0.0	-25.3	0.2	9.6	0.2	3.9	-0.2
1961	0.2	510.4	0.3	49.0	0.5	102.7	-0.1
1962	0.4	131.1	0.5	49.0	0.8	77.6	-0.1

续表

年份	日本对中国出口		日本自中国进口		贸易总额		贸易差额
	金额	增长率	金额	增长率	金额	增长率	金额
1963	0.6	62.3	0.7	62.1	1.4	62.2	-0.1
1964	1.5	144.7	1.6	111.5	3.1	126.2	-0.1
1965	2.5	60.4	2.2	42.4	4.7	51.3	0.2
1966	3.2	28.6	3.1	36.3	6.2	32.3	0.1
1967	2.9	-8.5	2.7	-12.0	5.6	-10.2	0.2
1968	3.3	12.9	2.2	-16.8	5.5	-1.5	1.0
1969	3.9	20.1	2.3	4.6	6.3	13.8	1.6
1970	5.7	45.6	2.5	8.2	8.2	31.6	3.2
1971	5.8	1.6	3.2	27.3	9.0	9.5	2.6
1972	6.1	5.3	4.9	52.0	11.0	22.0	1.2
1973	10.4	70.7	9.7	98.3	20.1	83.0	0.7
1974	19.8	90.9	13.0	34.0	32.9	63.4	6.8
1975	22.6	13.8	15.3	17.3	37.9	15.2	7.3
1976	16.6	-26.4	13.7	-10.5	30.3	-20.0	2.9
1977	19.4	16.6	15.5	12.8	34.9	14.9	3.9
1978	30.5	57.3	20.3	31.2	50.8	45.7	10.2
1979	37.0	21.3	29.5	45.5	66.5	31.0	7.4
1980	50.8	37.3	43.2	46.3	94.0	41.3	7.5
1981	51.0	0.3	52.9	22.4	103.9	10.5	-2.0
1982	35.1	-31.1	53.5	1.1	88.6	-14.7	-18.4
1983	49.1	39.9	50.9	-5.0	100.0	12.8	-1.8
1984	72.2	46.9	59.6	17.1	131.7	31.7	12.6
1985	124.8	72.9	64.8	8.8	189.6	43.9	60.0
1986	98.6	-21.0	56.5	-12.8	155.1	-18.2	42.0
1987	82.5	-16.3	74.0	30.9	156.5	0.9	8.5
1988	94.8	14.9	98.7	33.3	193.4	23.6	-3.9
1989	84.7	-10.6	111.6	13.1	196.4	1.5	-26.9

续表

年份	日本对中国出口		日本自中国进口		贸易总额		贸易差额
	金额	增长率	金额	增长率	金额	增长率	金额
1990	61.2	-27.8	120.0	7.5	181.1	-7.8	-58.8
1991	85.9	40.5	142.0	18.4	227.9	25.8	-56.1
1992	119.3	38.9	169.3	19.2	288.5	26.6	-50.0
1993	171.6	43.9	204.4	20.7	376.0	30.3	-32.8
1994	186.9	8.9	274.8	34.5	461.8	22.8	-87.9
1995	219.9	17.6	360.2	31.0	580.1	25.6	-140.3
1996	218.9	-0.5	404.4	12.3	623.2	7.4	-185.5
1997	217.5	-0.6	418.8	3.6	636.2	2.1	-201.3
1998	200.9	-7.6	370.9	-11.4	571.7	-10.1	-170.0
1999	233.4	16.2	428.5	15.5	661.9	15.8	-195.1
2000	303.8	30.2	551.1	28.6	854.9	29.2	-247.2
2001	309.9	2.0	578.6	5.0	888.6	3.9	-268.7
2002	398.2	28.5	617.8	6.8	1016.1	14.3	-219.6
2003	574.2	44.2	754.7	22.2	1328.9	30.8	-180.6
2004	739.4	28.8	943.4	25.0	1682.8	26.6	-204.0
2005	800.7	8.3	1084.8	15.0	1885.5	12.0	-284.0
2006	927.7	15.9	1185.3	9.3	2113.0	12.1	-257.6
2007	1092.7	17.8	1279.2	7.9	2371.9	12.3	-186.5
2008	1249.0	14.3	1432.3	12.0	2681.3	13.0	-183.3
2009	1097.3	-12.1	1225.7	-14.4	2323.0	-13.4	-128.5
2010	1494.5	36.2	1532.0	25.0	3026.5	30.3	-37.5
2011	1620.4	8.4	1838.8	20.0	3459.2	14.3	-218.5
2012	1441.8	-11.0	1885.0	2.5	3326.9	-3.8	-443.2
2013	1294.0	-10.3	1809.8	-4.0	3103.8	-6.7	-515.8
2014	1263.6	-2.3	1812.9	0.2	3076.6	-0.9	-549.3
2015	1092.8	-13.5	1605.6	-11.4	2698.4	-12.3	-512.8
2016	1138.3	4.2	1565.5	-2.5	2703.8	0.2	-427.2

续表

年份	日本对中国出口		日本自中国进口		贸易总额		贸易差额
	金额	增长率	金额	增长率	金额	增长率	金额
2017	1327.8	16.6	1645.4	5.1	2973.2	10.0	-317.6
2018	1440.3	8.5	1737.2	5.6	3177.5	6.9	-296.8
2019	1346.7	-6.5	1693.0	-2.5	3039.7	-4.3	-346.2
2020	1414.0	5.0	1638.5	-3.2	3052.5	0.4	-224.5
2021	1638.6	15.9	1854.4	13.2	3493.1	14.4	-215.8

资料来源：1975 年及以前年份数据来自日本外务省“日中贸易额的变化（美元计价）”，1976 年及以后年份数据来自联合国商品贸易统计数据库（UN Comtrade）（各数据库和网站登录时间：2022 年 3 月 11 日）。

表 3　中日双向投资

单位：亿美元，%

时间（年）	日本对中国直接投资流量		日本对中国直接投资存量		中国实际利用日本外商直接投资		中国对日本直接投资流量		中国对日本直接投资存量	
	金额	增长率	金额	增长率	金额	增长率	金额	增长率	金额	增长率
1979~1985	—	—	—	—	8.3	—	—	—	—	—
1986	—	—	—	—	2.0	—	—	—	—	—
1987	1.8	—	—	—	2.2	10.0	—	—	—	—
1988	5.1	189.8	—	—	5.2	136.4	—	—	—	—
1989	6.9	33.7	—	—	3.4	-34.6	—	—	—	—
1990	4.1	-40.7	—	—	5.0	47.1	—	—	—	—
1991	2.3	-43.5	—	—	5.3	6.0	—	—	—	—
1992	5.3	128.7	—	—	7.1	34.0	—	—	—	—
1993	8.2	56.3	—	—	13.2	85.9	—	—	—	—
1994	17.9	117.6	—	—	20.8	57.6	—	—	—	—
1995	31.8	77.9	—	—	31.1	49.5	—	—	—	—
1996	23.2	-27.2	81.0	—	36.8	18.3	—	—	—	—
1997	18.6	-19.6	212.5	162.4	43.3	17.6	—	—	—	—

续表

时间（年）	日本对中国直接投资流量		日本对中国直接投资存量		中国实际利用日本外商直接投资		中国对日本直接投资流量		中国对日本直接投资存量	
	金额	增长率	金额	增长率	金额	增长率	金额	增长率	金额	增长率
1998	13.0	-30.2	179.1	-15.7	34.0	-21.4	—	—	—	—
1999	3.6	-72.3	73.4	-59.0	29.7	-12.6	—	—	—	—
2000	9.3	159.1	87.0	18.5	29.2	-1.9	—	—	—	—
2001	21.6	131.1	100.4	15.5	43.5	49.1	—	—	—	—
2002	26.2	21.5	124.1	23.5	41.9	-3.6	—	—	—	—
2003	39.8	51.8	153.0	23.3	50.5	20.6	0.1	—	0.9	—
2004	58.6	47.3	202.1	32.1	54.5	7.9	0.2	107.6	1.4	56.2
2005	65.8	12.2	246.5	22.0	65.3	19.8	0.2	12.2	1.5	8.0
2006	61.7	-6.2	303.2	23.0	46.0	-29.6	0.4	130.0	2.2	48.6
2007	62.2	0.8	378.0	24.7	35.9	-21.9	0.4	-1.2	5.6	149.2
2008	65.0	4.5	490.0	29.6	36.5	1.8	0.6	50.2	5.1	-8.7
2009	69.0	6.2	550.5	12.3	41.0	12.4	0.8	43.5	6.9	35.9
2010	72.5	5.1	664.8	20.8	40.8	-0.5	3.4	301.9	11.1	59.6
2011	126.5	74.4	833.8	25.4	63.3	55.0	1.5	-55.8	13.7	23.6
2012	134.8	6.6	932.1	11.8	73.5	16.1	2.1	41.0	16.2	18.6
2013	91.0	-32.5	981.3	5.3	70.6	-4.0	4.3	106.1	19.0	17.2
2014	108.9	19.6	1044.1	6.4	43.3	-38.7	3.9	-9.1	25.5	34.2
2015	100.1	-8.1	1089.0	4.3	31.9	-26.1	2.4	-39.0	30.4	19.3
2016	95.3	-4.8	1087.3	-0.2	31.0	-3.1	3.4	43.1	31.8	4.8
2017	124.2	30.2	1190.3	9.5	32.6	5.3	4.4	29.1	32.0	0.4
2018	112.2	-9.7	1234.0	3.7	38.0	16.5	4.7	5.5	34.9	9.2
2019	120.7	7.6	1300.9	5.4	37.2	-2.0	6.7	43.8	41.0	17.4
2020	107.9	-10.6	1434.5	10.3	33.7	-9.3	4.9	-27.7	42.0	2.4
2021	97.8	-9.3	—	—	39.1	16.0	8.1	66.4	50.1	19.4

注：投资存量一般是指年末存量。

资料来源：（1）日本对华直接投资流量和存量数据来自日本贸易振兴机构（JETRO）统计数据；（2）中国实际利用日本外商直接投资数据，1996 年及以前年份数据来自中国商务部《中国商务年鉴》，1997~2020 年数据来自中国国家统计局“年度数据”，2021 年数据来自中国商务部统计数据；（3）中国对日本直接投资流量和存量数据，2003~2007 年数据来自《中国对外直接投资统计公报》，2008~2020 年数据来自中国国家统计局“年度数据”，2021 年来自中国商务部统计数据（各数据库和网站登录时间：2022 年 3 月 11 日）。

表4　国民经济统计（1）

年　度	国内生产总值（GDP）			国民总收入（GNI）		国民收入					
	名　义		实　际	名　义	实　际	名义国民收入		雇员名义报酬		人均GDP	人均雇员报酬年增长率
	金　额	年增长率	年增长率	年增长率	年增长率	金　额	年增长率	金　额	年增长率		
	十亿日元	%	%	%	%	十亿日元	%	十亿日元	%	千日元	%
1955	9,135.6	—	—	—	—	6,973.3	—	3,548.9	—	97	—
1956	10,251.0	12.2	6.8	12.1	6.7	7,896.2	13.2	4,082.5	15.0	107	6.8
1957	11,756.0	14.7	8.1	14.5	8.0	8,868.1	12.3	4,573.0	12.0	122	5.8
1958	12,585.8	7.1	6.6	7.0	6.5	9,382.9	5.8	5,039.2	10.2	129	5.4
1959	14,766.0	17.3	11.2	17.2	11.1	11,042.1	17.7	5,761.2	14.3	150	8.9
1960	17,723.7	20.0	12.0	19.9	11.9	13,496.7	22.2	6,702.0	16.3	178	10.0
1961	21,432.2	20.9	11.7	20.9	11.7	16,081.9	19.2	7,988.7	19.2	214	14.4
1962	23,725.1	10.7	7.5	10.6	7.5	17,893.3	11.3	9,425.6	18.0	234	13.6
1963	27,868.8	17.5	10.4	17.4	10.4	21,099.3	17.9	11,027.3	17.0	272	12.9
1964	32,300.7	15.9	9.5	15.8	9.4	24,051.4	14.0	12,961.2	17.5	312	13.7
1965	35,876.8	11.1	6.2	11.1	6.2	26,827.0	11.5	14,980.6	15.6	343	10.6
1966	42,181.5	17.6	11.0	17.6	11.1	31,644.8	18.0	17,208.9	14.9	400	11.1
1967	49,349.9	17.0	11.0	17.0	11.0	37,547.7	18.7	19,964.5	16.0	463	13.1
1968	58,383.1	18.3	12.4	18.3	12.3	43,720.9	16.4	23,157.7	16.0	541	13.3
1969	69,130.0	18.4	12.0	18.4	12.0	52,117.8	19.2	27,488.7	18.7	633	16.4
1970	80,007.3	15.7	8.2	15.8	8.3	61,029.7	17.1	33,293.9	21.1	722	17.0
1971	88,083.4	10.1	5.0	10.2	5.1	65,910.5	8.0	38,896.6	16.8	781	14.0
1972	102,520.1	16.4	9.1	16.6	9.3	77,936.9	18.2	45,702.0	17.5	898	14.1
1973	124,013.8	21.0	5.1	20.9	5.0	95,839.6	23.0	57,402.8	25.6	1,070	22.2
1974	147,109.1	18.6	-0.5	18.4	-0.7	112,471.6	17.4	73,752.4	28.5	1,251	28.0
1975	161,889.5	10.0	4.0	10.2	4.1	123,990.7	10.2	83,851.8	13.7	1,361	12.7
1976	182,005.2	12.4	3.8	12.4	3.8	140,397.2	13.2	94,328.6	12.5	1,515	10.8
1977	201,982.0	11.0	4.5	11.0	4.6	155,703.2	10.9	104,997.8	11.3	1,666	9.9
1978	221,647.1	9.7	5.4	9.9	5.5	171,778.5	10.3	112,800.6	7.4	1,814	6.3
1979	239,322.4	8.0	5.1	8.0	5.1	182,206.6	6.1	122,126.2	8.3	1,942	5.9
1980	260,901.8	9.0	2.6	8.9	2.4	203,878.7	9.5	131,850.4	8.7	2,123	5.2
1981	277,609.8	6.4	4.0	6.3	4.1	211,615.1	3.8	142,097.7	7.8	2,246	6.4
1982	290,534.6	4.7	3.2	4.9	3.1	220,131.4	4.0	150,232.9	5.7	2,328	3.8
1983	304,560.5	4.8	3.8	4.9	4.1	231,290.0	5.1	157,301.3	4.7	2,417	2.3
1984	323,683.7	6.3	4.5	6.4	4.8	243,117.2	5.1	166,017.3	5.5	2,564	4.1
1985	345,283.9	6.7	5.5	6.8	5.7	260,559.9	7.2	173,977.0	4.8	2,731	3.7
1986	359,627.9	4.2	2.7	4.1	4.7	267,941.5	2.8	180,189.4	3.6	2,815	2.3
1987	381,358.3	6.0	6.1	6.3	6.1	281,099.8	4.9	187,098.9	3.8	2,965	2.2
1988	407,853.3	6.9	6.2	6.9	6.7	302,710.1	7.7	198,486.5	6.1	3,160	3.3
1989	435,192.7	6.7	4.0	7.0	4.2	320,802.0	6.0	213,309.1	7.5	3,378	4.3
1990	471,546.7	8.4	5.6	8.1	5.0	346,892.9	8.1	231,261.5	8.4	3,655	4.6
1991	496,377.7	5.3	2.4	5.2	2.8	368,931.6	6.4	248,310.9	7.4	3,818	4.1
1992	505,889.7	1.9	0.5	2.2	0.8	366,007.2	-0.8	254,844.4	2.6	3,883	0.5
1993	504,091.4	-0.4	-0.9	-0.4	-0.7	365,376.0	-0.2	260,704.4	2.3	3,865	0.9
1994	511,954.6	1.6	1.6	1.6	1.7	372,976.8	1.3	262,822.6	1.8	4,015	0.2
1995	525,304.5	2.6	3.2	2.7	3.6	380,158.1	1.9	267,095.2	1.6	4,113	0.9
1996	538,658.4	2.5	2.9	2.9	2.8	394,024.8	3.6	272,962.4	2.2	4,205	0.9
1997	542,500.5	0.7	-0.1	0.8	-0.1	390,943.1	-0.8	279,054.2	2.2	4,230	1.4
1998	534,567.3	-1.5	-1.0	-1.6	-0.9	379,393.9	-3.0	273,370.2	-2.0	4,161	-1.3
1999	530,297.5	-0.8	0.6	-0.7	0.6	378,088.5	-0.3	269,177.0	-1.5	4,121	-1.0
2000	537,616.2	1.4	2.6	1.6	2.7	390,163.8	3.2	270,736.4	0.6	4,165	-0.3
2001	527,408.4	-1.9	-0.7	-1.9	-0.8	376,138.7	-3.6	264,606.8	-2.3	4,081	-1.9
2002	523,466.0	-0.7	0.9	-0.9	0.8	374,247.9	-0.5	256,723.4	-3.0	4,040	-2.5
2003	526,222.6	0.5	1.9	0.8	2.1	381,555.6	2.0	253,616.6	-1.2	4,055	-1.4
2004	529,633.6	0.6	1.7	0.9	1.6	388,576.1	1.8	256,437.0	1.1	4,081	0.8
2005	534,109.7	0.8	2.2	1.3	1.6	388,116.4	-0.1	261,644.3	2.0	4,181	0.8
2006	537,261.0	0.6	1.3	1.0	1.0	394,989.7	1.8	265,771.5	1.6	4,201	0.2
2007	538,484.0	0.2	1.1	0.5	0.4	394,813.2	-0.0	267,280.1	0.6	4,207	-0.3
2008	516,174.0	-4.1	-3.6	-4.7	-4.9	364,368.0	-7.7	265,523.7	-0.7	4,031	-0.7
2009	497,366.8	-3.6	-2.4	-3.5	-1.3	352,701.1	-3.2	252,674.2	-4.8	3,885	-3.9
2010	504,872.1	1.5	3.3	1.7	2.6	364,688.2	3.4	251,154.8	-0.6	3,943	-1.0
2011	500,040.5	-1.0	0.5	-0.9	-0.6	357,473.5	-2.0	251,977.0	0.3	3,914	0.4
2012	499,423.9	-0.1	0.6	-0.1	0.6	358,156.2	0.2	251,431.0	-0.2	3,915	-0.5
2013	512,685.6	2.7	2.7	3.3	3.1	372,570.0	4.0	253,705.1	0.9	4,024	-0.2
2014	523,418.3	2.1	-0.4	2.4	0.1	376,677.6	1.1	258,435.2	1.9	4,114	1.0
2015	540,739.4	3.3	1.7	3.4	3.3	392,629.3	4.2	262,003.5	1.4	4,255	0.4
2016	544,827.2	0.8	0.8	0.4	0.8	392,293.9	-0.1	268,251.3	2.4	4,293	1.0
2017	555,687.4	2.0	1.8	2.1	1.3	400,688.1	2.1	273,710.4	2.0	4,386	0.6
2018	556,419.1	0.1	0.2	0.4	-0.3	402,229.0	0.4	282,460.7	3.2	4,404	1.3
2019	558,313.2	0.3	-0.5	0.4	-0.3	401,287.0	-0.2	287,971.3	2.0	4,437	0.9
2020	536,760.3	-3.9	-4.5	-3.9	-3.6	—	—	282,244.2	-2.0	—	-1.0
2020年7-9月	131,237.7	-4.5	-5.6	-4.7	-4.8	—	—	66,579.9	-2.3	—	-1.1
2020年10-12月	143,312.7	-0.8	-1.0	-0.5	0.3	—	—	81,440.3	-2.6	—	-1.9
2021年1-3月	135,629.1	-1.4	-1.3	-1.4	-0.9	—	—	61,304.9	-0.4	—	0.3
2021年4-6月	135,106.8	6.7	7.5	7.0	6.6	—	—	74,324.7	1.9	—	1.3

资料来源：内閣府『令和3年度　年次経済財政報告(経済財政政策担当大臣報告) —レジリエントな日本経済へ：強さと柔軟性を持つ経済社会に向けた変革の加速—』(長期経済統計)、2021年9月。

表5 国民经济统计（2）

年度	民间最终消费支出（实际）		民间住宅投资（实际）		民间企业设备投资（实际）		民间库存变动（实际）	政府最终消费支出（实际）		公共固定资本形成（实际）		商品服务出口（实际）		商品服务进口（实际）	
	年增长率（%）	贡献度	年增长率（%）	贡献度	年增长率（%）	贡献度	贡献度	年增长率（%）	贡献度	年增长率（%）	贡献度	年增长率（%）	贡献度	年增长率（%）	贡献度
1955	—	—	—	—	—	—	—	—	—	—	—	—	—	—	—
1956	8.2	5.4	11.1	0.4	39.1	1.9	0.7	-0.4	-0.1	1.0	0.1	14.6	0.5	34.3	-1.3
1957	8.2	5.4	7.9	0.3	21.5	1.3	0.5	-0.2	-0.0	17.4	0.8	11.4	0.4	8.1	-0.4
1958	6.4	4.2	12.3	0.4	-0.4	-0.0	-0.7	6.3	1.2	17.3	0.9	3.0	0.1	-7.9	0.4
1959	9.6	6.3	19.7	0.7	32.6	2.1	0.6	7.7	1.4	10.8	0.6	15.3	0.5	28.0	-1.2
1960	10.3	6.7	22.3	0.8	39.6	3.1	0.5	3.3	0.6	15.0	0.9	11.8	0.4	20.3	-1.0
1961	10.2	6.6	10.6	0.4	23.5	2.3	1.1	6.5	1.1	27.4	1.6	6.5	0.2	24.4	-1.3
1962	7.1	4.5	14.1	0.6	3.5	0.4	-1.4	7.6	1.2	23.5	1.6	15.4	0.5	-3.1	0.2
1963	9.9	6.2	26.3	1.1	12.4	1.3	0.9	7.4	1.1	11.6	0.9	9.0	0.3	26.5	-1.4
1964	9.5	6.0	20.5	1.0	14.4	1.5	-0.5	2.0	0.3	5.7	0.4	26.1	0.9	7.2	-0.4
1965	6.5	4.1	18.9	1.0	-8.4	-0.9	0.1	3.3	0.5	13.9	1.0	19.6	0.8	6.6	-0.4
1966	10.3	6.5	7.5	0.5	24.7	2.3	0.2	4.5	0.6	13.3	1.1	15.0	0.7	15.5	-0.9
1967	9.8	6.1	21.5	1.3	27.3	2.9	0.2	3.6	0.5	9.6	0.8	8.4	0.4	21.9	-1.3
1968	9.4	5.8	15.9	1.0	21.0	2.6	0.7	4.9	0.6	13.2	1.1	26.1	1.2	10.5	-0.7
1969	9.8	5.9	19.8	1.3	30.0	3.9	-0.1	3.9	0.4	9.5	0.8	19.7	1.0	17.0	-1.1
1970	6.6	3.9	9.2	0.7	11.7	1.8	1.0	5.0	0.5	15.2	1.2	17.3	1.0	22.3	-1.5
1971	5.9	3.4	5.6	0.4	-4.2	-0.7	-0.8	4.8	0.5	22.2	1.9	12.5	0.8	2.3	-0.2
1972	9.8	5.7	20.3	1.5	5.8	0.8	-0.0	4.8	0.5	12.0	1.2	5.6	0.4	15.1	-1.1
1973	6.0	3.5	11.6	0.9	13.6	1.9	0.4	4.3	0.4	-7.3	-0.7	5.5	0.3	22.7	-1.8
1974	1.5	0.9	-17.3	-1.5	-8.6	-1.3	-0.6	2.6	0.3	0.1	0.0	22.8	1.5	-1.6	0.1
1975	3.5	2.1	12.3	0.9	-3.8	-0.5	-0.8	10.8	1.1	5.6	0.5	-0.1	-0.0	-7.4	0.7
1976	3.4	2.0	3.3	0.2	0.6	0.1	0.4	4.0	0.4	-0.4	-0.0	17.3	1.3	7.9	-0.7
1977	4.1	2.5	1.8	0.1	-0.8	-0.1	-0.2	4.2	0.4	13.5	1.2	9.6	0.8	3.3	-0.3
1978	5.9	3.5	2.3	0.2	8.5	1.0	0.1	5.4	0.6	13.0	1.2	-3.3	-0.3	10.8	-0.9
1979	5.4	3.2	0.4	0.0	10.7	1.3	0.2	3.6	0.4	-1.8	-0.2	10.6	0.9	6.1	-0.5
1980	0.7	0.4	-9.9	-0.7	7.5	1.0	0.0	3.3	0.3	-1.7	-0.2	14.4	1.2	-6.3	0.6
1981	3.1	1.6	-2.0	-0.1	3.1	0.5	-0.1	5.7	0.8	0.7	0.1	12.7	1.7	4.2	-0.6
1982	4.5	2.4	0.9	0.1	1.5	0.2	-0.5	3.9	0.6	-0.9	-0.1	-0.4	-0.1	-4.7	0.6
1983	3.2	1.7	-7.6	-0.4	3.9	0.7	0.2	4.3	0.6	0.1	0.0	8.7	1.2	1.9	-0.2
1984	3.2	1.7	0.4	0.0	9.7	1.6	0.0	2.4	0.4	-2.1	-0.2	13.6	1.8	8.1	-1.0
1985	4.3	2.3	4.2	0.2	7.7	1.3	0.3	1.7	0.2	3.3	0.3	2.5	0.4	-4.2	0.5
1986	3.6	1.9	10.1	0.5	6.4	1.1	-0.5	3.5	0.5	6.5	0.5	-4.1	-0.5	7.6	-0.7
1987	4.7	2.5	24.5	1.2	8.9	1.5	0.5	3.7	0.5	10.4	0.8	1.2	0.1	12.7	-0.9
1988	5.4	2.8	5.7	0.3	19.3	3.4	-0.1	3.4	0.5	-0.2	0.0	8.7	0.9	19.1	-1.4
1989	4.1	2.1	-2.2	-0.1	7.7	1.5	0.2	2.6	0.3	3.8	0.3	8.7	0.8	14.9	-1.2
1990	5.0	2.6	1.5	0.1	11.2	2.2	-0.2	4.0	0.5	2.8	0.2	6.9	0.7	5.4	-0.5
1991	2.4	1.2	-8.8	-0.5	0.4	0.1	0.3	3.5	0.5	4.0	0.3	5.4	0.5	-0.5	0.0
1992	1.4	0.7	-3.3	-0.2	-7.4	-1.5	-0.6	2.9	0.4	14.5	1.1	4.0	0.4	-1.8	0.1
1993	1.6	0.8	2.4	0.1	-14.3	-2.6	-0.0	3.2	0.4	5.8	0.5	-0.1	-0.0	0.6	-0.0
1994	2.1	1.1	5.9	0.3	-0.4	-0.1	-0.0	4.3	0.6	-3.6	-0.3	5.4	0.5	9.4	-0.7
1995	2.4	1.3	-4.6	-0.3	8.4	1.3	0.4	3.4	0.5	7.2	0.6	4.1	0.4	14.6	-1.0
1996	2.4	1.3	12.0	0.7	5.9	1.0	0.0	2.1	0.3	-1.6	-0.1	6.5	0.6	9.1	-0.7
1997	-1.1	-0.6	-16.0	-1.0	2.4	0.4	0.4	1.3	0.2	-6.6	-0.6	9.0	0.9	-2.0	0.2
1998	0.3	0.2	-10.1	-0.5	-3.5	-0.6	-0.7	2.0	0.3	2.2	0.2	-3.8	-0.4	-6.6	0.6
1999	1.4	0.7	2.8	0.1	-1.6	-0.3	-0.6	3.7	0.6	-0.6	-0.1	6.1	0.6	6.6	-0.6
2000	1.4	0.8	1.0	0.0	6.1	1.0	0.7	3.6	0.6	-7.3	-0.6	9.7	1.0	10.3	-0.9
2001	1.9	1.0	-5.4	-0.3	-3.9	-0.6	-0.3	2.3	0.4	-5.3	-0.4	-7.6	-0.8	-3.2	0.3
2002	1.2	0.7	-1.3	-0.1	-3.0	-0.5	0.0	1.7	0.3	-4.8	-0.3	12.2	1.2	4.8	-0.5
2003	0.7	0.4	0.5	0.0	3.1	0.5	0.3	2.0	0.4	-7.3	-0.5	10.0	1.1	2.4	-0.2
2004	1.2	0.6	2.6	0.1	4.0	0.6	0.1	0.8	0.1	-8.1	-0.5	11.8	1.4	9.0	-0.9
2005	1.8	1.0	0.0	0.0	7.6	1.2	-0.2	0.4	0.1	-7.9	-0.4	9.4	1.2	6.0	-0.7
2006	0.6	0.3	-0.3	-0.0	2.3	0.4	0.1	0.6	0.1	-6.3	-0.3	8.7	1.2	3.6	-0.5
2007	0.7	0.4	-13.3	-0.6	-0.7	-0.1	0.2	1.6	0.3	-4.2	-0.2	9.5	1.5	2.5	-0.4
2008	-2.1	-1.2	-2.5	-0.1	-5.8	-0.9	0.0	-0.6	-0.1	-4.2	-0.2	-10.2	-1.8	-4.3	0.7
2009	0.7	0.4	-20.3	-0.8	-11.4	-1.8	-1.4	2.6	0.5	9.3	0.5	-9.0	-1.4	-10.5	1.7
2010	1.3	0.7	4.8	0.2	2.0	0.3	1.2	2.3	0.4	-7.2	-0.4	17.9	2.4	12.1	-1.5
2011	0.6	0.4	4.4	0.2	4.0	0.6	0.1	1.9	0.4	-2.2	-0.1	-1.4	-0.2	5.2	-0.7
2012	1.7	1.0	4.5	0.2	1.5	0.2	-0.3	1.3	0.3	1.1	0.1	-1.4	-0.2	3.8	-0.6
2013	2.9	1.7	8.6	0.3	5.4	0.8	-0.4	1.8	0.4	8.5	0.4	4.4	0.6	7.0	-1.2
2014	-2.6	-1.5	-8.1	-0.3	2.7	0.4	0.3	0.9	0.2	-2.3	-0.1	8.9	1.4	3.9	-0.7
2015	0.7	0.4	3.1	0.1	3.4	0.6	0.2	2.2	0.4	-1.3	-0.1	1.1	0.2	0.4	-0.1
2016	-0.3	-0.2	4.3	0.2	0.8	0.1	-0.2	0.9	0.2	0.5	0.0	3.4	0.6	-0.5	0.1
2017	1.0	0.6	-1.8	-0.1	2.8	0.4	0.3	0.3	0.1	0.6	0.0	6.3	1.0	3.8	-0.6
2018	0.1	0.1	-4.9	-0.2	1.0	0.2	0.1	1.1	0.2	0.8	0.0	2.0	0.4	3.0	-0.5
2019	-1.0	-0.5	2.5	0.1	-0.6	-0.1	-0.0	2.0	0.4	1.5	0.1	-2.2	-0.4	0.2	-0.0
2020	-5.9	-3.2	-7.2	-0.3	-6.8	-1.1	-0.2	3.3	0.7	4.2	0.2	-10.4	-1.8	-6.8	1.2
2020年7-9月	-7.4	-4.1	-10.4	-0.4	-10.9	-1.8	-0.0	3.3	0.7	3.8	0.2	-15.2	-2.6	-14.0	2.5
2020年10-12月	-2.4	-1.3	-8.6	-0.3	-3.1	-0.5	-0.4	5.0	1.0	5.0	0.3	-5.6	-1.0	-7.2	1.3
2021年1-3月	-2.5	-1.3	-4.3	-0.2	-5.1	-0.9	-0.2	3.4	0.7	3.5	0.2	1.0	0.2	-0.8	0.1
2021年4-6月	7.2	4.0	-2.8	-0.1	2.5	0.4	-0.5	3.4	0.8	-1.2	-0.1	26.3	3.9	5.2	-0.9

资料来源：内閣府『令和3年度　年次経済財政報告(経済財政政策担当大臣報告) —レジリエントな日本経済へ：強さと柔軟性を持つ経済社会に向けた変革の加速—』(長期経済統計)、2021年9月。

表6　国民经济统计（3）

年份	国内生产总值（GDP）			国民总收入（GNI）		国民收入					
	名义		实际	名义	实际	名义国民收入		雇员名义报酬		人均GDP	人均雇员报酬年增长率
	金额	年增长率	年增长率	年增长率	年增长率	金额	年增长率	金额	年增长率		
	十亿日元	%	%	%	%	十亿日元	%	十亿日元	%	千日元	%
1955	8,897.3	—	—	—	—	6,772.0	—	3,456.0	—	94	—
1956	10,016.4	12.6	7.5	12.5	7.4	7,587.4	12.0	3,973.5	15.0	105	6.9
1957	11,543.1	15.2	7.8	15.1	7.7	8,790.1	15.9	4,480.9	12.8	120	5.2
1958	12,266.0	6.3	6.2	6.2	6.1	9,188.0	4.5	4,952.1	10.5	126	5.9
1959	14,022.2	14.3	9.4	14.2	9.3	10,528.7	14.6	5,590.8	12.9	143	7.5
1960	17,019.4	21.4	13.1	21.3	13.0	12,912.0	22.6	6,483.1	16.0	172	10.1
1961	20,556.0	20.8	11.9	20.7	11.8	15,572.3	20.6	7,670.2	18.3	206	13.2
1962	23,326.5	13.5	8.6	13.4	8.6	17,499.2	12.4	9,151.7	19.3	231	14.0
1963	26,697.0	14.4	8.8	14.4	8.7	20,191.9	15.4	10,672.5	16.6	262	13.1
1964	31,404.3	17.6	11.2	17.5	11.1	23,377.0	15.8	12,475.8	16.9	305	13.0
1965	34,938.7	11.3	5.7	11.3	5.7	26,065.4	11.5	14,528.2	16.5	336	11.8
1966	40,577.2	16.1	10.2	16.2	10.3	30,396.1	16.6	16,811.9	15.7	386	11.1
1967	47,551.5	17.2	11.1	17.2	11.1	36,005.3	18.5	19,320.1	14.9	448	12.0
1968	56,315.8	18.4	11.9	18.4	11.9	42,479.3	18.0	22,514.0	16.5	525	13.7
1969	66,153.4	17.5	12.0	17.5	12.0	49,938.3	17.6	26,500.7	17.7	609	15.8
1970	77,970.5	17.9	10.3	17.9	10.3	59,152.7	18.5	31,942.2	20.5	708	16.6
1971	85,790.8	10.0	4.4	10.1	4.5	64,645.1	9.3	37,867.7	18.6	764	14.9
1972	98,221.3	14.5	8.4	14.7	8.6	74,601.0	15.4	44,069.3	16.4	862	13.3
1973	119,592.9	21.8	8.0	21.8	8.1	91,823.1	23.1	55,235.8	25.3	1,035	21.6
1974	142,710.0	19.3	-1.2	19.1	-1.4	109,060.8	18.8	70,087.7	26.9	1,219	26.1
1975	157,681.5	10.5	3.1	10.6	3.2	121,025.9	11.0	81,678.2	16.5	1,330	16.2
1976	177,078.4	12.3	4.0	12.3	4.0	137,119.6	13.3	92,120.9	12.8	1,478	10.8
1977	197,328.4	11.4	4.4	11.5	4.4	151,395.2	10.4	102,896.8	11.7	1,631	10.0
1978	217,295.0	10.1	5.3	10.2	5.4	167,571.7	10.7	111,163.6	8.0	1,780	7.2
1979	235,518.6	8.4	5.5	8.5	5.6	180,707.3	7.8	120,120.3	8.1	1,915	5.9
1980	255,322.8	8.4	2.8	8.2	2.7	196,750.2	8.0	129,497.8	8.5	2,079	5.2
1981	273,857.6	7.3	4.2	7.1	4.2	209,047.2	6.3	140,219.9	8.3	2,219	6.5
1982	287,866.1	5.1	3.3	5.3	3.3	219,327.2	4.9	148,172.1	5.7	2,314	4.1
1983	300,825.9	4.5	3.5	4.6	3.6	227,666.8	3.8	155,782.0	5.1	2,390	2.4
1984	319,000.9	6.0	4.5	6.1	4.9	240,786.9	5.8	164,342.6	5.5	2,524	4.1
1985	339,925.7	6.6	5.2	6.7	5.3	256,338.4	6.5	171,887.9	4.6	2,693	3.4
1986	356,896.0	5.0	3.3	5.0	5.0	267,217.4	4.2	179,163.3	4.2	2,805	2.6
1987	373,189.4	4.6	4.7	4.8	5.0	276,729.3	3.6	185,400.9	3.5	2,901	2.3
1988	401,002.2	7.5	6.8	7.5	7.2	296,228.2	7.0	196,182.1	5.8	3,107	3.3
1989	429,350.6	7.1	4.9	7.2	5.2	316,002.5	6.7	210,203.2	7.1	3,333	3.9
1990	462,090.7	7.6	4.9	7.6	4.5	339,441.1	7.4	227,342.6	8.2	3,587	4.7
1991	491,874.3	6.4	3.4	6.4	3.5	363,375.7	7.1	245,595.0	8.0	3,787	4.4
1992	504,313.0	2.5	0.8	2.7	1.2	366,179.6	0.8	253,578.4	3.3	3,866	0.9
1993	504,552.6	0.0	-0.5	0.1	-0.4	366,975.1	0.2	259,075.4	2.2	3,877	0.5
1994	510,916.1	1.3	1.0	1.2	1.2	369,217.5	0.1	261,624.5	2.0	4,009	0.3
1995	521,613.5	2.1	2.6	2.1	2.9	377,736.2	2.3	266,002.9	1.7	4,086	1.2
1996	535,562.1	2.7	3.1	3.0	3.2	390,199.0	3.3	270,690.3	1.8	4,183	0.6
1997	543,545.4	1.5	1.0	1.6	0.8	394,664.2	1.1	278,751.3	3.0	4,239	1.7
1998	536,497.4	-1.3	-1.3	-1.4	-1.1	383,849.9	-2.7	274,572.1	-1.5	4,178	-1.1
1999	528,069.9	-1.6	-0.3	-1.6	-0.3	377,739.1	-1.6	269,252.2	-1.9	4,105	-1.3
2000	535,417.7	1.4	2.8	1.6	2.7	385,745.1	2.1	269,889.6	0.2	4,153	-0.2
2001	531,653.9	-0.7	0.4	-0.6	0.4	379,833.5	-1.5	266,603.6	-1.2	4,114	-1.5
2002	524,478.7	-1.3	0.0	-1.4	0.0	375,854.9	-1.0	257,433.1	-3.4	4,050	-2.8
2003	523,968.6	-0.1	1.5	0.1	1.5	379,296.3	0.9	255,180.0	-0.9	4,038	-0.9
2004	529,400.9	1.0	2.2	1.3	2.3	385,931.1	1.7	255,963.4	0.3	4,079	-0.1
2005	532,515.6	0.6	1.8	0.9	1.3	390,658.9	1.2	260,594.3	1.8	4,103	1.1
2006	535,170.2	0.5	1.4	0.9	0.9	392,040.4	0.4	265,191.6	1.8	4,121	0.2
2007	539,281.7	0.8	1.5	1.2	1.3	396,233.9	1.1	266,616.2	0.5	4,154	-0.5
2008	527,823.8	-2.1	-1.2	-2.5	-3.1	379,416.9	-4.2	266,805.9	0.1	4,067	-0.1
2009	494,938.4	-6.2	-5.7	-6.4	-4.3	348,968.2	-8.0	253,797.8	-4.9	3,823	-3.9
2010	505,530.6	2.1	4.1	2.3	3.5	362,501.8	3.9	251,175.0	-1.0	3,908	-1.2
2011	497,448.9	-1.6	0.0	-1.4	-1.0	356,058.0	-1.8	251,584.0	0.2	3,844	-0.1
2012	500,474.7	0.6	1.4	0.5	1.0	359,170.1	0.9	251,650.1	0.0	3,878	0.0
2013	508,700.6	1.6	2.0	2.3	2.5	369,919.6	3.0	253,333.1	0.7	3,948	-0.3
2014	518,811.0	2.0	0.3	2.3	0.3	373,996.7	1.1	257,520.7	1.7	4,038	0.8
2015	538,032.3	3.7	1.6	3.9	3.2	389,444.5	4.1	260,613.9	1.2	4,180	0.3
2016	544,364.6	1.2	0.8	0.7	1.3	393,196.6	1.0	267,401.2	2.6	4,218	1.0
2017	553,073.0	1.6	1.7	1.8	1.2	401,073.7	2.0	272,101.5	1.8	4,307	0.6
2018	556,189.6	0.6	0.6	0.7	-0.1	402,641.0	0.4	281,350.2	3.4	4,325	1.4
2019	559,862.3	0.7	0.0	0.7	0.2	401,770.6	-0.2	286,892.4	2.0	—	0.8
2020	538,697.4	-3.8	-4.6	-3.8	-3.8	—	—	282,481.2	-1.5	—	-1.0

资料来源：内閣府『令和 3 年度　年次経済財政報告(経済財政政策担当大臣報告) —レジリエントな日本経済へ：強さと柔軟性を持つ経済社会に向けた変革の加速—』(長期経済統計)、2021 年 9 月。

表7 国民经济统计（4）

年份	民间最终消费支出（实际）		民间住宅投资（实际）		民间企业设备投资（实际）		民间库存增加（实际）	政府最终消费支出（实际）		公共固定资本形成（实际）		商品服务出口（实际）		商品服务进口（实际）	
	年增长率（%）	贡献度	年增长率（%）	贡献度	年增长率（%）	贡献度	贡献度	年增长率（%）	贡献度	年增长率（%）	贡献度	年增长率（%）	贡献度	年增长率（%）	贡献度
1955	—	—	—	—	—	—	—	—	—	—	—	—	—	—	—
1956	8.9	5.8	11.4	0.4	37.9	1.7	0.7	-0.2	0.0	-1.5	-0.1	17.4	0.5	26.9	-1.0
1957	8.1	5.4	6.8	0.2	27.5	1.6	1.2	-0.4	-0.1	10.3	0.5	11.4	0.4	22.8	-1.0
1958	6.3	4.2	14.0	0.5	-0.6	0.0	-1.3	4.6	0.9	17.7	0.9	5.2	0.2	-13.4	0.7
1959	8.4	5.5	9.9	0.4	23.1	1.5	0.5	7.5	1.4	11.8	0.7	13.0	0.5	22.8	-1.0
1960	11.0	7.3	27.9	1.0	44.4	3.2	0.5	4.4	0.8	15.0	0.8	12.8	0.5	23.1	-1.1
1961	10.4	6.7	12.8	0.5	27.8	2.6	1.2	5.4	0.9	22.8	1.3	5.3	0.2	26.4	-1.4
1962	7.5	4.8	15.6	0.6	6.2	0.7	-1.0	7.5	1.2	28.2	1.8	17.2	0.6	-1.2	0.1
1963	8.8	5.5	18.3	0.8	8.3	0.9	0.2	7.6	1.2	13.9	1.0	7.0	0.3	19.6	-1.0
1964	10.8	6.8	25.6	1.2	17.9	1.9	0.3	3.0	0.5	6.3	0.5	21.6	0.8	13.6	-0.8
1965	5.8	3.6	20.7	1.1	-5.7	-0.6	-0.4	3.1	0.4	10.0	0.7	23.8	0.9	5.6	-0.3
1966	10.0	6.3	6.0	0.4	14.5	1.4	-0.1	4.5	0.6	19.2	1.5	16.9	0.8	12.2	-0.7
1967	10.4	6.5	19.2	1.1	28.6	2.9	0.6	3.4	0.4	3.8	0.3	6.8	0.3	22.7	-1.4
1968	8.5	5.3	19.5	1.2	23.4	2.8	0.4	4.7	0.6	16.3	1.3	23.9	1.1	12.1	-0.8
1969	10.3	6.3	16.7	1.1	25.6	3.3	0.0	4.1	0.5	9.6	0.8	20.8	1.1	13.7	-0.9
1970	7.4	4.4	13.3	0.9	19.3	2.8	1.3	4.8	0.5	13.8	1.1	17.5	1.0	22.6	-1.5
1971	5.5	3.2	4.7	0.3	-2.5	-0.4	-0.8	4.9	0.5	18.6	1.5	16.0	1.0	7.0	-0.5
1972	9.0	5.3	18.0	1.3	2.3	0.3	-0.1	5.0	0.5	16.2	1.5	4.1	0.3	10.5	-0.8
1973	8.8	5.2	15.3	1.2	14.2	2.0	0.2	5.4	0.5	4.9	0.5	5.2	0.3	24.3	-1.9
1974	-0.1	0.0	-12.3	-1.0	-4.2	-0.6	0.5	-0.4	0.0	-11.8	-1.1	23.1	1.4	4.2	-0.4
1975	4.4	2.6	1.2	0.1	-6.0	-0.9	-1.6	12.6	1.2	6.4	0.6	-1.0	-0.1	-10.3	1.0
1976	2.9	1.8	8.7	0.6	-0.1	0.0	0.2	4.2	0.4	2.5	0.2	16.6	1.2	6.7	-0.6
1977	4.0	2.4	0.5	0.0	-0.5	-0.1	0.0	4.2	0.4	9.5	0.8	11.7	1.0	4.1	-0.3
1978	5.3	3.2	5.6	0.4	4.5	0.5	-0.1	5.2	0.5	14.2	1.3	-0.3	0.0	6.9	-0.6
1979	6.5	3.9	-0.9	-0.1	12.8	1.5	0.3	4.2	0.4	2.7	0.3	4.3	0.4	12.9	-1.1
1980	1.1	0.6	-9.2	-0.6	7.9	1.0	0.0	3.1	0.3	-4.8	-0.5	17.0	1.4	-7.8	0.7
1981	2.5	1.3	-2.7	-0.2	3.8	0.7	-0.1	5.4	0.8	2.8	0.3	13.4	1.8	2.4	-0.3
1982	4.7	2.4	-1.3	-0.1	1.2	0.2	0.1	4.2	0.6	-1.7	-0.2	1.5	0.2	-0.6	0.1
1983	3.4	1.8	-4.1	-0.2	2.6	0.4	-0.3	4.6	0.7	0.3	0.0	5.0	0.7	-3.2	0.4
1984	3.1	1.7	-2.0	-0.1	8.7	1.4	0.2	3.0	0.4	-1.2	-0.1	15.4	2.0	10.6	-1.2
1985	4.1	2.2	3.6	0.2	9.2	1.5	0.2	1.3	0.2	-1.1	-0.1	5.3	0.8	-2.6	0.3
1986	3.7	1.9	7.1	0.3	6.2	1.1	0.1	3.2	0.5	7.6	0.6	-5.0	-0.7	4.3	-0.5
1987	4.4	2.3	21.8	1.0	6.8	1.2	-0.2	3.6	0.5	9.0	0.7	0.1	0.0	9.4	-0.7
1988	5.2	2.7	12.2	0.7	17.4	3.0	0.4	3.8	0.5	3.3	0.3	6.8	0.7	19.0	-1.4
1989	4.9	2.5	-0.8	0.0	11.7	2.2	0.0	2.5	0.3	2.4	0.2	9.6	0.9	17.8	-1.4
1990	4.8	2.5	-0.7	0.0	9.2	1.8	-0.2	3.5	0.5	4.1	0.3	7.4	0.8	8.2	-0.7
1991	2.2	1.1	-5.0	-0.3	5.5	1.1	0.2	4.0	0.5	1.9	0.1	5.4	0.6	-1.1	0.1
1992	2.3	1.2	-5.8	-0.3	-7.5	-1.6	-0.4	2.7	0.4	13.3	1.0	4.6	0.5	-0.7	0.1
1993	1.1	0.6	0.5	0.0	-12.3	-2.3	-0.1	3.5	0.5	8.3	0.7	0.8	0.1	-1.2	0.1
1994	2.3	1.2	5.9	0.3	-5.4	-0.9	0.0	3.8	0.6	-1.1	-0.1	4.4	0.4	8.3	-0.6
1995	2.5	1.3	-4.2	-0.3	7.6	1.2	0.4	3.8	0.6	0.5	0.0	4.2	0.4	13.0	-0.9
1996	2.0	1.0	10.9	0.6	6.0	1.0	0.1	2.3	0.4	5.7	0.5	4.8	0.4	11.8	-0.9
1997	0.6	0.3	-9.7	-0.6	3.6	0.6	0.1	1.6	0.2	-6.8	-0.6	11.1	1.0	0.5	-0.0
1998	-0.6	-0.3	-13.5	-0.7	-1.3	-0.2	-0.2	1.3	0.2	-4.1	-0.3	-2.4	-0.3	-6.8	0.6
1999	1.1	0.6	0.0	0.0	-4.8	-0.8	-1.0	3.5	0.6	6.0	0.5	2.0	0.2	3.7	-0.3
2000	1.5	0.8	1.3	0.1	6.0	0.9	0.6	3.9	0.6	-9.7	-0.8	13.0	1.3	9.6	-0.8
2001	2.1	1.1	-3.2	-0.2	0.2	0.0	0.1	2.4	0.4	-3.6	-0.3	-6.6	-0.7	1.2	-0.1
2002	1.3	0.7	-2.5	-0.1	-5.6	-0.9	-0.4	1.9	0.3	-4.7	-0.3	7.9	0.8	0.8	-0.1
2003	0.6	0.3	-0.5	-0.0	2.2	0.3	0.3	1.9	0.3	-6.9	-0.5	9.6	1.0	3.4	-0.3
2004	1.3	0.7	2.9	0.1	3.5	0.5	0.4	1.1	0.2	-9.0	-0.6	14.4	1.6	8.5	-0.8
2005	1.5	0.8	-0.1	-0.0	8.1	1.2	-0.2	0.8	0.1	-8.2	-0.5	7.1	0.9	5.9	-0.6
2006	0.9	0.5	0.4	0.0	2.1	0.3	-0.1	0.2	0.0	-4.9	-0.3	10.3	1.4	4.7	-0.6
2007	0.8	0.4	-9.6	-0.4	0.8	0.1	0.3	1.5	0.3	-5.3	-0.3	8.7	1.4	2.3	-0.3
2008	-1.1	-0.6	-6.2	-0.3	-2.9	-0.5	0.2	-0.1	-0.0	-5.0	-0.2	1.6	0.3	0.7	-0.1
2009	-0.9	-0.5	-17.8	-0.7	-13.0	-2.1	-1.6	2.0	0.4	6.6	0.3	-23.4	-4.0	-15.6	2.6
2010	2.3	1.3	-1.3	-0.0	-1.0	-0.1	1.0	1.9	0.4	-2.2	-0.1	24.9	3.1	11.3	-1.4
2011	-0.5	-0.3	6.9	0.2	4.0	0.6	0.2	2.2	0.4	-5.7	-0.3	-0.1	-0.0	5.7	-0.8
2012	2.0	1.2	2.3	0.1	3.1	0.5	0.0	1.7	0.3	2.0	0.1	0.1	0.0	5.5	-0.8
2013	2.6	1.5	8.2	0.3	2.7	0.4	-0.4	1.5	0.3	5.6	0.3	0.8	0.1	3.2	-0.5
2014	-0.9	-0.5	-3.1	-0.1	3.9	0.6	0.1	1.0	0.2	1.4	0.1	9.3	1.5	8.1	-1.5
2015	-0.2	-0.1	-0.4	-0.0	5.0	0.8	0.3	1.9	0.4	-4.0	-0.2	3.2	0.6	0.4	-0.1
2016	-0.4	-0.2	3.9	0.1	0.1	0.0	-0.1	1.6	0.3	2.4	0.1	1.6	0.3	-1.2	0.2
2017	1.1	0.6	0.5	0.0	2.4	0.4	0.1	0.1	0.0	0.1	0.0	6.6	1.1	3.3	-0.5
2018	0.3	0.1	-6.4	-0.2	1.7	0.3	0.1	1.0	0.2	0.6	0.0	3.8	0.7	3.8	-0.6
2019	-0.3	-0.2	3.9	0.1	0.1	0.0	0.0	1.9	0.4	1.3	0.1	-1.5	-0.3	1.0	-0.2
2020	-5.9	-3.2	-7.1	-0.3	-6.0	-1.0	-0.1	2.8	0.5	3.6	0.2	-11.7	-2.0	-7.3	1.3

资料来源：内閣府『令和 3 年度　年次経済財政報告(経済財政政策担当大臣報告) —レジリエントな日本経済へ：強さと柔軟性を持つ経済社会に向けた変革の加速—』(長期経済統計)、2021 年 9 月。

表8　国民经济统计（5）

年　末	国民总资产					国民财富	
	金额（十亿日元）	与名义GDP之比（%）	占比（%）			金额（十亿日元）	与名义GDP之比（%）
			实物资产（土地等除外）	土地等	金融资产		
1955	51,422.0	5.78	32.6	30.6	36.8	32,704.7	3.68
1956	60,322.2	6.02	31.8	29.8	38.4	37,103.0	3.70
1957	68,244.2	5.91	29.8	29.9	40.3	40,481.3	3.51
1958	76,193.1	6.21	27.0	30.6	42.4	43,752.0	3.57
1959	89,131.9	6.36	25.5	30.2	44.4	49,584.9	3.54
1960	107,840.0	6.34	23.7	31.7	44.6	59,819.6	3.51
1961	133,283.4	6.48	23.5	31.0	45.6	72,297.0	3.52
1962	156,357.7	6.70	22.3	31.3	46.4	83,461.1	3.58
1963	183,270.6	6.86	21.8	29.3	48.9	92,923.6	3.48
1964	213,870.8	6.81	21.5	29.1	49.4	107,292.4	3.42
1965	241,570.7	6.91	21.2	27.9	50.9	118,028.4	3.38
1966	280,648.7	6.92	21.2	27.8	51.0	137,212.2	3.38
1967	333,694.7	7.02	21.0	28.2	50.8	163,842.2	3.45
1968	394,566.2	7.01	20.7	29.4	49.9	197,671.5	3.51
1969	476,211.0	7.20	20.6	30.0	49.4	241,579.4	3.65
	499,408.6	7.55	19.6	28.6	51.7	241,682.8	3.65
1970	590,573.4	7.57	20.5	29.4	50.1	296,467.3	3.80
1971	702,445.3	8.19	20.0	29.8	50.2	352,859.8	4.11
1972	932,810.6	9.50	18.8	31.5	49.7	473,379.9	4.82
1973	1,178,254.6	9.85	20.6	32.0	47.4	624,072.1	5.22
1974	1,300,905.2	9.12	23.4	29.1	47.5	685,723.9	4.81
1975	1,438,800.4	9.12	23.1	28.1	48.7	739,585.8	4.69
1976	1,627,933.8	9.19	23.3	26.6	50.1	814,906.7	4.60
1977	1,781,916.0	9.03	23.2	26.0	50.8	883,505.2	4.48
1978	2,031,898.0	9.35	22.3	25.9	51.7	989,289.6	4.55
1979	2,335,455.9	9.92	22.7	27.0	50.3	1,166,035.8	4.95
1980	2,642,194.0	10.35	22.4	28.2	49.4	1,339,614.4	5.25
	2,864,276.8	11.22	21.2	26.1	52.7	1,363,008.4	5.34
1981	3,160,372.8	11.54	20.0	26.7	53.3	1,484,720.7	5.42
1982	3,416,324.6	11.87	19.3	26.5	54.2	1,575,452.3	5.47
1983	3,699,899.5	12.30	18.2	25.5	56.3	1,629,378.0	5.42
1984	4,006,993.9	12.56	17.5	24.4	58.1	1,699,381.1	5.33
1985	4,377,491.7	12.88	16.5	24.3	59.2	1,811,019.5	5.33
1986	5,094,260.6	14.27	14.4	26.3	59.3	2,113,913.1	5.92
1987	5,962,689.6	15.98	13.0	29.4	57.6	2,579,662.1	6.91
1988	6,716,329.3	16.75	12.2	28.9	58.9	2,836,726.9	7.07
1989	7,710,418.9	17.96	11.9	29.4	58.7	3,231,062.4	7.53
1990	7,936,547.0	17.18	12.6	31.2	56.1	3,531,467.2	7.64
1991	7,987,085.8	16.24	13.4	28.7	57.8	3,422,746.4	6.96
1992	7,804,398.3	15.48	14.3	26.6	59.1	3,265,515.1	6.48
1993	7,903,074.8	15.66	14.3	25.1	60.6	3,192,859.5	6.33
1994	8,044,314.4	15.74	14.3	23.9	61.8	3,150,014.4	6.17
	8,599,526.3	16.83	18.8	22.9	58.2	3,671,951.7	7.19
1995	8,738,157.0	16.75	18.8	21.6	59.6	3,617,050.6	6.93
1996	8,913,942.3	16.64	19.2	20.8	60.0	3,665,584.7	6.84
1997	9,046,789.9	16.64	19.3	20.1	60.6	3,688,583.5	6.79
1998	9,102,612.8	16.97	19.2	19.2	61.6	3,628,751.2	6.76
1999	9,321,407.0	17.65	18.8	17.9	63.3	3,507,170.9	6.64
2000	9,209,077.6	17.20	19.3	17.2	63.5	3,494,809.8	6.53
2001	9,022,142.3	16.97	19.6	16.6	63.9	3,440,413.9	6.47
2002	8,876,598.4	16.92	19.8	15.9	64.3	3,346,758.1	6.38
2003	8,963,281.9	17.11	19.8	14.9	65.3	3,285,006.8	6.27
2004	8,997,050.0	16.99	20.0	14.2	65.8	3,258,914.1	6.16
2005	9,375,838.9	17.61	19.5	13.4	67.1	3,269,397.6	6.14
2006	9,415,342.5	17.59	19.8	13.6	66.6	3,359,740.1	6.28
2007	9,283,721.1	17.21	20.6	14.1	65.3	3,469,539.7	6.43
2008	8,913,385.9	16.89	21.7	14.5	63.8	3,454,973.8	6.55
2009	8,808,088.5	17.80	21.2	14.1	64.8	3,373,173.4	6.82
2010	8,835,394.0	17.48	21.0	13.6	65.3	3,322,167.0	6.57
2011	8,805,500.9	17.70	21.0	13.3	65.6	3,292,972.3	6.62
2012	9,015,130.4	18.01	20.4	12.8	66.8	3,297,981.7	6.59
2013	9,576,315.8	18.83	19.7	11.9	68.4	3,354,547.0	6.59
2014	10,016,761.3	19.31	19.3	11.5	69.3	3,430,080.6	6.61
2015	10,288,218.4	19.12	18.9	11.2	69.9	3,426,254.9	6.37
2016	10,578,116.4	19.43	18.4	11.2	70.4	3,471,881.1	6.38
2017	11,029,653.4	19.94	18.0	10.9	71.1	3,520,415.1	6.37
2018	11,019,212.4	19.81	18.3	11.1	70.5	3,589,641.7	6.45
2019	11,375,364.9	20.32	18.2	11.0	70.8	3,689,348.5	6.59

资料来源：内閣府『令和3年度　年次経済財政報告(経済財政政策担当大臣報告) —レジリエントな日本経済へ：強さと柔軟性を持つ経済社会に向けた変革の加速—』(長期経済統計)、2021年9月。

表9 居民消费、工资、住宅统计

年 份	个人消费			工资		住宅	
	家庭储蓄率	新车初次登记、申报数（轿车）	轿车持有数（平均每100户）（年度末值）	春季工资上涨率	现金工资总额增长率	新房开工户数	
						数量	年增长率
	%	辆	辆	%	%	千户	%
1956	12.9	—	—	—	—	309	19.9
1957	12.6	—	—	—	—	321	4.0
1958	12.3	49,236	—	—	—	338	5.3
1959	13.7	73,050	—	—	—	381	12.6
1960	14.5	145,227	—	—	—	424	11.5
1961	15.9	229,057	—	—	—	536	26.4
1962	15.6	259,269	—	—	—	586	9.4
1963	14.9	371,076	—	—	—	689	17.5
1964	15.4	493,536	—	—	—	751	9.1
1965	15.8	586,287	—	10.6	—	843	12.1
1966	15.0	740,259	9.8	10.6	—	857	1.7
1967	14.1	1,131,337	13.3	12.5	—	991	15.7
1968	16.9	1,569,404	17.6	13.6	—	1,202	21.2
1969	17.1	2,036,677	22.6	15.8	—	1,347	12.1
1970	17.7	2,379,137	26.8	18.5	—	1,485	10.2
1971	17.8	2,402,757	32.0	16.9	—	1,464	-1.4
1972	18.2	2,627,087	38.8	15.3	—	1,808	23.5
1973	20.4	2,953,026	42.3	20.1	—	1,905	5.4
1974	23.2	2,286,795	45.0	32.9	—	1,316	-30.9
1975	22.8	2,737,641	47.2	13.1	—	1,356	3.1
1976	23.2	2,449,429	55.0	8.8	—	1,524	12.4
1977	21.8	2,500,095	55.6	8.8	—	1,508	-1.0
1978	20.8	2,856,710	60.8	5.9	—	1,549	2.7
1979	18.2	3,036,873	64.1	6.0	—	1,493	-3.6
1980	17.7	2,854,175	64.9	6.74	—	1,269	-15.0
1981	18.6	2,866,695	71.7	7.68	—	1,152	-9.2
1982	17.3	3,038,272	76.4	7.01	—	1,146	-0.5
1983	16.8	3,135,611	79.2	4.40	—	1,137	-0.8
1984	16.7	3,095,554	83.6	4.46	—	1,187	4.4
1985	16.2	3,252,299	84.5	5.03	—	1,236	4.1
1986	15.4	3,322,888	91.3	4.55	—	1,365	10.4
1987	13.7	3,477,770	94.5	3.56	—	1,674	22.7
1988	14.2	3,980,958	104.1	4.43	—	1,685	0.6
1989	14.1	4,760,094	108.0	5.17	—	1,663	-1.3
1990	13.5	5,575,234	112.3	5.94	—	1,707	2.7
1991	15.1	5,416,437	114.2	5.65	4.4	1,370	-19.7
1992	14.7	5,097,467	116.1	4.95	2.0	1,403	2.4
1993	14.2	4,805,543	116.2	3.89	0.3	1,486	5.9
1994	12.3	4,860,586	118.6	3.13	1.5	1,570	5.7
1995	11.1	5,119,052	121.0	2.83	1.1	1,470	-6.4
1996	9.5	5,394,616	125.1	2.86	1.1	1,643	11.8
1997	9.7	5,182,296	127.8	2.90	1.6	1,387	-15.6
1998	11.1	4,647,978	126.7	2.66	-1.3	1,198	-13.6
1999	9.6	4,656,901	130.7	2.21	-1.5	1,215	1.4
2000	8.0	4,803,573	132.7	2.06	0.1	1,230	1.3
2001	4.2	4,790,044	137.3	2.01	-1.6	1,174	-4.6
2002	2.7	4,790,493	143.8	1.66	-2.9	1,151	-1.9
2003	2.3	4,715,991	142.3	1.63	-0.7	1,160	0.8
2004	2.0	4,768,131	134.3	1.67	-0.5	1,189	2.5
2005	2.7	4,748,409	139.1	1.71	0.8	1,236	4.0
2006	3.2	4,641,732	140.2	1.79	0.2	1,290	4.4
2007	3.3	4,400,299	140.3	1.87	-0.9	1,061	-17.8
2008	3.4	4,227,643	137.0	1.99	-0.3	1,094	3.1
2009	4.5	3,923,741	139.4	1.83	-3.8	788	-27.9
2010	3.3	4,212,267	136.9	1.82	0.6	813	3.1
2011	3.6	3,524,788	141.8	1.83	-0.3	834	2.6
2012	2.2	4,572,332	138.4	1.78	-0.8	883	5.8
2013	-0.1	4,562,150	128.6	1.80	-0.2	980	11.0
2014	-1.3	4,699,462	129.2	2.19	0.5	892	-9.0
2015	-0.4	4,215,799	131.1	2.38	0.1	909	1.9
2016	1.4	4,146,403	125.2	2.14	0.6	967	6.4
2017	1.0	4,386,315	128.4	2.11	0.4	965	-0.3
2018	1.1	4,391,089	126.3	2.26	1.4	942	-2.3
2019	2.3	4,301,012	125.7	2.18	-0.4	905	-4.0
2020	11.4	3,809,896	126.9	2.00	-1.2	815	-9.9
2018年7－9月	—	1,095,362	—	—	0.9	949	-0.2
2018年10－12月	—	1,094,910	—	—	1.5	954	0.6
2019年1－3月	—	1,069,872	—	—	-0.9	943	5.2
2019年4－6月	—	1,146,109	—	—	-0.1	932	-4.7
2019年7－9月	—	1,166,092	—	—	-0.3	901	-5.4
2019年10－12月	—	918,939	—	—	-0.1	868	-9.4
2020年1－3月	—	969,426	—	—	0.7	850	-9.9
2020年4－6月	—	775,100	—	—	-1.7	809	-12.4
2020年7－9月	—	1,008,652	—	—	-1.2	813	-10.1
2020年10－12月	—	1,056,718	—	—	-2.1	805	-7.0
2021年1－3月	—	1,001,121	—	—	-0.3	830	-1.6
2021年4－6月	—	976,638	—	— P	0.8	875	8.1

资料来源：内閣府『令和3年度　年次経済財政報告(経済財政政策担当大臣報告)—レジリエントな日本経済へ：強さと柔軟性を持つ経済社会に向けた変革の加速—』(長期経済統計)、2021年9月。

表10　设备投资、工矿业生产统计

年　份	设备投资	工矿业生产					
	设备投资与名义GDP之比	生产指数		出厂指数		生产者商品库存指数	
	%	2015年=100	年增长率（%）	2015年=100	年增长率（%）	2015年=100	年增长率（%）
1960	18.2	13.6	24.8	13.4	22.9	13.4	24.3
1961	20.2	16.4	19.4	15.8	18.0	17.5	31.7
1962	19.2	17.7	8.3	17.2	8.2	20.9	20.6
1963	18.1	19.7	10.1	19.0	10.5	21.7	5.5
1964	18.3	22.8	15.7	21.8	15.0	25.9	19.4
1965	15.7	23.7	3.7	22.8	4.1	27.8	6.9
1966	15.8	26.9	13.2	25.9	13.7	28.3	2.2
1967	17.8	32.1	19.4	30.5	17.5	33.4	18.1
1968	18.7	37.0	17.7	35.3	16.2	40.7	25.3
1969	20.2	42.9	16.0	41.1	16.4	47.5	16.8
1970	21.0	48.9	13.8	46.4	13.0	58.1	22.5
1971	19.0	50.1	2.6	47.8	3.1	63.6	9.1
1972	17.5	53.7	7.3	52.0	8.6	60.4	-4.9
1973	18.5	61.7	17.5	59.4	15.4	62.4	3.7
1974	18.4	59.2	-4.0	56.2	-5.3	89.4	43.2
1975	16.4	52.7	-11.0	52.0	-7.5	81.5	-8.9
1976	15.1	58.7	11.1	57.4	10.3	87.4	7.3
1977	14.1	61.1	4.1	59.6	3.9	90.2	3.0
1978	13.7	64.9	6.2	63.1	5.8	87.7	-2.9
1979	14.9	69.7	7.3	67.4	6.7	90.6	3.3
1980	16.0	73.0	4.7	69.3	2.9	98.2	8.3
1981	15.7	73.7	1.0	69.7	0.6	94.7	-3.6
1982	15.3	74.0	0.3	69.3	-0.7	93.1	-1.5
1983	14.6	76.1	3.6	71.6	3.5	87.8	-5.2
1984	15.0	83.4	9.4	77.4	8.2	94.6	7.6
1985	16.5	86.4	3.7	80.2	3.4	98.0	3.5
1986	16.5	86.2	-0.2	80.6	0.5	96.8	-1.2
1987	16.4	89.2	3.4	83.7	3.9	93.9	-3.0
1988	17.7	97.8	9.5	91.2	8.7	98.9	5.4
1989	19.3	103.5	5.8	96.5	5.9	107.1	8.3
1990	20.0	107.7	4.1	101.3	4.8	106.4	-0.7
1991	20.1	109.5	1.7	102.7	1.5	120.7	13.4
1992	18.3	102.8	-6.1	97.5	-5.1	119.6	-0.8
1993	16.3	98.8	-4.5	94.7	-3.7	117.3	-3.5
1994	15.7	99.9	0.9	95.6	0.9	111.8	-4.6
1995	16.2	103.0	3.2	98.0	2.6	118.0	5.5
1996	16.5	105.4	2.3	100.7	2.7	117.6	-0.3
1997	16.8	109.2	3.6	104.7	4.0	124.7	6.0
1998	16.6	101.7	-7.2	98.8	-6.6	114.7	-7.4
1999	15.7	101.9	0.2	99.9	1.1	106.8	-6.9
2000	16.3	107.8	5.7	105.8	5.8	109.0	2.1
2001	16.0	100.5	-6.8	99.0	-6.3	108.2	-0.7
2002	15.0	99.3	-1.3	98.8	-0.2	99.5	-8.0
2003	15.0	102.2	3.3	102.2	4.0	96.7	-2.4
2004	15.1	107.1	4.9	107.2	4.8	96.6	-0.1
2005	16.2	108.6	1.3	108.7	1.4	101.1	4.8
2006	16.5	113.4	4.5	113.7	4.6	104.7	3.5
2007	16.5	116.7	2.8	117.1	3.1	106.0	1.3
2008	16.4	112.7	-3.4	112.4	-3.2	113.2	4.8
2009	14.8	88.1	-21.9	88.0	-21.7	93.3	-17.6
2010	14.2	101.8	15.6	101.6	15.5	95.5	2.4
2011	14.9	98.9	-2.8	97.8	-3.7	97.5	2.0
2012	15.2	99.6	0.6	99.0	1.2	102.6	5.2
2013	15.4	99.2	-1.3	100.7	-0.5	94.7	-5.0
2014	15.9	101.2	2.0	101.4	0.7	100.3	5.9
2015	16.2	100.0	-1.2	100.0	-1.4	98.0	-2.3
2016	15.9	100.0	0.0	99.7	-0.3	94.9	-3.2
2017	16.1	103.1	3.1	102.2	2.5	98.8	4.1
2018	16.4	104.2	1.1	103.0	0.8	100.5	1.7
2019	16.4	101.1	-3.0	100.2	-2.7	101.7	1.2
2020	16.0	90.6	-10.4	89.6	-10.6	93.2	-8.4
2014年1-3月	16.0	103.6	7.7	104.5	6.8	95.3	-4.1
2014年4-6月	15.7	100.6	2.0	100.2	0.0	99.8	2.8
2014年7-9月	15.9	100.1	-0.2	100.2	-1.3	101.6	4.8
2014年10-12月	15.9	100.2	-1.4	100.6	-2.3	102.5	5.9
2015年1-3月	16.4	100.7	-2.4	100.9	-2.9	100.2	5.2
2015年4-6月	16.1	99.8	-1.1	99.9	-0.7	99.0	-0.8
2015年7-9月	16.3	99.8	-0.7	100.0	-0.8	99.4	-2.2
2015年10-12月	16.2	99.7	-0.3	99.3	-1.0	100.1	-2.3
2016年1-3月	15.9	99.7	-1.0	99.4	-1.7	100.4	0.2
2016年4-6月	15.9	99.0	-1.0	98.8	-1.1	100.1	1.2
2016年7-9月	15.9	100.3	0.3	99.8	-0.4	100.0	0.5
2016年10-12月	16.0	101.7	1.6	101.5	1.8	97.0	-3.2
2017年1-3月	16.1	101.3	2.4	100.7	2.1	98.9	-1.4
2017年4-6月	16.1	103.2	4.4	102.3	3.8	99.0	-1.0
2017年7-9月	16.0	103.2	2.5	102.4	2.3	99.1	-1.0
2017年10-12月	16.3	104.4	3.1	103.1	2.1	101.1	4.1
2018年1-3月	16.4	103.5	1.7	102.2	0.8	103.6	5.1
2018年4-6月	16.6	104.3	1.3	103.6	1.6	101.6	2.5
2018年7-9月	16.1	103.6	0.1	102.4	-0.3	102.0	3.5
2018年10-12月	16.7	105.0	1.3	103.4	1.1	102.9	1.7
2019年1-3月	16.5	102.8	-1.7	101.6	-1.6	103.4	0.2
2019年4-6月	16.5	102.8	-2.2	101.4	-2.6	104.4	3.0
2019年7-9月	16.6	101.7	-1.1	101.3	-0.2	103.3	0.9
2019年10-12月	16.1	98.0	-6.8	97.3	-6.5	104.0	1.2
2020年1-3月	16.4	98.0	-4.7	96.8	-5.2	105.1	2.8
2020年4-6月	16.5	81.5	-20.3	80.4	-20.3	100.8	-3.3
2020年7-9月	15.4	88.8	-13.0	87.8	-13.5	97.6	-5.7
2020年10-12月	15.6	93.9	-3.5	93.0	-3.5	96.0	-8.4
2021年1-3月	15.7	96.6	-1.0	94.9	-1.4	94.8	-9.8
2021年4-6月	16.1	97.6	19.8	95.4	18.7	95.9	-4.8

资料来源：内閣府『令和 3 年度　年次経済財政報告(経済財政政策担当大臣報告) —レジリエントな日本経済へ：強さと柔軟性を持つ経済社会に向けた変革の加速—』(長期経済統計)、2021 年 9 月。

表11 工矿业指数、第三产业活动指数、企业收益、企业破产

年份	工矿业指数		第三产业活动指数	企业收益		企业破产
	生产者商品库存率指数	制造业开工率指数		经常收益	销售额经常收益率	银行停止与其往来的处分者件数
	2015年=100	2015年=100	2010年=100	年增长率(%)	%	件
1955	—	—	—	32.5	2.8	—
1956	—	—	—	59.3	3.4	—
1957	—	—	—	9.6	3.1	—
1958	—	—	—	-22.7	2.4	—
1959	—	—	—	76.8	3.5	—
1960	—	—	—	40.7	3.8	—
1961	—	—	—	20.2	3.6	—
1962	—	—	—	-1.9	3.2	—
1963	—	—	—	25.5	3.3	—
1964	—	—	—	10.6	2.9	—
1965	—	—	—	-4.5	2.5	10,152
1966	—	—	—	42.2	3.0	11,058
1967	—	—	—	39.4	3.3	13,683
1968	67.6	—	—	19.5	3.4	13,240
1969	68.5	—	—	30.2	3.6	10,658
1970	72.2	—	—	13.7	3.4	11,589
1971	83.2	—	—	-17.4	2.6	11,489
1972	76.8	—	—	30.3	2.9	9,544
1973	64.8	—	—	78.9	3.8	10,862
1974	89.6	—	—	-27.3	2.2	13,605
1975	101.2	—	—	-32.6	1.4	14,477
1976	90.0	—	—	72.9	2.1	16,842
1977	91.3	—	—	8.0	2.1	18,741
1978	84.0	113.4	—	34.3	2.6	15,526
1979	77.6	120.1	—	31.9	3.0	14,926
1980	84.4	120.3	—	10.0	2.8	16,635
1981	88.4	114.8	—	-8.2	2.4	15,683
1982	88.8	111.4	—	-4.4	2.2	14,824
1983	84.5	112.9	—	12.3	2.4	15,848
1984	82.2	119.4	—	17.9	2.6	16,976
1985	85.7	119.6	—	3.9	2.6	15,337
1986	87.3	114.2	—	-1.6	2.5	13,578
1987	82.2	114.2	—	27.6	3.0	9,040
1988	77.8	120.8	—	25.6	3.4	7,819
1989	79.9	123.2	—	14.7	3.7	5,550
1990	78.9	124.5	—	-6.9	3.1	5,292
1991	84.3	121.9	—	-8.8	2.7	9,066
1992	92.5	111.9	—	-26.2	2.0	10,728
1993	93.6	106.2	—	-12.1	1.8	10,352
1994	89.9	105.8	—	11.9	1.9	10,246
1995	91.4	108.5	—	10.9	2.0	10,742
1996	92.3	109.6	—	21.9	2.4	10,722
1997	91.5	113.3	—	4.8	2.5	12,048
1998	100.9	104.8	—	-26.4	1.9	13,356
1999	92.3	104.5	—	17.7	2.3	10,249
2000	89.5	109.1	—	33.7	3.0	12,160
2001	98.7	100.8	—	-15.5	2.5	11,693
2002	91.2	101.9	—	-0.7	2.7	10,730
2003	86.8	106.4	—	12.6	3.0	8,189
2004	83.0	111.3	—	27.7	3.6	6,374
2005	85.2	112.7	—	11.8	3.9	5,489
2006	85.3	115.8	—	9.1	4.0	5,227
2007	85.4	116.8	—	3.6	4.0	5,257
2008	93.6	111.5	—	-26.3	3.0	5,687
2009	112.6	83.6	—	-35.3	2.3	4,568
2010	88.5	100.0	—	68.1	3.5	3,134
2011	95.7	95.7	—	-6.0	3.4	2,609
2012	100.2	97.8	—	8.8	3.8	2,390
2013	95.7	97.3	100.2	19.7	4.6	1,820
2014	97.2	102.8	99.6	10.9	5.0	1,465
2015	100.0	100.0	100.0	7.5	5.4	1,236
2016	101.0	98.5	100.6	1.5	5.5	1,062
2017	100.6	102.3	101.5	13.2	5.9	899
2018	104.6	103.1	102.8	3.7	5.9	762
2019	109.6	99.9	103.1	-3.5	5.7	751
2020	124.8	87.1	96.0	-27.3	4.7	432
2015年4-6月	98.9	99.8	100.0	23.8	5.7	348
2015年7-9月	100.0	99.4	100.2	9.0	5.3	279
2015年10-12月	100.5	99.2	99.9	-1.7	5.3	296
2016年1-3月	100.6	98.0	100.7	-9.3	4.9	275
2016年4-6月	102.6	96.9	100.1	-10.0	5.2	276
2016年7-9月	101.6	98.6	100.6	11.5	5.9	272
2016年10-12月	98.0	100.4	100.7	16.9	6.1	239
2017年1-3月	100.2	100.7	100.8	26.6	5.9	237
2017年4-6月	100.3	102.8	101.6	22.6	6.0	242
2017年7-9月	99.6	102.5	101.6	5.5	5.9	219
2017年10-12月	102.6	103.8	102.0	0.9	5.8	201
2018年1-3月	104.3	102.2	102.2	0.2	5.7	195
2018年4-6月	104.0	103.3	102.9	17.9	6.9	195
2018年7-9月	105.0	101.9	102.5	2.2	5.7	199
2018年10-12月	105.6	104.7	103.4	-7.0	5.2	173
2019年1-3月	105.9	101.6	103.5	10.3	6.1	173
2019年4-6月	107.3	102.1	103.6	-12.0	6.0	217
2019年7-9月	109.3	100.2	104.4	-5.3	5.6	185
2019年10-12月	114.6	95.6	101.2	-4.6	5.2	176
2020年1-3月	117.1	94.6	100.1	-28.4	4.5	187
2020年4-6月	142.1	75.3	90.0	-46.6	3.8	127
2020年7-9月	124.0	85.1	95.8	-28.4	4.8	67
2020年10-12月	114.6	92.6	*98.0*	-0.7	5.6	51
2021年1-3月	109.5	95.6	*97.3*	26.0	5.8	46
2021年4-6月	*108.2*	—	—	—	—	45

资料来源：内閣府『令和 3 年度　年次経済財政報告（経済財政政策担当大臣報告）—レジリエントな日本経済へ：強さと柔軟性を持つ経済社会に向けた変革の加速—』（長期経済統計）、2021 年 9 月。

表12　人口、就业统计

年　份	人　口			就　业	
	总人口	平均家庭人数	合计特殊出生率	劳动力人口	劳动力参与率
	万人	人	%	万人	%
1960	9,342	4.13	2.00	4,511	69.2
1961	9,429	3.97	1.96	4,562	69.1
1962	9,518	3.95	1.98	4,614	68.3
1963	9,616	3.81	2.00	4,652	67.1
1964	9,718	3.83	2.05	4,710	66.1
1965	9,828	3.75	2.14	4,787	65.7
1966	9,904	3.68	1.58	4,891	65.8
1967	10,020	3.53	2.23	4,983	65.9
1968	10,133	3.50	2.13	5,061	65.9
1969	10,254	3.50	2.13	5,098	65.5
1970	10,372	3.45	2.13	5,153	65.4
1971	10,515	3.38	2.16	5,186	65.0
1972	10,760	3.32	2.14	5,199	64.4
1973	10,910	3.33	2.14	5,326	64.7
1974	11,057	3.33	2.05	5,310	63.7
1975	11,194	3.35	1.91	5,323	63.0
1976	11,309	3.27	1.85	5,378	63.0
1977	11,417	3.29	1.80	5,452	63.2
1978	11,519	3.31	1.79	5,532	63.4
1979	11,616	3.30	1.70	5,596	63.4
1980	11,706	3.28	1.75	5,650	63.3
1981	11,790	3.24	1.74	5,707	63.3
1982	11,873	3.25	1.77	5,774	63.3
1983	11,954	3.25	1.80	5,889	63.8
1984	12,031	3.19	1.81	5,927	63.4
1985	12,105	3.22	1.76	5,963	63.0
1986	12,166	3.22	1.72	6,020	62.8
1987	12,224	3.19	1.69	6,084	62.6
1988	12,275	3.12	1.66	6,166	62.6
1989	12,321	3.10	1.57	6,270	62.9
1990	12,361	3.05	1.54	6,384	63.3
1991	12,410	3.04	1.53	6,505	63.8
1992	12,457	2.99	1.50	6,578	64.0
1993	12,494	2.96	1.46	6,615	63.8
1994	12,527	2.95	1.50	6,645	63.6
1995	12,557	2.91	1.42	6,666	63.4
1996	12,586	2.85	1.43	6,711	63.5
1997	12,616	2.79	1.39	6,787	63.7
1998	12,647	2.81	1.38	6,793	63.3
1999	12,667	2.79	1.34	6,779	62.9
2000	12,693	2.76	1.36	6,766	62.4
2001	12,732	2.75	1.33	6,752	62.0
2002	12,749	2.74	1.32	6,689	61.2
2003	12,769	2.76	1.29	6,666	60.8
2004	12,779	2.72	1.29	6,642	60.4
2005	12,777	2.68	1.26	6,651	60.4
2006	12,790	2.65	1.32	6,664	60.4
2007	12,803	2.63	1.34	6,684	60.4
2008	12,808	2.63	1.37	6,674	60.2
2009	12,803	2.62	1.37	6,650	59.9
2010	12,806	2.59	1.39	6,632	59.6
2011	12,783	2.58	1.39	6,596	59.3
2012	12,759	2.57	1.41	6,565	59.1
2013	12,741	2.51	1.43	6,593	59.3
2014	12,724	2.49	1.42	6,609	59.4
2015	12,709	2.49	1.45	6,625	59.6
2016	12,693	2.47	1.44	6,673	60.0
2017	12,671	2.47	1.43	6,720	60.5
2018	12,644	2.44	1.42	6,830	61.5
2019	12,617	2.39	1.36	6,886	62.1
2020	12,571	—	P 1.34	6,868	62.0
2018年4-6月	12,650	—	—	6,854	61.7
2018年7-9月	12,653	—	—	6,854	61.7
2018年10-12月	12,644	—	—	6,860	61.8
2019年1-3月	12,632	—	—	6,822	61.5
2019年4-6月	12,625	—	—	6,897	62.2
2019年7-9月	12,626	—	—	6,911	62.3
2019年10-12月	12,617	—	—	6,915	62.3
2020年1-3月	12,599	—	—	6,857	61.9
2020年4-6月	12,593	—	—	6,845	61.8
2020年7-9月	12,584	—	—	6,878	62.1
2020年10-12月	12,571	—	—	6,890	62.2
2021年1-3月	12,563	—	—	6,837	61.8
2021年4-6月	12,541	—	—	6,881	62.3

资料来源：内閣府『令和3年度　年次経済財政報告(経済財政政策担当大臣報告) —レジリエントな日本経済へ：強さと柔軟性を持つ経済社会に向けた変革の加速—』(長期経済統計)、2021年9月。

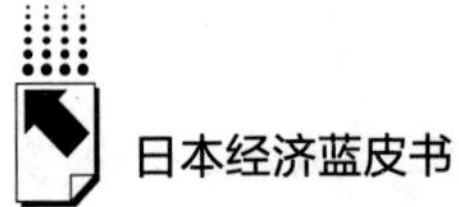

表13　就业、劳动时间统计

年　份	就业						劳动时间
	就业人数	雇佣者人数	雇佣者占比	完全失业人数	完全失业率	有效求人倍率	总实际劳动时间
	万人	万人	%	万人	%	倍	小时
1959	4,335	2,250	51.9	98	2.2	—	—
1960	4,436	2,370	53.4	75	1.7	—	—
1961	4,498	2,478	55.1	66	1.4	—	—
1962	4,556	2,593	56.9	59	1.3	—	—
1963	4,595	2,672	58.2	59	1.3	0.70	—
1964	4,655	2,763	59.4	54	1.1	0.80	—
1965	4,730	2,876	60.8	57	1.2	0.64	—
1966	4,827	2,994	62.0	65	1.3	0.74	—
1967	4,920	3,071	62.4	63	1.3	1.00	—
1968	5,002	3,148	62.9	59	1.2	1.12	—
1969	5,040	3,199	63.5	57	1.1	1.30	—
1970	5,094	3,306	64.9	59	1.1	1.41	2,239.2
1971	5,121	3,412	66.6	64	1.2	1.12	2,217.6
1972	5,126	3,465	67.6	73	1.4	1.16	2,205.6
1973	5,259	3,615	68.7	68	1.3	1.76	2,184.0
1974	5,237	3,637	69.4	73	1.4	1.20	2,106.0
1975	5,223	3,646	69.8	100	1.9	0.61	2,064.0
1976	5,271	3,712	70.4	108	2.0	0.64	2,094.0
1977	5,342	3,769	70.6	110	2.0	0.56	2,096.4
1978	5,408	3,799	70.2	124	2.2	0.56	2,102.4
1979	5,479	3,876	70.7	117	2.1	0.71	2,114.4
1980	5,536	3,971	71.7	114	2.0	0.75	2,108.4
1981	5,581	4,037	72.3	126	2.2	0.68	2,101.2
1982	5,638	4,098	72.7	136	2.4	0.61	2,096.4
1983	5,733	4,208	73.4	156	2.6	0.60	2,097.6
1984	5,766	4,265	74.0	161	2.7	0.65	2,115.6
1985	5,807	4,313	74.3	156	2.6	0.68	2,109.6
1986	5,853	4,379	74.8	167	2.8	0.62	2,102.4
1987	5,911	4,428	74.9	173	2.8	0.70	2,110.8
1988	6,011	4,538	75.5	155	2.5	1.01	2,110.8
1989	6,128	4,679	76.4	142	2.3	1.25	2,088.0
1990	6,249	4,835	77.4	134	2.1	1.40	2,052.0
1991	6,369	5,002	78.5	136	2.1	1.40	2,016.0
1992	6,436	5,119	79.5	142	2.2	1.08	1,971.6
1993	6,450	5,202	80.7	166	2.5	0.76	1,912.8
1994	6,453	5,236	81.1	192	2.9	0.64	1,904.4
1995	6,457	5,263	81.5	210	3.2	0.63	1,909.2
1996	6,486	5,322	82.1	225	3.4	0.70	1,918.8
1997	6,557	5,391	82.2	230	3.4	0.72	1,899.6
1998	6,514	5,368	82.4	279	4.1	0.53	1,879.2
1999	6,462	5,331	82.5	317	4.7	0.48	1,842.0
2000	6,446	5,356	83.1	320	4.7	0.59	1,858.8
2001	6,412	5,369	83.7	340	5.0	0.59	1,848.0
2002	6,330	5,331	84.2	359	5.4	0.54	1,837.2
2003	6,316	5,335	84.5	350	5.3	0.64	1,845.6
2004	6,329	5,355	84.6	313	4.7	0.83	1,839.6
2005	6,356	5,393	84.8	294	4.4	0.95	1,830.0
2006	6,389	5,478	85.7	275	4.1	1.06	1,843.2
2007	6,427	5,537	86.2	257	3.9	1.04	1,851.6
2008	6,409	5,546	86.5	265	4.0	0.88	1,836.0
2009	6,314	5,489	86.9	336	5.1	0.47	1,767.6
2010	6,298	5,500	87.3	334	5.1	0.52	1,797.6
2011	6,293	5,512	87.6	302	4.6	0.65	1,789.2
2012	6,280	5,513	87.8	285	4.3	0.80	1,808.4
2013	6,326	5,567	88.0	265	4.0	0.93	1,791.6
2014	6,371	5,613	88.1	236	3.6	1.09	1,789.2
2015	6,401	5,663	88.5	222	3.4	1.20	1,784.4
2016	6,465	5,750	88.9	208	3.1	1.36	1,782.0
2017	6,530	5,819	89.1	190	2.8	1.50	1,780.8
2018	6,664	5,936	89.1	166	2.4	1.61	1,768.8
2019	6,724	6,004	89.3	162	2.4	1.60	1,732.8
2020	6,676	5,973	89.5	191	2.8	1.18	1,684.8
2018年4-6月	6,666	5,934	89.0	163	2.4	1.60	—
2018年7-9月	6,664	5,949	89.3	166	2.4	1.63	—
2018年10-12月	6,690	5,961	89.1	169	2.5	1.62	—
2019年1-3月	6,704	5,978	89.2	167	2.5	1.63	—
2019年4-6月	6,710	5,997	89.4	162	2.3	1.62	—
2019年7-9月	6,730	6,018	89.4	159	2.3	1.60	—
2019年10-12月	6,751	6,024	89.2	159	2.3	1.57	—
2020年1-3月	6,740	6,041	89.6	167	2.4	1.45	—
2020年4-6月	6,635	5,929	89.4	187	2.7	1.20	—
2020年7-9月	6,655	5,943	89.3	202	3.0	1.06	—
2020年10-12月	6,675	5,978	89.6	210	3.0	1.04	—
2021年1-3月	6,692	5,998	89.6	195	2.8	1.10	—
2021年4-6月	6,656	5,963	89.6	200	2.9	1.10	—

资料来源：内閣府『令和3年度　年次経済財政報告(経済財政政策担当大臣報告) —レジリエントな日本経済へ：強さと柔軟性を持つ経済社会に向けた変革の加速—』(長期経済統計)、2021年9月。

表14　物价等统计

年　份	物　价　等					
	国内企业价格指数		消费者价格指数		市街地价格指数	
	2015年=100	年增长率（%）	2020年=100	年增长率（%）	100日元/平方米	年增长率（%）
1955	—	—	16.5	-1.1	—	—
1956	—	—	16.6	0.3	—	—
1957	—	—	17.1	3.1	—	—
1958	—	—	17.0	-0.4	—	—
1959	—	—	17.2	1.0	—	—
1960	48.1	—	17.9	3.6	—	—
1961	48.7	1.2	18.9	5.3	—	—
1962	47.8	-1.8	20.1	6.8	—	—
1963	48.6	1.7	21.6	7.6	—	—
1964	48.6	0.0	22.5	3.9	—	—
1965	49.2	1.2	23.9	6.6	—	—
1966	50.3	2.2	25.1	5.1	—	—
1967	51.7	2.8	26.1	4.0	—	—
1968	52.2	1.0	27.6	5.3	—	—
1969	53.1	1.7	29.0	5.2	—	—
1970	54.9	3.4	30.9	7.7	—	—
1971	54.4	-0.9	32.9	6.3	—	—
1972	55.3	1.7	34.5	4.9	—	—
1973	64.0	15.7	38.6	11.7	—	—
1974	81.6	27.5	47.5	23.2	—	—
1975	83.9	2.8	53.1	11.7	700	-9.2
1976	88.6	5.6	58.1	9.4	708	0.5
1977	91.5	3.3	62.8	8.1	725	1.5
1978	91.0	-0.5	65.5	4.2	742	2.5
1979	95.6	5.1	67.9	3.7	811	5.2
1980	109.9	15.0	73.2	7.7	930	10.4
1981	111.4	1.4	76.7	4.9	1,071	10.0
1982	111.9	0.4	78.9	2.8	1,268	7.4
1983	111.2	-0.6	80.3	1.9	1,580	4.7
1984	111.3	0.1	82.2	2.3	1,680	3.0
1985	110.5	-0.7	83.8	2.0	1,840	2.4
1986	105.3	-4.7	84.3	0.6	2,315	2.6
1987	102.0	-3.1	84.4	0.1	3,287	7.7
1988	101.5	-0.5	85.0	0.7	4,425	21.7
1989	103.3	1.8	86.9	2.3	4,803	8.3
1990	104.9	1.5	89.6	3.1	5,500	16.6
1991	106.0	1.0	92.6	3.3	5,948	11.3
1992	105.0	-0.9	94.1	1.6	5,477	-4.6
1993	103.4	-1.5	95.4	1.3	4,636	-8.4
1994	101.7	-1.6	96.0	0.7	3,549	-5.6
1995	100.8	-0.9	95.9	-0.1	2,980	-3.0
1996	99.2	-1.6	96.0	0.1	2,617	-4.0
1997	99.8	0.6	97.7	1.8	2,405	-2.9
1998	98.3	-1.5	98.3	0.6	2,273	-2.4
1999	96.9	-1.4	98.0	-0.3	2,107	-4.6
2000	96.9	0.0	97.3	-0.7	1,951	-4.9
2001	94.7	-2.3	96.7	-0.7	1,831	-4.9
2002	92.8	-2.0	95.8	-0.9	1,884	-5.9
2003	91.9	-1.0	95.5	-0.3	1,788	-6.4
2004	93.1	1.3	95.5	0.0	1,703	-6.2
2005	94.6	1.6	95.2	-0.3	1,657	-5.0
2006	96.7	2.2	95.5	0.3	1,675	-2.8
2007	98.4	1.8	95.5	0.0	1,849	0.4
2008	102.9	4.6	96.8	1.4	2,076	1.7
2009	97.5	-5.2	95.5	-1.4	1,939	-3.5
2010	97.4	-0.1	94.8	-0.7	1,768	-4.6
2011	98.8	1.4	94.5	-0.3	1,742	-3.0
2012	98.0	-0.8	94.5	0.0	1,708	-2.6
2013	99.2	1.2	94.9	0.4	1,711	-1.8
2014	102.4	3.2	97.5	2.7	1,750	-0.6
2015	100.0	-2.3	98.2	0.8	1,800	-0.3
2016	96.5	-3.5	98.1	-0.1	1,907	0.1
2017	98.7	2.3	98.6	0.5	2,018	0.4
2018	101.3	2.6	99.5	1.0	2,119	0.7
2019	101.5	0.2	100.0	0.5	2,246	1.2
2020	100.3	-1.2	100.0	0.0	2,385	1.4
2021					2,345	-0.5
2020年7-9月	100.2	-0.8	100.0	0.2	—	—
10-12月	100.0	-2.1	99.6	-0.8	—	—
2021年1-3月	101.5	-0.3	99.8	-0.5	—	—
4-6月	104.0	4.7	99.3	-0.8	—	—

资料来源：内閣府『令和 3 年度　年次経済財政報告（経済財政政策担当大臣報告）—レジリエントな日本経済へ：強さと柔軟性を持つ経済社会に向けた変革の加速—』（長期経済統計）、2021 年 9 月。

表15 国际经济统计（1）

年份	进出口通关				
	出口数量指教		进口数量指数		进口商品比例
	2015年=100	年增长率（%）	2015年=100	年增长率（%）	%
1955	—	—	—	—	11.9
1956	—	—	—	—	15.9
1957	—	—	—	—	22.9
1958	—	—	—	—	21.7
1959	—	—	—	—	21.5
1960	3.9	—	4.7	—	22.1
1961	4.1	5.1	6.0	27.7	24.5
1962	4.9	19.5	5.9	-1.7	25.9
1963	5.5	12.2	7.0	18.6	24.5
1964	6.8	23.6	8.0	14.3	25.8
1965	8.7	27.9	8.1	1.3	22.7
1966	10.1	16.1	9.4	16.0	22.8
1967	10.4	3.0	11.5	22.3	26.8
1968	12.8	23.1	12.9	12.2	27.5
1969	15.2	18.8	15.0	16.3	29.5
1970	17.5	15.1	18.1	20.7	30.3
1971	20.9	19.4	18.1	0.0	28.6
1972	22.4	7.2	20.3	12.2	29.6
1973	23.5	4.9	26.1	28.6	30.6
1974	27.6	17.4	25.5	-2.3	23.7
1975	28.2	2.2	22.3	-12.5	20.3
1976	34.3	21.6	24.1	8.1	21.5
1977	37.3	8.7	24.8	2.9	21.5
1978	37.8	1.3	26.5	6.9	26.7
1979	37.3	-1.3	29.3	10.6	26.0
1980	43.7	17.2	27.7	-5.5	22.8
1981	48.2	10.3	27.0	-2.5	24.3
1982	47.1	-2.3	26.8	-0.7	24.9
1983	51.4	9.1	27.3	1.9	27.2
1984	59.5	15.8	30.1	10.3	29.8
1985	62.1	4.4	30.2	0.3	31.0
1986	61.7	-0.6	33.1	9.6	41.8
1987	61.8	0.2	36.2	9.4	44.1
1988	65.1	5.3	42.2	16.6	49.0
1989	67.5	3.7	45.6	8.1	50.3
1990	71.3	5.6	48.2	5.7	50.3
1991	73.1	2.5	50.0	3.7	50.8
1992	74.2	1.5	49.8	-0.4	50.2
1993	73.0	-1.6	52.0	4.4	52.0
1994	74.2	1.6	59.0	13.5	55.2
1995	77.0	3.8	66.3	12.4	59.1
1996	78.0	1.3	70.0	5.6	59.4
1997	87.1	11.7	71.2	1.7	59.3
1998	86.0	-1.3	67.4	-5.4	62.1
1999	87.8	2.1	73.9	9.6	62.5
2000	96.1	9.4	82.0	11.0	61.1
2001	87.0	-9.5	80.4	-2.0	61.4
2002	93.9	7.9	82.0	2.0	62.2
2003	98.5	4.9	87.8	7.1	61.4
2004	109.0	10.6	93.9	7.0	61.3
2005	109.9	0.8	96.6	2.9	58.5
2006	118.4	7.7	100.4	3.8	56.8
2007	124.1	4.8	100.2	-0.2	56.4
2008	122.2	-1.5	99.6	-0.6	50.1
2009	89.7	-26.6	85.3	-14.4	56.1
2010	111.4	24.2	97.1	13.9	55.0
2011	107.2	-3.8	99.6	2.6	51.6
2012	102.0	-4.8	102.0	2.4	50.9
2013	100.5	-1.5	102.3	0.3	51.7
2014	101.1	0.6	102.9	0.6	53.4
2015	100.0	-1.0	100.0	-2.8	61.6
2016	100.5	0.5	98.8	-1.2	66.0
2017	105.9	5.4	102.9	4.2	63.4
2018	107.7	1.7	105.8	2.8	61.9
2019	103.0	-4.3	104.6	-1.1	63.1
2020	90.9	-11.8	97.8	-6.4	66.8
2019年10～12月	101.5	-2.7	102.3	-4.4	63.5
2020年1～3月	97.9	-3.5	96.8	-5.3	62.0
2020年4～6月	77.9	-20.4	100.3	3.6	68.6
2020年7～9月	88.6	13.8	95.4	-4.9	68.3
2020年10～12月	99.2	12.0	99.0	3.8	68.8
2021年1～3月	102.7	3.4	102.5	3.5	65.9
2021年4～6月(P)	104.3	1.6	105.3	2.8	65.7

资料来源：内閣府『令和3年度　年次経済財政報告（経済財政政策担当大臣報告）—レジリエントな日本経済へ：強さと柔軟性を持つ経済社会に向けた変革の加速—』（長期経済統計）、2021年9月。

表16　国际经济统计（2）

年　份	进出口通关		国际收支等			
	关税负担率	出口中日元结算占比	贸易收支	出口额	进口额	日元汇率
	%	%	亿日元	亿日元	亿日元	日元/美元
1955	—	—	—	—	—	360.00
1956	—	—	—	—	—	360.00
1957	—	—	—	—	—	360.00
1958	—	—	—	—	—	360.00
1959	—	—	—	—	—	360.00
1960	—	—	—	—	—	360.00
1961	—	—	—	—	—	360.00
1962	—	—	—	—	—	360.00
1963	—	—	—	—	—	360.00
1964	—	—	—	—	—	360.00
1965	—	—	—	—	—	360.00
1966	—	—	8,247	34,939	26,692	360.00
1967	—	—	4,200	37,049	32,849	360.00
1968	—	—	9,096	45,948	36,851	360.00
1969	—	—	13,257	56,190	42,933	360.00
1970	—	—	14,188	67,916	53,728	360.00
1971	6.6	—	26,857	81,717	54,860	347.83
1972	6.3	—	27,124	84,870	57,747	303.08
1973	5.0	—	10,018	98,258	88,240	272.18
1974	2.7	—	4,604	159,322	154,718	292.06
1975	2.9	—	14,933	162,503	147,570	296.84
1976	3.3	—	29,173	195,510	166,337	296.49
1977	3.8	—	45,647	211,833	166,187	268.32
1978	4.1	—	51,633	199,863	148,230	210.11
1979	3.1	—	3,598	222,958	219,360	219.47
1980	2.5	—	3,447	285,612	282,165	226.45
1981	2.5	—	44,983	330,329	285,346	220.83
1982	2.6	—	45,572	342,568	296,996	249.26
1983	2.5	—	74,890	345,553	270,663	237.61
1984	2.5	—	105,468	399,936	294,468	237.61
1985	2.6	—	129,517	415,719	286,202	238.05
1986	3.3	—	151,249	345,997	194,747	168.03
1987	3.4	—	132,319	325,233	192,915	144.52
1988	3.4	—	118,144	334,258	216,113	128.20
1989	2.9	—	110,412	373,977	263,567	138.11
1990	2.7	—	100,529	406,879	306,350	144.88
1991	3.3	—	129,231	414,651	285,423	134.59
1992	3.4	—	157,764	420,816	263,055	126.62
1993	3.6	—	154,816	391,640	236,823	111.06
1994	3.4	—	147,322	393,485	246,166	102.18
1995	3.1	—	123,445	402,596	279,153	93.97
1996	2.8	—	90,346	430,153	339,807	108.81
1997	2.5	—	123,709	488,801	365,091	120.92
1998	2.6	—	160,782	482,899	322,117	131.02
1999	2.4	—	141,370	452,547	311,176	113.94
2000	2.1	36.1	126,983	489,635	362,652	107.79
2001	2.2	34.9	88,469	460,367	371,898	121.58
2002	1.9	35.8	121,211	489,029	367,817	125.17
2003	1.9	38.9	124,631	513,292	388,660	115.94
2004	1.7	40.1	144,235	577,036	432,801	108.17
2005	1.5	38.9	117,712	630,094	512,382	110.21
2006	1.4	37.8	110,701	720,268	609,567	116.31
2007	1.3	38.3	141,873	800,236	658,364	117.77
2008	1.2	39.9	58,031	776,111	718,081	103.39
2009	1.4	39.9	53,876	511,216	457,340	93.61
2010	1.3	41.0	95,160	643,914	548,754	87.75
2011	1.3	41.3	-3,302	629,653	632,955	79.76
2012	1.2	39.4	-42,719	619,568	662,287	79.79
2013	—	35.6	-87,734	678,290	766,024	97.71
2014	—	36.1	-104,653	740,747	845,400	105.79
2015	—	35.5	-8,862	752,742	761,604	121.09
2016	—	37.1	55,176	690,927	635,751	108.77
2017	—	36.1	49,113	772,535	723,422	112.12
2018	—	37.0	11,265	812,263	800,998	110.40
2019	—	37.2	1,503	757,753	756,250	108.99
2020	—	38.3	30,106	673,701	643,595	106.73
2019年7-9月	—	—	-921	189,996	190,917	107.31
2019年10-12月	—	—	2,184	183,948	181,765	108.72
2020年1-3月	—	—	5,826	181,491	175,665	108.79
2020年4-6月	—	—	-14,721	144,875	159,597	107.61
2020年7-9月	—	—	12,293	164,975	152,683	106.20
2020年10-12月	—	—	24,360	180,664	156,304	104.49
2021年1-3月	—	—	14,366	191,524	177,158	106.09
2021年4-6月(P)	—	—	9,769	208,401	198,632	109.50

资料来源：内閣府『令和3年度　年次経済財政報告(経済財政政策担当大臣報告) —レジリエントな日本経済へ：強さと柔軟性を持つ経済社会に向けた変革の加速—』(長期経済統計)、2021年9月。

表17　国际经济统计（3）

年　份	国际收支等						
	经常收支	经常收支与名义GDP之比	贸易服务收支	资本收支	投资收支	外汇储备	对外纯资产
	亿日元	%	亿日元	亿日元	亿日元	百万美元	十亿日元
1955	—	—	—	—	—	—	—
1956	—	—	—	—	—	467	—
1957	—	—	—	—	—	524	—
1958	—	—	—	—	—	861	—
1959	—	—	—	—	—	1,322	—
1960	—	—	—	—	—	1,824	—
1961	—	—	—	—	—	1,486	—
1962	—	—	—	—	—	1,841	—
1963	—	—	—	—	—	1,878	—
1964	—	—	—	—	—	1,999	—
1965	—	—	—	—	—	2,107	—
1966	4,545	1.2	—	—	—	2,074	—
1967	-693	-0.2	—	—	—	2,005	—
1968	3,757	0.7	—	—	—	2,891	—
1969	7,595	1.2	—	—	—	3,496	—
1970	7,052	1.0	—	—	—	4,399	—
1971	19,935	2.5	—	—	—	15,235	—
1972	19,999	2.2	—	—	—	18,365	—
1973	-341	0.0	—	—	—	12,246	—
1974	-13,301	-1.0	—	—	—	13,518	—
1975	-2,001	-0.1	—	—	—	12,815	—
1976	10,776	0.6	—	—	—	16,604	—
1977	28,404	1.5	—	—	—	22,848	—
1978	34,793	1.7	—	—	—	33,019	—
1979	-19,722	-0.9	—	—	—	20,327	—
1980	-25,763	-1.1	—	—	—	25,232	—
1981	11,491	0.4	—	—	—	28,403	—
1982	17,759	0.6	—	—	—	23,262	—
1983	49,591	1.7	—	—	—	24,496	—
1984	83,489	2.7	—	—	—	26,313	—
1985	119,698	3.7	106,736	—	—	26,510	—
1986	142,437	4.2	129,607	—	—	42,239	28,865
1987	121,862	3.4	102,931	—	—	81,479	30,199
1988	101,461	2.7	79,349	—	—	97,662	36,745
1989	87,113	2.1	59,695	—	—	84,895	42,543
1990	64,736	1.5	38,628	—	—	77,053	44,016
1991	91,757	2.0	72,919	—	—	68,980	47,498
1992	142,349	3.0	102,054	—	—	68,685	64,153
1993	146,690	3.0	107,013	—	—	95,589	68,823
1994	133,425	2.7	98,345	—	—	122,845	66,813
1995	103,862	2.0	69,545	—	—	182,820	84,072
1996	74,943	1.4	23,174	72,723	-3,537	217,867	103,359
1997	115,700	2.1	57,680	152,467	-4,879	220,792	124,587
1998	149,981	2.8	95,299	136,226	-19,313	215,949	133,273
1999	129,734	2.5	78,650	130,830	-19,088	288,080	84,735
2000	140,616	2.6	74,298	148,757	-9,947	361,638	133,047
2001	104,524	2.0	32,120	105,629	-3,462	401,959	179,257
2002	136,837	2.6	64,690	133,968	-4,217	469,728	175,308
2003	161,254	3.1	83,553	136,860	-4,672	673,529	172,818
2004	196,941	3.7	101,961	160,928	-5,134	844,543	185,797
2005	187,277	3.5	76,930	163,444	-5,490	846,897	180,699
2006	203,307	3.8	73,460	160,494	-5,533	895,320	215,081
2007	249,490	4.6	98,253	263,775	-4,731	973,365	250,221
2008	148,786	2.8	18,899	186,502	-5,583	1,030,647	225,908
2009	135,925	2.7	21,249	156,292	-4,653	1,049,397	268,246
2010	193,828	3.8	68,571	217,099	-4,341	1,096,185	255,906
2011	104,013	2.1	-31,101	126,294	282	1,295,841	265,741
2012	47,640	1.0	-80,829	41,925	-804	1,268,125	299,302
2013	44,566	0.9	-122,521	-4,087	-7,436	1,266,815	325,732
2014	39,215	0.8	-134,988	62,782	-2,089	1,260,548	351,114
2015	165,194	3.1	-28,169	218,764	-2,714	1,233,214	327,189
2016	213,910	3.9	43,888	286,059	-7,433	1,216,903	336,306
2017	227,779	4.1	42,206	188,113	-2,800	1,264,283	329,302
2018	195,047	3.5	1,052	201,361	-2,105	1,270,975	341,450
2019	192,732	3.4	-9,318	248,843	-4,131	1,323,750	357,015
2020	175,347	3.3	-7,250	153,955	-1,842	1,394,680	356,970
2019年7-9月	44,950	3.2	-5,450	75,085	-1,986	1,322,581	—
2019年10-12月	47,985	3.5	-313	22,439	-730	1,323,750	—
2020年1-3月	46,026	3.3	-3,522	49,789	-711	1,366,177	—
2020年4-6月	21,843	1.7	-24,638	15,875	-216	1,383,164	—
2020年7-9月	41,113	3.1	1,997	51,340	670	1,389,779	—
2020年10-12月	64,101	4.6	16,362	36,951	-345	1,394,680	—
2021年1-3月	51,136	3.7	5,563	50,964	-960	1,368,465	—
2021年4-6月(P)	51,983	—	-1,758	18,240	-353	1,376,478	—

资料来源：内閣府『令和3年度　年次経済財政報告(経済財政政策担当大臣報告) —レジリエントな日本経済へ：強さと柔軟性を持つ経済社会に向けた変革の加速—』(長期経済統計)、2021年9月。

表18　金融

年　份	货币存量（M2）平均余额		国内银行贷款约定平均利率	国债流通收益率	东证股价指数	东证股价时价总额（第一部）	股价收益率（PER）（第一部）
	亿日元	%	%	%		亿日元	%
1960	—	—	8.08	—	109.18	54,113	—
1961	—	—	8.20	—	101.66	54,627	—
1962	—	—	8.09	—	99.67	67,039	—
1963	—	—	7.67	—	92.87	66,693	—
1964	—	—	7.99	—	90.68	68,280	—
1965	—	—	7.61	—	105.68	79,013	—
1966	—	—	7.37	6.86	111.41	87,187	—
1967	297,970	—	7.35	6.96	100.89	85,901	—
1968	344,456	15.6	7.38	7.00	131.31	116,506	—
1969	403,883	17.3	7.61	7.01	179.30	167,167	—
1970	477,718	18.3	7.69	7.07	148.35	150,913	—
1971	575,437	20.5	7.46	7.09	199.45	214,998	—
1972	728,126	26.5	6.72	6.71	401.70	459,502	25.5
1973	893,370	22.7	7.93	8.19	306.44	365,071	13.3
1974	999,819	11.9	9.37	8.42	278.34	344,195	13.0
1975	1,130,832	13.1	8.51	8.53	323.43	414,682	27.0
1976	1,301,739	15.1	8.18	8.61	383.88	507,510	46.3
1977	1,449,873	11.4	6.81	6.40	364.08	493,502	24.2
1978	1,620,195	11.7	5.95	6.40	449.55	627,038	34.3
1979	1,812,232	11.9	7.06	9.15	459.61	659,093	23.3
1980	1,978,716	9.2	8.27	8.86	494.10	732,207	20.4
1981	2,155,266	8.9	7.56	8.12	570.31	879,775	21.1
1982	2,353,360	9.2	7.15	7.67	593.72	936,046	25.8
1983	2,526,400	7.4	6.81	7.36	731.82	1,195,052	34.7
1984	2,723,601	7.8	6.57	6.65	913.37	1,548,424	37.9
1985	2,951,827	8.4	6.47	5.87	1,049.40	1,826,967	35.2
1986	3,207,324	8.7	5.51	5.82	1,556.37	2,770,563	47.3
1987	3,540,364	10.4	4.94	5.61	1,725.83	3,254,779	58.3
1988	3,936,668	11.2	4.93	4.57	2,357.03	4,628,963	58.4
1989	4,326,710	9.9	5.78	5.75	2,881.37	5,909,087	70.6
1990	4,831,186	11.7	7.70	6.41	1,733.83	3,651,548	39.8
1991	5,006,817	3.6	6.99	5.51	1,714.68	3,659,387	37.8
1992	5,036,241	0.6	5.55	4.77	1,307.66	2,810,056	36.7
1993	5,089,787	1.1	4.41	3.32	1,439.31	3,135,633	64.9
1994	5,194,212	2.1	4.04	4.57	1,559.09	3,421,409	79.5
1995	5,351,367	3.0	2.78	3.19	1,577.70	3,502,375	86.5
1996	5,525,715	3.3	2.53	2.76	1,470.94	3,363,851	79.3
1997	5,694,907	3.1	2.36	1.91	1,175.03	2,739,079	37.6
1998	5,923,528	4.0	2.25	1.97	1,086.99	2,677,835	103.1
1999	6,162,653	3.2	2.10	1.64	1,722.20	4,424,433	—
2000	6,292,840	2.1	2.11	1.64	1,283.67	3,527,846	170.8
2001	6,468,026	2.8	1.88	1.36	1,032.14	2,906,685	240.9
2002	6,681,972	3.3	1.83	0.90	843.29	2,429,391	—
2003	6,782,578	1.7	1.79	1.36	1,043.69	3,092,900	614.1
2004	6,889,343	1.6	1.73	1.43	1,149.63	3,535,582	39.0
2005	7,013,739	1.8	1.62	1.47	1,649.76	5,220,681	45.8
2006	7,084,273	1.0	1.76	1.67	1,681.07	5,386,295	36.0
2007	7,195,822	1.6	1.94	1.50	1,475.68	4,756,290	26.7
2008	7,346,008	2.1	1.86	1.16	859.24	2,789,888	20.0
2009	7,544,922	2.7	1.65	1.28	907.59	3,027,121	—
2010	7,753,911	2.8	1.55	1.11	898.80	3,056,930	45.0
2011	7,966,101	2.7	1.45	0.98	728.61	2,513,957	21.0
2012	8,165,213	2.5	1.36	0.79	859.80	2,964,429	24.9
2013	8,458,837	3.6	1.25	0.73	1,302.29	4,584,842	31.8
2014	8,745,965	3.4	1.18	0.33	1,407.51	5,058,973	23.8
2015	9,064,060	3.6	1.11	0.27	1,547.30	5,718,328	23.8
2016	9,368,699	3.4	0.99	0.04	1,518.61	5,602,469	26.4
2017	9,739,925	4.0	0.94	0.04	1,817.56	6,741,992	29.3
2018	10,024,525	2.9	0.90	-0.01	1,494.09	5,621,213	19.5
2019	10,269,920	2.4	0.86	-0.02	1,721.36	6,482,245	23.0
2020	10,936,277	6.5	0.81	0.02	1,804.68	6,668,621	27.8
2020年4-6月	10,836,245	5.3	0.81	0.03	1,558.77	5,883,504	24.3
2020年7-9月	11,173,582	8.5	0.81	0.02	1,625.49	6,150,892	26.0
2020年10-12月	11,309,040	9.1	0.81	0.02	1,804.68	6,668,621	27.8
2021年1-3月	11,413,560	9.5	0.80	0.02	1,954.00	7,226,304	31.4
2021年4-6月	11,662,057	7.6	0.80	0.02	1,954.00	7,023,608	31.4

资料来源：内閣府『令和3年度　年次経済財政報告(経済財政政策担当大臣報告）—レジリエントな日本経済へ：強さと柔軟性を持つ経済社会に向けた変革の加速—』(長期経済統計)、2021年9月。

表19　财政（1）

年　度	一般政府财政平衡（与GDP之比）	中央政府财政平衡（与GDP之比）	地方政府财政平衡（与GDP之比）	社会保障基金财政平衡（与GDP之比）	租税负担率	国民负担率
	%	%	%	%	%	%
1956	1.4	—	—	—	19.5	22.8
1957	1.3	—	—	—	19.5	23.0
1958	-0.1	—	—	—	18.5	22.1
1959	1.0	—	—	—	18.0	21.5
1960	2.2	—	—	—	18.9	22.4
1961	2.4	—	—	—	19.5	23.3
1962	1.3	—	—	—	19.3	23.3
1963	1.0	—	—	—	18.7	22.9
1964	1.0	—	—	—	19.0	23.4
1965	0.4	—	—	—	18.0	23.0
1966	-0.4	—	—	—	17.2	22.3
1967	0.8	—	—	—	17.4	22.5
1968	1.2	—	—	—	18.1	23.2
1969	1.8	—	—	—	18.3	23.5
1970	1.8	0.0	-0.4	2.2	18.9	24.3
1971	0.5	-1.0	-1.0	2.5	19.2	25.2
1972	0.2	-1.1	-1.1	2.4	19.8	25.6
1973	2.0	0.4	-1.0	2.6	21.4	27.4
1974	0.0	-1.4	-1.3	2.6	21.3	28.3
1975	-3.7	-4.0	-2.1	2.4	18.3	25.7
1976	-3.6	-4.3	-1.6	2.3	18.8	26.6
1977	-4.2	-5.0	-1.8	2.7	18.9	27.3
1978	-4.2	-4.8	-1.7	2.4	20.6	29.2
1979	-4.4	-5.7	-1.4	2.6	21.4	30.2
1980	-4.0	-5.4	-1.3	2.6	21.7	30.5
1981	-3.7	-5.2	-1.2	2.8	22.6	32.2
1982	-3.4	-5.2	-0.9	2.7	23.0	32.8
1983	-2.9	-4.9	-0.8	2.7	23.3	33.1
1984	-1.8	-4.0	-0.6	2.8	24.0	33.7
1985	-0.8	-3.6	-0.3	3.1	24.0	33.9
1986	-0.3	-3.0	-0.4	3.1	25.2	35.3
1987	0.7	-1.9	-0.2	2.8	26.7	36.8
1988	2.2	-1.1	0.1	3.2	27.2	37.1
1989	2.6	-1.2	0.6	3.2	27.7	37.9
1990	2.6	-0.5	0.5	2.6	27.7	38.4
1991	2.4	-0.4	0.1	2.7	26.6	37.4
1992	-0.8	-2.4	-0.9	2.4	25.1	36.3
1993	-2.8	-3.6	-1.4	2.2	24.8	36.3
1994	-4.1	-4.3	-1.8	1.9	23.5	35.4
1995	-4.9	-4.4	-2.4	1.9	23.4	35.8
1996	-4.8	-4.0	-2.5	1.7	23.1	35.5
1997	-4.0	-3.5	-2.3	1.8	23.6	36.5
1998	-11.9	-10.7	-2.4	1.2	23.0	36.3
1999	-7.9	-7.3	-1.6	1.0	22.3	35.5
2000	-6.8	-6.4	-0.9	0.5	22.9	36.0
2001	-6.5	-5.7	-0.9	0.2	22.8	36.7
2002	-8.1	-6.6	-1.3	-0.2	21.3	35.2
2003	-7.4	-6.4	-1.3	0.3	20.7	34.4
2004	-5.3	-5.1	-0.7	0.5	21.3	35.0
2005	-4.1	-4.0	-0.2	0.1	22.5	36.3
2006	-3.1	-3.1	0.1	-0.1	23.1	37.2
2007	-2.9	-2.6	0.0	-0.3	23.7	38.2
2008	-5.4	-5.1	0.3	-0.5	23.5	39.3
2009	-10.1	-8.7	-0.2	-1.3	21.3	37.2
2010	-8.8	-7.4	-0.4	-1.0	21.6	37.2
2011	-8.9	-8.2	0.1	-0.7	22.1	38.8
2012	-8.1	-7.4	-0.1	-0.7	22.7	39.7
2013	-7.3	-6.7	0.0	-0.5	23.1	39.9
2014	-5.1	-5.2	-0.3	0.3	24.9	42.1
2015	-3.6	-4.4	0.0	0.9	25.4	42.6
2016	-3.5	-4.4	-0.1	1.1	25.1	42.7
2017	-2.9	-3.5	-0.1	0.7	25.5	43.3
2018	-2.4	-3.2	0.0	0.8	26.0	44.1
2019	-3.1	-3.8	0.0	0.7	25.7	43.8

资料来源：内閣府『令和3年度　年次経済財政報告(経済財政政策担当大臣報告) —レジリエントな日本経済へ：強さと柔軟性を持つ経済社会に向けた変革の加速—』(長期経済統計)、2021年9月。

表20　财政（2）

年　度	国债发行		国债依存度（%）	国债余额	
	总额（亿日元）	赤字国债（亿日元）		金额（亿日元）	与名义GDP之比（%）
1958	0	0	0	0	0
1959	0	0	0	0	0
1960	0	0	0	0	0
1961	0	0	0	0	0
1962	0	0	0	0	0
1963	0	0	0	0	0
1964	0	0	0	0	0
1965	1,972	1,972	5.3	2,000	0.6
1966	6,656	0	14.9	8,750	2.2
1967	7,094	0	13.9	15,950	3.4
1968	4,621	0	7.8	20,544	3.7
1969	4,126	0	6.0	24,634	3.8
1970	3,472	0	4.2	28,112	3.7
1971	11,871	0	12.4	39,521	4.8
1972	19,500	0	16.3	58,186	6.0
1973	17,662	0	12.0	75,504	6.5
1974	21,600	0	11.3	96,584	7.0
1975	52,805	20,905	25.3	149,731	9.8
1976	71,982	34,732	29.4	220,767	12.9
1977	95,612	45,333	32.9	319,024	16.8
1978	106,740	43,440	31.3	426,158	20.4
1979	134,720	63,390	34.7	562,513	25.0
1980	141,702	72,152	32.6	705,098	28.4
1981	128,999	58,600	27.5	822,734	31.1
1982	140,447	70,087	29.7	964,822	34.9
1983	134,863	66,765	26.6	1,096,947	38.0
1984	127,813	63,714	24.8	1,216,936	39.5
1985	123,080	60,050	23.2	1,344,314	40.7
1986	112,549	50,060	21.0	1,451,267	42.4
1987	94,181	25,382	16.3	1,518,093	41.9
1988	71,525	9,565	11.6	1,567,803	40.4
1989	66,385	2,085	10.1	1,609,100	38.7
1990	73,120	9,689	10.6	1,663,379	36.8
1991	67,300	0	9.5	1,716,473	36.2
1992	95,360	0	13.5	1,783,681	36.9
1993	161,740	0	21.5	1,925,393	39.9
1994	164,900	41,443	22.4	2,066,046	41.1
1995	212,470	48,069	28.0	2,251,847	45.4
1996	217,483	110,413	27.6	2,446,581	47.6
1997	184,580	85,180	23.5	2,579,875	55.2
1998	340,000	169,500	40.3	2,952,491	62.5
1999	375,136	243,476	42.1	3,316,687	68.4
2000	330,040	218,660	36.9	3,675,547	74.4
2001	300,000	209,240	35.4	3,924,341	80.4
2002	349,680	258,200	41.8	4,210,991	86.8
2003	353,450	286,520	42.9	4,569,736	94.2
2004	354,900	267,860	41.8	4,990,137	98.7
2005	312,690	235,070	36.6	5,269,279	99.0
2006	274,700	210,550	33.7	5,317,015	100.6
2007	253,820	193,380	31.0	5,414,584	105.8
2008	331,680	261,930	39.2	5,459,356	119.4
2009	519,550	369,440	51.5	5,939,717	126.0
2010	423,030	347,000	44.4	6,363,117	134.0
2011	427,980	344,300	42.5	6,698,674	141.2
2012	474,650	360,360	48.9	7,050,072	145.1
2013	408,510	338,370	40.8	7,438,676	147.9
2014	384,929	319,159	39.0	7,740,831	148.9
2015	349,183	284,393	35.5	8,054,182	152.4
2016	380,346	291,332	39.0	8,305,733	153.5
2017	335,546	262,728	34.2	8,531,789	157.0
2018	343,954	262,982	34.8	8,740,434	158.4
2019	365,819	274,382	36.1	8,866,945	183.7
2020	1,125,539	899,579	64.1	9,848,903	177.0

资料来源：内閣府『令和3年度　年次経済財政報告(経済財政政策担当大臣報告) —レジリエントな日本経済へ：強さと柔軟性を持つ経済社会に向けた変革の加速—』(長期経済統計)、2021年9月。

Abstract

This book reviews and envisions the status and condition of Japan's macro economy from 2021 to 2022. In 2021, under the impact of COVID-19, Japan's economy recovered slowly. Personal consumption has picked up in fluctuation , business equipment investment showed a trend of recovery and exports and imports have both grown by a large margin. However, the growth of worker's income remained slow and epidemic aggravated social unfairness in Japan, which situation needs to be broken. The Kishida government, taking office in October 2021, has given top priority to respond to COVID-19 and proposed constructing Japanese "neo-capitalism", based on the basic concepts of "promoting a virtuous cycle of economic growth and distribution" , receiving mixed reviews in Japan. Looking ahead to the trend of the Japanese economy, in the short term, as the impact of the epidemic gradually eases, the Japanese economy is more likely to continue to recover slowly. However, the international political and economic situation causes great uncertainties to Japanese economy's recovery. In the medium and long term, Japan is also making adaptive adjustments. However, the deep-seated structural problems of the Japanese economy and society are difficult to solve, and the prospects are not optimistic.

This book focuses on "Japan's Three Dimensional Rural Issues and Rural Revitalization", and mainly consists of "General Report", "Sub-reports", "Sino-Japanese Economic and Trade Cooperation and Regional Cooperation", "Japan's 'Three Dimensional Rural Issues' and 'Rural Revitalization'", and "Hot Spot Tracking". Based on general report, the book provides a comprehensive analysis of Japan's economy under the COVID-19 epidemic and the changing political and economic situations at home and abroad, the problems and future trends. On this basis, this book also focuses on the analysis of the status quo and opportunities of China-Japan economic and trade cooperation, RCEP's positive effects on supply chain cooperation and trade development and so on. At the same time, it also conducted a specific and in-depth analysis of some projects such as Japan's "Three Dimensional Rural Issues", rural population aging, "Return to Rural Living" phenomenon, protection of cultural heritage in rural revitalization, institutional framework of rural policy-backed financial system, "Regional Revitalization Policy", and agricultural scale management, expecting to provide some enlightenment and reference for China's comprehensively promoting rural revitalization and accelerating the modernization of agriculture and rural areas. China-Japan economic and trade cooperation has vast development space in many fields. Strengthening China-Japan economic and trade cooperation is of special significance to Japan's promotion of economic recovery, as well as to the high-quality development of China's economy.

Keywords: Japanese Economy; China-Japan Economic and Trade Relation; COVID-19 Epidemic; Three Dimensional Rural Issues; Rural Revitalization

Contents

I General Report

Abstract: In 2021, under the impact of COVID-19 epidemic and the transfer of regime, Japan's economy recovered slowly. The Kishida government, taking office in October 2021, has given top priority to respond to COVID-19 and proposed constructing a Japanese "neo-capitalism", based on the basic concepts of "promoting a virtuous cycle of economic growth and distribution". Looking ahead to the trend of the Japanese economy, in the short term, as the impact of the COVID-19 epidemic gradually eases, the Japanese economy is more likely to continue to recover slowly. However, the international political and economic situation causes great uncertainties to Japanese economy's recovery. In the medium and long term, the deep-seated structural problems of the Japanese economy and society are difficult to solve, and the prospects are not optimistic. Strengthening China-Japan economic and trade cooperation is of special significance to Japan's promotion of economic recovery, as well as to the high-quality development of China's economy.

Keywords: Japanese Economy; Kishida Government; COVID-19 Epidemic; Neo-capitalism; Distribution Policy

Ⅱ Situation Reports

B.2 Japan's Finance: "Expansion" Policy and "Bankruptcy" Crisis

Liu Xuan / 030

Abstract: After the bubble economy collapse, the Japanese government has been implementing fiscal expansionary policies in order to revive the Japanese economy. Together with the serious imbalance of fiscal revenue and expenditure, these expansionary policies have led to a sharp increase of deficit and national debt, and Japanese public finance is on the verge of bankruptcy. Faced with COVID-19, Japanese government aggressively increased fiscal and financial stimulus and substantially increased the supplementary budget for four times during the past two years. The Bank of Japan purchased a large quantity of Japanese governmental bonds to boost market capital credit, which did relieve corporate operation crisis as well as residential living pressure to some extent. These measures, however, further aggravated fiscal bankruptcy risk in the meantime. The "neo-capitalism" policy brought forward by Kishida government lacks "originality" and thus is unlikely to make any breakthrough. In fact, Japan is experimenting with risky policies under the logic of "Modern Monetary Theory" unwittingly and unconsciously.

Keywords: Sapan's Finance; Fiscal Austerity; Fiscal Expansion; Neo-capitalism; Modern Monetary Theory

B.3 Japan's Fiscal Policy: Slightly Adjusting and Continuous Easing

Liu Rui / 042

Abstract: In 2021, BOJ continued to implement the QQE monetary easing with yield curve control, and to introduce "special funds-supplying operations to facilitate financing in response to the novel coronavirus (COVID－19)". At the same time, in the context of increasing global concern about climate change, BOJ launched a climate response financing operation, to promote the green transformation of enterprises. The monetary policies in 2021 present three characteristics. First, the policy is aggressive, but the quantitative characteristics are weakened. Second, the policy is more targeted and more effective. Third, it will provide financial support for sustainable economic development from a medium and long-term perspective. The main policy effects are: first, maintaining a low interest rate level without changing the depressed situation of CPI; second, the expansion of base money and the increase of money stock; third, the depreciation of the yen, the stock market is generally stable; fourth, bank loans showed an increasing trend, but the growth rate weakened. In order to solve the lack of effective demand, the BOJ will continue to maintain the ultra-loose monetary policy. In practice, BOJ will reduce its holdings of short-term government bonds and adjust the scale of its balance sheet. Ultra-loose monetary policy can reduce the cost of fiscal policy expansion; addressing climate change should focus on neutrality, etc..

Keywords: BOJ; Monetary Policy; COVID－19 Epidemic; CPI; Green Finance

Abstract: In 2021, the "recovery" and "crisis" of the Japanese manufacturing industry coexist. The electronic parts and production machinery industries will grow rapidly, and the raw materials and consumer goods industries will continue to be sluggish. Affected by the new crown pneumonia epidemic, the development of Japan's service industry will face huge challenges in 2021. The life service industry continues to be sluggish, while the producer service industry has developed well. At present, Japan's industrial development is facing problems such as slowing down of economic recovery, green transformation, digitization, and stability of the industrial chain and supply chain. The Japanese government has implemented a green growth strategy, promoted the digital transformation of the economy and society, adopted industrial chain supply chain adjustments, and formulated a series of industrial policies such as semiconductor and digital industry strategies. In 2022, the Japanese manufacturing industry will show an overall recovery trend, and the development of the Japanese service industry will still face greater uncertainty.

Keywords: Japanese Industry; Green Transformation; Digital Economy; Industrial Chain Supply Chain; Semiconductor

Abstract: In 2021, despite the epidemic situation remaining critical, the economic and social activities of all countries in the world gradually recovered after the severe impact of COVID-19 on the global economy in 2020. The total exports and imports of Japan's foreign trade both increased by more than 20 percentage compared to the previous year. The flow of OFDI and investment income also picked up noticeably. The overseas profitability of Japanese companies showed a V-shaped recovery. However, the average profit ratio has not returned to the pre-epidemic level. With the impact of semiconductor shortage, logistics disruption and other negative factors on the supply chain, digitization and decarbonization will be key considerations for Japanese enterprises to carry out overseas business. In terms of regional economic cooperation, RCEP reaches the threshold of entering into force and the regional supply chain will play a more important role. However, in the context of China-U. S. competition, the competition for dominance in regional economic cooperation will be even more intense.

Keywords: COVID-19 Epidemic; Foreign Trade; OFDI; RCEP; Supply Chain

Ⅲ Sino-Japanese Economic and Trade Cooperation and Regional Cooperation

Abstract: Looking back on the current situation of Sino-Japanese relations and economic and trade cooperation in 2021, 2021 is an important year for China and Japan to move towards each other and promote the steady development of bilateral relations and economic and trade cooperation. Novel coronavirus pneumonia has been developing steadily. Despite the continuous impact of COVID-19, the two countries have deepened their exchanges and pragmatic cooperation in various fields. Economic and trade cooperation has maintained steady development momentum under the great help of RCEP and other major exchanges. There has also been some new trend in civil exchanges. However, it still faces many uncertain complex environments and sensitive factors at home and abroad. Looking forward to 2022, the prospect of world economic recovery is uncertain, and still faces many risks and challenges. China will accelerate the new development paradigm with domestic circulation being the mainstay and the two circulations reinforcing each other, continue to open to the outside world at a high level and deepen bilateral and multilateral economic and trade cooperation. Standing at a new historical starting point, the economic and trade cooperation between China and Japan is facing new development opportunities. China and Japan should continue to deepen all-round and wide-ranging mutually beneficial cooperation and exchanges, promote the construction of China-Japan relations that meet the requirements of the new era, and open up a new prospect for the development of bilateral economic and trade relations.

Keywords: Sino-Japanese Relations; Economic and Trade Cooperation; Sino-Japanese Trade; Japanese Investment in China; RCEP

Abstract: 2021, Japan's trade with China totaled US $391.4 billion, up 15.1 percent year on year, reversing two consecutive years of negative growth in 2019 and 2020. In the first half of 2021, Japanese direct investment in China was 478.1 billion yen, down 29.8% from a year earlier. 2021, Japanese-owned enterprises in China have been affected by COVID-19 epidemic and Sino-US trade frictions , but it is gaining momentum relative to the rest of the world. Meanwhile, the rise in global raw material prices and the rising cost of container transportation and other materials procurement have had a huge impact on Japanese manufacturing enterprises in China. We hope that Chinese government will further improve the business environment and promote diversification and strengthening of the supply chain.

Keywords: Japan-China Trade; Japanese Investment in China; Japanese-owned Enterprises in China; COVID-19 Epidemic; Cost Constraint; Supply Chain Adjustment

Abstract: Combined with the tariff reduction commitments and other relevant provisions of the RCEP agreement, this report analyzes the way to strengthen the supply chain cooperation between China and Japan. As the first comprehensive regional trade agreement in East Asia and the only free trade agreement between China and Japan, RCEP can deepen the supply chain cooperation between the two countries, but the terms' standards of the RCEP agreement are still not high enough. China and Japan should work together to conclude a higher standard free trade agreement, and further strengthen the supply chain between China and Japan.

Keywords: RCEP; Regional Economic Integration; China-Japan Supply Chain Cooperation; Value Added Trade

Abstract: The rule of origin is used to determine the country or region of origin of trade goods. Only when this rule is satisfied can we enjoy the tariff preference of FTA. Therefore, rules of origin are an important part of FTA, but stricter rules of origin will also hinder the use of FTA. RCEP improvement of the rules of origin can make the contracting states, including China, Japan and ROK are more likely to meet the standards of country of origin, thus using the sharp reduction of tariff rates under the RCEP, expand the scale of regional trade in goods, enhance trade facilitation, and strengthen cooperation on industrial and supply chains among China, Japan and the ROK to build more broad prospects in the field of economic and trade.

Keywords: RCEP; Rules of Origin; Origin Criteria; China-Japan-ROK

Ⅳ Japan's "Three Dimensional Rural Issues" and "Rural Revitalization"

Abstract: This report sorts out and analyzes the development history of the three dimensional agricultural issues and rural revitalization in post-war Japan, then concludes the implications of the Japanese experience for China's rural revitalization. The report finds that three dimensional rural issues of Japan are mainly manifested in the aging of the rural population, reduction of the agricultural labor force, low food self-sufficiency rate, declining and abandoned arable land, and rural depopulation, etc.. After solving the problem of peasant poverty, Japan's rural revitalization transformed exogenous development into endogenous development. After the 21st century, Japan's rural revitalization has entered a mature stage of institutionalization. The new concepts and models such as One Village One Product, Garden City Initiative and Regional Revitalization proposed by Japan in the process of rural revitalization have all produced a widespread positive influence. Carrying out comprehensive cooperation between China and Japan in the field of rural revitalization, is of great significance to the development of the agricultural economies of both countries and the implementation of China's rural revitalization strategy.

Keywords: Rural Revitalization; Three Dimensional Rural Issues of Japan; Regional Revitalization Strategy; Digital Garden City-State Concept

Abstract: Since the 1950s, when Japan vigorously developed industrial production, a large number of young labor force shifted from rural to urban areas, and with the increase of average life expectancy and the "baby boom generation" entering the old age, social and natural factors have led to a serious aging problem in rural Japan. It not only affects the development of Japanese agriculture and food security, but also threatens the existence of rural communities. In order to solve the problems, the Japanese government has tried many ways to formulate and revise a series of policies from the aspects of population, farmland and cities. The rural population problems and the process of the Japanese government to solve the problems have important enlightenment and valuable reference significance for the rural development of China.

Keywords: Japan; Population Aging; Agricultural Labor Force; Demographic Structure

Abstract: This report introduces the basic concept of "return to rural living" (or "den'en kaiki" in the original Japanese) phenomenon in Japan and the underlying discussions in policy studies, and summarizes the history of population movement from cities to rural areas in Japan and the realities behind so-called "UIJ turns" which collectively mean U-turn, I-turn and J-turn. In addition, the report utilizes various surveys to analyze changes in awareness over "return to rural living" and the relationship between "return to rural living" and rural development. It is true that some underpopulated areas have succeeded in stopping the depopulation trend thanks to the migrators, who also contribute to maintaining the local social functions and promoting the local community. In the future, it is expected, among the people who "return to rural living", the percentage of "related population" who is defined as people linking to local areas and their concerns while exchanging with local people will increase and the role of such people will be more important. In China, the similar conditions as in Japan are expected, so the population mobility from cities to rural areas will increase. How to utilize such a trend for rural development will be a focal point to both Japan and China.

Keywords: Return to Rural Living; U-turn; I-turn; Depopulated Area; Promotion of Rural Communities

Abstract: Rural revitalization in post-war Japan began in the mid-1960s. In the

1990s, after the completion of the Uruguay Round negotiations on agriculture, Japan was faced with the problems such as lack of competitiveness in agricultural products, rural population aging and depopulation, and its rural revitalization policy placed greater emphasis on the development of economic, environmental, social, human and other multifunctional aspects of agriculture and sustainable rural development than on agricultural production. Based on the case of Shimane Prefecture, this thesis analyzes its measures and characteristics to stimulate the rural endogenous power and vitality through the innovation of Agricultural Management Organization and industrial revitalization policies, and discusses the importance of giving full play to the leading role of "New Farmers" in rural revitalization.

Keywords: Japan; Aging; Depopulation; Rural Revitalization

B.14 Protection and Utilization of Cultural Heritage in Rural Revitalization in Japan

Abstract: As an important cultural resource, Japanese rural cultural heritage has played an important role in Rural Revitalization. To study the policy and practice of the protection and utilization of cultural heritage in rural revitalization in Japan is of great significance to the systematization and refinement of the protection and utilization of the cultural heritage and the expansion of its vitality.Based on the Japanese cultural heritage policy, this report abstracts the characteristics of the protection and utilization of rural cultural heritage, which is to follow the principle of integrity and bring the material cultural heritage and intangible cultural heritage into the scope of protection; tell the story of cultural heritage and expand the influence of cultural heritage; promote the protection and utilization of cultural heritage and form a virtuous circle between them; decentralize the power of protection and utilization subjects and diversify the participants. The research conclusion of this paper is that: the diversity of Japanese cultural heritage policies is conducive to the protection of rural cultural heritage; the flexibility of the concept of protection and utilization is conducive to the differentiated development of rural cultural heritage; the diversity of participants is conducive to the sustainable development of rural cultural heritage.

Keywords: Japanese Cultural Heritage; Rural Vitalization; Integrity Principle; Japanese Heritage

B.15 Analysis of the Role of the "Agricultural Association" in Solving the Three Agricultural Problems in Japan

Abstract: The Japan Farmers' Association (JFA) was established by the U. S. occupation forces and the Japanese government as a farmer-based organization after the war, with the initial aim of democratizing and modernizing agriculture. After more than 70 years of development, the JNCA has grown from an organization with a dual political and economic role at its founding to a powerful economic organization serving farmers with integrated production, marketing, and finance. In particular, the three agricultural issues of "improving agricultural productivity, increasing farmers' income, and narrowing the income gap between urban and rural areas", which were first proposed by the Japanese government in the 1960s, and the new three rural issues of "food, agriculture, and the countryside", which are facing in the 21st century, have become major issues. The agricultural association has played a significant role in solving these issues. Under the Abe cabinet, the government has strongly demanded the reform of the Council of Agriculture, and its political function has been weakened while its economic function has been strengthened. It has played an important role in solving the problem of hollowing out of the Japanese countryside, branding agricultural products, and modernizing agriculture.

Keywords: Japan's Agricultural Association; Three Dimensional Rural Issues; Agricultural Association Reform

Abstract: After the World WarⅡ, Japan constructed an institutional framework of rural policy-backed financial system including policy finance, cooperative finance and non-governmental commercial finance, which provided strong support for the path of rural revitalization in Japan. With the aggravation of aging population in rural Japan in recent years, the sustainability of the long-standing traditional family business model has been seriously challenged. At present, Japan's rural policy-backed financial measures focus on the two core goals of expanding agricultural production scale and promoting enterprise operation. This report researches the evolution and current institutional framework of rural policy-backed financial system in Japan, and objectively evaluates the implementation effect based on the current situation and development trend of agricultural institutional funds.

Keywords: Rural Revitalization; Policy-backed Finance; Institutional Funds; Japan Agricultural Cooperatives; Institutional Loan Corporation

Abstract: In September 2014, Japan launched a new rural revitalization policy, the Regional Revitalization Policy System, with "town", "people" and "work" as the three major objects, and two issues of "Town, People and Work Revitalization Comprehensive Strategy" as the main contents. Japan has built a system of the whole chain of law, organizational mechanism, division of responsibilities, data support, implementation effect and evaluation mechanism, as well as the vision, object, goal, concept, principle, implementation policy and financial support related to the policy contents. The Japanese government seeks to make breakthroughs on the core issues of economic and social development, such as population decline, monopolar centralization in Tokyo and local economic decline. The Japanese government also provides strong support for the Regional Revitalization reform in the areas of information, human resources and finance and taxation, and other policy areas. Because of the characteristics which focuses on serving the national economic growth strategy, and political attributes of Japan's Regional Revitalization policy, the policy effect of the first phase has not yet appeared. Japan should analyze the existing substantive achievements and cases, seize the opportunity of the development and economic integration of East Asia, and truly create an administrative and economic environment for local areas to give full play to their own characteristics and advantages, so as to realize the sustainable revitalization of regional areas in Japan.

Keywords: Japan; Rural Revitalization; Regional Revitalization; Comprehensive Strategy

B.18 Exploration of Promoting Agricultural Scale Management in Japan under the Condition of Land Fragmentation

Abstract: In East Asian countries with too many farmers and too little land, agriculture has long been based on scattered small farm management. The degree of land fragmentation is relatively high, and the scale of agricultural operation is extremely narrow. In order to narrow the income gap between agriculture and non-agricultural industries, Japan put forward the goal of expanding its agricultural operation scale in the 1960s, and has gone through over half a century's arduous exploration since then. Overall, Japan's approach to realize agricultural scale management can be summarized into three aspects: land improvement, land transfer and socialized agricultural service. From the view of overall process, Japan's land scale operation is progressing at a slow pace, while its service scale operation is difficult to maintain in the long haul. Looking ahead, Japan still needs to ensure that its land scale operation is advancing in unison with its service scale management.

Keywords: Land Fragmentation; Agricultural Scale Management; Land Transfer; Socialized Agricultural Service

B.19 The Past, Present Situation and Issues of Japan's Policy on Agricultural Product Market Protection

Abstract: The protection of agricultural products market is not only a unique phenomenon to Japan with a small land area, but also a policy orientation adopted by the vast number of developed countries. Therefore, understanding the process of market protection policy of Agricultural products in Japan, studying the measures and reasons for implementing the protection policy, and analyzing the implementation characteristics and effects can be helpful for developing countries. Especially China regards Japan as the most important market for exporting agricultural products, and Japan regards China as the second largest source of agricultural products imports. The study on the application of Japan's market protection policy for agricultural products is of far-reaching significance and provides us with reference and experience.

Keywords: Japanese Agriculture; Agricultural Product Protection; Policy on Agricultural Product Market Protection

B.20 The Transformation of Japanese Agricultural Strategy: From Protection and Defense to Open Offense

Abstract: In recent years, Japan's agricultural strategic transformation has achieved remarkable results: its exports of agricultural products are doubled in less than ten years, and it has been determined that it will exceed the 1 trillion yen in 2021, and the Japanese government plans to increase this number to 5 trillion yen by 2030. However, Japan's poor agricultural resources have long been known: its arable land and agricultural labor force have been declining continuously and is showing a serious aging trend. So, how did Japan overcome the "congenital deficiency" of factor endowment conditions? This report believes that the successful transformation of agricultural development strategy is the key to the revival of Japan's agriculture, In recent years, the traditional defensive strategy has transformed into offensive strategy. In this content, the structure is undergoing major changes, and the competitiveness of agriculture has been greatly improved.

Keywords: Japanese Agriculture; Food Education; Strategic Transformation; Offensive Agriculture; Industrial Feedback

V Hot Topic

B.21 Japan's Transition from an Economic Security Policy to an "Economic Security Guarantee" Strategy

Abstract: Since the 1950s, Japan has begun to explore economic security policies that use economic means to cope with economic threats. After continuous historical evolution, changes have taken place in the 21st century. Especially since 2019, Japan's economic security has clearly presented a trend of strategization and legalization. The tendency of integration and interaction between economic security and military, political and diplomatic security has become more and more obvious. Japan has begun to shift from economic security policy to "economic security guarantee" strategy. Japan will also face a series of problems in the process of implementing the "economic security guarantee" strategy. Such as strategic autonomy bringing more cousts and fiscal pressure, strategic indispensability impeding the development of technology, and "Economic Security Guarantee" strategy contradicting with international order based on principles.

Keywords: Economic Security Policy; Economic Security Guarantee Strategy; Autonomy; Superiority; International Rule

Ⅵ Appendix

皮书

智库成果出版与传播平台

❖ 皮书定义 ❖

皮书是对中国与世界发展状况和热点问题进行年度监测，以专业的角度、专家的视野和实证研究方法，针对某一领域或区域现状与发展态势展开分析和预测，具备前沿性、原创性、实证性、连续性、时效性等特点的公开出版物，由一系列权威研究报告组成。

❖ 皮书作者 ❖

皮书系列报告作者以国内外一流研究机构、知名高校等重点智库的研究人员为主，多为相关领域一流专家学者，他们的观点代表了当下学界对中国与世界的现实和未来最高水平的解读与分析。截至 2021 年底，皮书研创机构逾千家，报告作者累计超过 10 万人。

❖ 皮书荣誉 ❖

皮书作为中国社会科学院基础理论研究与应用对策研究融合发展的代表性成果，不仅是哲学社会科学工作者服务中国特色社会主义现代化建设的重要成果，更是助力中国特色新型智库建设、构建中国特色哲学社会科学“三大体系”的重要平台。皮书系列先后被列入“十二五”“十三五”“十四五”时期国家重点出版物出版专项规划项目；2013~2022 年，重点皮书列入中国社会科学院国家哲学社会科学创新工程项目。

皮书网

（网址：www.pishu.cn）

发布皮书研创资讯，传播皮书精彩内容
引领皮书出版潮流，打造皮书服务平台

栏目设置

◆ **关于皮书**

何谓皮书、皮书分类、皮书大事记、
皮书荣誉、皮书出版第一人、皮书编辑部

◆ **最新资讯**

通知公告、新闻动态、媒体聚焦、
网站专题、视频直播、下载专区

◆ **皮书研创**

皮书规范、皮书选题、皮书出版、
皮书研究、研创团队

◆ **皮书评奖评价**

指标体系、皮书评价、皮书评奖

◆ **皮书研究院理事会**

理事会章程、理事单位、个人理事、高级研究员、理事会秘书处、入会指南

所获荣誉

◆ 2008 年、2011 年、2014 年，皮书网均在全国新闻出版业网站荣誉评选中获得“最具商业价值网站”称号；

◆ 2012 年，获得“出版业网站百强”称号。

网库合一

2014年，皮书网与皮书数据库端口合一，实现资源共享，搭建智库成果融合创新平台。

皮书网

“皮书说”
微信公众号

皮书微博

S 基本子库
UB DATABASE

中国社会发展数据库（下设 12 个专题子库）

紧扣人口、政治、外交、法律、教育、医疗卫生、资源环境等 12 个社会发展领域的前沿和热点，全面整合专业著作、智库报告、学术资讯、调研数据等类型资源，帮助用户追踪中国社会发展动态、研究社会发展战略与政策、了解社会热点问题、分析社会发展趋势。

中国经济发展数据库（下设 12 专题子库）

内容涵盖宏观经济、产业经济、工业经济、农业经济、财政金融、房地产经济、城市经济、商业贸易等12个重点经济领域，为把握经济运行态势、洞察经济发展规律、研判经济发展趋势、进行经济调控决策提供参考和依据。

中国行业发展数据库（下设 17 个专题子库）

以中国国民经济行业分类为依据，覆盖金融业、旅游业、交通运输业、能源矿产业、制造业等 100 多个行业，跟踪分析国民经济相关行业市场运行状况和政策导向，汇集行业发展前沿资讯，为投资、从业及各种经济决策提供理论支撑和实践指导。

中国区域发展数据库（下设 4 个专题子库）

对中国特定区域内的经济、社会、文化等领域现状与发展情况进行深度分析和预测，涉及省级行政区、城市群、城市、农村等不同维度，研究层级至县及县以下行政区，为学者研究地方经济社会宏观态势、经验模式、发展案例提供支撑，为地方政府决策提供参考。

中国文化传媒数据库（下设 18 个专题子库）

内容覆盖文化产业、新闻传播、电影娱乐、文学艺术、群众文化、图书情报等 18 个重点研究领域，聚焦文化传媒领域发展前沿、热点话题、行业实践，服务用户的教学科研、文化投资、企业规划等需要。

世界经济与国际关系数据库（下设 6 个专题子库）

整合世界经济、国际政治、世界文化与科技、全球性问题、国际组织与国际法、区域研究 6 大领域研究成果，对世界经济形势、国际形势进行连续性深度分析，对年度热点问题进行专题解读，为研判全球发展趋势提供事实和数据支持。

法律声明